● 高等学校电子商务系列教材

互联网金融概论

帅青红　李忠俊　李成林　苗　苗

高等教育出版社·北京

内容提要

本书从金融业务互联网化、互联网业务金融化两个视角出发，分别从互联网金融基础、互联网金融业务、互联网金融管理三个层次，对现有的互联网金融业务、模式与监管进行了详细的分析与阐述。本书共分10章，主要内容包括互联网金融概述、互联金融业务基础、互联网金融技术基础、互联网支付、互联网银行、P2P网络借贷、互联网金融搜索、互联网清算、互联网信用管理和互联网金融监管。本书结构清晰，体系完善，内容全面，实用性强。

本书可作为高等学校电子商务、金融学、信息管理与信息系统、国际贸易与经济、计算机科学与技术，以及其他相关专业的教学用书，也可作为互联网金融从业人员的参考读物。

图书在版编目（CIP）数据

互联网金融概论／帅青红等主编．--北京：高等教育出版社，2019.1（2022.5重印）

ISBN 978-7-04-051016-4

Ⅰ．①互…　Ⅱ．①帅…　Ⅲ．①互联网络-应用-金融-高等学校-教材　Ⅳ．①F830.49

中国版本图书馆CIP数据核字(2018)第266909号

Hulianwang Jinrong Gailun

策划编辑　刘　艳　　责任编辑　刘　艳　　封面设计　于文燕　　版式设计　童　丹
插图绘制　于　博　　责任校对　刘娟娟　　责任印制　耿　轩

出版发行	高等教育出版社	网　　址	http://www.hep.edu.cn
社　　址	北京市西城区德外大街4号		http://www.hep.com.cn
邮政编码	100120	网上订购	http://www.hepmall.com.cn
印　　刷	固安县铭成印刷有限公司		http://www.hepmall.com
开　　本	787 mm×1092 mm　1/16		http://www.hepmall.cn
印　　张	23		
字　　数	500千字	版　　次	2019年1月第1版
购书热线	010-58581118	印　　次	2022年5月第5次印刷
咨询电话	400-810-0598	定　　价	46.00元

物 料 号　51016-00

互联网金融概论

帅青红 李忠俊
李成林 苗 苗

1 通过计算机访问http://abook.hep.com.cn/187888，或用手机扫描二维码，下载并安装Abook应用。

2 注册并登录，进入"我的课程"。

3 输入封底数字课程账号（20位密码，刮开涂层可见），或通过Abook应用扫描封底数字课程账号二维码，完成课程绑定。

4 单击"进入课程"按钮，开始本数字课程的学习。

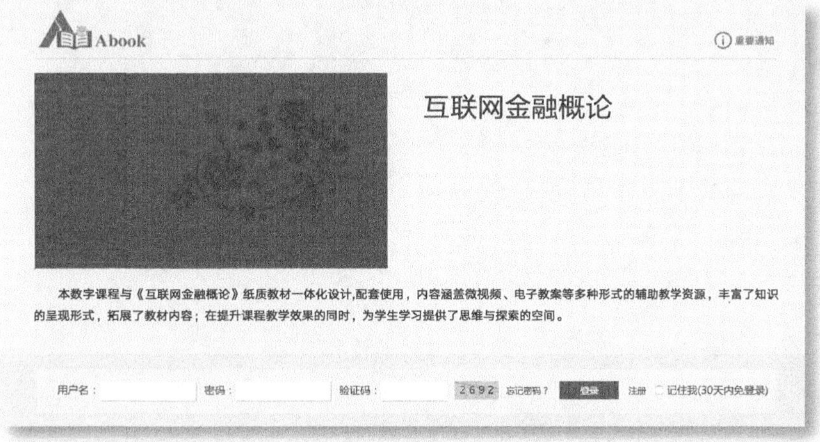

课程绑定后一年为数字课程使用有效期。受硬件限制，部分内容无法在手机端显示，请按提示通过计算机访问学习。

如有使用问题，请发邮件至abook@hep.com.cn。

http://abook.hep.com.cn/187888

本书编委会

前　言

互联网金融是传统金融机构与互联网企业，利用互联网技术和信息通信技术，实现资金融通、支付、投资和信息中介服务的新型金融业务模式。金融与互联网深度融合，在降低金融机构服务成本、提升金融机构创新效率的同时，也带来了互联网金融行业的快速发展。互联网与金融深度融合是大势所趋，将对金融产品、业务、组织、服务、管理等方面产生深刻的影响，也将使得金融能够更有效地服务用户、服务实体经济。互联网企业与传统金融机构之间是从互利到深度融合、从合作到开放共享的关系，它们共同聚焦创新红利，为新经济、新业态服务。

互联网金融的发展从向金融的底层支付结算渗透开始，逐步到理财，再到金融价值链的高端资本市场，最后进入金融的内核——货币。互联网正在自下而上、自外而内地改变着金融，甚至重新定义金融。无论是在城市，还是在乡村，互联网金融的创新服务，都在慢慢地改变着人们的生活习惯，改善着人们的生活质量。

互联网金融的本质是金融，安全是底线；互联网金融的特色和生命力在于互联网。传统金融机构的优势在于政策保护和资产管理，重风险而轻体验；而互联网金融企业聚焦的是传统金融机构目前不能有效服务的长尾客户，它们缺乏金融政策支持，重体验而对风险容忍度高。让金融和互联网完美结合起来，是互联网金融机构和传统金融机构未来良性的发展之路。例如，非金融支付机构（第三方支付）和银行在竞合中一起大大提升了我国零售支付的创新能力和服务水平，实现了对国际先进水平的弯道超车，特别是以支付宝、微信支付为代表的移动支付，更是领先全球。在现有框架下，传统金融机构和互联网企业之间开放融合，发挥自身的比较优势，一定能引领中国的金融行业不断创新发展，更加高效和普惠。

本书从金融业务互联网化、互联网业务金融化两个视角出发，分别从互联网金融基础、互联网金融业务、互联网金融管理三个层次，对现有的互联网金融业务与模式进行了详细的分析与阐述，最后阐述了监管对策。全书分为上、中、下三篇，共 10 章。其中，上篇为互联网金融基础，包括第 1 章互联网金融概述、第 2 章互联网金融业务基础、第 3 章互联网金融技术基础；中篇为互联网金融业务，包括第 4 章互联网支付、第 5 章互联网银行、第 6 章 P2P 网络借贷、第 7 章互联网金融搜索；下篇为互联网金融管理，包括第 8 章互联网清算、第 9 章互联网信用管理、第 10 章互联网金融监管。这些内容涵盖了互联网金融的各个方面，形成了一个完整的体系。本书相应的在线开放课程“互联网金融”已在“爱课程”网上线，读者可以注册学习，将课堂学习和在线学习有机融合起来。

本书由帅青红担任总撰稿人，李忠俊、李成林、苗苗担任副撰稿人，由帅青红拟定提纲、统筹协调各章节的内容并撰写了本书的大部分内容，李忠俊、李成林、苗苗参与了本书部分内容的撰写。胡宏鑫、陈郁、肖志杨、郭芯宇、杨启等同学参与了本书内容的讨论、撰写与完善，熊晨辰、侯霁芝、郭笑雨、王靖鑫、门长钰、黎雨霞、唐瑞、杜前岩、徐盼龙，谢露、陈蕾、陈欣谊等同学参与了本书的前期讨论和部分资料的收集、整理工作。本书可作为高等学校电子商务、金融学、信息管理与信息系统、国际贸易与经济、计算机科学与技术以及其他相关专业的教学用书，也可作为互联网金融从业人员的参考读物。

在本书撰写过程中，得到了教育部高等学校电子商务类专业教学指导委员会相关专家的指导，也得到互联网金融千人会（IFC1000）、中国互联网金融协会等组织的领导和专家的支持，还得到全国高校电子商务与电子政务联合实验室的大力支持，在此表示衷心的感谢！同时，还要感谢互联网金融创新及监管四川省协同创新中心、四川省金融智能与金融工程重点实验室、中国支付体系研究中心、西南财经大学中国区块链研究中心，以及成都摩宝网络科技公司（Mo 宝支付）对本书的大力支持与帮助！此外，本书参考了许多文献，在此向这些文献的作者表示由衷的敬意与感谢！

最后，还要感谢所有关心、支持和帮助过我的朋友们和同事们，特别要感谢多年来给予我无私关爱的妻子、儿子与儿媳以及至亲好友们，孙女淼淼带来的无穷乐趣，这些都将给我带来前进的动力。

互联网金融是一个不断创新的领域，许多模式尚在发展和探讨之中，观点的不同、体系的差异在所难免。由于作者水平有限，以及这门新兴交叉课程的特殊性，书中难免有错误和不妥之处，真诚地希望读者能够提供宝贵的意见和建议，也希望同行专家能够给予批评和指正，以使本书进一步完善。作者的电子邮箱是：3035216254@qq. com。

作者于光华园

2018 年 3 月 19 日

目　录

上篇　互联网金融基础

中篇 互联网金融业务

下篇 互联网金融管理

上篇

互联网金融基础

第 1 章

互联网金融概述

【教学目标与要求】

1. 了解互联网金融产生的背景。
2. 掌握互联网金融的定义、特点和功能。
3. 了解互联网金融与传统金融的区别。
4. 了解互联网金融对传统金融的影响。
5. 了解金融业务互联网化的发展历程和类型，以及未来的发展趋势。
6. 了解非银行金融机构互联网化的类型。
7. 了解互联网业务金融化的发展历程和类型，以及未来的发展趋势。

【知识架构】

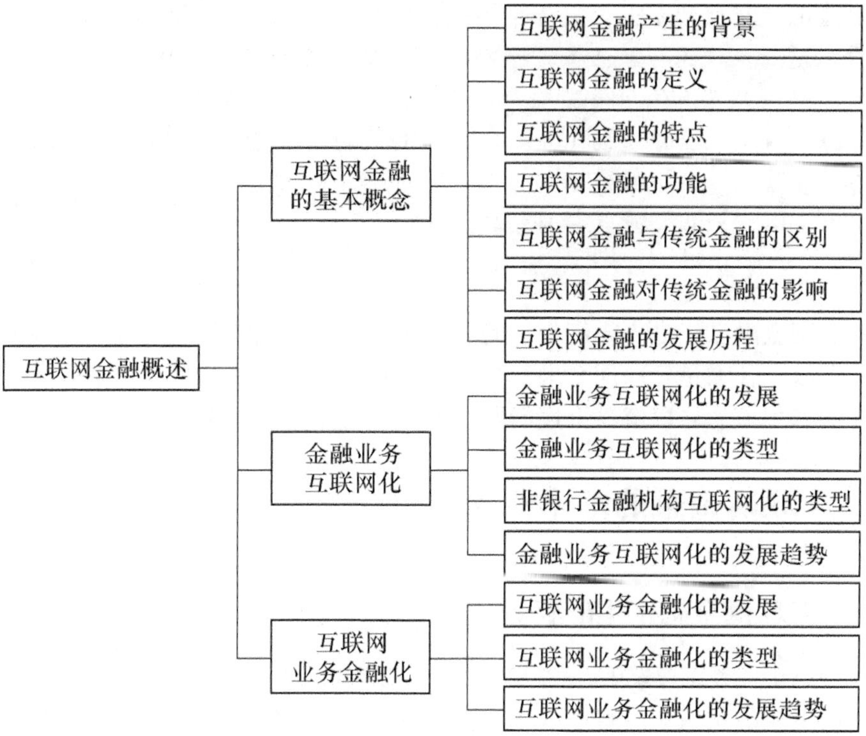

【导入案例】

余额宝：惊醒梦中人

余额宝，是由第三方支付平台支付宝为个人客户打造的一项余额增值服务。余额宝规模已超过2 500亿元，客户数已超过4 900万户，天弘基金靠此一举成为国内最大的基金管理公司。

2013年6月5日，支付宝宣布推出名为“余额宝”的余额增值服务，客户存放在支付宝中的钱，在支付宝网站内即可用于直接购买货币基金等理财产品，同时也可随时用于网购、转账等。

2013年10月16日，有网民的余额宝账户上的4万元不翼而飞，这件事引起了网民对余额宝资金安全的讨论。随后余额宝通过平安保险实行100%赔偿，解决了网民对安全问题的担忧。

2015年12月31日，余额宝的净利润为231.31亿元，这一数据在2014年约为240亿元，在2013年约为179亿元。同时，余额宝份额净值收益率为3.668 6%，同期业绩比较基准收益率为1.3781%。

2017年12月7日，天弘基金宣布，将余额宝单日申购额度调整为2万元，即对于投资者个人交易账户单日累计超过2万元的申购申请将不予受理，该措施于2017年12月8日零时起实施。

2018年1月31日，支付宝发布《余额自动转入余额宝暂停公告》，自2月1日起余额宝取消自动转入功能，且设置余额宝每日申购总量，当天购完为止。

随着余额宝的规模持续扩大，大量中小散户纷纷加入余额宝，将自己的银行存款转为购买余额宝基金，这对银行的存款业务是一个冲击，从经济的角度，货币基金开始侵蚀银行垄断利益，客户也越来越多地使用余额宝。客户从被动到主动将钱存到余额宝中的变化，意味着余额宝在不断地强大。余额宝的飞跃式发展，为其他的“宝”提供了很好的示范，互联网行业似乎找到了突破口，铺天盖地的“宝”大量出现。余额宝，如平地一声雷，惊醒了睡梦中的人，这不仅是一种机遇，也是一种挑战。

（资料来源：百度百科）

互联网金融已经进入人们生活的方方面面，在人们的生活中每时每刻都能看到它的身影。那么，什么是互联网金融？余额宝与互联网金融又是什么关系？本章将介绍互联网金融的基本概念，以解答上述问题，方便读者学习和思考。

微视频 1-1
互联网金融
基本概念

1.1 互联网金融的基本概念

1.1.1 互联网金融产生的背景

我国电子商务迅速发展，十几年间电子商务的交易额增长了10倍，成为“互联网+”时代发展最快的领域，网络零售、跨境电子商务、在线生活服务、互联网金融等已成为扩大消费的亮点、经济转型升级的新引擎。此外，我国互联网产业的竞争日趋激烈，为寻找新的利润发展空间，互联网企业将目光投向具有较高利润率与较大发展空间的金融业，创造性地利用互联网技术方面的优势来对金融产品进行包装与升级，以满足消费者的金融需求，互联网金融应运而生。

当今社会是一个高速发展的社会，科技发达，信息流通，人们之间的交流越来越密切，生活也越来越方便，大数据就是这个高科技时代的产物。在大数据环境下，银行可以利用先进的互联网、云计算等新兴技术，对消费者的刷卡行为数据进行分类、统计，通过整理数据获取消费者的消费习惯、消费能力、消费偏好等非常重要的信息。通过消费数据、财务数据来区分消费者，通过消费区域定位、内容定向，知晓他们的消费习惯，然后进行深入的数据分析和数据挖掘，并展开精准营销。

平台的经济性造就了互联网金融发展的优势。互联网金融具有双边市场特征，互联网金融企业充分发挥平台的集群效应，利用网络技术撮合金融产品的供需双方进行交易，促使资源实现更有效的配置。相对于传统金融，互联网金融的盈利模式具有更大的优势。因为传统金融机构的盈利主要来源于存贷利差，随着利率市场化进程的加快，存贷利差逐步缩小，传统金融机构将面临转型；互联网金融的盈利模式则来源于佣金而非差价。在互联网金融模式下，平台经济服务金融市场的能力更强，通过大数据技术可以深入分析消费者个体与群体消费偏好，为消费者提供个性化服务。

1.1.2 互联网金融的定义

2012 年 8 月，谢平在《互联网金融模式研究》中指出，互联网金融在经济学上还没有一个严格的定义，它更接近于一个谱系概念。谢平将其定义为：一种受互联网技术、互联网精神的影响，从传统银行、证券、保险、交易所等金融中介和市场，到瓦尔拉斯一般均衡对应的无金融中介或市场情形之间的所有金融交易和组织形式。互联网金融的形式既不同于商业银行间接融资，也不同于资本市场直接融资。这一定义体现了互联网金融去中介化的特点。

2014 年 4 月，《中国金融稳定报告（2014）》提出，互联网金融是互联网与金融的结合，是借助互联网和移动通信技术实现资金融通、支付和信息中介功能的新兴金融模式。广义的互联网金融既包括作为非金融机构的互联网企业从事的金融业务，也包括传统金融机构通过互联网开展的业务；狭义的互联网金融仅指互联网企业开展的、基于互联网技术的金融业务。

2015 年 7 月，《关于促进互联网金融健康发展的指导意见》指出，互联网金融是传统金融机构与互联网企业利用互联网技术和信息与通信技术实现资金融通、支付、投资和信息中介服务的新型金融业务模式。互联网金融的主要业态包括互联网支付、网络借贷、股权众筹融资、互联网基金销售、互联网保险、互联网信托和互联网消费金融等。

从以上定义看，有的强调互联网金融呈现出去中介化和新兴金融业态的特征；有的认为互联网只是一种工具，更多的是为金融的发展提供支持；有的则关注互联网精神在金融中的应用。实际上，准确定义“互联网金融”是一件比较困难的事情。第一，不同的机构以及个人会从不同的角度来理解和解读互联网金融。与此同时，不同领域以及不同模式的互联网金融存在一些共同点，同时也存在不少差异之处，因此难以将其完全概括。第二，“互联网金融”及“金融互联网”其实是动态的、阶段性的概念，需要历史地去看待和评价。例如，今天再来评价十多年前互联网证券交易在中国的发展，似乎它应属于“金融互联网”的范畴，可就当时的大环境而言，这已经是非常超前的了，或许应该将它归于“互联网金融”的范畴。第三，严格意义上的互联网金融与金融互联网其实是一个链条的两端，现实世界的业态主要分布在中间状态，有些可能距离理想化的互联网金融更近一些，有些可能更靠近金融互联网这一端，因此在区分时只能做一个大致的判断。

综上所述，可以认为互联网金融是一种基于互联网、大数据、云计算、移动通信、社交平台及搜索引擎等信息技术，实现资金融通、支付、结算等金融相关服务的金融业态。互联网金融是普惠金融的重要内容，也是对现有金融体系的进一步完善。其表现形式既包括以互联网为主要业务载体的第三方支付、P2P 网络借贷、众筹等新兴金融业态，也包括持牌互联网金融机构，以及各类持牌金融机构设立的主要从事互联网金融相关业务的法人机构。互联网金融的内涵不是互联网和金融业的简单结合，是以互联网时代的技术为基础，为适应新的需求而产生的新模式及新业务，是传统金融行业与互联网精神相结合的新兴领域。互联网金融与传统金融的区别除了金融业务所采用的媒介不同外，更重要的是金融参与者深谙互联网开放、平等、协作、分享的精髓，通过互联网、移动互联网等渠道，使得传统金融业务呈现出透明度更强、参与度更高、协作性更好、中间成本更低、操作上更便捷等特征。

1.1.3　互联网金融的特点

1. 普惠性

互联网金融由于其自身的透明化、开放性和高效率，正成为传统金融的有效补充，同时，互联网金融先天的普惠性特征，使得传统金融体系下各种“高大上”的金融服务草根化和平民化，这与普惠金融理念具有高度的一致性。具体而言，互联网金融的普惠性主要体现在覆盖范围广、准入门槛低、服务效率高、交易成本低等方面。

2. 便利性

互联网金融业务主要由计算机处理，其操作流程完全标准化，它建立了一种全新的金融生态环境，客户不需要排队等候，业务处理速度更快，体验更好。互联网金融突破了传统金融对场所和工作时间的依赖，客户可以通过鼠标或手指在计算机终端或手机端购买其产品和服务。客户购买金融产品和服务时可以足不出户，在任何时间、任何地点办理金融业务，既方便快捷，也省去了往返的交通成本、误工成本，克服了传统金融节假日和下班时间不营业所带来的不便。只有便捷性、安全性、高效性、简洁性等维度均具有最佳客户体验的平台，才极易保持客户黏性，实现可持续发展。

3. 数字化

互联网金融一方面是大数据的重要产生者，另一方面也高度依赖信息技术，是典型的数据驱动行业。

商业银行已经认识到场景化金融的发展趋势，以客户为核心，主动切入客户生活场景，构建由大数据分析驱动的数字化营销体系，全面提升获客能力和客户黏性。此外，区块链以其独特的去中心化设计、分布式记账、可信密码技术解决了互联网金融参与方的信任问题，弥补了互联网金融在信用方面的不足，提高了互联网金融资金运作的透明度。互联网金融企业结合自己技术和运营优势，采用区块链、数字货币等最新的技术和手段，在数字普惠金融方面有巨大的发展空间。

1.1.4 互联网金融的功能

从目前的发展情况看，互联网金融的功能主要体现在基础功能、主导功能和衍生功能等方面。

1. 互联网金融的基础功能

互联网金融对传统金融呈现的新特征，主要从存、贷、汇三个方面来体现。对于互联网金融的存款业务，可以从资金来源以及资金运用来看。在资金来源方面，余额宝、百度百发等资管类互联网金融业务对银行存款和理财类产品产生了较大的分流作用。目前，银行活期存款利率仅为0.35%，而余额宝、百度百发等互联网金融资管产品的年化收益率基本上为4%~6%，流动性也比较好。在资金运用方面，阿里小贷、百度小贷等利用自身的网络交易信息和大数据挖掘技术，直接介入信贷市场；一些纯P2P网络借贷平台作为资金供需双方的信息中介，降低了借贷双方的信息搜寻成本和信息不对称风险，分流了部分传统贷款业务。互联网金融的贷款业务主要体现在资金融通方面，运用最广泛的是P2P网络借贷，它自2006年兴起到现在已经经过了十余年的发展。P2P网络借贷平台不仅为资金需求者提供了便捷的融资服务，而且为资金盈余的机构提供了高回报的投资渠道。通过互联网来进行投融资，发挥了互联网技术在信息处理方面的巨大优势，提高了资金使用的效率。互联网金融的汇款业务主要表现在第三方支付的诞生，第三方支付作为互联网金融的主要模式之一，为参与者提供了十分便利的支付清算服务，并且突破了以往客户去商业银行办理业务所受到的时间和空间的限制，提高了支付系统的运作效率，使得社会资金流通更加迅速，并且降低了交易成本。

2. 互联网金融的主导功能

金融功能的核心在于资源配置，传统的资金融通包含直接融资和间接融资两种模式，而可以将互联网金融看作不同于商业银行间接融资和资本市场直接融资的第三种资金融通模式。通过商业银行的间接融资建立在信用评估的基础上，程序较为烦琐，银行根据借款人的信用记录、资产状况等信息来进行贷款决策，而这些信息在大数据时代下显得有些滞后。互联网技术强大的信息收集整理功能为以互联网为依托的金融业务提供了强大的数据支持，并且运作更加高效、快捷，加快了资金跨时跨地跨领域的流通，提高了资源配置效率。在互联网金融中，所有的交易过程都通过网络平台来实现，降低了寻觅和甄别信息的成本，同时也不需要设立任何实体机构，这使得运营成本降低，进而增加了交易双方的收益。

3. 互联网金融的衍生功能

互联网金融的衍生功能建立在主导功能的基础上，可以看作是主导功能的延伸。随着金融体系不断复杂化、多样化，衍生功能应运而生。我国的互联网金融目前还处在发展的初级阶段，互联网金融从出现到现在虽然有十几年的时间，但其体量剧增，广为各界关注也就在近几年，互联网金融体系的发展还未健全。因此，与传统金融中介相比，互联网金融只体现了部分衍生功能，该功能发挥得并不充分。互联网金融为参与者提供了更加及时、丰富和准确的信息资源，交易更加便捷，一方面加快了资金的流通速度，另一方面也提供了更加高效的价格信息，在信息的传递方面表现出了明显的优势。互联网金融为投资者提供了通过传统金融媒介很难快速获得的信息和投资渠道，如 P2P 网络借贷、网上理财、众筹等，使网上交易完全克服了地域的限制，引导资金跨区域流动，从而起到了区域调节的作用。

1.1.5 互联网金融与传统金融的区别

1. 客户对象

互联网金融的主要特征是服务于小额、分散的金融需求，其客户大多为小微企业和大量消费忠诚度高的个人客户。在这一领域中，各类金融服务需求旺盛，但传统金融机构不能（或不愿意）提供相应的服务。而互联网金融企业却可以依靠其平台在信息收集、风险识别和控制等方面的优势，来降低金融交易成本，进而使更为普遍的金融服务成为可能。现有的互联网金融如第三方支付、P2P 网络借贷或众筹的主要客户大都游离在传统金融机构服务之外，其发展并没有与银行现有客户和业务形成直接竞争，而且其发展规模与传统金融（特别是银行业）也不可同日而语。

互联网金融在为小微企业和个人客户提供金融服务的同时更注重客户体验。互联网金融秉承了互联网金融平等、开放、分享、自由的精神，服务模式从传统的面对面柜台交易转变为互动式沟通和群体参与。在商业模式上，通过大规模协作实现组织扁平化、去中心化，以及客户群信息平台化、网络化；通过数据挖掘和分析，提前发现潜在客户和潜在需求，为客户提供优质的产品和服务体验。

2. 支付方式

依托网络平台、高速互联网以及平板电脑、手机等移动终端，客户可以随时随地享用互联网提供的金融服务，实现移动支付的统一，更方便地使用转账、证券交易、支付等金融功能。同时，移动网络具有推送功能，能让客户在最短的时间内获得自己想要的信息。

3. 信息处理和交易成本

传统金融业务出于网点、人工成本的考虑，准入门槛较高，无法覆盖小型和微型资金客户，缺乏对日度实时数据的存储，信息处理起来较困难或成本较高。而在互联网金融模式下，利用来自电子商务平台的实时数据，信息处理容易，成本较低，降低了市场信息不对称程度，交易双方在资金期限匹配、风险分组方面的成本也较小。贷款、股票、债券等的发行和交易以及款项支付均在网上进行，供需双方直接交易，这降低了银行、券商和交易所的中介作用，从而接近一般均衡定理描述的无金融中介状态。

4. 资源配置效率

信息交互产生的大数据信息集为互联网金融信用体系的构建提供了坚实基础，给出了任何资金需求者（机构）的风险定价或动态违约概率，能够快速、合理地实现资金定价，提高资源配置效率。信息处理是互联网金融模式的核心，其作用是获取供需双方的信息，是后续金融资源配置和风险管理的基础。通过社交网络生成和传播信息，通过搜索引擎组织信息和使信息结构化，通过云计算对信息进行建模和分析这三种方式可以保障金融交易具有充分的信息基础。例如，阿里小贷基于交易平台积累的庞大交易数据和信用评价体系，可以更加准确地对平台上的商家进行风险评价及相关的贷后管理。

5. 产品差异

由于我国商业银行存款受利率管制，互联网金融产品的收益率远高于银行的活期利息，与商业银行的定期存款收益相差无几，而且明显比后者流动性强。此外，互联网金融虽然提供的产品一般比较简单，收益水平比银行等的常规理财产品低一些，但其资金的流动性更强、门槛更低。更重要的是，互联网金融产品为客户提供了一种前所未有的理财消费体验。例如，将每日的收益显示给客户等，为小额理财族提供了方便，使理财的体验性更好，从而吸引了更多小额客户。

6. 风险程度

因为监管不完善，与传统金融相比，互联网金融面临着更大的经营风险。首先，互联网金融尽管其业务模式和风险管理方法与传统金融有所差异，但传统金融所面临的信用风险、流动性风险以及操作风险等，互联网金融在经营过程中同样会面临。其次，互联网金融的互联网特性决定了它的风险因素更加复杂，互联网金融除了具有传统金融的风险特点外，还存在由信息技术导致的技术风险与虚拟金融服务风险，并且风险传导的速度更快。最后，是互联网短期内盲目发展所形成的风险。金融行业的复杂性，对从业者的管理能力和素质提出了较高的要求。考虑到互联网金融客户的小额、分散特征，互联网金融对从业者专业能力的要求甚至还会超过传统金融。但就目前来看，在互联网金融热潮的推动下，大量企业进入该行业，导致机构数量和交易规模迅速上升，这使得该行业短期内会积聚一定的风险。

互联网金融与传统金融的比较如表 1-1 所示。

表 1-1 互联网金融与传统金融的比较

比较项	传统金融	互联网金融
服务对象	主要是线下大型企业客户、机构客户	小微企业和大量消费忠诚度高的个人客户
信息处理	缺乏对日度实时数据的存储，处理困难，成本较高，信息不对称	电子商务平台的实时数据，数据丰富，信息对称，成本较低
资金供求	通过银行等金融中介进行数量和期限的匹配	自己决定
支付流程	通过银行支付	超级集中支付系统和个体移动支付的统一
供需双方	间接交易	直接交易
产品差异	受利率管制，产品设计比较复杂，门槛高	产品比较简单，定价相对灵活，门槛低，流动性高
风险程度	较高的行业监管标准，信用风险、流动性风险、市场风险等金融风险管理较为成熟，经验历史长久，公信力高	行业监管尚不完善，除了传统的金融风险以外，还面临着政策风险、信息技术风险等其他风险，风险管理较薄弱，经营时间短，已发生过信用危机

1.1.6 互联网金融对传统金融的影响

互联网金融是一种新型的金融业务模式，它的出现和高速发展，改变了整个金融体系的主体、市场、制度和风险等，对传统的金融市场产生了很大的影响。

1. 互联网金融改变了传统金融的销售模式

传统金融的销售渠道主要依靠于实体的网点和销售人员。随着电子商务、网上银行等商业形式的出现，传统金融这种实体的销售格局，逐渐被互联网金融的网络销售渠道所取代。互联网金融的销售模式更加方便、快捷，降低了销售成本，更能满足人们的需求。这也就促使传统银行、证券、保险等机构对销售渠道进行改革创新。

2. 互联网金融创造了新的交易支付系统

传统金融的主要支付方式有现金、票据、信用卡等。而互联网金融将互联网、移动通信网络和金融有机结合起来，创造了互联网支付、手机支付等新的支付方式，使得人们能随时随地进行方便、快捷的交易支付。《中国支付清算行业运行报告（2018）》显示，2017 年全国共办理非现金支付业务 1 608.78 亿笔，金额 3 759.94 万亿元，同比分别增长 28.59%和 1.97%，为社会提供了快捷的支付清算服务。

3. 互联网金融创造了新的融资模式

随着互联网金融的发展，产生了一种有别于传统商业银行间接融资模式和资本市场上的直接融资模式的新型融资模式。传统金融中融资业务的发生必须依赖于银行这个中介机构，而新的融资模式弱化了中介机构的作用，使得投资者和融资方能够直接进行金融融资交易。很多互联网金融机构都推行了转账和缴费等功能，并通过互联网向社会大众吸收大量的闲散资金。

4. 互联网金融改变了传统金融的资金供求模式

随着互联网金融的出现，传统金融的资金供给的规模效应，逐渐转变为需求的规模效应。此外，传统金融机构的信用评价体系和借贷方式也发生了改变。以银行等金融机构为中介是传统金融模式中借贷等融资业务的基础。而当互联网金融出现以后，客户可以方便、快捷地通过互联网金融来理财，不再受银行等金融机构的约束，传统金融的资金供求模式发生了极大的改变。

5. 互联网金融缓解了中小微企业融资难的问题

P2P 网络借贷和众筹等模式的出现，有效地缓解了我国中小微企业融资难的问题。互联网金融通过云计算和大数据等技术，使得融资双方的信息都能在网络中反映出来，极大改善了融资过程中信息不对称的问题，降低了违约等道德风险和融资成本。因此，互联网金融更符合中小微企业的融资需求，有利于解决中小微企业贷款难的问题。

6. 互联网金融增大了传统金融的风险

互联网金融的许多工具和产品的作用都是为客户提供更方便、快捷的服务，并帮助其规避风险，从而能在风险最小的条件下获得最大的收益。然而，虽然客户通过互联网金融工具和产品降低了自身的风险，但从整个金融系统来看，风险并没有减少，只是被转移到了其他地方。一旦这些风险爆发，其产生的危害有可能会被扩大，从而给金融市场带来巨大的损失。因此，互联网金融可能会增大传统金融的风险。

1.1.7 互联网金融的发展历程

1. 从技术层面来分析

互联网金融的发展可以从两个方面来分析，一是金融业务互联网化，二是互联网业务金融化。

微视频 1-2
新时代新金融

（1）金融业务互联网化

从图 1-1 中可以看到，最初的金融业务互联网化就是将传统的金融柜台服务扩展到线上来，其中典型的就是网上银行，这扩大了银行的服务范围。另外，电话银行、自助银行等都属于传统金融服务互联网延伸的范围。后来随着技术及我国电子商务的迅速发展，传统金融机构开始涉足电子商务领域，建立网上商城，开展电子商务业务。近年来，随着互联网技术，特别是大数据、云计算等技术快速发展，银行凭借着已有的资源优势开展了各种互联网金融业务，直销银行正是在这样的背景下发展起来。而传统金融机构从事网络货币交易及混业经营将会是其未来的发展方向。

（2）互联网业务金融化

从图 1-1 中可以看到，互联网业务金融化的发展初期体现为门户网站，而后随着国内电子商务的兴起，在激烈的竞争中生存下来的门户网站开始转型并朝着电子商务的方向发展。近年来，在互联网技术，包括大数据、云计算等技术的带动下，各大电子商务企业积极把握发展趋势，利用已有的资源数据开展互联网金融业务，如第三方支付、P2P 网络借贷、众筹等。随着电子商务企业业务多元化的发展，大数据公司成为其主要的发展方向。

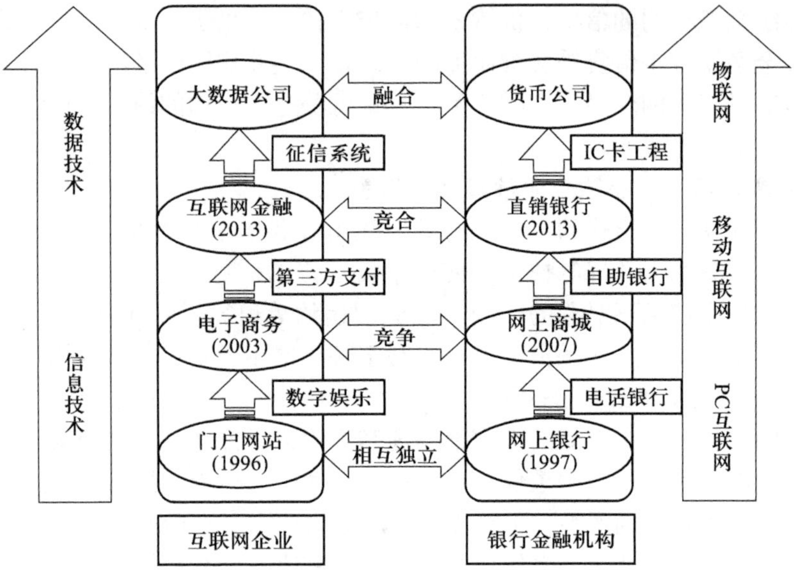

图 1-1　互联网金融发展架构图

（3）两种金融模式的异同

事实上，是否具备互联网精神、能否以客户需求为导向并注重客户体验等要素，是互联网业务金融化与金融业务互联网化的本质区别。在互联网业务金融化方面，阿里金融是目前最接近理想化互联网业务金融化模式的一个样本，因此表 1-2 将主要结合阿里金融的实践来比较和分析互联网业务金融化与金融业务互联网化的异同。

表 1-2　互联网业务金融化与金融业务互联网化的异同

比　较　项		互联网业务金融化	金融业务互联网化
企业的角度	经营理念	开放、共享的互联网理念	传统理念
	组织架构	独立、多变	附属、分支，相对稳定
	交易金额与频率	金额小，频率高	金额大，频率低
	价格策略	免费、低价	相对高价
客户的角度	客户定位	开放、年轻的客户	稳健、保守的客户
	客户体验	便捷、快速、互动	烦琐、缓慢、单向
技术与信息的角度	信息	对称、透明	不对称、不透明
	去中介化	去中介化	中介化
	新技术应用	快	慢
安全角度	安全性	相对弱	相对强
	监管机制	相对薄弱，亟待完善	比较成熟

2. 从实践层面来分析

互联网金融出现在20世纪90年代中期，以美国1995年出现的安全第一网络银行（Security First Network Bank，SFNB）为标志，此后迅速在世界各地发展起来。互联网金融的诞生，开启了金融发展的新纪元。在我国，互联网金融的发展主要有三个阶段。

（1）萌芽阶段（2005年以前）

我国互联网金融萌芽出现在2005年以前，这一时期真正意义上的互联网金融形态尚未出现，主要是传统的金融机构简单地把金融业务搬到互联网上，利用互联网开展业务。

1993年，电子商务作为一种全新的商务运作模式问世，人类的商务活动被互联网带入全面的电子化时代。银行等传统金融机构为了在未来的竞争中胜出，开始转变传统的经营观念、支付方式和运营模式，进行金融创新，以迎合金融业网络化的发展趋势。

自此，网上转账、网上证券开户、网上买保险等互联网金融业务相继出现，种种变革给传统金融模式带来了巨大的冲击，也预示着互联网金融时代的到来。

（2）起步阶段（2005—2012年）

2005年到2012年是我国互联网金融发展的起步阶段，金融和互联网的结合从早期的技术层面逐步深入到业务领域，第三方支付、P2P网络借贷、众筹等真正的互联网金融业务形态相继出现。为了解决因电子商务、货款支付不同步而导致的信用问题，作为买卖双方交易过程中的信用中介的第三方支付平台应运而生，并迅速发展。随着移动通信的快速普及，第三方支付的应用范围逐步拓展到了生活服务领域。

此外，互联网金融另一个标志性的业务形态——P2P网络借贷在这一时期也得到了发展，P2P网络借贷于2007年在我国开始出现。由于利率市场化及金融脱媒的趋势加速，进入2010年以后，P2P网络借贷呈现快速增长态势。

但由于监管步伐没能跟上，随着P2P网络借贷的快速发展，大量劣质的P2P网络借贷公司出现在市场中，导致各种违规、“跑路”事件不断出现，严重损害了金融信誉和消费者利益。市场自发淘汰了一批不正规的和竞争力弱的劣质企业，互联网金融行业得到一定的整合和发展。

（3）高速发展期（2013年至今）

2013年，以“余额宝”上线为代表，我国互联网金融开启了高速发展模式。

第三方支付逐步走向成熟，P2P网络借贷呈爆发式增长，众筹也开始起步，互联网保险和互联网银行相继获批运营，同时，券商、基金、信托等也开始利用互联网开展业务，网络金融超市和金融搜索等应运而生，为客户提供了整合式服务，我国互联网金融进入高速发展期。

此外，国家越来越重视互联网金融，行政部门和监管部门纷纷出台政策，加强对互联网金融行业及业务模式的引导和规范，互联网金融进入了高速发展阶段。

微视频 1-3
金融业务互联网化（上）

微视频 1-4
金融业务互联网化（下）

1.2 金融业务互联网化

1.2.1 金融业务互联网化的发展

所谓金融业务互联网化，就是将金融业务通过互联网来完成，其发展主要经历了四个阶段：网上银行、网上商城、直销银行和货币公司。这四个阶段也恰恰对应着互联网发展的三个时代，即 PC 互联网时代、移动互联网时代和物联网时代，表明金融机构与互联网企业的结合越来越紧密，最后会在物联网时代融合在一起。

20 世纪 90 年代，互联网金融的发展主要体现在金融机构把互联网作为技术支持，将银行业务从营业网点搬到了互联网上，但此时还没有出现真正的互联网金融形态。1995 年世界上第一家互联网银行在美国诞生，随后世界各大银行紧随其脚步，开展网上银行业务。1996 年，中国银行开通中行网站并构建网上银行系统，这开启了中国网上银行发展的先河。1999 年，招商银行推出了“一网通”业务，全面开展网上银行服务。随后，我国各家银行争先推出网上银行服务，至 2002 年底，国有商业银行和股份制商业银行全部建立了网上银行。随着金融业互联网化程度的不断加深，我国金融业的互联网时代就此到来。

2005 年之后，电子商务迅速发展，第三方支付逐渐成长，P2P 网络借贷也开始萌芽，金融与互联网的结合开始从技术领域深入到金融领域，国内各大商业银行纷纷试水电子商务业务，建立网上商城，如工商银行的融 e 购、招商银行的聚便宜、建设银行的善融商务等。

随着 2013 年 9 月 18 日北京银行与其境外战略合作伙伴荷兰 ING 集团深度合作产生了国内首家直销银行，直销银行在近两年迅速崛起。2014 年 2 月 28 日，民生银行直销银行也正式上线，随后，兴业银行、平安银行、浦发银行、华夏银行、上海银行、江苏银行等相继推出了直销银行，工商银行也于 2015 年 2 月 9 日正式上线了名为“工银融 e 行”的直销银行，目前城市商业银行、股份制商业银行乃至国有商业银行均已涉足直销银行业务。2014 年 12 月 12 日，深圳前海微众银行（以下简称微众银行）正式获准开业，是中国首家互联网银行。随后，在 2015 年 6 月 25 日，浙江网商银行（以下简称网商银行）获批正式开业。2016 年 12 月 28 日，四川新网银行（以下简称新网银行）成立，它是继微众银行、网商银行之后第三家获中国银行业监督管理委员会（以下简称中国银监会）[①] 批准可突破贷款“面签”，实行全线上信贷业务的银行。2017 年 6 月 20 日，百度与中国农业银行宣布战略合作，双方签署了框架性合作协议。2018 年 2 月，

① 2018 年 3 月，国务院机构改革方案对金融监管机构做出重大调整：组建中国银行保险监督管理委员会，不再保留中国银行业监督管理委员会和中国保险监督管理委员会。

工商银行推出云 e 融，开启普惠金融的新篇章。

金融业务互联网化发展如图 1-2 所示。

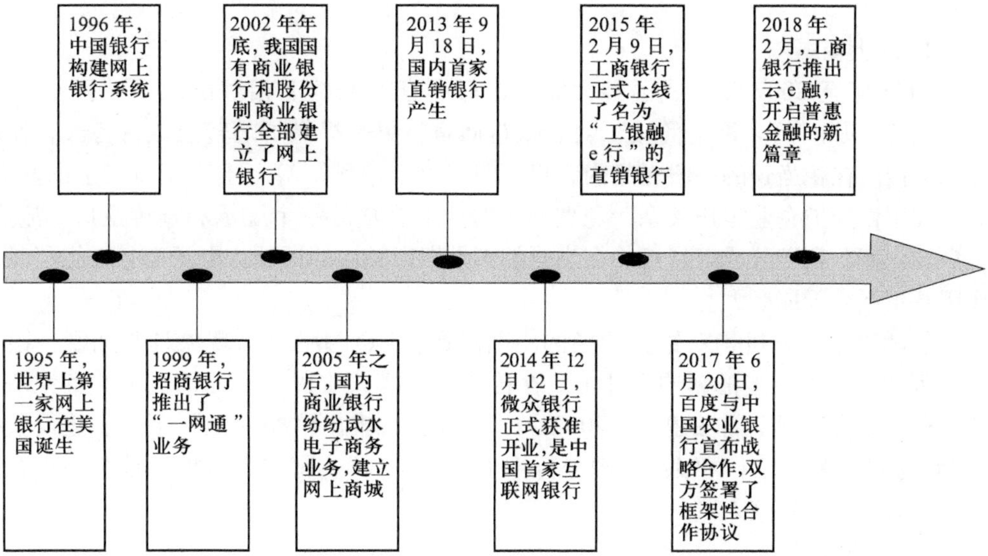

图 1-2　金融业务互联网化的发展

1. 2. 2　金融业务互联网化的类型

1. 网上银行

在银行业、信息技术、互联网飞速发展，以及信息技术和互联网广泛应用于金融领域的背景下，网上银行应运而生。网上银行可以通过互联网向客户提供传统银行业务和因信息技术应用而产生的新兴业务，它不受时间、空间的限制，使得人们感受到了金融消费的多样性。

微视频 1-5
网上银行（上）

20 世纪末期，随着计算机的发展及应用，银行的经营方式出现了网络化趋势。世界上第一家互联网银行——美国安全第一网络银行问世，吸引了世人的眼光。与此同时，国内商业银行的发展也在悄然进行，中国银行于 1996 年开始筹建自己的网上银行，用了一年的时间完成了整个架构，创立了具有自己特色的网站。由于商业银行具有极强的同质性，所以其他各大商业银行纷纷效仿，推出了自己的网上银行业务及服务。

微视频 1-6
网上银行（下）

《2015—2016 年中国网上银行年度监测报告》指出，2015 年我国网上银行交易额已经达到1 600. 85 万亿元，同比增长 28. 18%。从以上数据可以清楚地看出，随着电子商务、互联网金融及网络经济的快速发展，网上银行交易量及交易规模出现平稳增长的局面。

同时，客户规模的扩大，客户数量级的快速增长，以及移动支付的迅猛发展，使得手机银行有了更多的使用机会，中国电子商务研究中心监测数据显示，2015 年我国手机银行交易额为 70.7 万亿元，同比增长 122.75%。与网上银行相比，手机银行具有一定的优势，如便于携带，可以方便地获得客户所处的地理位置，便于分析客户的行为等。

2. 网上商城

2006 年至 2007 年，我国各大商业银行的官方网站上相继出现了“网上商城”板块。然而，那时的“网上商城”对于银行而言，只是提供了跳转至银行各大合作商户的外部链接。在相当长的一段时间内，银行的“网上商城”算不上真正意义上的网上商城，而是被用作维护企业客户关系，免费提供给企业客户的一个展示和宣传窗口。流量导出、客户转化率、利润分成等指标，在当时都不是银行关注的话题。电子商务在银行领域中的作用并不像今天那么大。

但随着第三方机构对银行业务的不断渗透，“金融脱媒”现象日益加剧，银行中间业务因此而受到一定的影响和冲击。在传统经营模式难以为继的情况下，各大商业银行才不得不投身于网上商城建设。2012 年，交通银行推出“交博汇”平台、建设银行推出“善融商务”平台、中国银行中山分行推出“云购物”、宁波银行推出首个中小企业专属金融社区平台“E 家人”。

3. 直销银行

微视频 1-7 直销银行（上）

直销银行是互联网时代出现的一种新型银行运作模式。在这一模式下，银行没有营业网点，不发放实体银行卡，客户主要通过计算机、电子邮件、手机、电话等远程渠道获取银行产品和服务，因为没有网点经营费用和管理费用，直销银行可以为客户提供更有竞争力的存贷款价格及更低的手续费率。降低运营成本、回馈客户是直销银行的核心价值。

微视频 1-8 直销银行（下）

2013 年 7 月，民生银行成立了直销银行部。2014 年 2 月 28 日，民生银行直销银行正式上线。民生银行直销银行突破了传统实体网点经营模式，主要通过互联网渠道拓展客户，具有客户群清晰、产品简单、渠道便捷等特点。2014 年 3 月，兴业银行推出直销银行，其特点是客户可以持工商银行、建设银行、农业银行、招商银行、中信银行等多家银行卡，通过计算机、手机等设备直接选购热销的理财产品、基金以及定期存款、通知存款等，免掉了繁杂的注册、登录、跨行资金划转步骤，一键购买，省时省力。此外，客户还可以随时随地进行“一站式”查看、管理，以及调拨上述各家银行卡上的资金，享受在线理财规划服务。

中信银行与百度于 2015 年 11 月 18 日举行战略合作发布会，宣布共同发起成立百信银行。首家独立法人模式的直销银行问世。目前，有 20 多家银行开展了直销银行业务，但此前直销银行业务都是在传统银行内部展开的，而中信银行此次的尝试是以子公司独立法人的模式发起的。

4. 手机银行

随着智能手机的迅速发展和普及，它已成为人们日常生活中必不可少的沟通和交流工具，并且可以真正做到24小时与客户形影相随。无论是从实用性上，还是客户的使用率上，手机银行都将成为银行互联网金融的主力市场。据美国媒体机构 Zenith 的研究报告，2018年全球智能手机的用户数量稳步上升，在这其中，中国为当之无愧的智能手机用户大国，其智能手机用户数量已超过7亿。早在2013年年底，中国就超过美国成为全球最大的智能手机市场，这也为中国手机银行的未来发展提供了广阔的空间。如今，通过包括手机银行在内的电子银行渠道完成的业务量占银行业务总量的四成左右，成为银行非利息收入的重要来源。

5. 各类金融APP

随着移动互联网的发展，越来越多的客户开始通过移动应用程序（APP）进行投资理财、移动支付、记账、炒股，了解金融行业的动态和新闻资讯。而为了迎合客户的投资理财需求，包括银行、证券、基金等在内的各大金融机构也开始开发金融APP。

金融APP主要分成以下4种类型：金融支付类APP、金融记账类APP、金融理财类APP和金融银行APP。金融支付类APP包括支付宝、翼支付、壹钱包、微信支付等。通过金融支付类APP，客户可以随时随地进行生活缴费、商品买卖等，该类APP在金融APP中的使用率非常高。金融记账类APP包括随手记、挖财等。通过该类APP，客户可以快速选择消费的类型和金额。越来越多的年轻人开始使用金融记账类APP来分析和了解自己的消费情况，以此来更好地规划自己的消费。金融理财类APP包括陆金所、人人贷、宜信等。与银行的定期投资相比，金融理财类APP的收益率、年化利率更高，而且投资、充值、提现功能也越来越完善，越来越多的客户开始习惯在金融理财类APP上进行投资。金融银行APP主要包括工商银行APP、建设银行APP等。金融银行APP的兴起是各大银行维护客户的方法之一。在各类金融APP中，客户可以轻松地实现转账、付款、咨询等操作。

6. 二维码扫码支付

二维码扫码支付是一种基于账户体系搭起来的新一代无线支付方案。在该支付方案下，商家可以把账号、商品价格等交易信息汇编成一个二维码，并印刷在报纸、杂志、广告、图书等媒体上发布。随着互联网技术的发展，个人支付技术与模式发生了显著的变化。以二维码为主的扫码支付方式，因其方便、快捷而深受人们的欢迎，在改变人们日常生活的同时也取得了商业方面的巨大成功。由于拥有二维码扫码支付推广的先发优势，第三方支付机构当前占据着其中大部分市场份额。目前，在我国支付宝和微信的二维码扫码支付，占据着九成的市场份额。

1.2.3 非银行金融机构互联网化的类型

1. 网络证券公司

网络证券在操作上主要是指投资者通过互联网，包括公用网、局域网、专用网、无线互联网等各种电子手段传送交易信息和数据资料，并进行与证券交易相关的活动，包括获取实时行情和相关市场资讯、投资咨询和网上委托等。网络证券公司是证券公司运用互联网的一种表现形式。在互联网金融如火如荼地展开之前，证券公司就已经开始备战互联网金融，网上开户、网上商城、移动互联网交易、基于大数据的客户关系管理（CRM）等已在按部就班地进行。证券公司早已实现网络交易，它拥有标准化大数据，在行业特性上具有融入互联网金融的天然属性。尽管第三方金融产品销售平台、网络经纪商、网络 IPO（首次公开募股）等互联网金融模式对证券公司有着实在或潜在的影响，但总体而言，必然是机遇大于挑战。

互联网在降低信息传递和客户转换成本的同时，也加快了证券公司差异化的进程。在互联网金融背景下，证券公司的发展将是一个定位差异化的过程，在这一过程中证券公司将依据自身的优势进行分化。证券公司的发展也将表现出业务范围不断深入、不断扩大的趋势，从最初的网络销售，到网上业务办理，再到大资管业务的扩张，最终扩展至证券、基金、信托、私人银行等领域，成为足以比肩银行的金融机构。在关注互联网金融的同时，更应注意到资本市场自身的变革给证券公司带来的机遇。资本市场改革立足于长远，自主配售权和储架发行等举措将大幅提升证券公司的定价能力和客户黏性；并购和新三板市场的崛起可以对冲传统 IPO 的下降，资产证券化与银行对接，资金空间将破万亿元。互联网金融对证券公司的冲击仅限于底层低端交易通道，但未来证券公司将与科技企业强强联合，网络证券更具发展空间。

我国网络证券的发展历程虽然较短，但是从 2013 年开始，互联网金融在证券方面得到了极大的发展。以“网上开户”为标志，互联网金融开始从 P2P 网络借贷、众筹开始向更为全面的金融业务和领域扩展；从 2013 年至今，证券公司又进一步地开发和升级了 APP 及移动端的业务，取得了比较理想的效果。信息与通信技术对证券交易的影响非常深远，使得其先后经历了集中交易、网上交易、手机证券等阶段。一是集中交易阶段，标志是 1990 年上海证券交易所和深圳证券交易所的成立。二是网上交易阶段，标志是 1997 年 3 月华融信托投资公司湛江营业部推出的网上交易系统。三是手机证券阶段，在这一阶段证券交易进入了移动时代，人们可以在任何时间、地点获得证券服务。

微视频 1-9
互联网保险

2. 网络保险公司

互联网保险是指保险公司或者其他中介机构运用互联网来开展保险业务，有狭义和广义两种口径。狭义的互联网保险是指保险公司或其他中介机构通过互联网为客户提供有关保险产品和服务的信息，并实现网上投保，直接完成保险产品和服务的销售。广义的互联网保险还包括保险公司内部基于互联网的经营管理活动，以及在此基础上的保险公司之间、保险公司与公司股东、保险监管、税务、工商管理等机构之间的交易和信息交流活动。网络保险公司则是保险公司运用互联网的一种表现形式。

在保险业，信息与通信技术最初主要用于保险产品电子化（即电子保单）；同时也使销售部分实现了电子化，主要是网络营销和电话销售等。

目前我国互联网保险处于初级阶段。大多数保险公司只是建立了自己的门户网站，而网上销售和网上交易还没有形成气候。虽然 2001 年中国平安推出了货运险网上交易系统，但是我国保险业的信息化水平还远远不够。2013 年 6 月 19 日和讯网放心保成功上线，它兼具企业到企业（B2B）和企业到消费者（B2C）交易模式，属于互联网保险的一种，同时也是保险产品的第三方销售平台。2013 年，阿里巴巴、中国平安和腾讯联合设立的众安在线财产保险公司，突破了国内已有的保险营销模式，不设实体分支机构，而利用互联网进行销售和理赔。

3. 金融产品网络销售

网络销售的金融产品主要分为三大类：网络理财、网络信托和网络基金。目前，各个金融机构纷纷着手嫁接线下理财产品和网络渠道销售，或者直接基于网络目标客户，重新设计金融产品，通过搭建销售平台和第三方销售渠道服务广大线上人群。其主要的模式有以下三种。

（1）自建平台，销售金融产品

随着互联网金融热的兴起，各大商业银行和证券公司逐步设立了自己的电子商务平台，不仅仅提供支付业务，也提供一揽子金融服务。

（2）利用第三方渠道，销售金融产品

这种模式主要有三种方式：一是在电子商务平台上开店销售产品，如淘宝旗舰店等；二是以余额宝为代表的第三方金融产品，主要是与基金公司合作，推出符合互联网特性的基金产品；三是基金超市，客户可以比价选择不同的基金产品，以数米基金网、好买基金网为代表。

（3）利用社交网络，销售金融产品

这种模式是指金融机构通过社交网络平台来销售金融产品。这种模式充分利用大数据技术、云计算技术，以及社交网络平台的数据流和社交关系，使金融机构能够获得一些“软”信息。同时，通过建立虚拟的线上贵宾室，可以完成普通客户只有在金融机构柜台上才能完成的业务。通过社交网络平台销售金融产品，可以从根本上改变金融机构与客户的关系，实现金融机构与客户的实时对话，对话的机会越多，信息共享也就越多，金融机构就越能准确判断客户的需求。这种模式的典型代表如微博银行、微信银行、百度金融等。

最后需要说明的是，并不是所有的金融产品都适合进行网络营销，特别是对于复杂程度高、条款个性化强、风险高、需要投资者做大量判断的金融产品，要根据其特性来进行综合考量。

4. 网络金融交易平台

网络金融交易平台是互联网金融的主要形式之一，它以 SecondMarket、SharesPost 为代表。网络金融交易平台的出现，源于资本市场多层次化发展的内在需求。除股票、债券、衍生品、大宗商品等主流交易场所（有的是场内，但更多的则是场外）之外，还有大量金融产品，由于条款标准化程度、风险收益特征、信息披露等方面的原因，能够适应不同个人、机构的差异化融资和风险管理需求，适应不同的托管、交易和清算机制，也能够适应具有不同风险识别能力和承受能力的投资者。很多投资者的风险收益偏好，也需要通过这些金融产品来满足。这就是各种金融交易平台大量出现的原因，不仅我国如此（而且屡禁不止），在发达国家也出现了机构和投资者之间的大量“黑池交易”。互联网的介入，主要是拓展了这些金融交易平台的交易可能性边界，并提高了交易效率。由此，可以将金融机构布局互联网金融业务的进程大致分为四个阶段：一是搭建网络销售平台，这是指通过互联网销售金融产品；二是搭建围绕客户的网络平台；三是创设互联网金融产品；四是自建或投资互联网金融企业。这些都是大部分金融机构布局互联网金融业务所要经历的阶段，如何抓住机遇，把握好每一步走向，关系到金融机构能否在今后同行业及跨行业竞争中，统筹大局，抢占高地。

1.2.4 金融业务互联网化的发展趋势

1. 货币公司

随着互联网的飞速发展，货币存在的形式更加虚拟化，出现了摆脱任何事物形态，只以电子信号形式存在的虚拟货币。虚拟货币银行是主要经营虚拟货币的企业，它的存在方便了虚拟资金的筹措与融通，因此是金融机构中的重要一员。与现实银行的业务类似，一方面，虚拟货币银行以吸收存款的方式，把网络上闲置的虚拟货币资金和小额货币结余集中起来，然后以贷款的形式借给需要补充虚拟货币的人去使用；在这里，虚拟货币银行充当贷款人和借款人的中介。另一方面，买者和卖者可以通过虚拟货币银行办理虚拟货币的收付、结算等业务；在这里，虚拟银行又充当支付中介。总之，在整个金融体系与线上商务的发展中，虚拟货币银行将起到信用中介的作用。

2. 混业经营

从图 1-3 中可以清晰地看到平安银行互联网金融的思路和布局。平安银行出资建设和运营电子商务云服务平台，并协同物流、第三方信息平台等，构建平安银行生意管家，形成以订单、运单、收单为一体的网络电子平台，从而打通商流、物流、资金流。平安银行在整个过程中，能够全面、详细、准确地了解中小企业的相关数据。这背后体现了平安银行对生产企业、供应商、经销商、第三方交易平台等商品生产、流通、销售各环节企业的整合能力，从而将价值信息转化为供应链信用，形成平安银行在供应链融资上的有效且核心的贷款审核数据。而基于生意管家中产生的大数据，平安银行结合其供应链融资方案，为不同类型中小企业提供不同融资解决方案，使它们定位更加清晰，对风险管控更加明确。

橙子银行是平安银行针对零售客户的互联网金融平台，客户通过各类电子设备开通电子账户，该账户类似于银行卡账户，目前主要是存款、理财业务。其理财业务主要为两大类，一是平安盈，是与基金公司合作的货币基金，另一类则是平安银行自身开发的

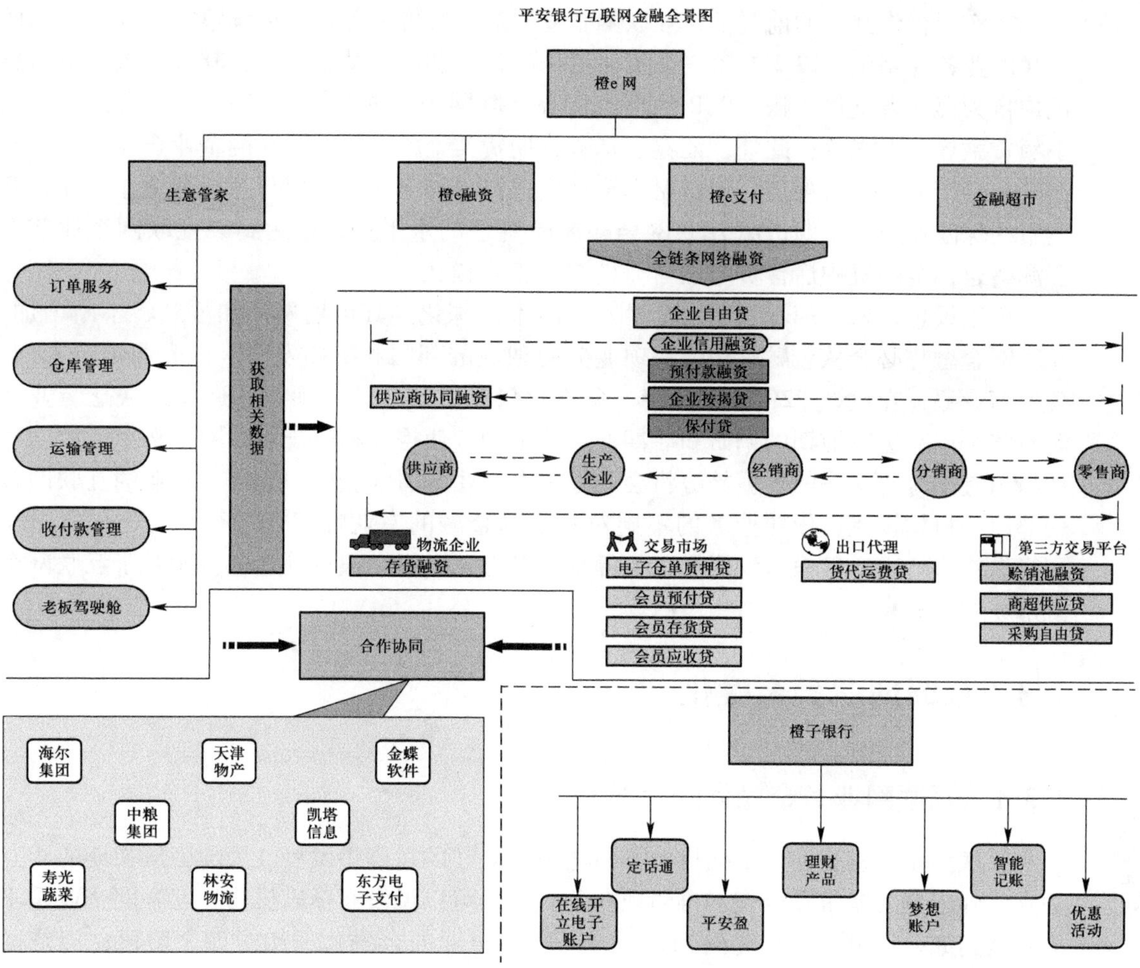

图 1-3　平安银行互联网金融全景图

理财产品。理财业务是针对零售客户的主要业务之一，但是贷款业务才是银行最想发展的业务之一。随着客户量等方面逐渐成熟，平安银行将开发适合年轻人的网络贷款业务，如车贷等。由于监管规定，部分业务应当进行线下交易，平安银行正在构建的社区银行网络将会与橙子银行形成合力，使得业务办理更加顺畅。

3. 展望

银行未来将会与互联网企业等市场主体开展跨界合作，实现优势互补，建立良好的互联网金融生态环境和产业链。具体来说，就是在线上线下混业经营的趋势下，银行将会与互联网企业和电子商务企业建立战略合作关系，并积极与各类工业园区、垂直类电子商务以及大学校园等领域中的代表企业或单位深入接触，一同构建共赢的商业合作模式，提升金融服务的效率和效果。

在实现合作共赢的前提下，互联网企业开展的金融业务将以传统银行、证券公司的互联网业务为基础，以支持第三方支付机构的运作和网上基金销售；其次，银行等金融机构将为第三方支付机构、P2P 网络借贷等互联网企业继续提供资金存管、支付清算、小额贷款等金融服务；此外，证券、基金、期货类金融机构与互联网企业合作，进一步拓宽金融产品的销售渠道，创新财富管理模式；再加上保险公司与互联网企业合作，开展履约保险业务，不断改善互联网金融风险管理的水平；最终达到“互联网企业前台资源整合，金融机构后台资金运营”的混业整合模式。

可以设想，未来随着互联网金融发展的不断深化，其市场份额和盈利将不断增加，互联网金融势必会从金融机构的一项业务向独立的部门和机构发展。以商业银行为例，现今商业银行在设计 P2P 网络借贷、众筹时只是将其作为一项业务运作，缺乏专业团队对整个产品进行前期的调研和后期的运营维护，使得其相较于互联网金融企业的同质产品稍逊一筹。未来的发展趋势将会是像平安集团部署陆金所一样进行专业的互联网金融部门和机构设置，依照业务的不同对互联网金融的专业性银行进行划分，包括 P2P 网络借贷银行、众筹银行和网商银行等具体形态，以提高银行等金融机构对于互联网金融市场的占有率。

微视频 1-10
互联网业务金融化

1.3 互联网业务金融化

1.3.1 互联网业务金融化的发展

互联网企业正是在与金融机构不断竞争、合作的过程中发展壮大的，从初期的相互独立，到中期的竞争和合作，再到现在的融合，可以说没有金融机构，互联网企业是不会发展到如此规模的。从时间轴来看，互联网企业的金融化经历了四个阶段：门户网站、电子商务、互联网金融、大数据公司，完成了互联网企业从基于信息技术（IT）到基于数据技术（DT）的转换。

（1）门户网站

1997 年 6 月网易公司成立，标志着门户网站在中国的诞生。1998 年 2 月 25 日，中国首个大型分类查询搜索引擎——搜狐品牌正式诞生。随后，四通利方宣布并购海外最大的华人网站公司“华渊资讯”，成立全球最大的华人网站“新浪网”。至此我国门户网站三足鼎立的局面开始形成。门户网站在发展初期以网络广告为盈利点，通过最大化地吸引用户注意力、提高浏览量来获得风险投资者和网络广告主的青睐。这些互联网企业几乎没有任何产品，相互独立，与传统金融机构的业务发展没有交集。但由于收入模式过于单一，很多门户网站的发展受到限制，因此它们开始对自身的发展模式进行思考和调整，业务逐渐多元化，而不再像传统门户网站那样只以网络广告为主营业务。

（2）电子商务

虽然中国电子商务的发展最早可以追溯到1993年，但在2003年之前，电子商务的发展十分缓慢，处于初步的发展阶段。那时网民的网络生活方式还仅仅停留在电子邮件和新闻浏览阶段。而2003年以后，一方面当当、卓越、慧聪网、全球采购网、淘宝这些电子商务平台开始出现在人们的视野中，另一方面“非典”的爆发让人们体验到电子商务所带来的便利。在这一阶段，大批网民逐步接受了网络购物的生活方式，而且这样的网民规模还在高速扩张；众多的中小型企业从B2B电子商务中获得了订单，“网商”的概念深入商家之心；电子商务的基础环境不断成熟，物流、支付、诚信瓶颈问题基本得到解决，在B2B、B2C、C2C电子商务领域，大批网络商家迅速成长，积累了大量的电子商务运营管理经验和资金。

2005年，计算机的普及、网络带宽的提高，以及电子商务基础设施的完善，促使第三方支付行业快速发展，我国第三方支付行业迎来了春天，支付规模达到196亿元。

（3）互联网金融

2007年6月，我国第一家P2P网络借贷公司——拍拍贷成立，开启了我国网络借贷的先河，这也对传统金融机构的统治地位构成了挑战，互联网企业开始涉足金融领域，与银行展开竞争。

前面两个阶段的发展为互联网企业进入互联网金融时代打下了基础。互联网金融主要包括互联网企业的金融化与金融企业的互联网化，这里主要讨论前面一部分。这一部分又分为三个发展阶段：① 20世纪90年代，互联网企业发展模式单一，产品稀少；② 随着计算机和通信技术的广泛应用以及电子商务的发展，第三方支付机构逐渐成长，网络借贷也开始萌芽，互联网与金融的结合开始从技术领域慢慢深入金融业务领域；③ 随着P2P网络借贷的成熟以及众筹的出现，互联网企业开始提供更多的投融资服务，金融化进一步加深。2013年是互联网金融发展革命性的一年，这一年也被称为“互联网金融元年”。

2014年，P2P网络借贷发展继续欣欣向荣。根据对325个重点P2P网络借贷平台的监测结果，2014年P2P网络借贷平台综合成交量超过2 500亿元，是2013年的3. 29倍；并且基本保持逐月递增的趋势，3月涨幅达到峰值106. 9%。但是网络借贷发展还处于初级阶段，缺乏相关部门的监管，相关的法律政策等也相对匮乏，平台“跑路”事件频频发生。

随着“大众创业、万众创新”政策的推进，国务院先后数次推动股权众筹事业的发展，2015年，全国众筹行业共成功筹资114. 24亿元，首次全年破百亿元，同比2014年全国众筹行业成功筹资金额增长429. 38%。

2016年曾被称为互联网金融监管元年，而回望2017年可以发现，监管的脚步并未停下。一方面，首次币发行（ICO）、现金贷曾在舆论上掀起轩然大波，也成为监管重拳出击的对象。另一方面，在密集的监管之下，资本市场却迎来一派繁荣景象，互联网金融企业排队赴美上市，开启了一场 IPO 热潮。

大数据的发展，从以谷歌（Google）、亚马逊（Amazon）、雅虎（Yahoo）为代表的互联网大公司，扩展到越来越多的创业公司以及金融、电力、电信等各种传统行业，这些公司和行业从不同的维度进行数据挖掘和分析，创造出更多的商业模式和经济增长点。同时，包括美国在内的诸多国家，都将大数据管理上升到国家战略层面，从国家层面通盘考虑其发展战略。“大数据”中的数据主要包括“在线”大数据和“离线”大数据，虽然从事大数据研究和开发的公司及研究单位对于这些数据有不同的业务逻辑，但是大的处理技术基本类似，都包括数据采集、导入和预处理、统计和分析、挖掘。目前，在我国，大数据在各大企业（如阿里巴巴、百度、腾讯）中已经有了成熟和广泛的应用，大数据商业模式开始形成。

1.3.2　互联网业务金融化的类型

如果说被称为“互联网金融元年”的 2013 年伴随着各种“宝类”互联网货币基金的横空出世，在随后的 2014 年，互联网支付、网络借贷、众筹、互联网理财、保险等各类互联网金融消费产品进入大众视线，则代表了“互联网金融创新发展年”。通过“互联网+”的技术创新和金融服务的深度融合，互联网金融已成为日趋成熟的消费行业。

从 21 世纪初互联网支付的出现，到互联网借贷（网络小额贷款及 P2P 网络借贷）、互联网股权投融资（众筹）的落地；从近年来互联网保险的高歌猛进，到近期一站式互联网理财的兴起；从单品类的互联网理财到综合性的互联网金融消费，高端化、精英化的传统金融服务行业逐渐延伸出门槛更低、频次更高、服务更加综合和快捷的互联网金融，其消费市场的崛起势在必行。

包括 P2P 网络借贷、众筹、互联网信托、网销货币基金等形态都是互联网理财产品的表现形式，虽然每一种互联网理财产品的形态、运作和原理都不尽相同，但是都是消费者对财产和债务进行管理，以实现财产的保值、增值的投资理财途径。

1. 第三方支付

1999 年出台的美国《金融服务现代化法案》将第三方支付机构定性为非银行金融机构，将第三方支付业务定性为货币转移业务。中国人民银行 2010 年发布的《非金融机构支付服务管理办法》将第三方支付业务定义为，在收款人和付款人之间作为中介机构提供货币资金转移服务，包括网络支付、预付卡支付、银行卡收单等业务。在货币资金转移过程中，第三方支付机构只起到中转作用，并不拥有资金所有权，它主要解决不同开户行银行卡的网上对接以及异常交易带来的信用缺失等问题，通过提供资金流通渠道完成消费者、商户以及金融机构间的货币支付、资金清算、查询统计等过程。尽管第三方支付业务脱胎于银行业务，但是第三方支付模式并非一成不变，在众多第三方支付机构中，每个企业的运营模式不尽相同。典型的第三方支付模式有两类：一类是以

“快钱”为代表的独立第三方支付模式；另一类是依托于自有 B2C 、C2C 电子商务网站提供担保功能的第三方支付模式，如“支付宝”“财付通”。

第三方支付自 2004 年出现以来一直呈快速增长态势。中国人民银行数据显示，截至 2015 年 9 月，已获得第三方支付业务许可证的机构为 270 家，其中“支付宝”所占的市场份额为 47. 6%，“财付通”所占的市场份额为 20. 1%，“银联在线”所占的市场份额为 11. 1%。以上三家第三方支付企业的市场份额已接近 80%，市场集中度较高，核心企业市场份额保持稳定。这表明，经过 10 年的快速发展，第三方支付市场已经趋于成熟。

2. P2P 网络借贷

信息技术的发展使基于互联网的 P2P 网络借贷模式应运而生。P2P 网络借贷模式是指借款人向 P2P 网络借贷平台提交借款金额、期限和利率等信息，并根据平台要求提供相应的证明文件，同时 P2P 网络借贷平台根据既定的信用评级模型等手段对出借人进行相应的认证，出借人通过比较借贷平台的标的，根据自己的风险偏好出借资金的过程。在这一模式下，借款人与出借人的对接在网络平台，如“人人贷”“宜信”“陆金所”等上完成。

截至 2015 年 12 月，网络借贷行业运营平台达到 2 595 个，与 2014 年年底相比增长了1 020 家；P2P 网络借贷平台的成交额为 11 805. 65 亿元，同比增长 258. 62%。预计在未来两年之内仍然会以 200%左右的增速发展。

在我国特定的金融市场环境中，P2P 网络借贷模式存在着明显的地区差异。2015 年，P2P 网络借贷的平均年利率和平均网络借贷期限均与传统线下民间借贷同期水平相近，其中 P2P 网络借贷的平均年利率为 12. 05%，同比下降 5. 47%；平均网络借贷期限为 6. 22 个月，比 2014 年上升 5. 07%。目前，北京、广东、上海、浙江、山东、江苏的平台数量最多，占据全国 P2P 网络借贷行业 80%以上的份额，其中上海的网络借贷年利率只有 9. 83%，在全国是最低的，上海的网络借贷期限达到 10 个月以上，远高于平均网络借贷期限。

从中可以看出，互联网企业高度集中且实力强大，如北京的百度、长江三角洲的阿里巴巴、珠江三角洲的腾讯；而网络借贷平台如北京的网信理财、长江三角洲的陆金所、珠江三角洲的红岭创投。这三大地区市场经济高度发达，对外开放程度高，一直是我国经济发展的排头兵与对外开放的前沿地区，区域内的人群对新事物、新概念、新产品的认知与接受程度高。

3. 众筹

众筹是指项目的发起者通过互联网融资平台宣传和介绍自己的项目，合格的投资者对感兴趣的项目进行少量投资，使发起者能够筹集项目运行资金，并由发起者给投资者一定报酬的融资模式。我国目前的众筹模式以债权众筹（即 P2P 网络借款）、产品众筹（即回报众筹）、捐赠众筹为主。还有一种众筹模式是股权众筹。股权众筹是指项目筹资人通过互联网平台进行融资，并回报给投资者一定的公司股份，而投资者最终能否获得实际的收益取决于公司实际经营状况的一种众筹模式，因此可以把股权众筹理解为“在互联网上完成的私募股权投资”。

除了债权众筹以外，与第三方支付等互联网金融模式相比，我国众筹的发展相对缓慢，但这并不意味着众筹的市场需求很小。根据国外经验，产品众筹、捐赠众筹和股权众筹在我国都有着广阔的市场前景和巨大的融资需求。从过去三年我国众筹平台运行情况看，因为对于股权众筹有股东人数限制及公开募资的规定，目前只有“天使汇”“大家投”等少数股权类众筹平台；而创新产品预售及市场宣传平台（如“点名时间”“众筹网”等），人文、影视、音乐和出版等创造性项目的梦想实现平台（如“淘梦网”“追梦网”等），以及一些微公益募资平台的数量较多。需要注意的是，众筹平台募集成功率为25%~42%。

2014年上半年，众筹平台发起的目标资金总额约为21.89亿元。从统计数据看，我国的众筹模式还不成熟，和国外的差距较大。以国内发展较好的“点名时间”为例，自2011年创立至今，该众筹平台共收到创业提案6 200多个，只有大约700个创业提案通过审查，通过审查的项目中约50%成功募集到资金。迄今为止，该网站仍未达到能够盈利的经营规模。相比之下，全球最大的众筹网站Kickstarter在2012年的筹资总额就已经达到3.2亿美元，网站运营已经进入盈利阶段。

4. 消费金融

随着居民收入提高、消费观念转变和互联网技术的发展，消费金融进入快速发展阶段，吸引了众多主体参与消费金融市场。银行业金融机构、消费金融公司和互联网平台是当前消费金融行业的参与主体，其中互联网平台又包含电子商务平台、分期购物平台和P2P平台。

一直以来，银行业金融机构在我国消费金融市场上占据着主要地位。截至2016年12月，银行业金融机构消费贷款总额为25.1万亿元，其中一般性消费贷款（不含住房按揭贷款）为5.92万亿元，相比其他参与主体的千亿级体量，可以说在贷款规模上，银行业金融机构是消费金融市场的主导者。而消费金融公司扩展迅速，2010年，我国成立了四家首批试点的消费金融公司；2013年中国银监会扩大了消费金融公司的试点城市范围，新增10个城市参与试点；2015年，为进一步支持消费金融公司发展，国务院将消费金融公司的试点范围扩大至全国。经过多年的发展，消费金融公司实现了从无到有、从小到大、从试点到设立常态化的跨越式发展。截至2017年9月，全国共有23家持牌消费金融公司开业，覆盖全国主要的大中城市。便捷的贷款流程、极致的放款速度、良好的客户体验，互联网消费金融凭借着大数据和云计算，深入渗透各大消费场景，实现了蓬勃的发展。2013~2016年，互联网消费金融的交易规模从60亿元猛增到4 367.1亿元，交易规模实现70倍爆发式增长。其中，由蚂蚁金服、京东金融等电子商务企业控股的消费金融服务集团业绩表现不俗，贷款规模和品牌影响力稳步提升。此外，分期购物平台发展迅速，以分期乐、趣分期、人人分期为主的大学生分期购物平台迅速崛起，市场竞争激烈。在P2P网络借贷平台方面，截至2017年8月，P2P网络借贷行业正常运营平台有2 065个，其中涉及消费金融业务的正常运营平台有286个，环比增加5个，占同期P2P网络借贷行业正常运营平台的13.85%。

5. 互联网个人征信

在全新的金融模式下，愈来愈多的小微客户也能够自如地加入金融体系；与此同时，互联网及大数据技术的突飞猛进不但使相应服务的成本投入大为减少，而且还提升了服务的整体效率。所谓征信，具体是指按照相关法律展开信息的收集、汇总及整合、存储等，并且生成信用报告与评估，以在客户有需求的时候对风险进行较为科学、合理的预测。而征信体系，是指收集、分析、评价信用数据资料，并且向外提供信用数据资料服务的相关手段和制度的总称。它分为两类，即个人及企业征信体系。

现今，我国的征信体系已经初现雏形，建成了围绕中国人民银行个人征信系统，同时辅以市场化个人征信机构的个人征信体系。金融组织是中国人民银行个人征信系统的主要服务对象，而互联网金融个人征信数据因为与该系统在数据出处以及数据结构标准等方面存在较大差别，所以难以与该系统有效对接，也就难以对该系统的数据加以应用。专门从事个人征信业务的相关组织，以及由于业务发展需要而从事此类业务的互联网金融组织共同构成了市场化个人征信机构，然而此类机构的个人信用数据几乎都将本机构作为唯一的服务对象，即便其中一部分做到了个人征信数据的共享，也具有一定的封闭性，难以与互联网金融快速发展的需求相契合。与传统金融相比，互联网金融在个人信用方面承担着更高的风险，因此必须构建相应的个人征信体系，使个体的信用交易受到制约，进而推动互联网金融的健康发展。

6. 互联网金融理财

互联网金融理财是互联网金融的一种金融创新模式，通过互联网第三方支付平台或者电子商务平台等，将理财与互联网技术结合起来，以实现投资者的理财期望，它有效地提升了理财活动的便捷性，降低了理财主体的理财成本。互联网金融理财产品是顺应互联网金融的发展而生的。余额宝的推出引发了互联网金融理财产品的一系列热潮，微信理财通、百度钱包、京东零钱宝接踵而至，在人们的生活中应用越来越广泛。

传统的银行理财方式安全性高，收益有保障，是很多稳健型家庭资产配置的首选，而新兴的互联网理财则满足了广大中低收入人群的理财需求，成为名副其实的“草根理财产品”。中低收入人群在进行理财时希望能够在低风险条件下获得较高收益，并且能够随时提现，互联网理财产品为了适应中低收入人群的这些理财需求，具有准入门槛低、流动性高、收益较高、潜在风险高等特征。我国互联网理财规模已由2013年的2 152.97亿元增长到2017年的3.15万亿元，2018年将达到5.36万亿元，以此类推，预计到2020年，我国互联网理财规模将达到15.5万亿元。其中，2017年互联网理财规模同比增幅达52.39%。互联网理财指数也已由2013年的100点增长到2017年的695点，四年时间内增长了近6倍。

1.3.3 互联网业务金融化的发展趋势

1. 大数据公司

大数据主要是指无法在可承受的时间范围内用常规软件工具进行捕捉、管理和处理的数据集合，是需要通过新的处理模式才能具有更强的决策力、洞察发现力和流程优化能力的海量、高增长率和多样化的信息资产。麦肯锡全球研究院给出的大数据定义是：一种规模大到在获取、存储、管理、分析等方面大大超出传统数据库软件工具能力范围的数据集合，具有数据量大、速度快、类型繁多和价值密度低等特点。关于大数据，还将在3.2节中做进一步介绍。

而大数据技术的战略意义不在于掌握庞大的数据，而在于对这些有意义的数据进行专业化处理。大数据公司通过对企业海量数据进行分析、处理，整合各类相关数据，利用不同的数据源联动分析出结果，为企业提供征信评级信息，并对企业决策进行预测分析，或者为企业提供相关的决策信息，帮助企业了解客户，锁定资源，规划生产，做好运营，开展服务。同时，也可以为投资者提供有价值的投资信息，帮助投资者进行价值分析。目前，大数据公司主要涉及金融服务、零售、医疗卫生、执法、电信、能源与公共事业、数字媒体、交通运输等行业。大数据技术发展的大事记如表1-3所示。

表1-3 大数据技术发展的大事记（2006—2017年）

时间	事件
2006年1月	Hadoop项目诞生，它是雅虎公司用来解决网页搜索问题的一个项目，是由多个软件产品组成的一个生态系统，可以实现功能全面而灵活的大数据分析
2008年12月	“大数据”得到部分美国知名计算机科学研究人员的认可，业界组织计算社区联盟发表了一份有影响力的白皮书《大数据计算：在商务、科学和社会领域创建革命性突破》
2009年1月	印度政府建立了用于身份识别管理的生物识别数据库
2009年5月	美国政府通过启动Data.gov网站进一步开放了数据的大门，这个网站向公众提供各种各样的政府数据
2009年7月	联合国全球脉冲项目研究了如何利用手机和社交网站的数据源来分析和预测从螺旋价格到疾病暴发之类的问题
2010年2月	肯尼斯·库克尔在《经济学人》上发表了长达14页的大数据专题报告《数据，无所不在的数据》
2011年2月	IBM的沃森超级计算机每秒可扫描并分析4TB的数据量，并在美国著名的智力问答竞赛节目《危险边缘》（Jeopardy）上击败两名人类选手而夺冠。后来纽约时报认为这一刻为“大数据计算的胜利”
2012年2月	我国工业和信息化产业部发布的《物联网“十二五”发展规划》，将信息处理技术作为4项关键技术创新工程中的一项提出来，其中包括海量数据存储、数据挖掘、图像视频智能分析，这些都是大数据的重要组成部分

续表

时间	事件
2012年5月	谷歌推出一项企业级大数据分析的云服务 BigQuery，用来在云端处理大数据
2012年7月	联合国在纽约发布了一份关于大数据政务的白皮书《大数据促发展：挑战与机遇》，总结了各国政府如何利用大数据更好地服务和保护人民
2013年6月	美国零售巨头沃尔玛成功收购数据分析初创公司 Inkiru，以建立起电子商务能力并与亚马逊的在线业务进行竞争
2013年9月	腾讯云开放战略发布会在京举行，正式宣布全面开放腾讯云。腾讯云定位于服务互联网应用开发者的公有云平台，它覆盖了计算云、数据云、个人云三个层面
2014年4月	世界经济论坛以“大数据的回报与风险”为主题发布了《全球信息技术报告（第13版）》
2014年5月	美国白宫发布了2014年全球“大数据”白皮书的研究报告《大数据：抓住机遇、守护价值》
2015年5月	全球首个以大数据为主题的峰会和展会——2015贵阳国际大数据产业博览会暨全球大数据时代贵阳峰会在贵阳召开。大会以“‘互联网+’，时代的数据安全与发展”为主题，分析全球大数据发展的现状和趋势，探讨保障大数据安全和隐私保护、发展大数据经济等重大问题
2016年3月	德国联邦经济与能源部发布《数字化战略2025》，涉及数字基础设施扩建、促进数字化投资与创新、发展智能互联等内容
2016年5月	美国发布《联邦大数据研究与开发战略计划》，该计划主要围绕大数据研发关键领域的七个战略，包括促进人类对科学、医学和安全所有分支的认识；确保美国在研发领域继续发挥领导作用；通过研发来提高美国和世界解决社会和环境紧迫问题的能力
2017年3月	中国科学院计算机技术研究所“大数据分析系统国家工程实验室”成立。该实验室旨在突破大数据分析的核心技术瓶颈，研制第二代大数据分析软件，实现理论、架构、算法和接口的整体性、系统性突破，在科学发现、智慧城市、社会安全等方面形成重要应用
2017年5月	由大数据战略重点实验室研究编撰、中信出版集团出版的学术性著作《块数据3.0：秩序互联网与主权区块链》首发。这本书是块数据研究从理论架构走向实践应用的一个重要里程碑

目前，国内大数据公司可以分为两类：一类是有获取大数据能力的公司，如百度、腾讯、阿里巴巴等互联网企业以及华为、浪潮、中兴等国产软硬件企业，涵盖了数据采集、数据存储、数据分析、数据可视化以及数据安全等领域；另一类则是初创的大数据公司，这类公司依赖于大数据工具，针对市场需求，根据数据处理结果为市场带来创新方案并推动技术发展。到目前为止，大多数的大数据应用都需要由第三方公司提供服务。

随着技术和理念的发展，“大数据”逐渐普及开来，行业应用日益增多。企业通过引进大数据来改善经营管理，提升与此相关的数据采集、可视化等硬件技术，增强企业竞争力，扩大市场规模。除了营销、金融等原本就需要数据驱动的领域外，大数据还可以应用在健康医疗、交通、气象、公共服务治理等领域。

大数据的出现，带来了新一波的创新浪潮。一方面，与前些年很多号称自己是“大数据”公司的企业，实则只是进行查询和搜索，或者还是利用人工收集数据的状况相比，目前很多创业公司已经有了很好的行业知识、技术架构、数据采集能力和算法分析能力，这些给行业未来的深入发展打下了良好的基础。同时，大数据的相关培训，为大数据人才的培养创造了良好的条件。中商产业研究院发布的《2018—2023年中国大数据产业发展前景与投资战略规划分析报告》数据显示，2015年，全球大数据产业市场规模为1 403亿美元，预计到2020年将达到10 270亿美元，2014～2020年间年均复合增长率（CAGR）高达49%；2015年，我国大数据产业市场规模为2 485亿元，预计2018年将达到近6 000亿元。但大数据在我国的发展时间只有短短几年，我国的大数据公司从技术到分析水平都还在起步阶段。

2. 混业经营

这里所提到的混业经营，是指互联网企业利用互联网技术和信息与通信技术涉足金融业务，实现资金融通、支付、投资和信息中介服务的新型业务模式。其发展模式主要有众筹、P2P网络借贷、第三方支付等。国外的混业经营较为成熟，而我国还处于发展阶段，相关法律法规相对缺乏，在未来一段时间仍将处于探索阶段。我国混业经营的发展历程如表1-4所示。

表1-4　混业经营的发展历程

时　　间	事　　件
2005年1月26日	瑞士达沃斯世界经济论坛上，马云首先提出第三方支付平台，2005年被称为"第三方支付元年"
2007年6月	上海拍拍贷金融信息服务有限公司成立，揭开我国P2P网络借贷发展的新篇章
2009年9月10日	阿里云计算公司成立，4个月后基于云计算的贷款产品开始上线
2013年6月13日	余额宝上线，截至2013年，余额宝的客户数达4 303万人，基金规模为1 853亿元，2013年被称为"互联网金融元年"
2014年4月21日	中国银监会首次提出对P2P"四条红线"的底线监管思路，有利于规范P2P网络借贷行业的发展
2014年10月	四川铂利亚、浙江传奇投资等20余个P2P网络借贷平台纷纷陷入关停甚至"跑路"的危机，被称为"黑色10月"；2014年被称为"P2P网络借贷的监管年"，P2P网络借贷行业规模增长超过100%，从2013年的近1 000亿元，快速增长到2 000多亿元
2015年	截至2015年10月，共有186个股权众筹平台先后上线，2015年被称为"股权众筹元年"
2016年	各部委监管细则的相继发布，标志着2016年互联网金融行业迎来监管元年

阿里巴巴已经形成了一个通过自有电子商务平台沉积，以及UCWeb、高德地图、企业微博等端口导流，围绕电子商务核心业务和支撑电子商务体系的金融业务，以及配套的本地生活服务、健康医疗等，囊括游戏、视频、音乐等泛娱乐业务和智能终端业务的完整商业生态圈。这一商业生态圈的核心是数据及流量共享，基础是营销服务及云服务，有效数据的整合抓手是支付宝。阿里巴巴的生态是典型的混业经营模式，如图1-4所示。

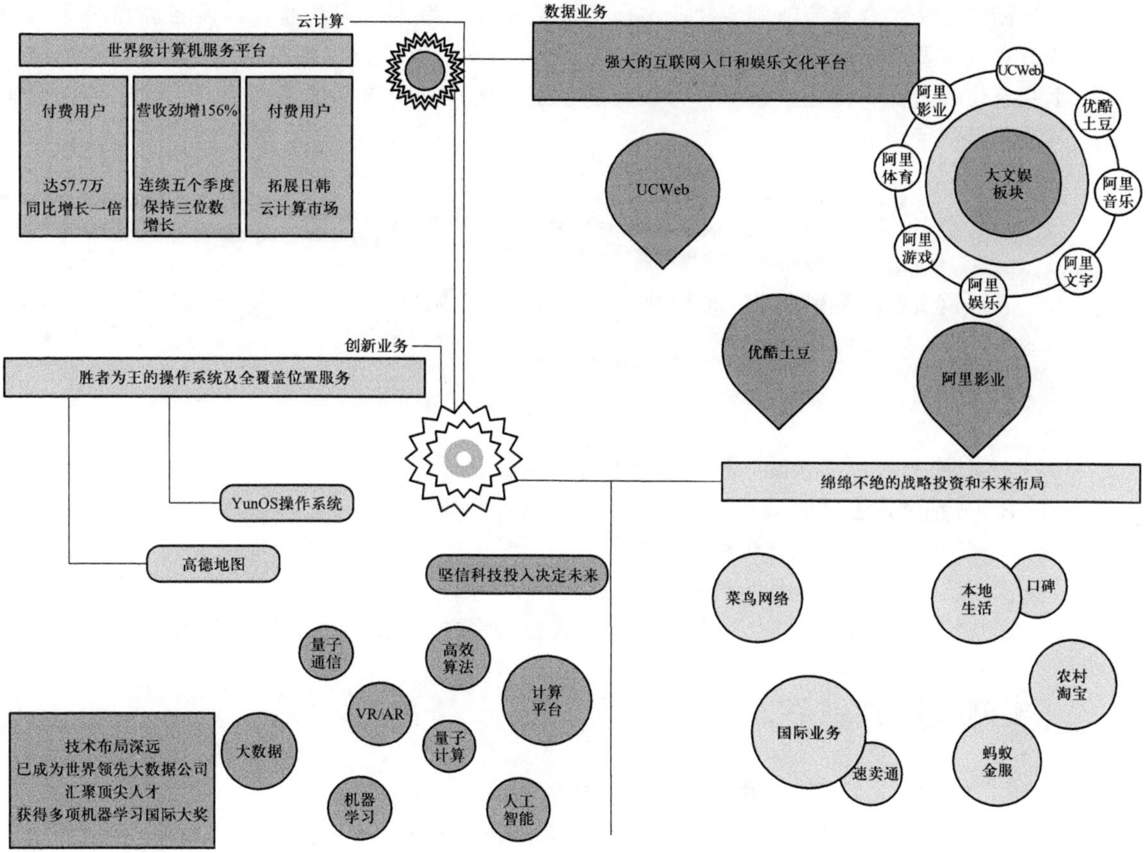

图 1-4　阿里巴巴的生态模式图

互联网企业在选择开展金融业务时，可以选择三种业务方向：一是靠金融业务本身获得直接收益；二是通过提供金融服务增强原业务体系的收益能力；三是更看重金融业务未来在生态体系中的价值。互联网企业较少从事 P2P 网络借贷、众筹等热门业务，而是更多的是利用现有的入口资源、数据资源与金融业务结合产生收益，具体体现在渠道类产品覆盖广泛，消费贷款、供应链贷款兴起，大型互联网企业做征信和支付的意愿强烈。

【本章小结】

互联网金融是一种基于互联网、大数据、云计算、移动通信、社交平台及搜索引擎等信息技术，实现资金融通、支付、结算等金融相关服务的金融业态。其发展主要有两种模式：一是互联网业务金融化；二是金融业务互联网化。互联网金融是现有金融体系的进一步完善和普惠金融的重要内容，其表现形式既包括以互联网为主要业务载体的第三方支付、

P2P 网络借贷、众筹等新型金融业态，也包括持牌互联网金融机构，以及各类持牌金融机构设立的主要从事互联网金融相关业务的法人机构。互联网金融在经营模式、经营理念、客户定位等方面与传统金融都有着很大的差别，正是基于这样的差别使其相对于传统金融具有独特的优势。

【关键术语】

互联网金融　金融业务互联网化　互联网业务金融化

【思考题】

1. 什么是互联网金融？互联网金融有哪些表现形式？
2. 分别阐述金融业务互联网化和互联网业务金融化。
3. 简述互联网金融与传统金融的不同。
4. 阐述互联网金融和传统金融的特点。
5. 谈谈你对金融业务互联网化和互联网业务金融化的未来发展趋势的看法。

【案例分析】

互联网金融再度成为全国“两会”热词

随着 2018 年全国“两会”的召开，互联网金融未来的发展方向又一次成为金融界的热门话题。

值得关注的是，自从互联网金融被写入政府工作报告以来，报告中关于互联网金融的表述不断变化。从前几次“促进互联金融健康发展”“规范发展互联网金融”到 2017 年的“当前系统性风险总体可控，但对不良资产、债券违约、影子银行、互联网金融等累积风险要高度警惕”。从“促进”到“警惕”，不但凸显了互联网金融从乱象丛生到规范发展的成长轨迹，也说明了互联网金融已经成为我国金融体系的重要组成部分，受到高度关注。今年互联网金融仍是“两会”关注的热点，合规化依然是对行业发展的主要诉求，不守规范和秩序的平台终将出局。

从 2016 年 8 月开始，国家下发了一系列整改办法，肃清行业发展乱象。业内人士表示，互联网金融规范化发展有利于提升大众对金融信息服务的满意度，对推广普惠金融、激发市场活力具有利好作用。

2018 年 P2P 网络借贷在我国已经走过了 11 个春秋。这 11 年来，P2P 网络借贷从一棵幼苗长成了茁壮的大树，葳蕤的枝叶见证了它一路的辉煌，同时斑驳的树影也见证了它成长的繁杂与艰辛。在这 11 年间 P2P 网络借贷行业从无到有，从默默无闻到声名大振，从粗放到有序。

一方有资金需求，一方又资金闲置，把从未接触过的双方进行优势上的互补，使双方通过互联网金融平台完美对接，2017 年 P2P 网络借贷成为我国最大共享经济。P2P 网络借贷也在不知不觉中改变了人们生活的方方面面。P2P 网络借贷理财累计交易量已经成功突破 6.6 万亿元大关，投资者近 5 000 万人，P2P 网络借贷的第一批参与者资产早已翻番或者翻两番，超过 50 家银行主动与优质、规范的 P2P 网络借贷平台寻求资金存管合作，同时 P2P 网络借贷公司与保险公司合作已经成为常态；随着互联网金融知识的普及，P2P 网络借贷的客户、投资人对 P2P 网络借贷的认知加强，P2P 网络借贷或将成为全民皆知的理财方式。

进入 2018 年，合规备案无疑是互联网金融企业工作的重点，各个网络借贷平台全力赴考备案。对互联网金融而言，这两年多的持续整顿，行业不仅没有萎靡，反而活力井喷。例如，去年几千家现金贷公司，还有互联网金融企业赴海外上市动作不断，显示出互联网金融行业的强大活力。规范的互联网金融发展是对传统金融的补充和完善，会起到一定的市场平衡作用。

在飞速发展的互联网时代，互联网金融带来的普惠金融服务已是大势所趋，随着国家监管政策的逐步落地，整个行业的发展也将越来越规范，或将迎来又一个春天。

【参考文献】

[1] 谢平，邹传伟．互联网金融模式研究[J]．金融研究，2012(12)：11-22.

[2] 谢平，邹传伟，刘海二．互联网金融的基础理论[J]．金融研究，2015(8)：1-12.

[3] 付强．互联网金融的发展与展望[J]．银行家，2015(3)：38-39.

[4] 陈志武．互联网金融到底有多新[J]．新金融，2014(4)：9-13.

[5] 姜欣欣．中国金融的深度变革与互联网金融[N]．金融时报，2014-02-24.

[6] 朱晋川．互联网金融新模式研究：互联网金融的产生背景、现状分析与趋势研究[J]．农村金融研究，2013(10)：5-8.

[7] 谭天文，陆楠．互联网金融模式与传统金融模式的对比分析[J]．中国市场，2013(46)：101-103.

[8] C Jiang，Z Ding，J Wang，et al. Big data resource service platform for the internet financial industry[J]．Chinese Science Bulletin，2014，59(36)：5051.

第 2 章

互联网金融业务基础

【教学目标与要求】

1. 了解境内外移动支付的发展，掌握当前支付行业所面临的挑战及应对措施。

2. 了解与投融资相关的一些概念，了解境外互联网投融资的发展状况，掌握股权众筹的运营模式、优劣势及发展趋势。

3. 了解财富管理的起源及特征，了解互联网财富管理的发展趋势，掌握互联网财富管理的投资原则及特征。

4. 了解传统投资顾问和智能投顾的优劣势，了解境内外相关智能投顾平台，掌握智能投顾的特征。

【知识架构】

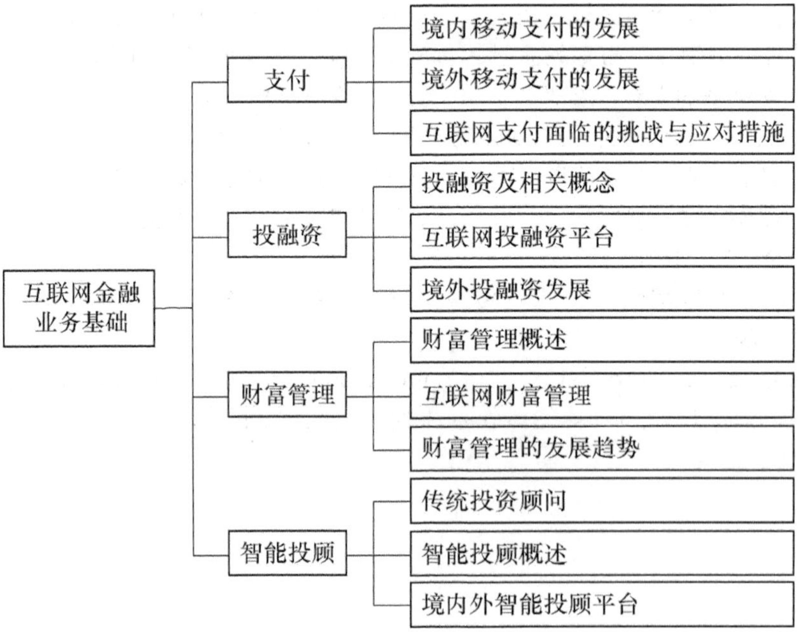

【导入案例】

金融机构内外创新应对科技挑战——全球专家会聚香港把脉金融科技新趋势

金融科技越来越深刻地改变着传统金融业，在带来机遇的同时也伴随着挑战。2018 年 1 月，来自多个国家和地区的政府部门、监管机构和金融界的代表会聚香港，参加第十一届亚洲金融论坛，把脉全球金融科技新趋势。

调查显示：人工智能、大数据及区块链技术最有可能颠覆金融业

第十一届亚洲金融论坛关注科技和创新议题。在现场投票环节，问到今年哪一个科技相关概念会给金融行业带来最大的颠覆性影响时，与会者选择最多的是人工智能（得票率为 30%），其次是大数据分析（得票率为 21%），再次是区块链技术（得票率为 15%）。

移动支付、互联网金融、安全和生物识别技术、机器人顾问和加密货币等金融科技的出现，将为企业和消费者重新定义处理金钱、银行业务和购物的方式，同时将重塑传统金融行业的运作模式。

“传统金融服务越来越去中介化，颠覆已经出现，只是没有广泛分布，它现在仅仅只是出现在表面，没有向深层发展。”在论坛上作主旨演讲的 Fintech Forge（金融科技工厂）董事总经理尼克尔斯说。

香港金融机构主动突围应对金融科技挑战

香港中资证券业协会会长、交银国际董事长谭岳衡介绍，根据市场调研，80%的金融证券从业人员认为，其所处的行业和公司面临着新技术和新商业模式出现而产生的颠覆性变化；有 50%的从业人员认为，这种颠覆性的变化已经开始主导金融业。

谭岳衡指出，颠覆性变化，就是原有的商业模式和核心资产都同时受到威胁。例如，大数据的应用让投资银行传统的投资分析不能像过去一样产生价值，这就使得投资银行的核心资产受到威胁；互联网和物联网应用带来的去中介化，使股票经纪人逐渐失去存在的价值，一些证券公司的固有商业模式受到威胁。

此外，新技术的广泛应用，使得金融证券机构用原有的方法难以保持与客户的固有关联，客户黏合度降低，进而造成客户流失。

“迎接颠覆性的变化已经迫在眉睫。传统金融机构创新发展主要通过两个途径，一是内部创新发展，二是外部嵌入发展。”谭岳衡说。

交银国际此前与香港智能金融科技有限公司 FDT-AI 签署战略合作协议，双方将在人工智能及大数据领域展开多层面的深入合作，推动落实人工智能及大数据与实体经济深度融合战略。

“对于交银国际来说，就是在寻求有效的办法以减轻和免除被颠覆的威胁，使我们能依托 FDT-AI 的技术嵌入，革新商业模式，巩固和扩大核心资产的盈利能力。”谭岳衡说。

香港特别行政区行政长官林郑月娥表示，香港特别行政区政府鼓励香港所有的金融机构开展创新，并且快速运用技术。通过产品和服务，加强和优化消费者体验，进一步推动香港金融的发展。

金融科技领域需要合作创造多赢

除了传统金融机构的自我革新，其他领域的公司也逐渐加入金融科技的大潮。

尼克尔斯指出，过去5年，全球针对金融科技投资的总额达到700亿美元，这只是冰山一角，越来越多的金融科技公司开始出现，尤其亚洲在整个金融科技版图中占据了最重要的位置。亚洲金融科技的发展速度超过了欧美主要国家和经济体。

他表示，传统金融机构如汇丰银行、星展银行、工商银行等银行，都不断推出新的金融科技战略，而零售商、市场机构、保险公司的加入使得这个局面变得更为复杂。

微软（中国）有限公司首席技术官黎江介绍，这几年微软公司做了很大的转型，如云计算、大数据、人工智能的转型。科技公司需要与金融界及其他行业一起，共同建设一个科技型的创新体系。

黎江表示，金融科技可以突破的点有很多，不是靠传统金融机构的一个团队、一个事业部或者一个开发中心就能解决的，这需要通过和很多外部新型创业公司一起合作，共同创造很多新的场景才能解决。

（资料来源：新华网，2018年1月19日）

随着互联网技术、信息与通信技术的发展，尤其是近几年来大数据、云计算、区块链在金融领域的应用，金融科技应运而生，催生了基于互联网的新型金融业务，如互联网支付、P2P网络借贷、基于互联网的众筹以及互联网理财等，传统金融业务互联网化程度逐步提高，业务范围更加广泛，业务种类更加多样化。那么，面对逐渐兴起的金融科技，传统的金融业务将如何应对？互联网金融业务有怎样的特色以及境内外互联网金融业务的发展又是怎样的呢？这些新兴的互联网技术或者金融科技会对未来金融业产生哪些影响？本章将会给出初步解答。

2.1 支付

一直以来，存贷汇都是金融行业的基础业务。随着互联网的兴起，传统金融行业与互联网技术紧密结合，互联网金融应运而生。2005年，互联网支付兴起，支付成为互联网金融行业的核心业务。随着互联网技术的快速发展，2016年以来，行业的热点逐步从“互联网金融”转换到“金融科技”，支付业一直以来都被认为是很难被颠覆的行业。但是，在当前金融科技的浪潮中，支付行业同样也面临着前所未有的挑战。在过去的几年当中，支付行业的从业者们致力于构建一套以数字化支付和减少日常生活中现金使用为目标的生态系统。这个生态系统在金融科技浪潮的推动下，得到进一步的优化和升级，并使客户体验不断改善。然而，越来越多的金融科技企业加入支付领域的竞争，不仅加快了支付行业的颠覆速度，也给现有的传统支付机构带来了前所未有的挑战。

同时，随着电子商务、智能手机的应用越来越普及以及4G技术乃至5G技术的应用，移动支付作为一种新兴的支付方式在世界范围内迅速普及，吸引了诸如国际卡组织、银行业金融机构以及第三方支付机构等各个金融业主体的参与。移动支付的市场规模不断扩大，产品、技术与模式也在不断创新。

由于本书第 4 章将详细介绍互联网支付的相关内容，此处只是简要介绍境内外移动支付的发展以及当前支付行业所面临的风险挑战和应对措施，使读者有一个初步的了解。

2.1.1 境内移动支付的发展

1. 发展现状

目前，支付本身已经趋于工具化，境内移动支付行业寡头垄断的格局已经形成，以第三方支付为主体的移动支付模式迅速兴起。在这种模式下，第三方支付平台的运营由独立于银行和移动运营商的第三方经济实体承担，具有独立的经营权。支付宝和微信支付已成为绝大多数人的首选支付方式，相应地蚂蚁金服和腾讯金融也占据了绝大多数的移动支付市场份额，并且持续在零售端的应用场景中发力。其他一些较小的支付企业，或者依附于其所属集团本身的应用场景，如京东、美团等；或者依托于有良好应用场景的平台，如美团、百度糯米、滴滴等。总的来说，移动支付行业的竞争十分激烈，随着金融科技浪潮的到来，移动支付行业还将迎来新一轮的技术和业务模式变革。第三方支付平台的对比分析如表 2-1 所示。

表 2-1　第三方支付平台对比分析

典型第三方支付	2017 年第一季度（Q1）市场交易规模	特　色
支付宝	53.70%	• 具有良好的信用度和网站品牌支持； • 在线支付手续费全免； • 先付款，后发货，安全高效； • 贷款托管
微信支付	39.51%	• 客户群强大； • 更加符合互联网的开放特性以及去中介化的特性； • 支付场景多元化，范围广泛
易宝支付	0.60%	• “绿色支付”，专注于电子支付的安全性能； • 提供量身定制的行业解决方案； • 独立的第三方支付提供商，与商家不会产生冲突

2. 发展趋势

（1）趋于平衡发展

移动支付是一个涉及多领域的综合支付系统，所以移动支付的发展一定是整个产业链的发展，需要不断协商，以解决移动支付在整个产业链的利益分配问题。

（2）趋于专业化

加强移动运营商和金融机构在处理移动支付业务方面各自的核心竞争力，以追求更好的利益结合点，实现更有效、更全面的合作。移动支付普及的关键因素在于方便和迅捷，制约因素则在于安全。

（3）完善配套法规

部门之间应避免利益博弈，让产业链各方能够共同开展移动支付业务，并采用合作的方式实现资源共享和优势互补，促进价值链高效运转。

（4）移动支付与网络营销相结合

实现移动支付产业化，需要先进的营销手段做支持。移动支付作为新兴产业，需要通过受众面广、开发潜力大的网络进行大规模宣传。网络营销对移动支付产业的发展起着重要的作用。

基于以上发展趋势，我国境内移动支付业务只有切实贯彻商业模式创新理念，同时在业务领域不断创新，才有可能创造出更加方便、更易于操作的移动支付商业模式。

针对移动支付产业链的结构，移动运营商和金融机构之间的博弈将变得更加复杂，二者之间的合作将更加紧密，竞争也将更加激烈。而移动运营商将会以其天然优势在竞争中获得先机，从而在产业链中占据主导地位。

2.1.2 境外移动支付的发展

1. 美国

美国作为互联网的发源地，移动支付开始的时间也比较早，其信息与通信技术以及智能技术都领先于全球，但是美国移动支付的发展却十分缓慢，目前更多的还是使用信用卡支付。Apple Pay 等移动支付工具在纽约这样的大城市难以普及。其原因大概有以下两点。

一个原因是美国拥有十分成熟、稳定的支付体系，客户长期以来形成了较为固定的支付习惯，新的支付方式引进，就会打破原先运行完好且被大众广泛接受的支付生态系统。一项新的支付技术虽然极具潜力，但会很容易地受到来自传统的相对成熟的支付体系的阻碍，因此很难进入该市场，这也在一定程度上影响了美国移动支付行业的发展。

美国的移动支付业发展缓慢，另一个重要原因就在于美国的纳税方式。美国课税操作中采用申报制，而中国采用执行制。根据美国税法及其实际操作中的规定，存款利息超过 10 美元就需要进行申报，可见理论上美国对于个人收入申报是相当严格的。如果美国使用类似微信支付或者支付宝这样的移动支付收款，那么一个人的银行账户上将会忠实地记录他的每一笔收入，并且根据法规要求必须申报收入，同时每个人都是独立纳税的主体，他们每一笔收入理论上都需要申报纳税。正是这种征税方式及结构上的差异性，使得移动支付在美国没有发展的必要基础条件，从而导致其移动支付发展缓慢。

2. 欧盟

欧盟的移动支付业务大部分还处于试用阶段，特别是以 NFC（near field communication，近场通信）支付技术支持的移动支付更是如此。欧盟的客户对新技术还在观望，并存在着对安全的担忧，其基于新技术的移动支付还有很长的一段路要走。新技术的出现，及其所带来的支付方式的变化、新的市场主体的加入、消费者消费习惯的变化和对新生事物的接受等，都引起了市场各个角色和相关监管部门的关注，它们也适时对相关法规进行了修订，以推动支付业务的发展。

目前，欧盟的移动支付商业模式共有4种类型，分别是银行主导模式、移动运营商主导模式、独立第三方推动模式和合作模式。

（1）银行主导模式

该模式以荷兰拉博银行（Rabobank International）为代表。拉博银行于2003年就开始和运营商合作提供移动支付业务，一度由于成本的不确定性和缺乏客户管理经验发展得并不顺利。2006年，拉博银行开始运行自己的虚拟移动网络，掌握了移动支付业务的主导地位，可以自主制定移动支付的业务类型和资费等。然而，尽管如此，拉博银行目前提供的移动支付业务的普及率仍不是很高，现有客户也不很活跃。据统计，每三个月至少使用一次移动支付业务的客户仅占到拉博银行客户的15%~20%。据分析，拉博银行移动支付业务发展缓慢的部分原因，在于在荷兰（甚至也包括其他西欧国家）使用移动数据业务的客户还很少。其他原因还有遍布城市的ATM、便捷的电话银行业务和网上银行业务已经满足了绝大部分客户的支付需求，压缩了移动支付业务的市场空间。

（2）移动运营商主导模式

就运营商主导模式而言，瑞典的Paybox公司推出的移动支付解决方案在德国、瑞典、奥地利、西班牙和英国等几个国家成功实施。其中，奥地利的Paybox业务是典型代表。在欧洲，相对于其他试验业务而言，奥地利的Paybox业务还是比较成功的。为了开展移动支付业务，奥地利移动运营商进行了大量投入，包括收购Paybox业务以及建立自己的负责银行业务的下属公司。在业务运营初始阶段，奥地利移动运营商开展支付业务时主要采取短信（SMS）技术支持，但目前正在引入NFC技术。

（3）独立第三方推动模式

独立第三方推动模式的典型代表是美国手机支付服务公司Obopay向欧盟客户提供的支付业务。其做法是，Obopay推动美国移动运营商Venzon与花旗银行（Citibank）合作，共同向花旗银行在欧盟的客户提供移动支付业务。2009年，诺基亚（Nokia）也投资了Obopay公司，通过Obopay的平台向移动电话客户提供支付业务，客户可以通过移动互联网或手机短信实现汇款业务等。

（4）合作模式

该模式是指移动通信行业和金融行业整合各自的优势，共同合作开展业务。这类模式主要有法国的Payez Mobile业务和西班牙的defunct Mobipay业务。后者是由西班牙所有的移动运营商联合80%的金融机构共同开展的移动支付业务。

总的来说，哪种模式更好，更能够适应客户需求和市场的发展，现在还难以断言。

这不仅取决于新技术的发展和引入，取决于相关法律法规的倾向以及监管工作的成效，取决于政治、经济和社会发展的大环境，还取决于市场的选择。

3. 日本

日本是开展移动支付最早的国家，日本早在 2004 年就已经大面积普及 NFC 支付的模式。经过十多年的发展，日本的移动支付普及率已经远超美国、德国等发达国家，形成了相对成熟的商业模式。日本的移动支付发展主要归功于日本的移动通信运营商 NTT DOCOMO，2006 年，该公司和日本麦当劳合作，推出了非接触式支付方式，并于 2007 年推出了 3G 手机，大大推动了日本移动支付行业的发展。

另外，在日本手机的标准度很高，这主要是因为手机的购买都是通过运营商，所以很多软件应用和支付产品都能够在市场上的主流手机上运行，这也使得移动支付能够在日本全国范围内得到大规模的商业应用，其应用范围的广泛性以及支付产品的多样性都领先于美国和欧洲。

2.1.3 互联网支付面临的挑战与应对措施

1. 危机四伏

金融科技的兴起使得支付变得高效，但同时也带来了一些安全隐患，如网络欺诈和身份盗用。如此一来，金融科技在推动支付行业发展的过程中形成了一种“推拉效应”：推动的是更加高效、便捷的支付方式，而需要加强的则是安全方面的防范措施，以避免网络欺诈和犯罪。

在金融科技的浪潮中，不同的传统支付机构选择不同的方式来迎接这次挑战，其中大部分支付机构都不同程度地将金融科技纳入其核心发展战略，支付行业内只有 4%左右的传统支付机构完全未涉足金融科技领域，图 2-1 所示的为普华永道 2016 年全球金融科技调查——支付行业的主要结果。

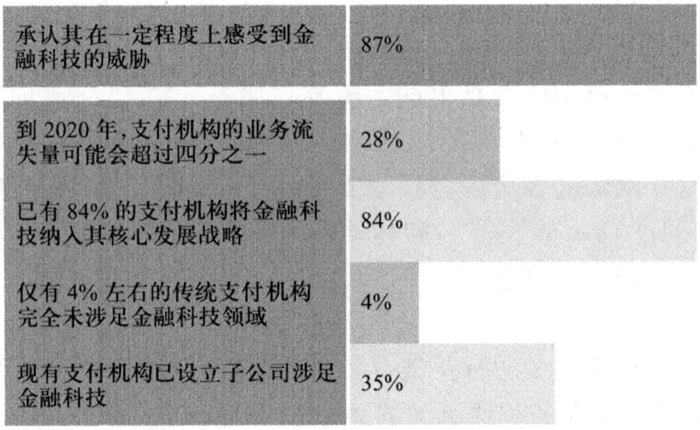

图 2-1　普华永道 2016 年全球金融科技调查——支付行业的主要结果

2. 支付行业中存在的安全隐患与安全风险

由于网络系统、计算机系统以及互联网支付系统自身就存在着安全风险和安全隐患，使得支付行业面临着巨大的挑战。随着网络技术的发展，网络诈骗犯以及网络黑客变得越来越狡猾，支付服务提供商的担忧也在不断加深。下面详细介绍支付行业中存在的主要安全隐患及其成因。

（1）流动性风险

流动性风险是指拖欠资金的一方不能按时满足支付要求，由此影响到收受方不能按时收到本应收到的流动性头寸。流动性风险最终的表现形式为“挤兑”。例如，2011 年 10 月发生的淘宝中小卖家集体从支付宝提现事件，从而导致了支付宝“挤兑”现象的发生。此外，流动性风险与支付行业之间还存在直接的连带效应，即所有的参与方的流动性管理水平在很大程度上影响着支付系统的运行稳定性。如果支付行业中的所有企业都能够有效地管理自身的流动性，势必可以为整个支付行业的稳定运行提供有力的保障。

流动性风险的成因有支付机构自身因素，以及宏观政策与市场环境因素。其中，支付机构自身因素包括流动性管理缺乏科学性、备付金利率低使得支付机构尽量压缩备付金、投资高风险的项目等。宏观政策与市场环境因素包括零售市场资金交易频繁、支付业务多渠道处理、清算资金分散、管理难度大、利率杠杆作用等。

（2）人为风险

人为风险是指在交易之中，个人因素所导致的密码及其他重要信息泄露所产生的风险。大多数金融机构基于成本考虑，会寻求外部力量来解决营运中的技术或管理问题。这种做法是一把“双刃剑”，在解决自身问题的同时也将自己暴露于风险之中。

人为风险既来自外部风险，也来自内部风险。外部风险是指网络黑客通过 IP 地址欺骗、篡改客户数据等技术来达到自己非法牟利的目的。这些网络黑客不仅会破坏计算机系统，还会盗取当事人的账户信息等敏感内容，对人们的网上支付造成了极大的危害。内部风险通常是由互联网支付行业从业人员的恶意行为引起的，这一群体掌握着互联网支付流程中各环节的操作，网络认证、防火墙等方面的工作也都是由这些人员来完成的。目前国内的互联网支付案件不少是由内部人员引起的，互联网支付的安全保护系统被他们自内部“攻破”之后，无论采用多么先进的技术手段也难以防范风险。

（3）信用风险

信用风险是指在支付过程中因一方拒绝或无力清偿债务而使另一方或其他当事人蒙受损失的风险。信用风险又称为违约风险，即交易中的订约方既不能在法定时间内，也不能在法定时间以后的任何时间内全额结算其债务所构成的风险。

信用风险的成因来自三个方面，即买方失信、卖方失信和第三方支付机构失信。买方失信会增大支付机构的营运成本和信用成本，低信用度客户的比重增大，各类风险都会有所增加。买方所存在的信用风险还会涉及资金来源是否合法、买方否认交易操作、以虚假身份进行交易、洗钱等问题。卖方失信包括卖方不能提供与买家商定的产品，不能按预定的时间将产品送达到客户手中，这将会引起买方的相关损失，如退货的相关费用、与卖方交涉所产生的时间成本及其他费用，以及卖方自身的运营成本和诚信成本大幅增加，从而造成信誉的重大损失。第三方支付机构失信是指支付机构经由信用认证相关程序对借款人的信用构建自己的风险评估体系，不同支付机构的信用风险评估体系不同，借款人也未必会履行电子货币借贷所应当承担的义务，导致借款人信用风险评估系统不健全，进而使信用风险评估产生失误，引起支付机构的误判。

（4）运行风险

运行风险，即导致或恶化信用风险或者流动性风险的运行因素，如技术故障或者运行错误所构成的风险。运行风险具体包括业务账目记录错误、信息交流之中存在错误信息、没批准而擅自录入账户、未得到客户允许就进行交易、交割过程中产生失误等原因所产生的各类损失，以及产品自身的功能欠缺、强行进行销售、对敏感问题的隐而不发等问题。

运行风险的成因主要来自三个方面，一是系统硬件不够完善，软件设计也不够严格、适用。硬件设计不够完善主要表现为计算机房设计、安装达不到国家规定的计算机安全运行环境的有关标准，供电系统不稳定，后备电源不足，计算机及网络设计没有可靠接地，缺乏防雷防尘设备，计算机本身及相关设备、部件或元件等存在老化现象。软件设计也不够严格、适用主要表现为账户与户名不一致仍能入账，对准备金账户一般存款余额无下限控制，操作界面无自动签退功能，系统设定节假日无自动顺延功能等。二是产品在特性或设计上存在不合理之处，员工服务漫不经心，抑或是对特定客户不能提供应有的专业服务，从而造成客户流失。三是系统维护能力不强，外部支持不够完备，系统的安全运行难以得到保证。

（5）系统性风险

系统性风险是指在支付系统运行过程中，因某一系统用户无法履行债务义务，而造成其他用户无法履约，使整个系统陷入困境。系统性风险的发生与信用风险和流动性风险的存在密切相关，信用风险和流动性风险所造成的后果之一就是系统性风险的发生。

对于银行业来说，系统性风险表现为因一个或多个银行出乎意料地倒闭，个别交易的支付清算或整体银行间资金转账系统的清算无法如期进行，而在整个银行体制中所触发的“多米诺骨牌效应”。该风险由信用风险与流动性风险共同造成，并大大影响支付系统与整体经济的稳定。

3. 支付行业面临的挑战

（1）互联网支付面临着激烈的竞争

互联网金融企业间的竞争越来越激烈。由于技术门槛不高，市场潜力大，互联网支付机构如雨后春笋般出现，大大小小有上百家之多。从本质上去看，这些企业之间没有太大的差别，仅仅是名称不同而已。例如，阿里巴巴的“支付宝”，腾讯的“微信支付”等。此外，各大银行也都加大了对网上银行的投入，特别在支付网关上，产品和服务的相似性有可能导致价格的恶性竞争，而价格战会大大降低企业的利润，这样一来，竞争的结局就是资金实力雄厚的企业生存，资金匮乏的企业倒闭或被并购。如此将导致本来应该在技术层面的竞争，由于技术门槛较低，企业资金实力成为比技术更重要的因素，资金雄厚的企业依赖其资金实力迅速扩大市场占有率，甚至形成少数几家企业垄断市场的局面。

（2）网络安全及隐私保护

用户的不安全感和隐私泄漏等问题阻碍了很大一部分网络用户参与到电子支付的过程中去。随着计算机网络应用的普及，与十年前相比，更多的人会收到推销、骚扰，甚至诈骗短信或电话。而在这些诈骗短信或电话中，有相当一部分是能准确地说出用户姓名的，显然这由个人信息泄露所致。由于大量支付和交互式应用需要提交个人信息，而个人信息泄露后又难以对信息泄露的途径进行预估。这样，对于用户来说，未知原因的信息泄露往往会加重部分用户对互联网支付的不信任程度；而对于支付平台来说，保障网络稳定及用户的信息安全则会产生越来越高的维护成本。针对这些问题，国家陆续出台了相关法律文件来规范互联网支付市场，以保护用户的资金安全和个人隐私问题，但是由于政策法规的制定速度往往跟不上信息技术发展的脚步，用户隐私泄露事件仍然时有发生。

（3）缺乏规范及经营风险

互联网支付业务与网络运营、金融服务都有关系，它的法律地位也不明确。虽然互联网支付平台主要为网络交易的双方提供代收代付的中介服务和第三方担保服务，但实际上一些互联网支付平台在为交易双方提供担保时，平台上会滞留大量资金，互联网金融企业依靠平台吸收大量存入资金，这远远超过了中介服务的职能。一旦这些资金被非法转移或挪作他用，就会给消费者造成损失，因此需要对其加强监管，对违规行为进行严厉惩处。

4. 支付行业应对金融科技浪潮的措施

传统的支付机构怎样才能在这波金融科技浪潮中存活下来，并提升自身的竞争力呢？专注于境内移动支付的服务提供商应该在近年来基础设施升级的基础上开发出与之相匹配的产品和服务，跨境移动支付服务提供商也要加大对相关基础设施以及技术创新的投入力度，否则新兴的金融科技企业会后来居上，占据更有竞争力的位置。另外，由于新型金融科技企业与现有支付行业之间有重叠的部分，合作能够使双方都从中获利，并使得现有支付行业能够在技术的引导下推出新的增值服务，提升客户体验，同时发掘新的客户群体以及新的更可观的收入来源，促进差异化竞争。

（1）利用金融科技推陈出新

支付机构大多都是完全数字化运营的，所以其与银行相比具有更高的科技接受度，金融科技中的支付业务一般是指通过联网终端，发起和执行资金转移和使用的服务。虽然银行在这方面是先行者，但是第三方支付机构通过优化服务，后来居上，与银行之间形成了补充和竞争的关系。此外，现有的支付机构可以通过创新产品和服务模式，采用先进的技术，如区块链等来巩固现有的地位，紧跟时代发展的步伐。新型金融科技企业也可以通过先进技术来提升服务水平和客户体验，增强竞争力，从而吸引更多的客户。例如，2018 年春节期间微信支付开启的新春摇摇乐活动，支付宝推出的开宝箱以及新春集五福活动，都是通过技术发展推动支付行业不断完善，进一步提升客户体验和自身的竞争力。

自 2008 年比特币诞生后，作为比特币的底层技术，区块链有很广泛的应用前景。基于区块链分布式网络技术的跨境移动支付，在去中心化机制下能够以更低成本更快地完成跨境转账。2014 年，中国人民银行内部成立了专门的研究小组研究中央银行发行法定数字货币的可行性，2016 年成立数字货币研究所，体现了对数字货币研究的前瞻性和高度重视。

总的来说，区块链技术可以从以下 4 个方面推动支付行业的发展。

一是可以提高支付的安全性，减少欺诈。因为区块链是一种高度安全、透明、不可篡改的共享网络，网络中的每笔交易信息都会被计入一个区块单独进行加密，区块与区块之间采用链式链接，链上的其他各方都能作为见证人，就像是共享账簿，任何试图篡改、删除交易信息的行为都会被其他各方察觉，然后被其他各方修正，从而保证信息的安全。

二是提高支付效率和速度。区块链技术能够识别出低效或碎片化的支付领域，如跨境支付，并能为更快捷的资金结算提供相应的基础设施，同时区块链天然具有的去中心化特质，对于处理多方参与的分布式交易尤其高效。

三是可以降低交易成本。区块链技术的低成本优势十分显著，可以用于解决跨境支付成本高的问题。

四是可以很好地解决征信问题。区块链技术在信用领域和征信领域会有越来越多的应用，要把区块链技术作为征信的一个底层技术，以有效地解决社会信用问题。

（2）完善相关法律法规

互联网是一个万花筒，其中有琳琅满目的商品，也有匿影藏形的潜伏黑客。互联网支付平台的背后，可能有不法商人和投资者在寻求牟利的机会，因此需要有明确的法律或行业制度来约束和规范互联网支付平台的经营范围、职责和规范，同时提醒互联网支付平台不可钻政策或制度的漏洞，加强对违法违规金融行为的惩罚力度，让互联网支付平台有更理性的定位，避免信用风险、流动性风险甚至系统性风险的发生。

（3）成为行业发展的驱动力

随着目前行业垂直化发展不断深入，以及各类精细化分工行业的成熟，积极拥抱金融科技的支付机构正逐渐成为行业发展的驱动力，这对于提升支付机构在其客户心目中的印象以及改善与客户的关系都有很大的影响。支付机构目前的首要任务就是以客户为中心，运用先进技术，如大数据分析、区块链等满足客户多样化的支付需求，促进整个行业的发展。

（4）积极设立子公司涉足金融科技领域

现有的支付机构可以通过和新兴金融科技企业合作，通过设立子公司涉足金融科技领域，或者通过启动创业项目，孵化金融科技公司等方式来应对金融科技的到来。其中，由于现有的支付机构与金融科技在业务模式、信息技术以及运营流程等方面有一定的差异，使得双方的合作之路充满坎坷。因此更多的支付机构选择通过积极设立子公司的方式涉足金融科技领域，这与其他金融业态的企业有所不同。

在金融科技投入方面，支付机构是所有金融业态企业中投入最大的，同时也是设立子公司，涉足金融科技领域最积极的。金融科技的迅猛发展也正在倒逼现有的支付服务提供商与新兴金融科技企业密切合作，以创造更大的价值。正是支付机构对金融科技领域的大力投资，使得点对点支付、支付处理、跨境支付、数字化货币兑换有了突破性的进展，而这也只是现有支付机构拥抱金融科技的“冰山一角”。随着金融科技的兴起，支付行业的格局正在被彻底改变，支付市场趋于成熟，新兴的互联网企业对现有的支付机构持续施加压力，在这个机遇与挑战并存的环境中，整个行业将在技术的驱动下实现更加健康、可持续的发展。

2.2 投融资

当前我国经济进入转型期，呈现出新常态，增幅放缓，从高速增长转为中高速增长，结构不断优化，城乡之间的差距不断缩小；但同时也面临产能过剩、消费低迷、人口老龄化等问题。在金融科技兴起的环境中，新兴的互联网投融资平台应运而生。对于现在的企业家而言，靠胆识和运气赚钱的时代已经结束，投融资的粗放式发展时代也已结束。企业要进行投融资业务，必须深思熟虑，充分利用金融科技，将目光放长远，不能“摸着石头过河”，更不能墨守成规，不接受新科技、新技术所带来的变革。

2.2.1 投融资及相关概念

1. 投融资

投融资，顾名思义包含投资和融资两个概念，投融资是一门技术，更是一门艺术。对于企业来讲，投资和融资具有同等重要的地位，虽然与生产、销售等企业日常经营活动相比，投融资一般三五年进行一次，这对于企业的生存发展至关重要。

投资是一门实践性很强的“杂学”，一般是指投资者当期投入一定数额的资金而期望在未来获得回报，所得回报应该能补偿投入资金被占用的时间、预期的通货膨胀率、未来收益的不确定性。投资的分类方法也多种多样，为了加强管理和提高投资收益，有必要对投资进行科学的分类。

（1）按照投资的标的物分类

按照投资的标的物的不同，可以将投资分为实物投资和证券投资。实物投资是将货币、实物、无形资产等投入企业，通过投资直接形成的生产经营活动赚取一定的利润。它具有与生产经营活动紧密联系、投资的回收期较长、流动性差等特点。证券投资是指投资者（法人或自然人）买卖股票、债券、基金券等有价证券以及这些有价证券的衍生品，以获取差价、利息及资本利得的投资行为和投资过程，是间接投资的重要形式。

（2）按照投资的回收期限分类

按照投资回收期限的长短，可以将投资分为短期投资和长期投资。短期投资是指回收期在一年以内的投资，主要包括现金、应收款项、存货、短期有价证券等投资；长期投资是指回收期在一年以上的投资，主要包括固定资产、无形资产、对外长期投资等。

（3）按照投资的目的分类

按照投资的目的不同，可以将投资分为产业投资、财务投资和私人投资。产业投资也称为战略投资，它更多地关注项目和企业本身，注重获取长期收益。在控股权的问题上，产业投资要求目标企业出让控制权，力求控股并购，打造百年老店。财务投资又称为金融投资，它以资本市场为导向，更多地关注行业周期和证券周期。由于缺乏融资企业所需要的经营资源，财务投资一般不会力求控股权，而主要着眼于短期的收益。财务投资可以分为私募投资、风险投资和天使投资三类，三者之间既有区别又有联系，相关内容这里不再赘述。私人投资是投资圈里的“个体户”，相对于机构投资者，私人投资更加高效、灵活。

融资是指一个企业筹集资金的行为与过程，其本质上是货币资金的融通，即融资方通过各种方式到金融市场上筹措或贷放资金的行为。通俗地讲，融资就是通过以下三个方面来说服投资方的：第一，这有一个赚钱的机会；第二，这个机会是投资者的而不是别人的；第三，最终能给投资者带来多少收益。但是，融资企业要想说服投资者，首先必须说服自己，否则融资就会变成“骗钱”，既伤害投资者，又使自己名誉扫地。融资企业的常见问题汇总如表 2-2 所示。

表 2-2　融资企业的常见问题汇总

常见问题	表　现
发展定位	缺乏明确、长远的目标
股权问题	股本结构不理想，大股东为了“控制”企业甚至牺牲“发展”
团队建设	一把手“一言堂”，组织化程度低，企业文化建设空白，经营思路狭义
产品问题	缺乏核心竞争力，低成本竞争
财务问题	企业资产负载率居高不下，资产流动性差，缺乏健全的财务制度和有效的财务管理手段，税收问题突出，财务预算不完善等

2. 增资扩股与股权转让

增资扩股和股权转让是股权投资的两种主要方式。

增资扩股是指企业向社会募集股份、发行股票、新股东投资入股或原股东增加投资扩大股权，从而增加企业的资本金，本质上是通过增加股本总量来进行融资。股权转让则是企业原股东将自己的股东权益有偿转让给他人，使他人取得股权的行为和过程。从形式上看，两者有一定的相似之处，都属于股权投资的范畴。但事实上，两者之间存在较大的差别，主要体现以下三个方面。

（1）增资扩股资金接受方是企业，股权转让资金接受方是原股东

增资扩股是融资企业获得了资金，而股权转让则是企业的原股东获得了资金。例如，证券市场的新股发行就是增资扩股，在二级市场上买卖股票就是股权转让。

（2）增资扩股企业注册资本增加，股权转让企业注册资本不变

增资扩股是企业采取向社会募集股份、发行股票、新股东投资入股或原股东增加投资的方式增加企业的注册资本。

股权转让是企业股东依法将自己的股东权益让渡给他人，使他人成为公司股东的民事法律行为，它只涉及股权转让方与股权受让方，不会增加企业的注册资本。

（3）增资扩股后公司原股东股权计税成本不变，股权转让后公司原股东股权计税成本调整

增资扩股后公司原股东的股权有可能被稀释，但不调整原股权的计税基础；股权转让后公司原股东让渡其股东权益给股权受让方，并根据股权转让的比例调整原股东股权的计税基础。

3. 兼并、收购与合并

兼并、收购与合并是并购的三种形式。所谓兼并，是指投资企业以现金、证券或其他形式购买取得融资企业的产权，融资企业的营业执照将被注销，成为投资企业旗下的一个失去独立法人资格的事业部。所谓收购，就是指投资企业出资获得融资企业一定比例的股份，以获得融资企业的控制权，融资企业仍然保留独立的法人资格，与新来的股东保持战略合作关系。所谓合并，是指投融资双方依契约及法令归并为一个企业的行为。企业合并包括吸收合并和创新合并两种形式，实际上就是双方拿出各自的企业或资产，合二为一，成立一家新企业。

4. 资产证券化

资产证券化通常是指将缺乏流动性的资产，转换为在金融市场上可以出售的证券的行为和过程。一个企业有很多资产，如厂房、设备等固定资产，都缺乏流动性，难以变现，将这些固定资产转换为证券票据，进而在资本市场上出售转让，能够提高资本市场的运作效率。

通常来说，资产证券化包含以下四类。

（1）实体资产证券化

实体资产证券化即实体资产向证券资产的转换，是以实物资产和无形资产为基础发行证券并上市的过程。

（2）信贷资产证券化

信贷资产证券化即把缺乏流动性但有未来现金流的信贷资产（如银行的贷款、企业的应收账款等）进行重组形成资产池，并以此为基础发行证券。

（3）证券资产证券化

证券资产证券化即证券资产的再证券化过程，就是将证券或证券组合作为基础资产，再以其产生的现金流或与现金流相关的变量为基础发行证券。

（4）现金资产证券化

现金资产证券化即现金持有者通过投资将现金转化成证券的过程。

2.2.2 互联网投融资平台

随着互联网的发展和金融科技的兴起，互联网投融资平台应运而生。互联网投融资平台是互联网与投融资领域相结合的产物，它主要有两个作用，一是帮投资者寻找优质创业项目，二是为中小企业寻找融资资金。其中，比较典型的就是 P2P 网络借贷平台和基于互联网的众筹。P2P 网络借贷（即债权众筹）将在第 6 章进行介绍；基于互联网的众筹包括产品众筹、捐赠众筹和股权众筹等。下面对基于互联网的众筹进行介绍。

微视频 2-1 众筹（上）

1. 概念及起源

目前，各国对于众筹尚没有一致的定义，“众筹”是翻译自英文“crowdfunding”一词，即大众筹资；而欧盟委员会关于众筹的表述是：“一种通过网络公开地为特定项目向公众筹集资金的行为”；英国金融行为监管局的表述是：“一种人们可以通过在线门户（众筹平台）为他们的活动或企业进行融资的方式”；法国则将众筹命名为“参与性金融”。

微视频 2-2 众筹（下）

最早的众筹可以追溯到 1713 年。英国诗人亚历山大·蒲柏将 15 693 行的古希腊诗歌翻译成了英语，他在启动翻译计划之前，就承诺在完成翻译后向每位订阅者提供一本六卷四开本的早期英文版的《伊利亚特》，这一创造性的承诺为他带来了 575 名用户的支持，总共筹集了4 000 多几尼（旧时英国的黄金货币）去帮助他完成翻译工作，这些支持者（订阅者）的名字也被列在了早期英文版的《伊利亚特》上。这个被称为“世界上前所未见的高贵的诗译作”的成功，离不开蒲柏创新性的运作方式——初露端倪的众筹。

2. 产品众筹

（1）概念

产品众筹，也称为回报众筹，是指投资者将资金投给筹款人用以开发某种产品（或服务），等到该产品（或服务）开始对外销售或已经具备对外销售的条件时，筹款人按照约定将开发的产品（或服务）无偿或以低于成本的方式提供给投资者的一种众筹方式。通俗地来讲，就是“我给你钱，你给我产品或服务”。

产品众筹有以下三个特点。

第一，产品具有预售性，即出资人先付款，筹资人经过一段时间的生产制造，或进行服务前期的准备工作后，再给予出资人产品回报或服务回报；第二，产品具有排他性，即处于众筹期限内的产品仅在单一渠道发售，在其他渠道享受不到相同的产品回报和服务回报；第三，有目标金额，即众筹项目的成立需要募集的资金到达一定的规模，否则项目不能成功启动。产品众筹的特点如图 2-2 所示。

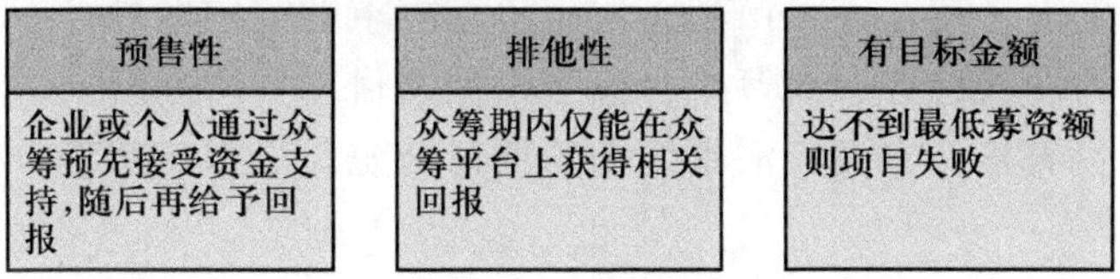

图 2-2　产品众筹的特点

（2）流程分析

产品众筹项目的发起流程如图 2-3 所示。

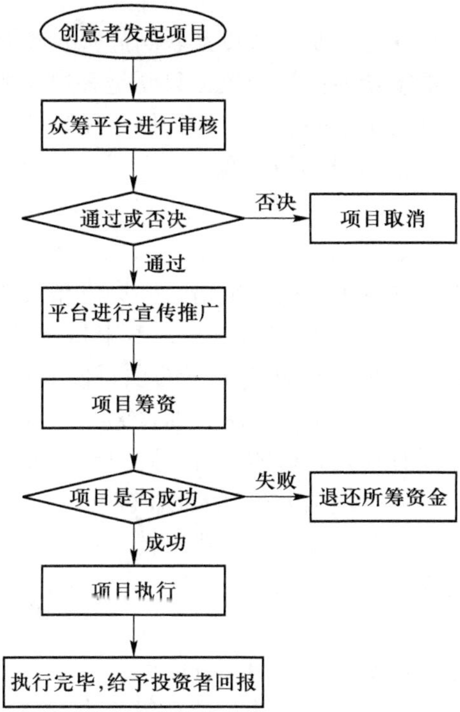

图 2-3　产品众筹项目的发起流程

（3）发展趋势

产品众筹平台的发展趋势体现在以下三个方面。一是整合众筹产业链，向综合服务方向发展。众筹项目的筹资环节相当于路演推广，需要好的宣传文案、新颖的宣传视频、精致的产品包装设计等。而项目发起人往往不具备这方面的能力，众筹平台可以整合上游第三方服务提供商进入自己的平台或者成立独立的项目孵化综合服务平台，拓展单一的盈利模式。众筹平台未来可以逐步从中间平台转型为综合服务提供商，拓展众筹产业链，创造价值。

二是细分市场，向垂直性专业平台发展。当前我国产品众筹市场的竞争越来越激烈，要想突出重围，需要细分市场，找到市场需求的空白区域。专业化与垂直化是未来产品众筹平台的发展趋势，众筹平台应当根据项目或者产品分类，立足科技、影像、音乐、人文、出版的某一方面，汇聚优秀的项目资源，吸引支持者，打造垂直领域的知名品牌。

三是众筹机制不断完善。众筹平台应当制定风险评估机制、知识产权保护机制、项目后续监督机制等，形成一套完整的运作规则；明确众筹平台与项目发起人、支持者的关系，明确平台定位，努力打造一个专业、可靠、公正的众筹平台。

3. 捐赠众筹

（1）概念

捐赠众筹也称为公益众筹，是指通过互联网方式发布筹款项目并募集资金。相对于传统的公益融资方式，捐赠众筹更为开放，只要是客户需要的项目，都可以通过捐赠众筹方式获得项目资金，这为更多的公益机构提供了无限的可能性。通俗地讲，捐赠众筹就是“我给你钱，你什么都可以不用给我”。

（2）流程分析

捐赠众筹的运作流程如下。

首先，资金需求方向众筹平台提交申请，并提供相关材料。其次，众筹平台对资金需求方提供材料的真实性、合法性进行审核，若审核失败则将其退回资金需求方。第三，若审核成功，众筹平台将需求方所申请的项目以及相关的信息公布在自己的网站上，供资金提供方查看。第四，资金需求方通过浏览众筹平台，挑选自己中意的项目进行资助。若资金提供方没有找到合适的项目，则筹资失败，项目终止；若找到合适的项目，则筹资成功。第五，资金提供方得知资助成功以后，则通知银行进行转账。最后，银行接到支付指令，将钱从资金提供方的账户转到资金需求方的账户中。

捐赠众筹的运作流程如图 2-4 所示。

（3）发展趋势

捐赠众筹的发展趋势体现在以下两个方面。

一是以综合类众筹平台为主流。综合类众筹平台在规模和公信力上有一定的保证，也就消除了投资者对于资金去向及其处置方式的担忧；此外，综合类众筹平台有专业的评估手段，可以站在专业的角度给爱好公益的人士和组织一些有效的建议，从而大大降低了他们的审核评估成本，提高了效率，同时也有益于其自身的推广与发展。

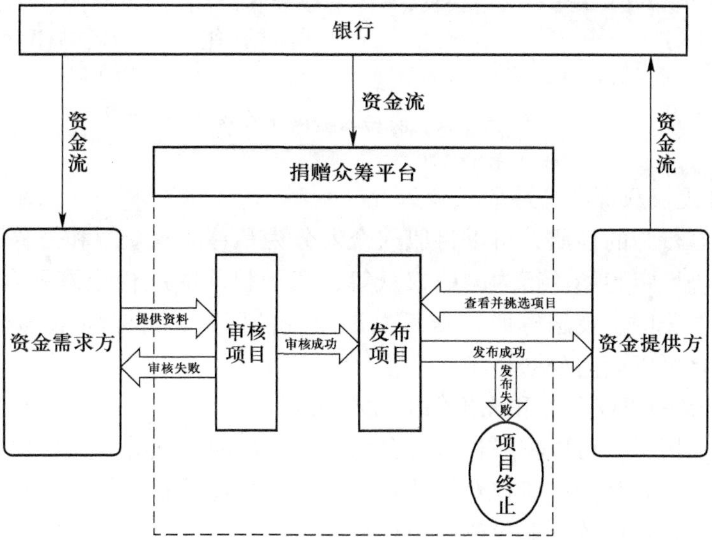

图 2-4　捐赠众筹运作流程

二是慈善机构介入捐赠众筹。随着“互联网+”的快速发展，传统的公益形式已经不能适应时代的需求，面临着转型的问题；此外，捐赠众筹平台的成本大且利润低，要维持下去有一定的难度。如果慈善机构与捐赠众筹平台相互合作、相互融合，则可以很好地解决了两者的问题，从而实现双赢。

4. 股权众筹

（1）概念

在 2015 年 7 月中国人民银行等十部委印发的《关于促进互联网金融健康发展的指导意见》中，关于股权众筹的定义是：股权众筹融资主要是指通过互联网形式进行公开小额股权融资的活动。股权众筹融资必须通过股权众筹融资中介机构平台（互联网网站或其他类似的电子媒介）进行。融资中介机构可以在符合法律法规规定前提下，对业务模式进行创新探索，发挥股权众筹融资作为多层次资本市场有机组成部分的作用，更好地服务创新创业企业；融资方应为小微企业，应通过股权众筹融资中介机构向投资者如实披露企业的商业模式、经营管理、财务、资金使用等关键信息，不得误导或欺诈投资者；投资者应当充分了解股权众筹融资活动风险，具备相应风险承受能力，进行小额投资。股权众筹融资业务由中国证券监督管理委员会（简称中国证监会）负责监管。

（2）分类

股权众筹模式有以下几种分类，如图 2-5 所示。

募集方式	有无担保	筹资方式	项目所处阶段	经营范围	其他
私募股权众筹 公募股权众筹	有担保的股权众筹 无担保的股权众筹	线上股权众筹 线下股权众筹	种子型平台 天使型平台 成长型平台	综合型股权众筹平台 垂直型股权众筹平台	凭证式众筹平台 天使式众筹平台 会籍式众筹平台

图 2-5　股权众筹模式分类

① 私募股权众筹和公募股权众筹

按照众筹行为的性质，可以将股权众筹分为私募股权众筹和公募股权众筹，前者指把众筹行为仍界定为私募行为的股权众筹，我国目前的股权众筹平台都属于私募性质；与之相反，像美国、英国等股权众筹发展较快的国家，都是将众筹行为界定为公募性质，众筹平台可以面向公众募集。

② 有担保的股权众筹和无担保的股权众筹

按照有无担保，可以将股权众筹分为有担保的股权众筹和无担保的股权众筹。有担保的股权众筹主要是指在股权众筹业务中加入了担保元素，如贷帮网，其规定由推荐项目并对项目进行担保的众筹投资者或机构作为保荐人，若众筹的项目在一年之内失败，则保荐人赔付全额投资款，保荐人即为担保人；无担保的股权众筹则指不含担保元素的股权众筹，目前我国绝大多数股权众筹平台都属于后者。

③ 线上股权众筹和线下股权众筹

按照股权众筹业务开展的渠道，可以将股权众筹分为线上股权众筹和线下股权众筹。线上股权众筹主要是指融资人、投资者以及股权众筹平台之间所有的信息展示、交易往来都是通过互联网来完成的，目前很多股权众筹平台的绝大多数流程都是通过线上完成的；线下股权众筹又称为圈子众筹，主要是指在线下基于同学、朋友等熟人圈子而开展的一些小型众筹活动。

④ 种子型平台、天使型平台和成长型平台

这是按照融资项目所处的阶段来划分的，最早由中国人民银行金融研究所姚余栋提出，他主张按照融资项目所处的种子、天使和成长三个阶段，设置不同的股权众筹平台，最终实现股权众筹平台的“递进式”发展。

⑤ 综合型股权众筹平台和垂直型股权众筹平台

按照众筹平台的经营范围，可以将股权众筹划分为综合型股权众筹和垂直型股权众筹。综合型股权众筹平台，其经营范围较广，很少涉及具体行业，目前我国发展得较大的股权众筹平台基本上都是综合性平台；垂直型股权众筹平台，其经营范围则有明确的行业划分。例如，近期国内知名投资公司三江资本发起设立的股权众筹平台——“联投汇”，即是国内首个专注于医疗和生物健康的股权众筹平台。

⑥ 凭证式众筹平台、会籍式众筹平台和天使式众筹平台

凭证式众筹主要是指在互联网上通过出售凭证并捆绑股权的形式筹集资金，投资者付出资金并取得相关凭证，该凭证又直接与创业企业或项目的股权挂钩。典型的例子如北京美微文化传播有限公司在淘宝上出售会员卡。会籍式众筹主要是指在互联网上通过熟人介绍，出资人付出资金，直接成为被投资企业的股东。典型的例子如3W咖啡。天使式众筹是股权众筹模式的典型代表，它更接近天使投资或风险投资的模式。出资人通过互联网寻找投资企业或项目，付出资金或直接或间接成为该企业的股东，同时出资人往往伴有明确的财务回报要求。在天使式众筹中除了典型的合投模式，又引入了领投+跟投模式以及路演模式等。天使汇是典型的“合投模式”，而大家投网站则是典型的领投+跟投模式。

（3）模式分析

尽管股权众筹模式分类较多，但本书主要介绍合投模式和领投+跟投模式。

① 合投模式。合投股权众筹的运作流程如图2-6所示。

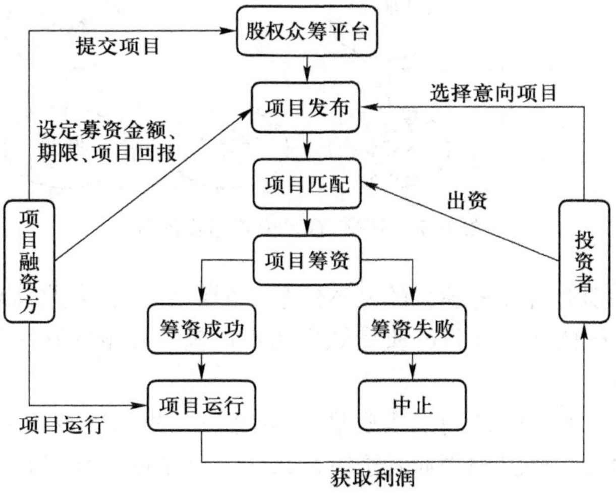

图2-6　合投模式运作流程

项目融资方提交项目：项目融资方将拟融资项目信息（包括项目介绍、筹资金额、出让股权比例、联系方式等）上传到股权众筹平台上。

股权众筹平台对项目进行审核：股权众筹平台对项目进行筛选与审核，包括约谈项目负责人、申请材料核对、项目尽职调查等。

发布融资项目：项目通过筛选与审核后，股权众筹平台将项目的详细信息与融资情况对外发布出来，供投资者在网上阅览。

投资者进行项目评估：客户注册个人信息并申请成为投资者，之后可以浏览股权众筹平台上的项目信息。

投资者认筹：投资者通过股权众筹平台上的项目信息并结合自身的投资经验，对合适的项目进行投资。需要注意的是，如果在筹资日期内，募集资金未达到预定目标，则该项目众筹被视为不成功。

② 领投+跟投模式。领投+跟投股权众筹的业务流程如图 2-7 所示。需要注意的是，在具体操作的过程中，由于项目、股权众筹平台等有所不同，图 2-7 所示的流程或有所调整。

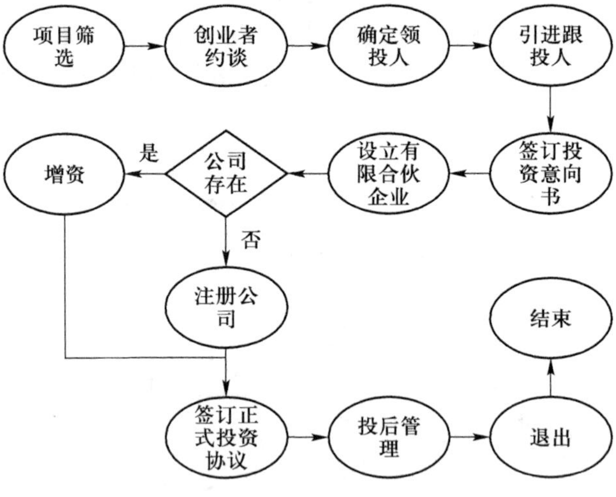

图 2-7 领投+跟投模式运作流程

项目筛选：创业者要将项目的基本信息、团队信息、商业计划书上传至股权众筹平台，由平台的审核团队对项目的质量做出初步审核，并帮助其完善必要的信息，提升商业计划书的质量。

创业者约谈：有合作意向的投资者（主要是一些天使投资者）会与创业者取得联系，并就项目的具体情况和创业者进行洽谈。一般来讲，项目投资是否成功主要取决于投资者与创业者之间的有效沟通，有关调查表明，多数投资者认为创业团队成员的素质与能力是对这个项目进行评估的主要标准，只要创业团队具有足够的战略眼光和学习能力，即使项目存在不足，此次投资活动也极有可能取得成功。

确定领投人：优秀的领投人是天使投资能否成功的关键。领投人通常为职业投资者，在某个领域富有经验，具有独立的判断力、丰富的行业资源、较大的影响力以及很强的风险承受能力，能够专业地协助项目完善商业计划书，确定估值、投资条款和融资额，协助项目路演，完成本轮跟投融资。在整个股权众筹的过程中，由领投人领投项目，负责制定投资条款，并对项目进行投后管理，出席董事会以及后续退出。通常情况下，将 5%~20%的利益分成作为领投人的收益，具体比例由项目和领投人共同决定。

引进跟投人：跟投人在股权众筹的过程中同样扮演着重要的角色。一般情况下，跟投人不参与公司的重大决策，也不进行投资管理。跟投人通过跟投项目获取投资回报，同时跟投人有对项目进行审核的全部义务和责任，领投人对跟投人的投资决定不负有任何责任。

签订投资意向书：投资意向书是投资者与创业企业就未来的投资交易所达成的原则性约定，除约定投资者对被投资企业的估值和计划投资金额外，还包括被投资企业应负有的主要义务和投资者要求得到的主要权利，以及投资交易达成的前提条件等内容，主要约定价格和控制两个方面：价格条款包括企业估值、出让股份比例等；控制条款包括董事会席位、公司治理等方面。

设立有限合伙企业：在合投的过程中，领投人与跟投人入股创业企业通常有两种方式：一是设立有限合伙企业以基金的形式入股，其中领投人作为一般合伙人（general partner，GP），跟投人作为有限合伙人（limited partner，LP）；另一种则是通过签订代持协议的形式入股，领投人负责代持并担任创业企业董事。

注册公司：投资完成后，创业企业若已经注册公司，则直接增资；若没有注册公司，则新注册公司并办理工商变更。

签订正式投资协议：正式投资协议是天使投资过程中的核心交易文件，包含了投资意向书中的主要条款。正式投资协议主要规定了投资者支付投资款的义务及其付款后获得的股东权利，并以此为基础规定了与投资者相对应的公司和创业者的权利及义务。协议内的条款可以由投融资双方根据需要进行增减。

投后管理及退出：除了资金以外，天使投资者利用自身的经验与资源为创业者提供投后管理服务，以帮助创业企业更快地成长。另外，类似于云筹这样的股权众筹平台，也会在企业完成众筹后，为创业者和投资者设立投后管理的对接渠道。具体而言，投后管理服务包括发展战略及产品定位辅导，财务及法务辅导，帮助企业招聘人才，帮助企业拓展业务，帮助企业再融资等。

退出：退出是天使投资资金得以流通的关键所在，只有完成了有效的退出才能将创业企业成长所带来的账面增值转换为天使投资者的实际收益。天使投资主要的退出方式包括：风险投资（VC）接盘、并购退出、管理层回购、首次公开募股、破产清算等。此外，京北众筹是国内第一个分别与上海股权托管交易中心、北京股权交易中心建立战略合作关系的众筹平台。投资者除了以上退出渠道外，还可以将所持股权在这两个股权交易中心挂牌交易，使投资退出渠道更丰富。

（4）发展趋势

股权众筹的发展趋势体现在以下三个方面。

① O2O 化。仅有线下的股权融资和线上的股权众筹是不够的，为了保证投资质量和融资效率，股权众筹也将朝着 O2O（线上到线下）模式发展，将线下的优质项目挖掘出来拿到线上供投资者选择，同时又将线上的项目在线下进行路演、推荐，使得更多优质的项目为广大投资者所了解，这一方面大大降低了其中的信息不对称，保证了融资

的质量，另一方面进一步拓宽了投资者和创业者的投资和融资渠道。

② 社交化。当前已进入新型的“社区时代”，而基于互联网的所有经济活动都将在“社区”之中进行，这为定制个性化需求提供了可能。基于互联网“社区”的股权众筹也将可能在特定的“社区”中发生与进行，通过“社区”进行股权众筹将大大提高交易的效率，保证项目的质量，从而减少由于诚信缺失而带来的虚假和欺诈问题。

③ 生态化。股权众筹若要得到发展，不能仅以一个孤立的平台存在，而要发展成为多层次资本市场体系中的一员，就必须与其他资本市场建立有机的联系，这就是股权众筹的生态化。股权众筹只有生态化才能发挥其效用，未来生态化的趋势主要表现为以下两个方面：

第一，股权众筹平台将与孵化器、创业训练、天使投资基金、创业者、创业服务者等建立连接，为靠谱的创业者提供一系列服务，从而培育出大量优质项目，从而最大限度地发挥平台的作用。

第二，股权众筹平台将与国内的新三板、区域性的产权交易所、证券交易所及境外的各类证券交易市场建立广泛的联系与有效的衔接，成为这些股权交易市场的前端、交易目标的输送者和提供者。这样的有机结合能够使股权众筹市场成为多层次资本市场体系中的一员，与其他股权交易市场有机衔接，以发挥其独特的股权融资作用。

小案例

众 投 邦

2016 年 7 月 27 日，新疆中亚众投金融信息合伙企业（中亚众投）携手深圳市众投邦股份有限公司（众投邦）在新疆乌鲁木齐举办互联网+科技金融高峰论坛暨中亚众投平台启动仪式，大力搭建企业融资服务平台，打造新疆区域创业投资服务品牌。

为什么是众投邦？众投邦助推新疆“切糕王子”品牌成功上市新三板，2016 年 4 月在互联网股权投融资平台一经推出，便获得了 1 500 万元融资。2015 年，众投邦联合新疆火炬创业投资有限公司（火炬创投）合作成立了中亚众投。这是新疆第一个互联网股权投融资平台，已经引起了我国西部金融业界的极大关注。它以“完善区域科技金融体系、优化区域创新创业环境”为目标，为拟挂牌或已挂牌新三板的中小企业提供创业辅导及互联网股权融资服务，帮助企业快速成长，同时也为投资者寻找优质的新三板项目并通过互联网股权投融资平台投资，为其解决投资理财难题，从而在未来的新三板蓝海中获取投资红利。

此次活动邀请的新疆上市企业以及演讲嘉宾阵容不容小觑。由优秀的企业和业界专家分享互联网创业投资最前沿的资讯，在来自西部的互联网投融资平台间架起沟通和共同成长的桥梁。同时，各行业中小微企业、众创空间、高新技术企业等金融服务机构等也参加了此次活动。在本次活动中，各企业不仅达成了重大的商业合作，也携手参会企业及演讲嘉宾共同推动行业创新，鼓励前瞻性的尝试，打造健康的互联网投融资生态系统。

2.2.3 境外投融资发展

由于P2P网络借贷属于债权众筹的范围，所以下面以境外的众筹平台发展为例，简述境外投融资发展的状况。对于境外P2P网络借贷的发展，将在第6章进行介绍，这里不再赘述。

1. 境外众筹发展历程

发展到今天，传统的众筹已经适应了现代社会的土壤，成功转型为人们所熟知的“互联网众筹”（以下提及的众筹均指的是互联网众筹）。

世界上最早的以众筹模式运营的网站是2003年成立的ArtistShare，这个网站主要面向音乐界的艺术家及其粉丝。2005年，ArtistShare所创造的“为富于创造力的艺术家服务的全新商业模式”受到广泛赞誉，它在通过新颖的渠道来筹措原创项目的同时也惠及了艺术家和粉丝。其中比较成功的案例就是，美国歌手Maria Schneider的《Concert in the Garden》专辑荣获“最佳大爵士乐团专辑”奖，它也是格莱美历史上第一张不通过零售店销售而获奖的专辑。

2005年之后，众筹平台如雨后春笋般出现，如音乐创作融资平台SellAband（2006年）、音乐评论网站SliceThePie（2007年）、海外众筹平台IndieGoGo（2008年）、众筹新闻平台Spot. us（2008年）、音乐粉丝平台PledgeMusic（2009年）和为具有创意方案的企业筹资的众筹平台Kickstarter（2009年），互联网众筹时代就此到来。

2012年4月，美国颁布了《乔布斯法案》（*Jumpstart Our Business Startups Act*）（即《促进创业企业融资法案》），它对互联网众筹模式进行了详细的定义和限制，在一定程度上为众筹的健康发展提供了有效的保障。

2. 模式分析

国外比较常见的众筹模式有预售型、捐赠型、借贷型、股权型、实物回报型、证券投资型等，而这里以其中知名度较大的众筹网站——Kickstarter的众筹模式为例进行介绍。Kickstarter的众筹模式是预售型众筹，其运作流程如图2-8所示。

① 创业者展示自己的创意和构想。这一环节主要是介绍项目及团队情况，以及可能的风险。

② Kickstarter审核创业者的申请，审核的主要内容是鉴定创业者的身份信息及项目类型。

③ 项目被平台审核通过后，就可以将其发布到众筹平台上。发布到众筹平台上的项目的融资时间和融资额度是两项比较重要的内容。一般来讲，投资者投资的金额越多，投资者许诺的回报也会越高。

④ 创业者可以进行一系列的路演活动来推介自己的项目，如利用Facebook、Twitter、微博、博客等社交平台进行广泛的宣传，让更多的潜在投资者了解项目信息。

⑤ 到了设定的融资时间，项目达到设定的融资额度则被认定为项目成功，创业

者将获得资金，平台获得佣金；而到了融资时间，超过设定融资额度的项目则称为超募项目；反之，如果到了融资时间，没有达到预设的融资额度，项目被认定为失败，投资者的资金将会被退还。

Kickstarter 对项目的审核较为严格，在收费方式上，它对项目统一收取 5%的费用。

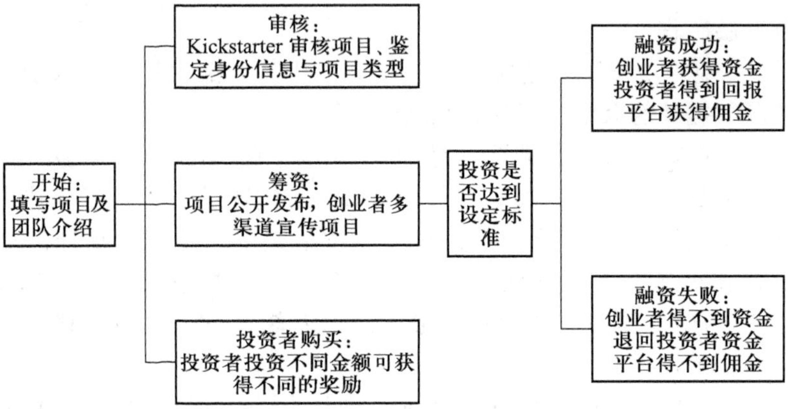

图 2-8　Kickstarter 预售型众筹运作流程

2.3　财富管理

近年来，随着金融科技的兴起，金融和科技的交叉领域越来越广泛，金融和科技的分界线变得越来越模糊，不仅使传统的金融业务发生了天翻地覆的变化，也使新的技术得以发挥其潜在的价值。财富管理行业新一轮的革命也正在拉开帷幕，由财富管理 1.0 时代向财富管理 2.0、财富管理 3.0 不断迈进。对于这个传统行业来说，由于技术发展、代际变化、投资者行为变化、监管严格化以及传统财富管理模式下收益的缩水，财富管理的格局开始在方方面面发生着变化。

2.3.1　财富管理概述

1. 起源

财富管理起源于瑞士日内瓦，最早的私人银行业务出现于 16 世纪中期。20 世纪 80 年代初，发达国家的商业银行在经历了利率市场化的洗礼后，经营策略逐渐转向为客户提供中间业务服务，此时财富管理的目标客户定位于高净值人群。20 世纪 90 年代以后，财富管理迅速发展，逐步成为商业银行的重要利润来源。

财富管理围绕“以客户为中心”的服务理念，为个人、家庭、机构乃至国家的财富提供综合解决方案。从产业分工来看，财富管理是一种专业的金融服务，帮助服务对象实现财富的保全、增值和传承；从经济和金融功能来看，财富管理是一种高效的资本运作，通过汇聚和融通资本，促进储蓄向投资转化；从社会功能来看，财富管理是一种必要的制度安排，通过跨生命周期的资产配置，实现财务上的“自由、自主、自在”。

2. 财富管理的特征

（1）私密性。财富管理可以为人们提供一对一的一站式理财服务，它涵盖了个人、家庭和事业的一揽子综合金融和增值服务解决方案。

（2）高端性。财富管理可以使人们寻找到适合自己的高风险、高收益的投资产品，确保资产能带来可预期的增长。

（3）优雅性。财富管理可以让人们了解到投资所面临的风险并及时规避风险。

（4）轻松性。通过财富管理可以让人们的资产运作得更加轻松自如，选择一个好的理财团队就能解决所有的烦恼。

3. 我国财富管理行业的发展

自改革开放以来，我国的经济及社会财富都得到了快速增长，人们的理财需求也逐渐增强，但当时由于我国的资本市场才刚开始起步，身为财富管理主力军的银行的理财业务也还停留在金融产品代销的初级阶段，缺乏可以主动提高盈利的经营模式。同时，大部分人的金融意识淡薄，资本市场也容易受到税收、通货膨胀等不确定因素的影响，加上当时产品种类不多，资产证券化也受到限制，使投资者丧失了对财富管理行业的信心。

不过这种情况多年以后终于迎来了转机，伴随着我国经济的高速发展，以及互联网的兴起，我国财富管理市场规模迅速扩大。以余额宝为代表的财富管理2.0时代和以宜人财富为代表的财富管理3.0时代相继到来，它们不但可以为富裕人群提供专业化的服务，而且有意识地培养财富人群，以创造更多更大的财富群体；它们借助大数据与人工智能技术，通过降低金融机构的管理与运行成本、信息的不对称程度，以及增强风险控制能力，帮助客户实现财富增值。

2.3.2 互联网财富管理

1. 概述

微视频 2-3
互联网理财（上）

互联网财富管理又称为互联网理财，是指人们通过计算机网络或者移动网络购买金融市场的理财产品或者对自身的资产进行投资的行为。互联网理财与传统理财的原理类似，都是人们以闲置资金的增值保值为目的，以购买理财产品或者财富管理为手段，从金融机构或者互联网金融平台获得服务和产品的一种金融消费方式。

传统理财发展的历史源远流长，主要以传统金融机构为轴心，从简单的货币兑换、个人储蓄，到复杂的财务优化、财富管理全方位为客户提供理财服务。但长期以来，传统理财方式或者说整个金融体系大多是围绕着企业集团运转的，对于个人消费和个人理财的开发从全世界范围来看也不过是近二十年的事情。在我国，由于保险、银行理财、

微视频 2-4 互联网理财（下）

证券投资、个人信贷等产品于20世纪末才开始进入大众视野，加上当时金融服务基础设施薄弱、直接投融资市场不发达和个人收入低下等，除储蓄、个别类型的贷款和证券外，个人理财在整个金融服务体系中所占的分量极低。因此，个人财富管理，无论是对于传统的金融市场还是对于新兴金融市场，其发展前景都是巨大的。

随着我国经济的快速发展，金融服务行业也发展快速，消费者对金融产品和服务的需求日益增大，个人理财开始以新渠道、新途径进行升级和创新。尤其是2013年以来，伴随着大量互联网理财产品的诞生和普及，网络理财引起了大众的强烈关注，形成线上投资的热潮，宣示着互联网金融消费时代的到来。

2. 背景

2013年，由于外汇占款增加、进出口贸易顺差扩大等经济波动原因而导致的利率拉高，以及政府为进一步刺激市场而推行的较为宽松的货币政策，致使我国市场上出现流动性充盈和短期轻微通货膨胀，进一步抬高了市场利率，加大了融资成本。在这一背景下，2013年年中，一些新兴的互联网理财平台为了尽快占领市场，扩大影响力，便推出了高收益的互联网理财产品，有的甚至不惜贴本进行营销。然而仅仅两年时间，互联网理财产品的收益就每况愈下。这种情况固然与互联网理财行业的激烈竞争不无关系，但是2013年以来中国人民银行的多次降息行为则直接导致互联网理财产品的收益同步下滑。除此之外，国家对互联网金融的监管越来越严格，很多互联网理财平台已经倾向于转做抵押贷款，而不是单纯的信用贷款，这就会涉及公证等手续，使风险控制的成本大幅度提高，客户的收益也自然会降低。面对收益下滑的趋势，互联网理财平台推出了各种各样的专项产品和优惠政策，但是互联网理财的结构性矛盾依然突出。很多互联网理财平台推出的理财产品起点动辄数十万元，这大大限制了经济实力有限的消费者的投资行为，也使得互联网理财平台错失了不少有潜力的客户。对于互联网理财平台而言，一方面是收益不断下滑导致的投资总量减少，一方面是广大草根阶层消费者的理财意愿难以得到满足，为两者之间搭建一座桥梁，既是市场发展的客观需求，也是互联网理财平台一次难得的发展机遇。

3. 以目标为导向的财富管理行业投资原则

以目标为导向的投资原则就是要使财富管理个性化。传统意义上，财富管理行业都是以产品或项目为导向的分销体系，但是随着国内财富管理行业的快速发展，当前市场上出现了一些新的特点，客户也不再满足简单的投资需求。与此同时，随着金融改革和金融业务创新，金融市场中出现了各种能够满足客户多样化投资需求的新产品。财富管理行业正在由产品或项目驱动逐步过渡到由目标驱动。而这一原则上的变化要求行业采用以投资组合和客户为中心的业务模式，这种业务模式在财富管理行业改变的过程中发挥着决定性的作用。

以目标为导向的投资原则要求财富管理行业为客户描述实现预期财富目标的可能性，它提倡改变风险测算方式，即将实现或达不到某项目标的可能性作为以目标为导向的投资组合建构的核心目标，并将风险模拟以及概率场景最优引入以目标为导向的投资理财框架，因此提升了财富管理行业的风险管理水平，也为理财顾问和投资者提供了更多有价值的洞见，并提高了合规能力。

客户需求的多样化，对财富管理机构提出了更高的要求。在金融科技的背景下，客户的科技素养以及所具有的金融知识水平得到提高，客户对资产配置的需求也将占主导地位，财富管理机构应以尽可能发掘并最大化满足客户的个性化需求为目标，并在其中主要扮演服务者的角色，即以满足客户的个性化财富管理需求为目标，向客户提供多元化的增值服务。这就为智能投顾的诞生创造了条件，关于智能投顾的内容将在 2.4 节中介绍，这里不再赘述。

4. 特征

（1）客户第一，体验第一

互联网理财产品最主要的特征是拥有大量的草根阶层客户。互联网理财有效地改善了消费者体验。不论是理财产品还是日常消费品，对于消费者来说最重要的一点就是便捷。在价格等客观条件相当的条件下，消费者往往会选择更加便捷的产品进行消费。而互联网理财相对于传统理财来说，带给消费者的便捷体验是多方面的。

（2）空间跨越

互联网理财充分体现了互联网带给人们的空间上的跨越这一特点，消费者不管身在何时何地，都能进行理财投资。相对于传统理财，互联网理财没有实体操作步骤，使投资者省去了往返营业网点的过程，也省去了烦琐的签约确认步骤，为他们节省了大量的精力与时间。

（3）碎片化的理财方式

银行的理财产品与互联网理财产品相比门槛较高。一是持有期限受限，持有期限短则几个月，长则数年；二是资金规模较大，资金规模少则 5 万元，多则 100 万元。与之相比，互联网理财产品，如余额宝，其本质是 T+0 的货币基金产品，既可以当做现金使用随时购买商品，又没有时间与资金规模的制约。这样拥有大量小额闲钱的消费者就会选择互联网理财产品。

（4）高收益

互联网理财产品的收益比银行活期利息高 10 倍，如此高的差价足以彻底改变目前的金融行业格局。余额宝背后是天弘基金，理财通背后是华夏基金，零钱宝背后是广发基金。这些基金的收益基本上都在 4%到 6%之间，远高于目前 0.35%的银行活期利率。但无论这些产品的收益如何高，都改不了它们背后是货币基金的事实。

2.3.3 财富管理的发展趋势

财富管理的发展趋势体现在以下几个方面。

1. 消费者理财行为

由于有很多消费者缺乏相关的理财经验、财富规划，或者因工作繁忙而忽略理财，互联网可以凭借信息的迅捷推送和操作的方便、快捷来抢占这一市场份额，并对市场进行细分，尤其是对中产阶层消费者和有一部分闲钱的客户群体进行定向拓展，这是互联网理财目前正在做且将继续做下去的事情。

消费者最看重的是互联网理财的方便和收益，而最担心的则是互联网理财的安全性。互联网理财要在与传统金融理财的竞争中占有一席之地，长远发展，就必须巩固和继续保持现有的优势，并以此为突破口抢占市场，搭建后台服务体系。此外，要直视现有的问题，在互联网思维的基础上结合传统金融领域的建设经验，以期完善自身并不断推陈出新。

很多消费者喜欢 6 个月以下的短期投资，而且喜好多平台多产品分散投资，这也代表了互联网理财今后的一个发展趋势，即短线理财和分散投资将成为互联网理财的主要模式，这对于互联网理财平台进一步推出具有多元特色的短期产品，以及尝试进行跨平台合作具有指导意义。

2. 互联网理财新趋势——票据理财

票据理财平台主要分三类：一类是以阿里招财宝、京东小银票为代表的互联网理财平台；第二类是银行系理财平台，如平安银行小票通、民生易贷（e 票通）；第三类是专业票据理财平台，如金银猫、票据宝、投储在线等。

尽管票据理财一般有银行信用支持，但并不表示没有风险，它的收益很高，但多由产品收益加平台补贴构成，很难持久。继“宝”类互联网货币基金大热之后，票据理财在互联网理财市场中兴起。大部分票据理财平台都以个人对企业的借贷模式为主，这些企业会以其持有的银行承兑汇票作为质押担保，然后由互联网平台发布，向个人投资者融资，票据到期之后，以银行兑付的资金作为还款来源，归还投资者本息。由于资金最终是从银行处获得，在票据为真的情况下，除非银行倒闭，否则很难出现逾期或坏账的情况。

票据理财产品的特点，总的来说就是起点低、收益高、风险低、期限短，这恰好迎合了投资者的需求，颇受资金量大且对资产流动性要求较高的投资者欢迎。

2.4 智能投顾

智能投顾是近几年来金融科技领域中一个炙手可热的概念，它以星星之火呈燎原之势，迅速“点燃”了整个金融科技领域。从美欧等发达国家来看，投资顾问行业的发展历程包括传统投资顾问、折扣经纪商、在线交易和智能投顾 4 个阶段，如图 2-9 所示。

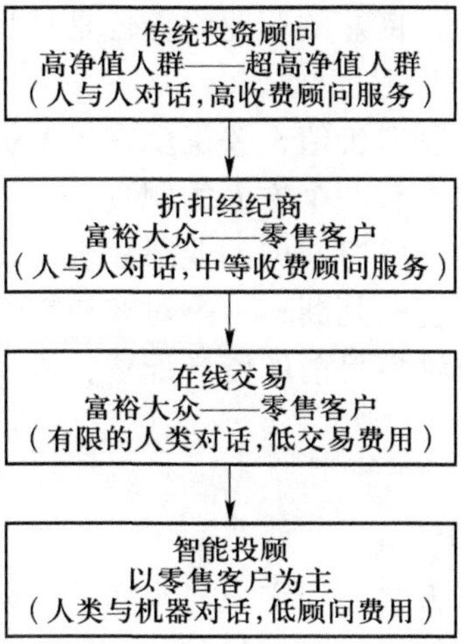

图 2-9　投资顾问行业的发展历程

2.4.1　传统投资顾问

1. 概述

投资顾问是一个很古老的行业，传统投资顾问以投资顾问的专业素养和从业经验为基础，结合投资者的资产状况、风险偏好、预期收益等，为投资者提供专业的投资建议，并从中获取一定的报酬。它是所有私人银行提供的重要服务之一。

投资顾问，有广义和狭义之分。广义的投资顾问，是指为金融投资、房地产投资、商品投资等各类投资提供专业建议的专业人士。狭义的投资顾问，特指在证券行业为证券投资者（通常为股民）提供专业证券投资咨询服务的人员。

投资顾问的任务就是帮助客户达成投资目标，一般来说，投资顾问团队由两个部分组成。第一个部分是直接面对客户并需要始终与客户保持全面深入交流的客户经理；第二个部分是需要根据客户经理所提供的投资者投资偏好信息，帮助客户设计并管理其资产的投资组合经理。

2. 投资顾问团队的职责

（1）客户经理的职责

传统理财行业的客户经理，是与客户直接面对面交流的服务者，其主要的工作就是了解客户投资需求、文化背景、家庭情况、风险偏好等，并帮助客户理解财务知识和投资常识，了解证券投资业务；帮助客户理解投资机会和一般的投资误区，以此来为客户推荐最适合的投资策略。一般来说，一个好的客户经理，不仅金融理论和专业知识要过硬，还必须全面了解和掌握客户的需求和心理，与客户多接触。由于客户经理了解客户的财务状况，并为客户提供财务方面的咨询，客户经理基本上可以算是客户的半个管家，所以对于客户经理来说，良好的职业素养也是其从业的一个基本要求。

（2）投资组合经理的职责

投资顾问团队能为客户创造价值，关键就在于其提供给每个客户的投资策略组合能带来回报。投资组合经理主要有两个方面的职责：一是解读投资管理报告，报告的内容不仅包括投资组合在过去的一段时间内的业绩表现，还包括投资组合经理对投资业绩的评价与解释，对未来投资环境的判断；二是对客户在过去一段时间内的投资决策做一个阶段性的回顾，确定是否要维持目前的资产配置，或者根据客户财务目标或投资期限的改变做出相应的调整。

3. 优势和劣势分析

（1）优势

传统的投资顾问是人与人之间的交流与沟通，使得理财过程更加人性化。要了解客户的个性化投资需求、风险偏好甚至性格特点，是一项很复杂的工程。之所以这样说，是因为以下几个方面的原因。

① 投资者的风险偏好受经济环境的影响较大。当经济高速增长，投资者收入增长较快时，他会非常乐观，并自然而然地更加爱好风险。但是当经济环境变差，或者进入衰退期时，投资者的风险偏好又会变得非常保守。也就是说，投资者的风险偏好会受到短期经济波动的影响。

② 同一个投资者，对待不同事物的风险偏好很可能会不一致，甚至截然相反。

③ 投资者的风险偏好取决于其财富的来源以及某个风险是如何被描述的。

④ 投资者的风险偏好还会受到其所处的环境和朋友圈的影响。

由于上述原因，使得传统的以人为基础的投资顾问相较于智能投顾，有着天然的优势，特别是对于那些投资额度较大，希望获得个性化服务的投资者来说，传统的投资顾问不失为一种较好的选择。

（2）劣势

① 道德风险。传统投资顾问具有较大的人为因素，有时理财经理不是从客户的风险偏好、投资需求的角度为客户提供投资理财建议，而是从提高自己的佣金收入的角度向客户推荐各种并不适合的理财产品，从而给客户造成损失，影响行业声誉。

② 需要的人力成本、技术成本较高。传统投资顾问，至少需要一个有经验的客户经理、一个有经验和技能的投资组合经理，再加上一些提供支持的后台团队，这样的团队组合需要的人力成本和技术成本都比较高。

③ 门槛高、覆盖率低。一个专业的、成熟的投资顾问团队的时间和精力都是有限的，并且服务费高昂，也决定了传统的投资顾问只适合于高净值或超高净值人群，对于经济实力有限的客户来说，只能是望而止步。

2.4.2 智能投顾概述

1. 基本概念

“智能投顾”（robot advisor）一词来源于博客，是人工智能和专业投顾相结合的产物，是一种在线的财富管理服务。从技术的角度来看，智能投顾是一种无须人类参与且涵盖投资管理整个价值链的全自动机器，同时还能规避利益冲突，并提供专业化的建议。目前，智能投顾是全球化的产业，在亚太地区和欧洲都有相应的企业存在，但就企业数量和资产管理规模而言，美国仍然是智能投顾领域最大的市场。

最早的一批智能投顾企业成立于2008年至2010年间。近年来，在以下4个方面因素的作用下，智能投顾一跃成为金融科技领域中继区块链后又一个被风险资本热捧的风口。

首先，世界范围内加强了对投资者合法权益的保护，这有利于只收取服务费的模式的发展。与传统的财富管理机构、私人银行等收取销售理财产品佣金的模式相比，智能投顾在这方面更有优势。

其次，智能投顾主要面向中产阶层及长尾客户，而中产阶层及以下的人群十分庞大，他们存在着强烈的资金管理及投资需求。智能投顾提供的管理和建议，可以使这部分客户的资产规模得到快速增长，从而满足了他们的资产配置需求。

第三，智能手机以及4G网络的快速普及，使得人们可以随时随地使用网络。

最后，随着人工智能、云计算等技术的快速发展，智能投顾系统不断完善，不仅吸引了中产阶层及长尾客户，还吸引了高净值人群的注意，这个群体一般都被认为是传统投资顾问的目标客户。

2. 业务流程

智能投顾的业务流程一般包括投资者调查（客户个性化）、投资组合选择（投资组合选择）、交易执行（简化）、自动账户再平衡（更少冲动性交易）、税收优化（增值服务）、表现汇报（参与沟通）等环节，如图2-10所示。

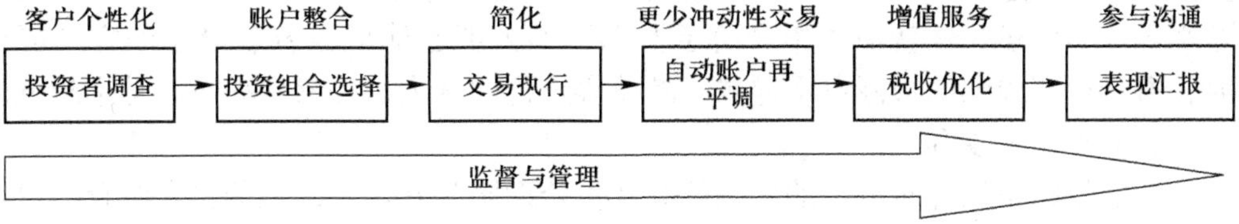

图2-10 智能投顾的业务流程

（1）投资者调查

投资者调查是自动化地进行投资者自我评估和自我认知的过程，智能顾问需要了解投资者即客户的年龄、投资需求、风险偏好、投资金额等。而通过前面的内容可以知道，客户风险偏好缺乏稳定性和一致性，不同的客户甚至同一客户在不同的时间段和环境中的风险偏好都可能是不一样的，而且客户的需求也具有多样化的特点，这也是智能投顾面临的最大问题之一。

（2）投资组合选择

投资组合选择即发挥传统投资组合经理的价值，根据投资者调查得出进一步的结论。在实践中，投资组合主要有两种类型，一种是根据风险等级选择不同的投资组合，而另一种是根据投资风格选择不同的投资组合。

（3）交易执行

交易执行本质上就是资金的管理，无论是哪种交易执行方式，都是由自有的券商或合作券商提供相应的服务。

（4）自动账户再平衡

自动账户再平衡是指在投资过程中周期性地调整资产分配比例。从本质上来说，账户再平衡是一种风险管理技巧，可以使得资产的配置回归到长期均衡的轨道之上。

（5）税收优化

税收优化主要是指智能投顾可以分析税收的特征和结构，优化资产配置，通过将避税机制加入到自动账户再平衡算法中，使客户获得最多的税后投资收益。这其中涉及一个核心要点，即税收损失收割原则。

（6）表现汇报

表现汇报主要指投资组合的业绩表现。通过标准化和数字化大大减轻了传统投资顾问在表现汇报方面的负担。

3. 优势和劣势分析

与传统的投资顾问相比，智能投顾具有以下 4 个方面的优势。

（1）降低服务门槛及交易费用

传统的投资顾问主要针对的是高净值和超高净值人群，而智能投顾有一套标准的模型和算法，交易费率较低，普遍在 0.25%~0.5%之间，智能投顾平台对客户的最低投资金额要求普遍在 1 万元~10 万元之间，部分智能投顾如 Betterment 或钱景私人理财甚至实现了零门槛，这就使得中产阶层及以下的人群也能成为智能投顾的客户群体。同时，由于智能投顾的边际成本递减，随着客户群的增大，交易费率将会越来越低。

（2）个性化决策

智能投顾可以针对客户的风险偏好及投资期限为其定制最佳的投资组合，以及提供丰富的定制化场景。智能投顾为客户提供了基于多种场景的资产配置计划，颠覆了传统投资顾问的资产管理模式。

（3）投资标的范围广阔

智能投顾平台往往通过与第三方交易型开放式指数基金（ETF 基金）公司或国外金融机构合作的方式，为客户提供全球范围内的投资组合，若涉及税率问题还可以自动选择最佳方案。图 2-11 展现了智能投顾的投资标的范围；表 2-3 所示的为全球智能投顾平台的投资标的情况。

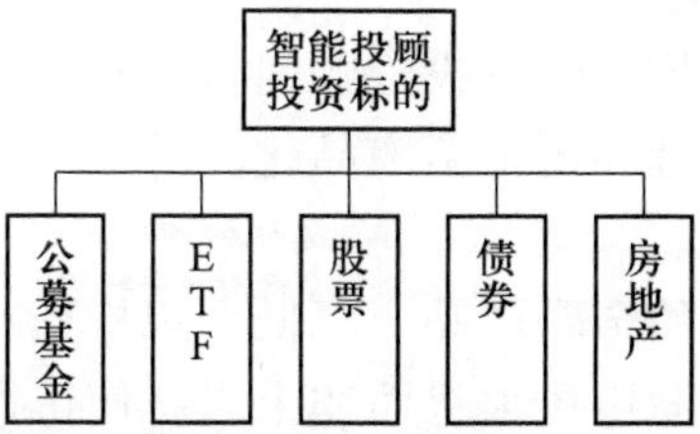

图 2-11　智能投顾投资标的

表 2-3　全球智能投顾平台的投资标的

平　　台	资 产 类 别
Wealthfront	十一大类：美股、海外股票、新兴市场股票、股利股票、美国国债、新兴市场债券、美国通胀指数化证券、自然资源、房产、公司债券、市政债券
Betterment	一般通过 ETF 进行配置
弥财	包含国内外股票指数、企业/政府债券、黄金期货等在内的 ETF 投资组合产品
投米 RA	ETF 基金
蓝海智投	成熟及新兴市场股权、债券、商品及房地产
招行摩羯智投	以公募基金为基础，全球资产配置

注：资料来源于东方证券。

（4）高效的客户自我评估流程

智能投顾使用有吸引力的自我评估方式来引导客户进行更加符合个人目标和行为的投资。智能投顾相对于传统投资顾问在自我评估的过程中具有以下优势。

① 提升了客户的参与感和体验。

② 投资目标生动地体现并且连贯地刻画了个人的预期。

③ 客户在最初的决策过程中拥有更高的授权，并进而影响其后续的投资行为。

4. 核心要点

智能投顾的核心要点有 5 个，分别是数字化服务、被动投资策略、自动化账户再平衡、高效的新客户上手流程以及单一思维的商业模式。

（1）数字化服务

智能投顾是一种数字化的商业模式，它以自动化和科技为核心。智能投顾通过使投资过程自动化，运用金融科技手段为客户提供投资建议，从而降低了人力成本，既保证了服务的可拓展性，又改善了客户上手和投资的体验。人们日常生活的自动化和数字化是一个全球现象，这是自动化投资服务得以普及的基础。

（2）被动投资策略

智能投顾主要是利用 ETF 基金实现被动投资管理，构建长期的避税型投资组合，以达到如下 5 个方面的目的。

① 将收费降到最低，挑战传统投资顾问行业。

② 将投资组合自动管理和再平衡商品化。

③ 简化表现汇报流程。

④ 通过投资更有效率的金融产品，降低合规检查、风险控制和数据购买的成本。

⑤ 将投资者的目光投向市场大势而非个人，使得投资决策的过程更具有承受能力，同时也更透明。

（3）自动账户再平衡

前面介绍过，自动账户再平衡是智能投顾的业务流程之一，同时也是其核心要素之一。这个核心要素是建立在对客户年龄、风险偏好、风险容忍度、金融科技素养、投资期限等一系列因素的综合评估之上的。自动账户再平衡主要是指随着市值的变化，如果资产投资配置偏离目标资产配置过大，可以实施动态资产配置向静态资产配置的重新调整。

（4）高效的新客户上手流程

智能投顾用机器人代替传统的投资顾问，提供的是高度标准化和程序化的服务，采用信息技术重塑投资流程，使对客户的风险鉴定过程变得更加吸引人，减少了客户在自我评估过程中的时间消耗，从而提升了客户在决策过程中的参与感和效率。

（5）单一思维的商业模式

对金融服务进行分类并专注于其中的某一项金融服务，是金融科技企业好的起点。同样，智能投顾从一开始就在很大程度上聚焦于某一商业模式，这种单一思维模式在短期内是一种优势，因为只有主题高度集中化，才能使客户清楚地理解新的服务，并便捷地使用这种服务，才能体现出智能投顾相较于传统投资顾问的优势。

2.4.3　境内外智能投顾平台

1. 境外典型的智能投顾平台

2008 年是智能投顾的元年，著名的智能投顾企业 Betterment 和 Wealthfront 都在 2008 年前后出现的。智能投顾体系最早就是由这两家金融科技初创公司设立的。Betterment 和 Wealthfront 的成立标志着智能投顾的开启。

（1）Betterment

Betterment 于 2009 获批开展投资顾问业务，由其旗下折扣经纪商 Betterment Securities 提供经纪业务支持。Betterment 如今已成长为资产管理规模达到数十亿美元的美国最大智能投顾平台。Betterment 为客户提供三个类别的投资计划：稳健型计划（safety net）、退休保障计划（retirement）以及增长型计划（general）。

此外，Betterment 还提供税收损失收割机制（tax loss harvesting）以及资产再平衡（smart rebalancing）服务。此外，Betterment 开发了一系列创新型自动化投资功能，如 Auto-Deposit 以及 SmartDeposit 等，通过银行账户与投资账户金额的自动连接，既可以满足客户的资金需求，又可以使投资收益最大化。

（2）Wealthfront

Wealthfront 的前身是一家于 2008 年成立的美国投资咨询公司，2011 年更名为 Wealthfront 后转型成为专业的在线财富管理公司。截至 2016 年 2 月，Wealthfront 管理的资产规模接近 30 亿美元。

Wealthfront 的服务流程主要包含以下 5 个步骤。

① 基于当前投资环境识别出一系列资产类别。

② 选择低成本的交易型开放式指数基金代表每个资产类别。

③ 通过填写问卷调查的方式获得客户的风险容忍度。

④ 利用现代资产组合理论（modern portfolio theory，MPT）向客户提供资产配置服务。

⑤ 进行后续持续跟踪，监督并动态优化投资组合（再平衡）。

Wealthfront 具有以下特色。

① 分散投资：为客户提供涵盖 11 种资产类别的投资组合，投资标的为指数基金。

② 被动投资：追随市场整体变化，获得长期稳健的投资回报，而非择时择股交易。

③ 便捷灵活：根据客户的风险容忍度和现代资产组合理论，生成自动化投资组合，并提供后期持续管理，大大减少了客户账户管理成本，提高了投资效率。

④ 低成本、无佣金费：投资最低门槛为 500 美元，1 万美元及以下的账户不收取年费，超过 1 万美元的账户仅对超额投资金额部分收取 0.25%的平台费用，平台实际成本约 0.20%，这是 Wealthfront 主要的盈利来源。除此之外，客户无须缴纳佣金及任何其他费用。

⑤ 节税资产配置方案：充分结合投资者账户状况，给出最优节税方案。例如，在退休账户中配置债券、房地产资产，在应税账户中配置税收便利型股票等。

⑥ 税收亏损收割功能：通过卖出当期亏损的证券，降低资本利得，在减少投资者应缴税款的同时将其再投资，从而使税后收入最大化。目前主要提供两种税收亏损收割服务：每日税收损失收割和税收优化直接指数化。

2. 境内典型的智能投顾平台

我国智能投顾市场起步较晚，与美国智能投顾体系的发展历程类似，最早也是由一批智能投顾企业设立的。但是，我国的智能投顾在移动互联网、大数据、云计算等技术的推动下，发展态势十分迅猛，目前国内已有十多家互联网金融平台及金融科技公司推出了智能投顾业务，包括京东智投、弥财、来钱、胜算在握等。

(1) 京东智投

京东金融于 2016 年 8 月 18 日推出了智能型理财工具——智投。京东智投背靠京东金融的产品资源及京东的大数据优势，为投资者定制个性化投资组合。

登录京东智投网页后，平台首先要求客户完成风险测评问卷，内容主要包括客户年龄、资产、投资比例、投资期限、风险承受能力、投资回报等方面；单击相关产品，平台会提供具体的信息参考，如选择固收类产品，可以看到其预期年化收益率达到 7%、投资风险中低、起投金额为 100 元等具体信息。

(2) 弥财

弥财是北京弥财投资咨询有限公司推出的机器人投顾产品，号称中国版的 Wealthfront，其投资产品主要为全球交易型开放式指数基金，包括 8 只海外交易型开放式指数基金。

(3) 来钱

来钱是嘉实基金在 2014 年推出的理财平台。通过来钱，客户可以自主决定大类配置和调仓时间，同时授权嘉实基金在大类资产配置范围内，挑选基金优化组合进行投资，这一业务也称为“定制账户”半自主业务。

在其“操盘”界面中，客户可以通过自行滑动饼状图，根据货币基金、债券基金、股票基金的配置占比，选择合适的投资组合。

(4) 胜算在握

胜算在握是由深圳祥云信息科技股份有限公司与合作机构推出的以量化投资为核心的互联网理财平台。

在胜算在握中，选择启用机器人选项，则在创建投资组合时，平台提示客户可以选择其他客户免费或收费跟随其创建的组合选项。输入模拟投资金额后，可以得到由机器人选出的数十只股票。在使用该平台的过程中，每个客户只能免费创建 5 只股票组合，超过后需收取费用。

【本章小结】

随着互联网的发展以及金融科技的兴起，支付行业在金融科技的生态系统中不断成长，同时也面临新的机遇和挑战。支付行业必须采取积极措施，如利用金融科技推陈出新，设立子公司涉足金融科技领域等，来应对金融科技浪潮的到来。

投融资是金融领域的一项传统业务，随着互联网的发展和金融科技的兴起，传统的投融资业务展现出了新的发展模式。P2P 网络借贷和众筹是新兴的互联网金融的两个重要组成部分，作为全新的投融资模式，它们在如今的资本市场中占据着非常重要的地位，为解决我国中小微企业融资难、融资贵的问题做出了巨大的贡献。

财富管理以及投资顾问这两个几百年来根深蒂固的金融领域老牌业务模式，在如今大数据、云计算、区块链以及人工智能技术快速发展的时代，也开始发生着方方面面的变化。互联网理财、智能投顾等新兴的业务模式，结合传统投资理财思维和金融科技，解决了传统业务模式下信息不对称、人为干扰因素严重、成本高的问题，推动传统行业不断完善与发展。

【关键术语】

金融科技　移动支付　P2P 网络借贷　众筹　互联网理财　智能投顾

【思考题】

1. 什么是网络支付？网络支付的特征有哪些？
2. 支付行业存在哪些安全隐患？在金融科技的浪潮中，支付行业应采取哪些应对措施？
3. 试说明增资扩股和股权转让的区别与联系。你认为 P2P 网络借贷未来还可以如何创新，我国众筹未来的发展趋势如何。
4. 财富管理有哪些特征？
5. 互联网理财迅猛发展的原因是什么？其未来的发展前景如何？
6. 智能投顾的核心要点有哪些？与传统投资顾问相比，智能投顾有哪些优势和劣势？

【案例分析】

招商银行摩羯智投成为国内银行业首个智能投顾 规模超 50 亿元

2017 年 7 月 20 日，国务院正式印发《新一代人工智能发展规划》，这一规划重点描述了对人工智能（AI）+传统行业的展望和规划，要求到 2030 年中国人工智能产业竞争力达到国际领先水平，人工智能核心产业规模超过 1 万亿元，带动相关产业规模超过 10 万亿元。这标志着人工智能正式上升为国家战略。

在传统金融转型升级阶段，国家鼓励金融行业运用智能技术，对智能金融产品和服务进行创新，这使得金融机构转型的路径更加清晰，这从近期四大银行纷纷牵手互联网公司可见一斑。

1. 摩羯智投成长记

在智能金融浪潮涌动之时，公众又一次把目光聚焦于国内银行业推出的首个智能投顾——招商银行摩羯智投。作为国内银行业智能投顾第一个试水者，摩羯智投在这轮智能金融兴起的大潮中最有发言权。早在 2016 年 12 月，招商银行已经上线了主打公募基金智能组合配置服务的摩羯智投，一时间引发了市场的广泛关注，根据最新数据，摩羯智投已经不仅仅是国内银行业首个智能投顾，同时也已成长为国内最大的智能投顾，规模突破 50 亿元。

2. 三层进化的成功案例

从产业链的角度考虑，人工智能产业链的三个层次为基础技术—人工智能技术—人工智能应用，摩羯智投是三个层次逐步进化的成功案例。第一层次基础技术支撑来源于数据和运算平台，包括数据传输、运算、存储等，摩羯智投基于招商银行强大的客户和产品数据，积累了较为丰富的数据分析经验。第二层次人工智能技术是利用基础资源和大数据进行机器学习和建模，包括感知智能和认知智能，摩羯智投在投资建模方面取得了较好的效果，同时在语音和语义识别等感知领域也加快了步伐。第三层次人工智能应用是利用人工智能实现多场景应用，以及与传统业务更紧密的结合，基于公募基金组合配置场景的应用逐步优化完善，更多场景的应用也在不断地探索中。

3. 对标的资产的甄选和动态调整

从绩效角度看，智能投顾的投资业绩取决于资产配置能力，摩羯智投对标的资产的甄选和动态调整是其业绩出色的保障。今年以来，在波动加剧的市场中，摩羯智投通过全球资产配置，在各类基金中寻找相关性低的资产，构建个性化的投资组合，绩效表现突出。2017 年以来，摩羯智投获得了 4.03%的平均收益率，组合波动率和最大回撤控制良好，总体表现优于上证指数和中证全债，将风险有效地控制在客户选择的“目标-风险”范围之内。

4. 交互服务

从服务角度看，摩羯智投的售后服务在智能投顾领域做得风生水起，每月有月度运作报告，让客户能更好地掌握自己所购买的组合资产运作情况，将个性化服务做到了细致入微；在市场大幅波动或有重大事件时，摩羯智投还会为其持有人提供点评服务；在投资方面，摩羯智投会为客户不定期进行组合资产的一键优化，一键点击即可完成，便捷高效。

多方对比，摩羯智投的投资绩效和客户交互服务在智能投顾领域做出了特色，随着人工智能技术的进一步发展，摩羯智投的智能化水平也突飞猛进，也许正是摩羯智投的不断优化和全方位服务让其客户源源不断，其规模也快速突破 50 亿元，使其在智能投顾领域的地位更加稳固。

（资料来源：中国新闻网，2017 年 8 月 2 日）

问题：根据案例，谈一谈你都知道哪些国内外智能投顾平台，它们有哪些方面的异同点，以及你认为未来智能投顾的发展趋势是什么。

【参考文献】

[1] 西罗尼．金融科技创新[M]．马睿，汪吕杰，译．北京：中信出版社，2017.

[2] 崔凯．投融资那点事儿：一本书轻松搞懂资本真相[M]．北京：人民邮电出版社，2015.

[3] 来继泽．中国互联网金融发展研究[D]．长春：吉林大学，2014.

[4] 零壹财经，零壹数据．众筹服务行业白皮书（2014）[M]．北京：中国经济出版社，2014.

第3章

互联网金融技术基础

【教学目标与要求】

1. 了解互联网的概念及发展历程。
2. 了解大数据的概念、发展历程、原理以及应用。
3. 了解云计算的概念、发展历程、原理以及应用。
4. 了解区块链的概念、发展历程、原理以及应用。
5. 了解人工智能的概念、发展历程、原理以及应用。

【知识架构】

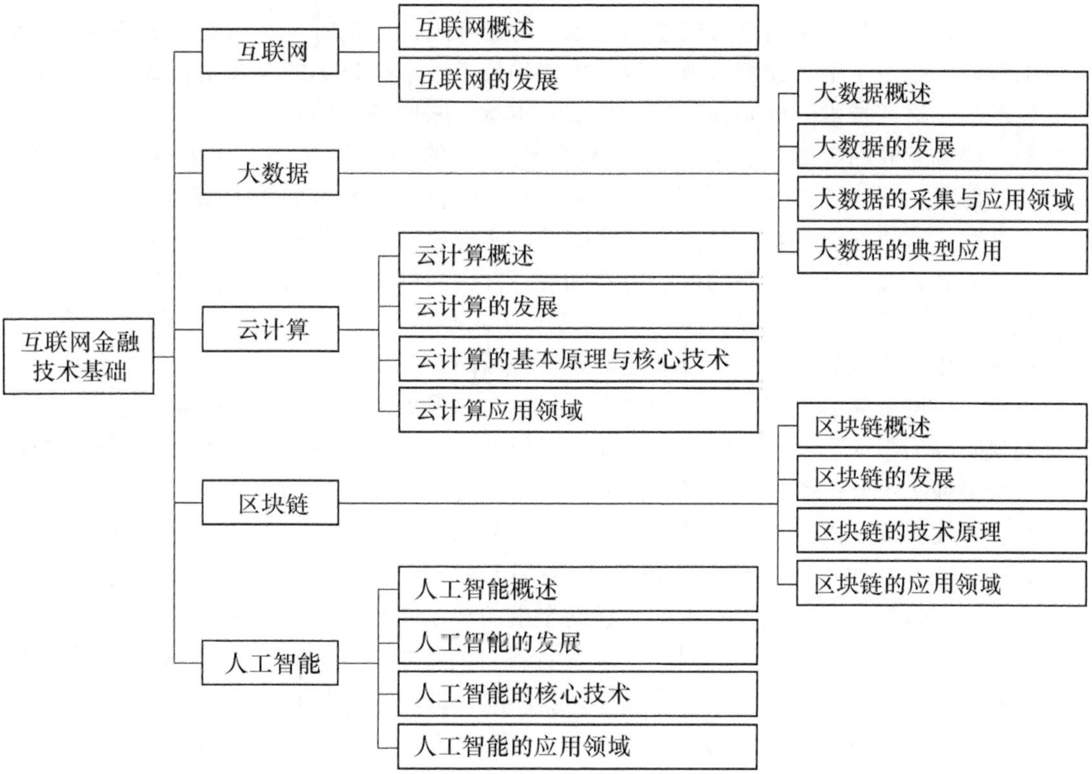

【导入案例】

AIC 人工智能币发布

2017 第四届区块链国际峰会于 2017 年 8 月 15 日在上海召开，在本次会议上，由万众金福（北京）科技有限公司开发的 AIC 人工智能币（artificial intelligence coin）面向全球发布，作为区块链应用的新秀，AIC 人工智能币受到业内业外人士的密切关注。AIC 人工智能币是全球第一款拥有人工智能技术与区块链技术双技术系统的数字货币，AIC 人工智能币旨在作为机器人与机器人之间的交易介质，以及机器人与人之间的交易介质。AIC 人工智能币的工作原理与大部分基于区块链的数字货币类似，其总体结构为去中心化的结构，其核心算法采用的是与比特币相同的 scrypt 算法，发行总量为 10 亿。目前，AIC 人工智能币不但有 PC 端的电脑钱包，还有手机端的冷钱包，而且参与官方众筹的种子用户全部都参与了官方的冻结锁仓计划，每月解冻 10%。今后一段时间还会继续推出 AIC 人工智能交易、AIC 机器人社区、AIC VR 社区、AIC 开放社区等。未来，AIC 人工智能币会应用于机器人、人工智能、VR 智能产品、多媒体产品、数码产品、虚拟现实世界等。

2013~2017 年是互联网金融的高速发展时期，大量的新技术和新模式与传统的金融业务结合在一起，层出不穷的新概念也纷纷进入人们的视野，在高速发展的互联网金融的背后，是一个个支撑着行业和模式发展的技术，这些技术的来源是什么？它们是如何发展的？这些技术的核心和原理是什么？本章将来回答这些问题。

谈到互联网金融，就必须提起被广泛关注的一个概念——金融科技。金融科技（FinTech），顾名思义就是金融（financial）与科技（technology）的结合。随着大数据、云计算、人工智能等新一代信息技术的发展和应用，金融和科技正在不断融合。金融科能够有效地提高金融服务的可获得性和便捷性，降低金融交易成本。毕马威对金融科技的理解是：非传统企业以科技为“尖刀”切入金融领域，用更高效率的科技手段抢占市场，提升金融服务效率，以及更好地管理风险。

互联网金融的兴起，得益于金融科技的迅速发展。由于高科技产业和金融产业都是高风险高回报的产业，金融产业又属于时效性和操作性强的产业，大量的新技术被应用于金融业，由此产生的新模式和高额的回报反过来又促进了相关技术的发展，这样的良性循环使得互联网金融的发展大大加快。从产品的结构上讲，互联网金融的产品结构大致分为三层，如图 3-1 所示，最下面的一层是技术层，包含着大数据、云计算、物联网、区块链和人工智能等一系列互联网金融的技术基础，这些技术相互串联和交互，形成了第二层——功能层，不同的技术有着各自的特性，不同的特性形成了不同的功能，而在产品结构的最上层，就是产品层，属于具体的应用场景和产品。在三层的产品结构中，由技术实现功能，由功能推出产品，金融和技术相互促进，不断发展，金融和技术之间呈现出越来越强的相互依存关系。

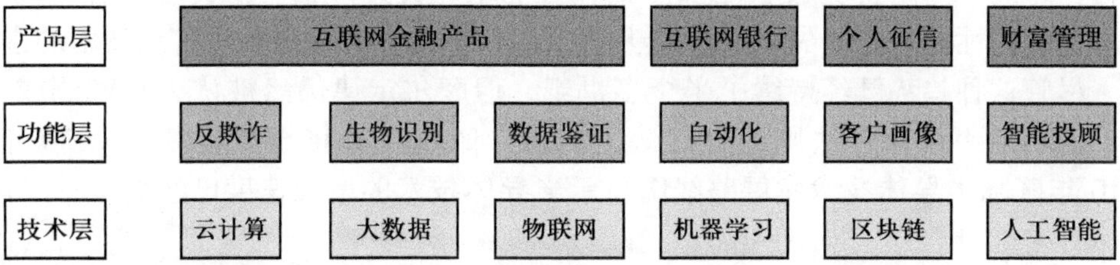

图 3-1　互联网金融产品结构

3.1　互联网

互联网发展到今天，已经不仅仅是一项技术或者一种工具，作为信息时代社会变革的核心载体，经过了数十年的发展和丰富，就像当年工业革命中的电力一般，互联网逐步深入到社会生活的各个领域。互联网金融的出现也是互联网扩张领域的必然，从最初的金融电子化到现在的“互联网+”，互联网与金融业的交织逐渐细化到产业链的细枝末节，推动了信息产业的发展。互联网金融通过互联网为用户提供便捷、快速的平台，使用户可以随意选择金融产品，足不出户就能享受支付、理财、贷款等金融服务；同时充分发挥平台的集群效应，利用网络技术撮合金融产品供需双方进行交易，在克服时间和空间限制的基础上，加快资金周转速度，最大限度地保证双方尤其是资金接收方的利益。

要学习互联网金融，首先要了解互联网。下面对互联网做一简要介绍。

3.1.1　互联网概述

1. 互联网的概念

互联网（internet）是与局域网相对应的一个概念，互联网是它的通俗称谓，它指的是全球信息系统。因特网（Internet）是最大的互联网。本书中的互联网均指因特网。

互联网包括三个方面的含义：一是指将计算机等设备通过其全球唯一的地址在逻辑上连接起来。这个全球唯一的地址空间是基于网际协议（IP）或其后续的扩展协议工作的；二是互联网能够通过协议进行通信。这里的协议是指传输控制协议/网际协议（TCP/IP）及其后续的扩展协议；三是互联网能够提供使用或者访问公众或私人的高级信息的服务，这些信息服务是建构在上述协议和相关的基础设施之上的。

2. 互联网的增长定律

（1）摩尔定律

摩尔定律（Moore's law）是由英特尔（Intel）公司的创始人之一戈登·摩尔（Gordon Moore）提出来的。其内容为：当价格不变时，集成电路上可容纳的元器件的数目，每隔18~24个月便会增加一倍，性能也将提升一倍。换言之，每一美元所能买到的计算机性能，将每隔18~24个月提升一倍。这一定律揭示了信息技术的进步速度。

尽管这种趋势已经持续了半个多世纪，但摩尔定律仍然被认为是观测或推测的结果，而不是一个物理法则或自然法则，预计摩尔定律将至少持续到2020年。然而，2010年国际半导体技术发展路线图显示半导体技术的增长速度已经放缓，2014年之后晶体管密度只会每三年翻一番。

（2）梅特卡夫定律

梅特卡夫定律（Metcalfe's law）是一种网络技术发展规律，是由计算机网络先驱罗伯特·梅特卡夫提出的。它是指网络价值以用户数量的平方的速度增长，网络外部性是其本质。

梅特卡夫定律的主要内容是：如果一个网络中有 n 个用户，那么网络对于每个用户的价值与网络中的用户数量成正比，这样网络对于所有用户的总价值与 n^2 成正比。如果一个网络对网络中每一个人的价值是1元，那么规模为10倍的网络的总价值等于100元；规模为100倍的网络的总价值就等于10 000元。网络规模增长10倍，其价值就增长100倍。

3. 互联网的基本工作原理

互联网使用一种专门的计算机语言（协议）以保证数据能够安全可靠地到达指定的目的地。这种语言分为两部分，即TCP（transfer control protocol，传输控制协议）和IP（internet protocol，网际协议），通常将它们放在一起。TCP/IP表示当一个网络用户向其他计算机发送一个文本时，TCP将该文本分解成若干个数据分组，并为每个数据分组加上一些特定的信息（可以将其类比为运输货物的装箱单），以便接收方的计算机可以判断数据是否被正确无误地传送；然后再由IP为数据分组标上有关的地址信息。连续不断的数据分组可以经由不同的路由到达同一个地点。需要说明的是，有一种专门的机器，即路由器，位于网络链路的交叉点上，它决定了数据分组的最佳传送途径，以有效地分散互联网中各种业务的载荷，避免由于系统某一部分过于繁忙而发生"堵塞"。在数据分组到达目的地后，计算机将去掉它的IP地址信息，利用TCP的"装箱单"检查数据在传送过程中是否有损失，在此基础上将各数据分组重新组合成原来的文本。如果接收方的计算机发现有损坏的数据分组，则要求发送方的计算机重新发送被损坏的数据分组。

3.1.2 互联网的发展

1. 互联网的前身

互联网的前身是阿帕网（ARPANET）。ARPA表示美国国防部高级研究计划署，阿帕网起源于20世纪五六十年代，那时美国为了军事研究，建立了国防部高级研究计划署，聘请罗伯茨设计网络。1968年，由罗伯茨设计的"资源共享的计算机网络"研究计划被批准。此后，在这个研究计划指导下建立的网络，就被称为“阿帕网”，罗伯茨也就当之无愧地被人们称为“阿帕网之父”。

20 世纪 60 年代广泛使用的计算机网络都是中央控制式的。这种计算机网络有一个明显的弱点：如果中央控制系统受到攻击，整个网络就会瘫痪。为了解决这一难题，美国的保罗·巴兰提出了一种全新的网络理论。按照这种理论，网络通信不像由中央控制那样简单地把数据直接传送到目的地，而是在网络的不同节点之间像接力赛一样地传送数据。这种网络中数据的传送方式称为分组交换（或包交换）。目前的互联网就是按照“分组交换”的原理运行的。从此以后，阿帕网的规模不断扩大。

1970 年，史蒂夫·克洛克领导的网络工作小组制定出最初的主机对主机的通信协议——“网络控制协议”，用来控制网络信号的传输。从此，阿帕网的运行有了标准，连入阿帕网的计算机日益增多。如何将使不同类型的计算机按照统一的方式、统一的标准来连接，成为阿帕网需要解决的关键问题。1973 年，网络专家制定出了新的协议，就是人们还在使用的“传输控制协议”和“网际协议”。1977 年 7 月，阿帕网上已经有了 111 台计算机，美国国防部高级研究计划署组织了第一次不同网络之间的互联。信包首先通过点对点的卫星网络跨越了大西洋到达挪威，又从挪威经过陆地电缆到达伦敦；然后再通过大西洋信包卫星网络，分别由位于埃当、西弗吉尼亚、贡希利、塔努姆和瑞士的地面站传送回到美国；全程约 15 万千米。实验的顺利进行，证明了 TCP/IP 的成功。

2. 互联网的诞生

当初的阿帕网是在美国国防部高级研究计划署的资助和指导下建立起来的，它的本意是为美国军队服务的。1983 年，美国国家科学基金会（NSF）提供巨资，在美国建造了五个超级计算中心；为了使美国的科学家、工程师能够共享超级计算机的设施，又建立了基于 TCP/IP 的计算机通信网络 NFSNET。最初的 NFSNET 使用数据传输速率为 56 Kbps 的电话线通信，但根本不能满足需要。于是，美国国家科学基金会在全国建立了按地区划分的计算机广域网，并将它们与超级计算中心相连，最后将各超级计算中心互联起来。连接各地区网上主通信节点计算机的高速数据专线，构成了 NSFNET 的主干网。1986 年，NFSNET 建成后取代了阿帕网而成为互联网的主干网。以阿帕网为主干网的互联网只对少数的专家以及政府要员开放，而以 NFSNET 为主干网的互联网则向社会开放。1989 年 MILNET（由 ARPANET 分离出来）实现和 NSFNET 的连接后，就开始采用因特网这个名称。美国国防部于 1990 年正式取消阿帕网，具有完整意义的互联网在这一阶段正式诞生。

3. 互联网在中国的发展

网络的发展从不同的角度可以有不同的分法，本书主要从 Web 1.0、Web 2.0、Web 3.0 这条主线来阐述网络的发展。互联网传入中国只有 20 余年的时间，在互联网迅速崛起的过程中，大体上有三个具有不同特征的阶段，即 Web 1.0、Web 2.0、Web 3.0。

（1）Web 1.0 时代（门户时代，1994—1999 年）

1994 年，中国正式接入因特网，同年开始了因特网的商业化阶段，也开启了 Web 1.0 时代。Web 1.0 时代的特征是信息共享。Web 1.0 时代是一个群雄并起、逐鹿网络的时代，虽然各个网站所采用的手段和方法不同，但它们有着诸多共同的特征，表现在：一是 Web 1.0 主要采用技术创新主导模式，信息技术的变革与使用对于网站的产生与发展起到了关键的作用。新浪以技术平台起家，搜狐以搜索技术起家，腾讯以即时通信技术起家，盛大以网络游戏起家。在这些网站的创始阶段，技术的痕迹相当重。二是 Web 1.0 的盈利都基于一个共同点，即巨大的点击流量。这些网站无论是早期融资还是后期获利，依托的都是为数众多的用户和点击率，它们以点击率为基础上市或开展增值服务，受众的基础决定了它们的盈利水平和速度，这充分体现了互联网的眼球经济色彩。

Web 1.0 的发展出现了向综合门户网站合流现象。在这一时期，新浪与搜狐、网易等坚持门户网站的道路，而腾讯、MSN、Google 等也纷纷对门户网站，尤其是新闻信息，表现出极大的兴趣。这一情况的出现，是由于门户网站有着广阔的盈利空间，盈利方式也更加多元化，在门户网站领域占有优势，可以更加有效地实现增值意图，并将业务延伸至主营业务之外的各类服务。

在向综合门户网站合流的同时，在 Web 1.0 时代还形成了主营业务与兼营业务相结合的明晰的产业结构。新浪以新闻+广告为主，网易拓展游戏，搜狐延伸门户矩阵，各个网站以主营业务作为突破口，以兼营业务作为补充点，形成拳头加肉掌的发展方式。

在 Web 1.0 时代，动态网站，如论坛等已经得到广泛应用。这类网站的代表主要有新浪、网易、搜狐等。

（2）Web 2.0 时代（搜索/社交时代，2000—2012 年）

Web 2.0 是相对于 Web 1.0 的新的一类互联网应用的统称，是一次从核心内容到外部应用的革命。Web 2.0 时代的特征是信息共建。在这一时代，由 Web 1.0 单纯通过浏览器浏览 HTML 网页的模式向内容更丰富、联系性更强、工具性更强的 Web 2.0 互联网模式的发展已经成为互联网新的发展趋势。Web 2.0 的概念始于 O'Reilly 公司和 MediaLive International 公司之间的一场头脑风暴论坛。双方对于互联网泡沫的破裂达成一些共识，认为 2001 年秋天互联网泡沫的破灭是互联网的一个转折点，Web 2.0 的概念由此产生。在那个论坛之后的一年半的时间里，“Web 2.0”一词已深入人心，从 Google 上可以搜索到超过 4.7 亿条链接。但是，至今人们对 Web 2.0 的含义仍存在极大的分歧，有人认为 Web 2.0 是一个行销炒作的口号，而有人则将之理解为一种新的理念。

Web 2.0 注重用户的交互作用，用户既是网站内容的消费者（浏览者），也是网站内容的制造者。以前是那些大型网站在给互联网制造内容，现在则是用户以个人身份参与网络内容的制造。也就是说，网络是平台，用户提供信息，其他用户通过网络获取信息。在 Web 2.0 时代，“关系为王”逐渐取代了 Web 1.0 时代的“内容为王”，这一时代更强调内容的生产，而且内容生产的主体已经从专业网站扩展到个体；内容生产的方式也已经从专业组织的制度化的、组织把关式的生产，扩展到自媒体的随机的、自我把关式的生产；而内容生产的目的也不再是内容本身，而更多的是用内容来延伸自己在网络社会中的关系。

这类网站的代表主要有百科全书、网摘、黄页、论坛、博客、搜索引擎，以及社交媒体，如微博、facebook 等。

（3）Web 3.0 时代（大互联时代，2013—2018 年）

Web 3.0 时代是人们目前正在经历的阶段，Web 3.0 时代的特征是知识传承。Web 3.0 时代应该是从智能手机以及相应的移动应用的普及开始的。我国是在 2011 年到 2013 年这段时间进入 Web 3.0 时代的。

Web 3.0 是以主动性、数字最大化、多维化为特征的，以服务为内容的第三代互联网系统。其中，主动性强调网站主动提取用户信息，并对其加以分析和处理，然后向用户提供其所需要的信息；数字最大化使得商品或者服务能够以数据的方式进行统计，从而有助于决策者做出更准确的分析，以及解决不同业务场景在时空上的矛盾问题；多维化则是指更丰富的多元化媒体技术或播放形式，如在线视频、虚拟现实、网络直播、网络教育等。

在 Web 3.0 时代，交互的形式是多对多交互，多对多交互不仅包括人与人之间的交互，还包括人机交互以及多个终端之间的交互。在这一时代，基于智能手机的移动互联网，甚至物联网日益普及。网络成为用户需求的理解者和提供者，网络对用户十分了解，知道用户有什么、要什么以及行为习惯，能够进行资源筛选和智能匹配，并直接为用户给出答案；此外，网络还将一切互联起来。这个时代将实现“每个个体，时刻联网，各取所需，实时互动”的状态，是一个在“以人为本”的互联网思维指引下的新商业文明时代。

这个时代的典型代表有微信公众号、网络自媒体、网络直播、智能手环、可穿戴设备等。

（4）互联网的未来发展——Web 4.0（2019 年之后）

人们目前正处于知识富集的 Web 3.0 时代，但人们可以对技术的发展做出一定程度的预测和展望。早在 Web 3.0 这个概念被提出的时候，就有学者提出了 Web 4.0 的概念。在经历了 Web 3.0 的知识获取之后，随着技术的发展，Web 4.0 也会随之到来，其主要的特征就是知识分配。在 Web 3.0 时代，人类可以随心所欲地获取各种知识，但人们并不知道自己应该获取怎样的知识，即自己适合于学习哪些知识。那么人们应该怎样学习知识呢？这个问题就是 Web 4.0 的核心——知识分配系统所要解决的问题了。可以说，Web 4.0 就是人人平等的网络时代。

3.2 大数据

3.2.1 大数据概述

大数据（big data），或称巨量资料（mega data）。在维克托·迈尔·舍恩伯格及肯尼斯·库克耶编写的《大数据时代》中，大数据不是指用随机分析法（抽样调查）采集的数据，而是指所有的数据。对于大数据，研究机构 Gartner 给出了这样的定义："大数据"是需要经过新的模式处理才能具有更强的决策力、洞察发现力和流程优化能力的海量、高增长率和多样化的信息资产。只有具有以下五大特征的数据才能被称为大数据。

1. 数据量大

数据量大（volume），是指采集、存储和计算的数据量都非常大。大数据的起始计量单位是 PB（1 PB=1 024 TB）、EB（1 EB=1 024 PB）或 ZB（1 ZB=1 024 EB）。

2. 类型繁多

类型繁多（variety），是指数据种类和来源的多样化。数据包括结构化数据、半结构化数据和非结构化数据，具体表现为网络日志、音频、视频、图片、地理位置信息等，多种类型的数据对数据的处理能力提出了更高的要求。

3. 价值密度低

大数据的价值密度（value）比较低。随着互联网以及物联网的广泛应用，信息感知无处不在，虽然信息海量，但价值密度较低，如何结合业务逻辑并通过强大的机器算法来挖掘数据价值，是大数据时代最需要解决的问题。

4. 速度快，时效高

对于大数据而言，数据增长速度快（velocity），处理速度也快，对时效性的要求高。例如，新闻要求能够被用户即时查询到，而个性化的推荐也要求实时完成。这是大数据区别于传统数据的显著特征。

5. 数据是在线的

大数据是永远在线的（online），是能随时调用和计算的，这是大数据区别于传统数据的最大特征。大数据不仅是大，更重要的是数据在线，这是互联网高速发展赋予数据的特点。例如，对于打车软件，客户的数据和出租司机数据都必须是实时在线的，这样数据才有意义；这些数据如果是离线的，那么其商业价值远远不如在线数据的商业价值大。

在上述五个大数据的特征中，特别需要强调的是数据是在线的，因为很多人认为数据量大就是大数据，往往忽略了大数据的在线特性。数据只有在线，即数据与用户发生连接时才有意义。例如，用户在使用某个互联网应用时，其行为会被及时地传送给数据使用方，数据使用方对数据进行某种有效的加工（通过数据分析或者数据挖掘进行加工）后，会优化该互联网应用的推送内容，把用户最想看到的内容推送给用户，提升了用户的使用体验。

大数据技术的战略意义不在于掌握庞大的数据，而在于对这些有意义的数据进行专业化处理。换言之，如果把大数据比作一种产业，那么这种产业实现盈利的关键，在于提高对数据的“加工能力”，通过“加工”实现数据的“增值”。

3.2.2 大数据的发展

大数据概念最早的提出者现在已不可考证，但早在 1980 年，未来学家托夫勒在其所著的《第三次浪潮》中就提到了“大数据”一词。2001 年麦塔集团分析员道格·莱尼指出数据增长的挑战和机遇有三个方向：量（volume，数据大小）、速（velocity，资料输入输出的速度）和多变（variety，多样性），现在这三个方向被认为是大数据的三个特性。2011 年麦肯锡正式定义了大数据的概念。2012 年《纽约时报》的一篇专栏中写道，“大数据”时代已经降临，在商业、经济及其他领域中，决策将日益基于数据和分析，而并非基于经验和直觉做出，大数据开始与时代联系起来。2012 年维克托·迈尔·舍恩伯格等的《大数据时代》使更多的人认识了大数据，推动了大数据的发展。

大数据发展的时间线，可以从政府推动和大数据价值两个方面来梳理。

1. 政府推动

2009 年，美国政府开放政府数据，这一行动使得英国等很多国家的政府相继效仿。

2010 年，德国联邦政府启动“数字德国 2015”战略，将物联网引入制造业，打造智能工厂，工厂通过信息物理系统（cyber physical system）实现全球互联。

2011 年，我国工业和信息化部把信息处理技术作为四项关键技术创新工程之一提出，其中包括的海量数据存储、数据挖掘、图像视频智能分析等，都是大数据的重要组成部分。

2012 年，美国政府在白宫网站发布了《大数据研究和发展倡议》，这一倡议标志着大数据已经成为重要的时代特征。之后美国政府宣布投资 2 亿美元启动“大数据研究和发展计划”，大数据技术从商业行为上升到国家科技战略。联合国在纽约发布关于大数据政务的白皮书，总结了各国政府如何利用大数据更好地服务和保护人民。

2013 年，英国政府宣布注资 6 亿英镑发展八类高新技术，其中 1.89 亿英镑用来发展大数据技术。欧盟实施开放数据战略，旨在开放欧盟公共管理部门的所有信息。

2014 年，数据开放运动已覆盖全球 44 个国家和地区。我国国务院通过《企业信息公示暂行条例》，要求在企业部门间建立互联的信息共享平台，运用大数据等手段提升监管水平。

2015 年，在我国，《中共中央关于制定国民经济和社会发展第十三个五年规划的建议》将大数据作为国家级战略。

2. 大数据价值

2010年，肯尼斯·库克尔发表大数据专题报告《数据，无所不在的数据》。库克尔在报告中提到："世界上有着无法想象的巨量数字信息，并以极快的速度增长。从经济界到科学界，从政府部门到艺术领域，很多方面都已经感受到了这种巨量数字信息的影响。科学家和计算机工程师已经为这个现象创造了一个新词汇："大数据"。库克尔也因此成为最早洞察大数据时代趋势的数据科学家之一。

2011年，IBM的沃森超级计算机每秒可以扫描并分析4 TB（约2亿页文字量）的数据量，并在美国智力问答竞赛节目《危险边缘》上击败两名人类选手而夺冠。后来《纽约时报》认为这一刻是"大数据计算的胜利。"同年5月，咨询公司麦肯锡（McKinsey&Company）发布报告《大数据：创新、竞争和生产力的下一个新领域》，这是专业机构第一次全方面地介绍和展望大数据。

2012年，在瑞士达沃斯召开的世界经济论坛的主题之一是大数据，论坛上发布的报告《大数据，大影响》宣称，数据已经成为一种新的经济资产类别，就像货币或黄金一样。

2013年，互联网企业纷纷发布机器学习产品，如IBM公司的沃森系统、微软公司的微软小冰、苹果公司的Siri，标志着大数据进入深层价值阶段。

2015年，《计算研究》（Computing Research）发布《2015年大数据市场评论》，该评论发现在过去的一年中，没有将大数据和大数据分析集成到其运营过程的企业的比例从33%降到了16%。大数据开始作为企业决策的重要支撑，在商业市场中发挥巨大的价值。

3.2.3 大数据的采集与应用领域

1. 大数据的采集

大数据的形式和特征，决定了大数据采集与传统数据采集有许多不同。对于大数据来说，传统数据采集有很多不足：传统的数据采集来源单一；能够存储、管理和分析的数据量较小，一般采用关系数据库和并行数据仓库即可处理；就依靠并行计算提升数据处理速度而言，传统的并行数据库技术追求高度一致性和容错性，根据CAP（consistency、availability、partition tolerance，即一致性、可用性、分区容错性）理论，难以保证其可用性和扩展性。传统数据采集方法已不能适应大数据采集的需求，因此大数据的采集就必须采用与传统采集不同的方法。常用的大数据采集方法如下。

（1）系统日志采集方法

很多互联网企业都有自己的海量数据采集工具，这些海量数据采集工具，如Apache的Chukwa、Flume，Facebook的Scribe等，均采用分布式架构，多用于系统日志采集，能满足每秒数百兆字节的日志数据采集和传输需求。

(2) 网络数据采集方法

网络数据采集是指通过网络爬虫或网站公开 API (application program interface，应用程序接口) 等方式从网站上获取数据信息。该方法可以将非结构化数据从网页中抽取出来，并将它们以结构化的形式统一存储为本地数据文件。网络数据采集方法支持图片、音频、视频等格式正文或附件的采集，附件与正文可以自动关联。除了网络中包含的内容之外，还可以使用深度分组检测 (deep packet inspection，DPI) 或深度/动态流检测 (deep/dynamic flow inspection，DFI) 等带宽管理技术采集网络数据。

(3) 其他数据采集方法

如果要采集企业的生产经营数据或研究机构的研究数据等对保密性要求较高的数据，可以通过与企业或研究机构合作，使用特定的系统接口等采集数据。

由于大数据采用新的方法采集数据，因此其数据采集平台与传统数据采集平台有所不同，以下介绍几种应用广泛的大数据采集平台。

(1) Apache Flume

Flume 是 Apache 旗下的一个开源、高可靠、高扩展、容易管理、支持客户扩展的数据采集系统。Flume 使用 JRuby 来构建，所以运行时依赖 Java 环境。

(2) Fluentd

Fluentd 是另一个开源的数据收集框架，它使用 C/Ruby 开发，使用 JSON 文件统一日志数据。Fluentd 的可插拔架构，支持不同类型的数据源和数据输出，同时也提供了很高的可靠性和很好的扩展性。

(3) Logstash

Logstash 是著名的开源数据栈 ELK (即 ElasticSearch、Logstash、Kibana 三个开源工具) 中的 L。Logstash 用 JRuby 开发，所有运行时依赖 Java 虚拟机 (Java virtual machine，JVM)。

(4) Splunk Forwarder

Splunk 是一个分布式的机器数据平台，它主要有三个角色：Search Head 负责数据的搜索和处理，提供分布式的搜索功能；Indexer 负责数据的存储和索引；Forwarder 负责数据的收集、清洗、变形，并将数据发送给 Indexer。

2. 大数据的应用领域

(1) 对大数据的处理和分析正成为新一代信息技术应用的融合点。

移动互联网、物联网、社交网络、数字家庭、电子商务等是新一代信息技术的应用形态，这些应用不断产生数据。云计算为这些海量、多样化的数据提供存储和运算平台。通过对不同来源数据的管理、处理、分析与优化，并将结果反馈到上述应用中，创造出巨大的经济和社会价值。

大数据的变革催生了技术产业的变革，但正如卡内基-梅隆大学海因兹学院院长 Ramayya Krishnan 所说，大数据具有催生社会变革的能量，释放这种能量，需要严谨的数据治理、富有洞见的数据分析和激发管理创新的环境。因此，随着大数据的发展，不仅仅是大数据和技术本身，其所处的环境、研究方法和人们的思维方式也需要不断的变革。

（2）大数据是信息产业持续高速增长的新引擎

面向大数据市场的新技术、新产品、新服务、新业态会不断涌现。在硬件与集成设备领域，大数据将对芯片、存储产业产生重要影响，还将催生出一体化数据存储处理服务器、内存计算等市场。在软件与服务领域，大数据将引发数据快速处理分析技术、数据挖掘技术和软件产品的发展。

（3）大数据利用将成为提高核心竞争力的关键因素

各行各业的决策正在从“业务驱动”转变为“数据驱动”。对大数据进行分析可以使零售商实时掌握市场动态并迅速做出响应；可以为商家制定更加精准和有效的营销策略提供决策支持；可以帮助企业为消费者提供更加及时和个性化的服务；在医疗领域，可以提高诊断的准确性和药物的有效性；在公共事业领域，大数据在促进经济发展、维护社会稳定等方面也开始发挥重要的作用。

（4）大数据时代科学研究的方法和手段将发生重大改变

例如，抽样调查是社会科学的基本研究方法。在大数据时代，可以通过实时监测、跟踪以及挖掘分析研究对象在互联网上产生的海量行为数据，揭示出规律性的东西，提出研究结论和对策。

3.2.4 大数据的典型应用

大数据大致可以分为三类：① 传统企业数据（traditional enterprise data）：包括客户关系管理系统（CRM）的消费者数据、传统的企业资源计划（ERP）数据、库存数据以及账目数据等；② 机器和传感器数据（machine-generated/sensor data）：包括呼叫记录（call detail record），智能仪表、工业设备传感器数据设备日志（通常是数字化排除（digital exhaust）），交易数据等；③ 社交数据（social data）：包括 Twitter、Facebook 等社交媒体平台上的用户行为记录、反馈数据等。

大数据挖掘商业价值的方法主要有四种：① 细分客户群体，然后为每个群体定制特别的服务；② 模拟现实环境，发掘新的需求，同时提高投资的回报率；③ 加强部门间的联系，提高整个管理链和产业链的效率；④ 降低服务成本，发现隐藏线索，进行产品和服务的创新。

大数据应用，是利用大数据分析的结果，为用户提供辅助决策，发掘潜在价值的过程。从理论上来看，所有产业都会从大数据的发展中受益，但是由于缺乏数据以及从业人员自身的原因，第一、第二产业中大数据应用的发展速度相对于第三产业来说迟缓一些。下面介绍大数据的主要应用。

1. 企业内部大数据应用

目前，大数据的主要来源和应用都来自于企业内部，商业智能（business intelligence，BI）和联机分析处理（online analytical processing，OLAP）可以说是大数据的最初应用。企业内部大数据应用更多的时候是与金融领域的应用相结合的，因此这一部分的应用也常常被认为是金融领域的应用。企业内部大数据应用，可以在多个方面提升企业的生产效率和竞争力。具体而言，在市场方面，利用大数据关联分析，可以更准确地了解消费者的使用行为，挖掘新的商业模式；在销售规划方面，可以通过对大量数据进行比较，优化商品价格；在运营方面，可以提高企业的运营效率和运营满意度，优化劳动力投入，准确预测人员配置需求，避免产能过剩，降低人员成本；在供应链方面，可以利用大数据进行库存优化、物流优化、供应商协同等工作，可以缓和供需之间的矛盾，控制预算开支，提升服务。

在金融领域，企业内部大数据的应用得到了快速发展。例如，招商银行通过分析数据识别出自己的信用卡高价值客户经常出现在星巴克、DQ 冰淇淋店、麦当劳等场所后，利用“多倍积分累计、积分店面兑换”等活动吸引优质客户；通过构建客户流失预警模型，对流失率等级位于前 20%的客户发售高收益理财产品予以挽留，使得金卡和金葵花卡客户的流失率分别降低了 15%和 7%；通过对客户交易记录进行分析，有效识别潜在的小微企业客户，并利用远程银行和云平台实施交叉销售，取得了良好的成效。

当然最典型的企业内部大数据应用还是在电子商务领域。例如，在淘宝网上每天都进行着大量的交易，在每笔交易进行的同时相应的交易时间、商品价格、购买数量都会被记录，更重要的是，这些信息可以与买方和卖方的年龄、性别、地址，甚至兴趣爱好等个人特征信息进行匹配。淘宝数据魔方（后升级为“生意参谋”的“市场行情专业版”）是淘宝上的大数据应用方案，通过这一服务，商家可以了解淘宝上的行业整体情况、自己品牌的销售状况、消费者行为情况等，并可以据此进行生产、库存决策；而与此同时，更多的消费者也能以更优惠的价格买到心仪的商品。而阿里信用贷款则是阿里巴巴通过所掌握的企业交易数据，利用大数据技术自动分析和判定是否给企业贷款，全程无须人工干预。据透露，截至目前阿里巴巴已经累计放贷超过 8 000 亿元，坏账率不到 1%，低于商业银行。

2. 在线社交网络大数据应用

在线社交网络，是一种在信息网络上由社会个体集合及个体之间的连接关系构成的社会性结构。在线社交网络大数据主要来自即时消息、在线社交、微博和共享空间这 4 类应用。由于在线社交网络大数据反映了人的各类活动，因此对于此类数据进行分析受到了人们更多的关注。在线社交网络大数据分析是从网络结构、群体互动和信息传播三个维度，利用融合了数学、信息学、社会学、管理学等多个学科的理论和方法，为理解人类社会中存在的各种关系而提供的一种可计算的分析方法。目前，在线社交网络大数据应用包括网络舆情分析、网络情报收集与分析、社会化营销、政府决策支持、在线教育等。

美国圣克鲁斯市警察局是美国警界最早应用大数据进行预测分析的机构，通过分析社交网络大数据，可以发现犯罪趋势和犯罪模式，甚至可以预测重点区域的犯罪概率。

2013 年 4 月，美国计算搜索引擎 WolframAlpha，试图通过对 Facebook 中 100 多万美国用户的社交数据进行分析，研究用户的社会行为规律。分析发现，大部分 Facebook 用户在 20 岁左右开始恋爱，27 岁左右订婚，30 岁左右结婚，而在 30～60 岁之间，婚姻关系变化缓慢。这个研究结果与美国当时的人口普查数据几乎完全一致。

总的来说，在线社交网络大数据应用可以从以下三个方面帮助人们了解人的行为，以及掌握社会和经济活动的变化规律：① 前期告警，通过检测用户使用电子设备及服务中出现的异常，在出现危机时可以更快速地应对；② 实时监控，通过对用户当前行为、情感和意愿等方面进行监控，为政策和方案的制定提供准确的信息；③ 实时反馈，在实时监控的基础上，从某些社会活动中获得群体的反馈信息。

3. 医疗健康大数据应用

医疗健康数据是持续、高速增长的复杂数据，其蕴涵的信息价值也是丰富的、多样的。对医疗健康数据进行有效的存储、处理、查询和分析，可以发掘出其潜在价值。医疗健康大数据的应用将会深远地影响人类的健康。

例如，美国安泰保险公司为了改善对代谢综合征的预测效果，从 1 000 名患者中选择 102 个患者进行实验。该公司的一个独立的实验室，用连续三年的时间，扫描了 600 000 个患者一系列代谢综合征的检测结果和 18 万个索赔事件，将最后的结果组成一个高度个性化的治疗方案。这样，医生可以通过建议患者食用他汀类药物及减重 5 磅等而将他们在未来 10 年内的发病率降低 50%；或者通过患者目前体内高于 20%的含糖量的检测结果，而建议患者降低体内甘油三酯总量。

西奈山医疗中心（Mount Sinai Medical Center）是美国重要的医学教育和生物医药研究中心。该医疗中心使用来自大数据创业公司 Ayasdi 的技术分析大肠杆菌的全部基因序列，包括超过 100 万个脱氧核糖核酸（DNA）变体，以了解为什么菌株会对抗生素产生抗药性。Ayasdi 的技术使用一种全新的数学研究方法——拓扑数据分析（topological data analysis），来了解数据的特征。

微软公司的 HealthVault 系统，是一个医学大数据的应用，发布于 2007 年，它的目标是监控远程服务器上存储的个人医疗数据和家庭健康监控信息。用户既可以通过移动智能设备上传自己的健康信息，也可以由第三方的机构导入个人病历记录。此外，该系统通过提供软件开发工具包（software development kit，SDK）以及开放的应用程序接口，支持与第三方应用的集成。

4. 大数据在公共服务上的应用

除了以上介绍的几个大数据应用以外，大数据在公共服务领域也有很好的应用前景。其中，比较成功的例子就是智能电网。

智能电网，是指将现代信息技术融入传统能源网络构成新的电网，根据用户的用电习惯等信息，优化电能的生产、供给和消耗，是大数据在电力系统中的应用。

智能电网可以解决以下几个方面的问题。

（1）电网规划

通过对智能电网中的数据进行分析，可以知道哪些地区的用电负荷和停电频率过高，甚至可以预测哪些线路可能出现故障。这些分析结果，有助于电网的升级、改造和维护等。

例如，美国加州大学洛杉矶分校的研究者就根据大数据理论设计了一款“电力地图”，将人口调查信息、电力企业提供的用户实时用电信息与地理、气象等信息集成在一起，制作了一款加州地图。该地图以街区为单位，展示每个街区在当前时刻的用电量，甚至还可以将这个街区的用电量与其居民的平均收入和建筑物类型等进行比照，从而得出更为准确的社会各群体的用电习惯信息。这个地图为城市电网规划提供了依据。此外，还可以对地图中显示的停电频率较高、过载较为严重的街区优先进行电网设施改造。

（2）发电与用电的平衡

理想的电网，应该是发电与用电的平衡。但是，传统电网的建设是基于发—输—变—配—用的单向思维，无法根据用电量的需求调整发电量，造成电能浪费。为了实现用电与发电的平衡，提高供电效率，研究者开发出了智能的用电设备——智能电表。得克萨斯州电力公司（TXU Energy）已经广泛使用智能电表，并取得了巨大的成效。该公司能每隔 15 min 就读一次用电数据，而不是像过去那样一个月读一次用电数据。这不仅仅节省了抄表的人工费用，而且由于能快速采集和分析用电数据，该公司能够分别为用电高峰和低谷时段制定不同的电价，并利用这种价格杠杆来平抑用电高峰和低谷时段用电量的波动幅度，智能电表和大数据应用让分时动态定价成为可能，而且这对于电力公司和用户来说是一个双赢变化。

（3）间歇式可再生能源的接入

目前许多新能源也被接入电网，但是风能和太阳能等新能源，其发电能力与气候条件密切相关，具有随机性和间歇性的特点，因此难以直接并入电网。如果对电网进行大数据分析，则可以对这些间歇式新能源进行有效的调节，在其产生电能时，根据电网中的数据将其调配给电力紧缺地区，与传统的水火电能进行有效的互补。

目前在我国，大数据的应用十分广泛。大数据应用商主要有三类，一是以阿里巴巴、腾讯为首的网络服务提供商，它们通过大数据进行服务改进和信息推送；二是以新网银行和微众银行为首的互联网银行以及其他一些金融机构，它们使用大数据进行风险控制和业务处理，三是以海捷计算机科技和华胜天成为首的专业软件公司，利用大数据分析技术开展管理和决策辅助业务。

然而，随着云计算和人工智能的发展，大数据的应用虽然日渐成熟，但仍然存在一些问题，其中主要的问题有两个。一个问题是数据孤岛问题。从技术层面看，大数据应用的主要挑战是数据的采集和分析。不同部门的数据存储在不同的地方，大数据来源众多，数量巨大，形式各异。大数据应用最高的层次就是通过数据分析来形成智慧，而进行数据分析要先整合数据，整合数据需要高效、可靠的数据管理和分析平台。企业缺乏动力和担心数据安全也会影响数据的整合。不少企业以保护商业机密或数据整理成本过大等为理由，不愿意交易自身的数据。另一个问题是底层技术差距很大，即便解决了数据共享问题，数据可以随时取用，也需要有一个强有力且安全的平台来对每天所产生的海量数据进行收集、分析，但这方面技术的发展水平不一，存在很大的问题。

3.3 云计算

3.3.1 云计算概述

1. 云计算的概念

云计算（cloud computing）是由分布式计算（distributed computing）、并行处理（parallel computing）、网格计算（grid computing）发展而来的，是一种新兴的商业计算模式。目前，人们对云计算的认识在不断的发展变化之中，尚未形成对云计算的普遍一致的定义。

我国有学者对于云计算给出如下定义：云计算将计算任务分布在由大量计算机构成的资源池中，使各种应用系统能够根据需要获取计算力、存储空间和各种软件服务。

通俗的理解是，云计算中的“云”就是存储于互联网服务器集群中的资源，它包括硬件资源（如服务器、存储器、中央处理器等）和软件资源（如应用软件、集成开发环境等），本地计算机只需要向互联网发送一个需求信息，远端就会有成千上万台计算机为其提供所需的资源并将结果返回到本地计算机，这样本地计算机几乎不需要做什么，所有的处理都由云服务提供商所提供的服务器集群来完成。

狭义的云计算是指 IT 基础设施的交付和使用模式，即通过网络以按需、易扩展的方式获得所需的资源（包括硬件、平台、软件）。提供资源的网络被称为“云”。“云”中的资源在使用者看来是可以无限扩展的，并且可以随时获取，按需使用并付费。通常将这种特性称为像使用水、电一样使用 IT 基础设施。广义的云计算是指服务的交付和使用模式，即通过网络以按需、易扩展的方式获得所需的服务。这种服务可以是 IT 基础设施，也可以是其他服务。云计算技术在网络服务中随处可见，如搜索引擎，用户只要输入简单的指令即可得到大量的信息。

2. 云计算的特点

（1）大规模，分布式

“云”一般具有相当的规模，一些著名的云服务提供商，如谷歌、亚马逊、IBM、微软、阿里巴巴等都拥有百万数量级的服务器规模。而依靠这些服务器构建起来的“云”能够为用户提供强大的计算能力。

（2）虚拟化

云计算采用虚拟化技术，用户并不需要关注具体的硬件实体，只需要选择一个云服务提供商，注册并登录到它的云控制台上，去购买所需要的服务（如云服务器、云存储、内容分发网络等），再为所购买的服务做相应的配置，然后就可以使用自己的应用了。这不仅比到企业的数据中心去部署一套应用系统要简单和方便得多，而且用户还可以随时随地通过个人计算机或移动设备来控制资源，这就好像是云服务提供商为每一个用户都提供了一个互联网数据中心（internet data center，IDC）一样。

（3）高可用性和高扩展性

大的云服务提供商一般都会采用数据多副本容错、计算节点同构可互换等措施来保障服务的高可靠性。基于云计算的应用可以持续（7×24 小时）对外提供服务。另外，“云”的规模可以动态伸缩，以满足应用和用户规模增长的需要。

（4）按需服务，更加经济

用户可以根据自己的需要来购买服务，甚至可以按使用量来精确付费。这可以大大降低用户的成本，而资源的整体利用率也将得到明显的改善。

（5）安全

网络安全已经成为所有企业或个人创业者都必须面对的问题，企业或个人很难应对那些来自网络的恶意攻击，而使用云服务则可以借助更专业的安全团队来有效降低安全风险。

3. 云计算的分类

对于云计算而言，分类方式不同，分类结果也不同。下面介绍两种分类方式。

（1）按照服务类型分类

按照服务类型，可以将云计算分为以下几种类型。

① 软件即服务（software as a service，SaaS）。这种类型的云计算是指 SaaS 提供商将应用软件统一部署在自己的服务器上，用户根据需求通过互联网向其订购应用软件服务；SaaS 提供商根据用户所订购的软件的数量、时间的长短等因素收费，并且通过浏览器向用户提供应用软件。它的优势是，由服务提供商维护和管理应用软件，提供应用软件运行的硬件设施，用户只要拥有能够接入互联网的终端，即可随时随地使用应用软件。在这种模式下，用户不再像传统模式那样在硬件、软件、维护人员等方面花费大量的资金，而只要支出一定的费用，通过互联网就可以享受到相应的硬件、软件和维护服务，这是效益最高的网络应用运营模式。对于小型企业来说，软件即服务模式是使用先

进技术的最好途径。

以企业管理软件为例。基于软件即服务模式的 ERP 系统可以根据并发用户数量、所用功能种类、数据存储容量、使用时间长短等因素来计算用户需要支付的服务费用。用户既不需要支付软件许可费用，承担软件开发、实施费用，以及系统维护费用，也不需要购买服务器等硬件设备，以及操作系统、数据库等系统软件。实际上，基于软件即服务模式的 ERP 系统正是继承了开源 ERP 系统免许可费用只收服务费用的重要特征，是突出了服务的 ERP 系统。

Salesforce 是典型的软件即服务产品，Google Docs、Google Apps 和 Zoho Office 也属于这类服务。

② 平台即服务（platform as a service，PaaS）。这种类型的云计算把开发环境作为一种服务来提供。这是一种分布式平台服务，PaaS 服务提供商向用户提供开发环境、服务器平台、硬件资源等服务，用户基于其平台定制开发自己的应用软件并通过其服务器和互联网传递给其他用户。它能够向企业或个人提供中间件平台，以及应用软件开发、数据库、服务器、托管等服务。

Google App Engine、八百客的 800APP 都是典型的平台即服务产品。以 Google App Engine 为例，它是一个由 Python 应用服务器群、BigTable 数据库及 GFS 组成的平台，为用户提供了一体化主机服务器及可自动升级的在线应用服务。用户编写应用程序并将其运行于 Google 的基础架构之上就可以为其他互联网用户提供服务，在此过程中，Google 提供应用程序运行和维护所需要的平台资源。

③ 基础设施即服务（infrastructure as a service，IaaS）。这种类型的云计算把 IaaS 提供商的由多台服务器组成的“云”基础设施，作为计量服务提供给用户。它将内存、输入输出设备、存储和计算能力整合成一个虚拟的资源池，为整个业界提供所需要的存储资源和虚拟化服务器等服务。这是一种硬件托管型的服务方式，用户付费使用服务提供商的硬件设施。例如，Amazon 的 Amazon Web 服务（AWS）、IBM 的 Blue Cloud 等均是将基础设施作为服务出租。

基础设施即服务模式的优点是用户只需要购买低成本的硬件，按需租用 IaaS 提供商提供的计算和存储服务，因而大大降低了在硬件上的开销。

Google Cloud 是典型的基础设施即服务。

（2）按照部署类型分类

① 公共云。人们所说的“云”一般是指公共云。公共云使用虚拟化和网络技术来提供按需扩展的计算和存储服务。世界上许多基础设施都依赖公共云基础架构。

② 私有云。为了应对用户单独使用企业基础设施的需求，云服务提供商开始提供私有云，这些私有云具有许多与公共云相同的特点。两者的主要区别在于私有云是一个组织拥有并控制所有云服务器。自定义私有云使组织能够在安全和私密的环境中充分利用虚拟化的优势，集中管理和弹性调度资源。

③ 混合云。公共云和私有云是互补的技术，许多企业基础设施用户都需要使用这两种技术，因此产生了混合云。混合云集成了公共云和私有云平台，既可以提供私有云的安全性，又可以提供公有云的计算资源，从而有效地降低了成本。

4. 云计算平台与传统 IDC 服务平台的区别

与传统 IDC 服务平台相比，新兴的云计算平台具有运行成本低、开放度高以及无限扩容等优点。不仅如此，由于云计算平台是基于互联网的虚拟化计算平台，因此用户可以随时随地享受云计算带来的便利。云计算平台与传统 IDC 服务平台的区别主要体现在以下几个方面。

（1）服务类型方面

传统 IDC 服务平台可以分为实体服务器托管和租用两种类型。实体服务器托管是指由用户自行购买硬件设备，并将其放到 IDC 服务平台的机房中进行托管，而且在托管期间硬件设备的管理和运行都由用户自己完成，IDC 服务平台主要提供 IP 接入、带宽接入和电力供应等服务。租用是指 IDC 服务平台不仅提供管理服务，也向用户提供服务器，用户无须自行购买硬件设备就可以使用 IDC 服务平台所提供的计算和存储服务。但是，云计算平台提供的是从 IT 基础设施到业务基础平台再到应用层面的连续的、一体化的全套服务。所以与传统服务平台相比，云计算的效率更高，让用户更省心。

（2）开放性方面

与互相孤立、无法共享的传统 IDC 服务平台相比，云计算平台在资源共享、信息互通等方面做得比较好，而且极具开放性。例如，阿里巴巴的阿里云计算平台具有很好的安全防护技术，阿里巴巴可以把这些技术共享到用户的云计算平台中，这样用户的云计算平台就可以得到很好的安全防护，从而有利于中小型企业的发展。

（3）扩展性方面

传统 IDC 服务平台的扩展需要占用大量的机房和场地，而且其处理能力有一个临界值，在达到这个临界值后再增加服务器的数量处理能力也不会有很大提升。云计算平台则与之不同，云计算平台的资源是动态扩展的且是虚拟化的形式，所以从理论上说，云计算平台具有无限扩展性。

（4）运行成本方面

基于开源软件构建云计算平台可以大幅降低购买硬件设备，以及运行和维护系统的成本。另外，“云”是一个庞大的资源池，用户可以按需购买。也就是说，云计算平台可以像水、煤气、电那样根据用户的实际使用情况来计费。

3.3.2 云计算的发展

任何一次技术创新的规模化过程都是漫长的，事实上在 20 世纪 70 年代就有了云计算的雏形，但直到 2007 年云计算才开始迅速发展。

1963 年，美国国防部高级研究计划署向麻省理工学院提供了约 200 万美元的津贴，启动了著名的MAC（multiple access computer）项目，要求其开发“可多人同时使用的计算机系统”技术。当时麻省理工学院就构想了“计算机公共事业”，即让计算资源能够像电一样供应，由此产生了“云”和“虚拟化”技术的雏形。

在“云”和“虚拟化”技术的雏形已经具备的前提下，还需要用网络来作为媒介，如果没有网络，这些构想就都只是空中楼阁。1969年，ARPANET诞生了，并成功完成了两台计算机之间的数据传输试验，这就是今天互联网的雏形。互联网的诞生也使得云计算从理论走向现实。

随后，随着互联网的发展，以及从20世纪90年代开始虚拟计算机的逐渐流行，云计算基础设施得到迅猛的发展。

总的来说，云计算的发展主要经历了四个阶段，这四个阶段依次是电厂模式、效用计算、网格计算和云计算。

1. 电厂模式阶段

电厂模式类似于利用电厂的规模效应来降低电力的价格，使用户无须维护和购买任何发电设备，而且使用起来更加方便。处于电厂模式阶段的云计算，将大量分散的资源集中在一起，并对它们进行规模化管理，从而降低了用户的使用成本，也使用户使用起来更加方便。

2. 效用计算阶段

20世纪60年代初，计算设备的价格非常高昂，一般的企业、学校和机构难以承受，所以人们产生了共享计算资源的想法。1961年，人工智能之父麦肯锡在一次会议上提出了“效用计算”的概念，其核心思想借鉴了电厂模式，目标是整合分散在各地的服务器、存储系统以及应用程序供多个用户共享，让用户能够像把灯泡插入灯座那样来使用计算资源，并且根据用户的使用量来计费。

3. 网格计算阶段

网格计算研究如何把一个需要巨大计算能力才能解决的问题分成许多小的部分，然后把这些小的部分分配给许多性能较低的计算机来处理，最后将计算结果汇集起来去解决大问题。但是，由于网格计算在商业模式、技术和安全性方面存在不足，使得其并没有在工程界和商业界取得预期的成功。

4. 云计算阶段

云计算与效用计算和网格计算类似，也是希望使用计算资源能够像使用电那样方便，而且成本低廉。但是与效用计算和网格计算不同的是，目前云计算在技术方面也已经基本成熟，而且应用也有了一定的规模。

3.3.3 云计算的基本原理与核心技术

云计算的基本原理是，通过使计算分布在大量的分布式计算机，而非本地计算机或远程服务器中，使个人和企业能够将资源切换到所需要的应用上，并能够根据需求访问计算机和存储系统。基于云计算的企业数据中心的运行与互联网更相似。

云计算是一种革命性的举措，意味着计算资源也可以作为一种商品进行流通，就像煤气、水、电一样，使用方便，费用低廉。但它与煤气、水、电等最大的不同在于，它是通过互联网进行传输的。

云计算平台使用了许多技术，其中以编程模型、海量数据分布存储技术、海量数据管理技术、虚拟化技术、云计算平台管理技术最为关键。

1. 编程模型

MapReduce 是谷歌开发的 Java、Python、C++编程模型，它是一种简化的分布式编程模型和高效的任务调度模型，用于大规模数据集（大于 1 TB）的并行运算。严格的编程模型使在云计算环境下进行编程十分简单。MapReduce 的思想是将要执行的问题分解成 Map（映射）和 Reduce（化简），先通过 Map 程序将数据切分为不相关的区块，并将这些区块分配（调度）给大量计算机去处理，达到分布式运算的效果，再通过 Reduce 程序将结果汇总输出。

2. 海量数据分布存储技术

云计算平台由大量的服务器组成，同时为大量用户服务，因此云计算平台用分布式存储的方式存储数据，用冗余存储的方式保证数据的可靠性。云计算平台中广泛使用的数据存储系统是 Google 文件系统 GFS 和 Hadoop 分布式文件系统 HDFS。

GFS（Google file system）是一个可扩展的分布式文件系统，用于大型的、分布式的、对大量数据进行访问的应用。GFS 的设计思想不同于传统的文件系统，它是针对大规模数据处理和 Google 应用特性而设计的。GFS 运行于普通的硬件设备上，但可以为大量用户提供总体性能较高的服务。

一个 GFS 集群由一台主服务器（master）和大量的块服务器（chunk server）构成，并被许多客户（client）访问。主服务器存储有整个文件系统的元数据，包括名字空间、访问控制信息、从文件到块的映射，以及块的当前位置。它还控制了一些系统层面的活动，如块租约（lease）管理、孤儿块的垃圾收集，以及块服务器间的块迁移。主服务器定期通过心跳（HeartBeat）消息与每一台块服务器通信，向块服务器传递指令并收集它们的状态。GFS 中的文件被切分为 64 MB 的块并以冗余存储的方式存储，每块数据在系统中保存 3 个以上的副本。

客户与主服务器的交换只限于对元数据的操作，所有数据方面的通信都直接和块服务器联系，这大大提高了系统的效率，防止主服务器负载过重。

3. 海量数据管理技术

云计算需要对分布的、海量的数据进行处理、分析，因此数据管理技术必须能够高效地管理大量的数据。云计算平台中的数据管理技术主要是 Google 的 BT（BigTable）数据管理技术和 Hadoop 的开源数据管理模块 HBase。

BigTable 是建立在 GFS、Scheduler、Lock Service 和 MapReduce 之上的一个大型分布

式数据库，与传统的关系数据库不同，它将所有数据都作为对象来处理，从而形成一个巨大的表格，用于存储大规模结构化数据。

谷歌的很多项目都使用 BigTable 来存储数据，包括 Google 搜索、Google 地球和 Google 金融。这些应用程序对 BigTable 的要求各不相同：数据大小（从 URL、网页到卫星图像）不同，反应速度不同（从后端的批处理到实时数据服务）。对于不同的要求，BigTable 都可以提供灵活、高效的服务。

4. 虚拟化技术

通过虚拟化技术可以将软件应用与底层硬件相隔离，它既包括将单个资源划分成多个虚拟资源的裂分模式，也包括将多个资源整合为一个虚拟资源的聚合模式。按照虚拟的对象可以将虚拟化技术分成存储虚拟化、计算虚拟化、网络虚拟化等，其中计算虚拟化又分为系统级虚拟化、应用级虚拟化和桌面虚拟化。

5. 云计算平台管理技术

云计算平台的资源规模庞大，服务器数量众多且分布在不同的地点，同时运行着诸多的应用程序，如何有效地管理这些服务器，保证整个系统能够提供不间断的服务，是一个巨大的挑战。

云计算平台管理技术能够使大量的服务器协同工作，快速发现和恢复系统故障，通过自动化、智能化的手段实现大规模系统的可靠运营，同时也方便用户部署和开通应用。

3.3.4 云计算应用领域

1. 云物联

物联网是互联网的发展和延伸，使原来的人与人、人与物的互联发展到物与物的互联。物联网的运用和发展是科技进步、社会不断发展的产物，云计算在其中的信息处理和运用方面发挥着十分重要的作用。

2. 云安全

云安全（cloud security）是一个由“云计算”演变而来的词汇。云安全的策略是：使用者越多，每个使用者就越安全，这是因为如此庞大的用户群，足可以覆盖互联网的每一个角落，只要新病毒一出现，立刻就会被发现和截获。

3. 云存储

云存储是通过虚拟化、网格计算或分布式文件系统等技术，将网络中各种类型的硬件存储设备通过特定的软件集合起来协同工作，共同对外提供数据存储和业务访问功能的系统。如果云计算平台的主要任务是对大批量数据进行存储和管理，就需要在云计算平台中配置大量的硬件存储设备，这样云计算平台就成为云存储平台，所以云存储是一个以数据存储和管理为核心的云计算平台。

4. 云游戏

云游戏是以云计算技术为支撑的一种游戏方式。在云游戏的运行模式下，所有游戏都在服务器端运行，经过渲染的游戏画面被压缩后通过网络传送给游戏用户。在客户端，用户的游戏设备不需要是高端处理设备，只要具备基本的视频解压缩功能就可以得到具有很好视觉效果的游戏画面。

5. 云计算

从技术上看，云计算与大数据的关系就像一枚硬币的反正面一样密不可分。大数据无法用单一的计算机进行处理，而必须采用分布式计算体系。大数据的特色在于对海量数据的深度挖掘，但它必须依托云计算的分布式处理技术、分布式数据库管理技术、云存储技术和虚拟化技术。

从全球市场来看，大型的云计算产品主要有亚马逊的 AWS（Amazon Web Services）、微软的 Azure、谷歌的 GCE（Google Compute Engine），IBM 的 Softlayer 以及阿里巴巴的阿里云，其中从云计算服务的市场规模来看，亚马逊的 AWS 无疑是该领域竞争力最强的云计算产品，占有超过 50%的全球云计算服务市场份额，它的最大竞争优势在于丰富的细分产品和应用市场。

从我国市场来看，我国的云计算服务起步较晚，目前阿里巴巴的阿里云占据着我国云计算服务市场的大部分份额，其基础设施即服务的市场占有率超过 50%，其他云计算产品，如中国电信的天翼云、腾讯的腾讯云、联通的沃云，以及华为的华为云等紧随其后。

除了企业对云计算服务十分重视之外，国家对云计算服务领域也十分重视，2017 年 9 月，由中国银监会牵头，16 家金融机构共同发起成立的融联易云金融信息服务有限公司（简称融联易云）成立，注册资本 3.2 亿元，作为股东的 16 家金融机构包括中国工商银行、中国农业银行、中国银行、中国建设银行四大国有银行，兴业银行、招商银行、中信银行、民生银行和恒丰银行五家股份制银行，北京银行、南京银行两家城市商业银行，上海国际信托有限公司、北京国际信托有限公司两家信托公司，中国光大集团子公司光大云付、中国邮政储蓄银行母公司中国邮政集团和一家私募基金。官方机构介入云计算服务领域，有利于市场的良性发展，以及改善行业内的金融安全和数据保护问题，也有利于银行补足获取消费者信息方面的短板，对行业的发展将起到一定的引导作用。

云计算尽管具有许多优点，但是也存在一些问题，如数据隐私问题、数据安全问题、用户使用习惯问题、网络传输问题等。

（1）数据隐私问题

如何保证存放在云计算平台上的数据不被非法利用，这不仅需要技术方面的改进，也需要法律的进一步完善。

（2）数据安全问题

有些数据是企业的商业机密，因此数据安全关系到企业的生存和发展。如果云计算数据的安全问题解决不了，就会影响云计算在企业中的应用。

（3）用户使用习惯

改变用户的使用习惯，使用户适应网络化的应用环境是长期而艰巨的任务。

（4）网络传输问题

云计算服务依赖于网络，如果网速低且不稳定，云计算的性能就不高。可见，云计算服务的普及依赖于网络技术的发展。

3.4 区块链

3.4.1 区块链概述

1. 区块链的概念

区块链（blockchain）技术是一种利用去中心化和去信任的方式集体维护一个可靠分布式共享数据库（数据分布式存储和记录）的技术方案。该方案让参与到系统中的任意多个节点，把一定时间内系统所有价值交换活动的数据，通过密码学方法计算和记录到一个数据块（即区块，block）中，并生成该数据块的“密码”用于验证其信息的有效性和链接（chain）下一个数据块。

2. 区块链的分类

按照应用场景和设计体系，可以将区块链分为三类：公有链、联盟链和专有链，如图 3-2 所示。其中，公有链的各个节点可以自由加入和退出网络，并参与对链上数据的读写，读写数据时以扁平的拓扑结构互联互通，网络中不存在任何中心化的服务端节点。联盟链的各个节点通常有与之对应的实体组织和机构，它们只有通过授权才能加入与退出网络。各组织和机构组成利益相关的联盟，共同维护区块链的健康运转。专有链的各个节点的写入权限由组织内部控制，而读取权限可视需求有选择性地对外开放。专有链仍然具备区块链多节点运行的通用结构，适用于特定组织和机构的内部数据管理与审计。

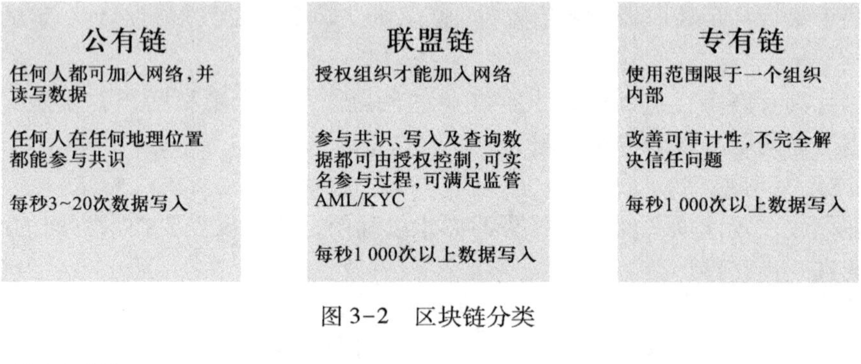

图 3-2　区块链分类

3. 区块链的特点

区块链具有去中心化、时序数据、集体维护、可编程和安全可信等特点。

（1）去中心化

区块链数据的验证、记账、存储、维护和传输等过程均基于分布式系统结构，采用纯数学方法而不是通过中心机构来建立分布式节点间的信任关系，从而形成了去中心化的可信任的分布式系统。

（2）时序数据

区块链采用带有时间戳的链式区块结构存储数据，从而为数据增加了时间维度，使数据具有极强的可验证性和可追溯性。

（3）集体维护

区块链系统采用特定的经济激励机制来保证分布式系统中所有节点均可参与数据块的验证过程（如比特币的“挖矿”过程），并通过共识算法来选择特定的节点将新的数据块添加到区块链中。

（4）可编程

区块链技术可以提供灵活的脚本代码系统，支持用户创建高级的智能合约、货币或其他去中心化应用。

（5）安全可信

区块链技术采用非对称加密算法对数据进行加密，同时借助分布式系统中各节点的工作量证明等共识算法形成的强大计算能力来抵御外部攻击，保证区块链数据不可篡改和不可伪造，因而具有较高的安全性。

因为区块链具有以上特点，所以与传统的中心化系统相比有着自己的优势，如表 3-1 所示。

表 3-1　区块链和传统中心化系统的比较

评判角度	中心化系统	区块链系统	（区块链系统）特性说明
中心化程度	极高	极低	不依赖第三方，通过自身分布式节点进行网络数据的存储、验证与传递
数据可靠性	中	高	验证结果是过半数节点公认的结果，不会因少数节点被恶意篡改而受到影响
安全性	中	高	单一节点的损坏或失去都不会影响整个系统的运作
信任依赖度	高	极低	参与到系统中的各个节点之间进行数据交换是无须互相信任的
透明度	低	极高	整个系统的运作规则是透明的，所有的数据内容也是公开的
维护成本	较高	低	系统中的数据块由整个系统中所有具有维护功能的节点共同维护，每一个节点在参与记录的同时也验证其他节点记录结果的正确性

3.4.2 区块链的发展

区块链，作为一个日益成熟的技术，许多人都会将它的发展历史与比特币的发展历史相混淆，但比特币只是区块链的一个较为成熟的应用，所以本节在回顾区块链的发展历史时将其分为两部分，第一部分为理论阶段，第二部分为应用成熟阶段。

1. 理论阶段

区块链的理论阶段，其实就是密码学和货币理论的发展和完善阶段。

1976 年，迪菲（Bailey W. Diffie）和赫尔曼（Martin E. Hellman）两位密码学大师发表了论文《密码学的新方向》，这篇论文覆盖了密码学所有的新进展，包括非对称加密算法、椭圆曲线加密算法、散列算法等，奠定了迄今为止整个密码学的发展方向，也对区块链的技术和比特币的诞生起到决定性作用。同一年，哈耶克出版了《货币的非国家化》，这本书所提出的非主权货币、竞争发行货币等理念，可以说是去中心化货币的精神指南。

因此，1976 年作为区块链理论发展的元年，正式开启了整个密码学，包括密码学货币的时代。

紧接着在 1977 年，著名的 RSA 算法诞生，这是 1976 年《密码学的新方向》的自然延续，该算法的三位发明人也因此获得了 2002 年的图灵奖。

1980 年，Merkle Ralf 提出了默克尔树（Merkle-Tree）结构和相应的算法，其主要用于对分布式网络中数据同步的正确性进行检验，也是比特币中进行区块同步检验的重要手段。

1982 年，Lamport 提出了拜占庭将军问题，标志着分布式计算的可靠性理论和实践进入实质性阶段。同年，大卫·乔姆提出了密码学支付系统 eCash。可以看出，随着密码学的进展，人们已经开始将其运用到货币、支付等相关领域中。可以说，eCash 是密码学货币的先驱之一。

1985 年，Koblitz 和 Miller 各自独立提出了著名的椭圆曲线加密（elliptic curve cryptography，ECC）算法。由于此前发明的 RSA 算法计算量过大，难以实用，椭圆曲线加密算法的提出才真正使得非对称加密体系走向实用。因此，1985 年，也就是《密码学的新方向》发表 10 年左右的时候，现代密码学的理论和技术基础已经完全确立了。

1997 年，HashCash 方法，也就是第一代工作量证明（proof of work，PoW）算法出现了，这种方法当时主要用于反垃圾邮件。

到了 1998 年，密码学货币的完整思想终于破茧而出，戴伟（Wei Dai）、尼克·萨博（Nick Szabo）同时提出密码学货币的概念。其中，戴伟的 B-Money 称为比特币的精神先驱，而尼克·萨博的 BitGold 提纲与比特币开发者兼创始者中本聪提出的比特币特性非常接近。

在 21 世纪到来之际，区块链领域又有了几次重大的进展：首先是点对点（peer to

peer，P2P）网络出现，如 1999—2001 年，Napster、eDonkey2000 和 BitTorrent 相继出现，奠定了 P2P 网络计算的基础。

其次，是 2001 年美国国家安全局（NSA）发布了 SHA-2 系列算法，其中就包括目前应用最广的 SHA-256 算法，这也是比特币最终所采用的散列算法。可以说，到了 2001 年，比特币或者区块链技术诞生的所有技术基础在理论和实践上都被解决了，比特币呼之欲出。

2. 应用阶段

区块链理论成熟之后，中本聪于 2008 年 11 月发表了著名的论文《比特币：一种点对点的电子现金系统》，并于 2009 年 1 月用他的第 1 版软件挖掘出了创世区块，这个区块中包含着这样一句话："The Times 03/Jan/2009 chancellor on brink of second bailout for banks"，标志着区块链进入应用阶段。这个阶段区块链在应用层面形成了区块链 1.0、区块链 2.0 和区块链 3.0 的概念。

（1）区块链 1.0

区块链 1.0 就是以比特币为代表的虚拟货币，它虽然问题重重，包括价格的剧烈波动、数量上限可能导致的通货紧缩，挖矿对能源的浪费、各国政府监管的限制等，但其仍然是区块链技术最成功的应用，并为人们勾勒了一幅理想的远景图——全球货币的统一，货币的发行不再依赖于各国的中央银行。区域链 1.0 的起点很高，但路途可能是最遥远的，因为要连起这样一个全球的区块链网络，需要所有个人和机构的共同参与。

（2）区块链 2.0

区块链 2.0 可以被理解为区块链技术在其他金融领域的运用，包括华尔街银行联合起来打造区块链行业标准，提高银行结算支付效率，降低跨境支付成本；交易所积极尝试用区块链技术实现股权登记、转让等功能。

（3）区块链 3.0

区块链 3.0 将区块链应用的领域扩展到的金融行业之外，覆盖了人类社会生活的方方面面。区块链 3.0 在各类社会活动中实现信息的自证明，不再依靠某个第三方获得信任或建立信用；实现信息在司法、医疗、物流等各个领域的共享，利用区块链技术解决信任问题，提高整个系统的运转效率。

3. 区块链的发展现状

（1）境内区块链的发展现状

区块链由于其所具有的高性能、高安全性、高速接入、高效运营等优势引起了人们的广泛关注。在区块链迅速发展的背景下，我国顺应全球化需求，紧跟国际上区块链的研究前沿，积极推动境内区块链的相关领域研究、标准化制定以及产业化发展。

2015 年 12 月，中国区块链研究联盟、中国区块链应用研究中心成立；2016 年 2 月，中关村区块链产业联盟成立；2016 年 2 月，中国人民银行行长周小川指出，数字货币必须由中央银行发行，区块链是一项可选的技术；2016 年 4 月，中国分布式总账基础协议联盟（ChinaLedger）宣布成立；2017 年 2 月，中国人民银行基于区块链的数字票据交易平台测试成功。境内区块链标准和技术不断完善，应用场景也由金融支付拓展到其他服务领域。

目前，境内区块链政策日益明晰，主要的行业政策指导文件有：2016 年 10 月工业和信息化部发布的《中国区块链技术和应用发展白皮书》，2016 年 12 月国务院发布的《"十三五"国家信息化规划》以及 2017 年 5 月 16 日工业和信息化部发布的《区块链参考架构》。

2016 年 10 月，工业和信息化部发布了区块链第一个官方指导文件《中国区块链技术和应用发展白皮书》，给予区块域行业发展的政策指导。该白皮书总结了国内外区块链发展的现状和趋势，分析了包含金融、供应链、文化娱乐、智能制造、社会公益、教育就业等多个应用场景的技术应用，指出了区块链的核心技术路线，并结合区域链应用场景和技术架构（如图 3-3 所示），首次提出了区块链标准化路线图与标准体系框架（如图 3-4 所示）。

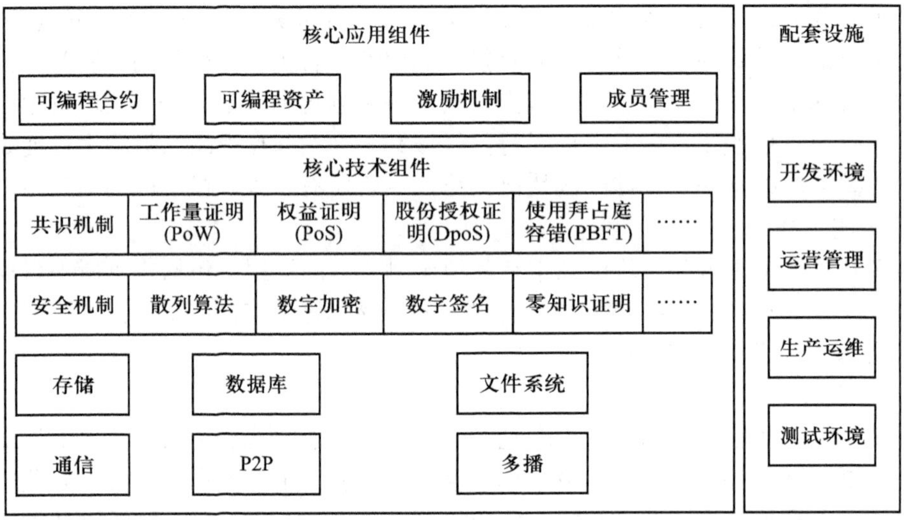

图 3-3　区块链的技术架构

2016 年 12 月，国务院发布的《"十三五"国家信息化规划》首次提到了支持区块链技术的发展，两次提及"区块链"关键词，强调加强人工智能、区块链、虚拟现实、大数据认知分析、基因编辑等新技术的基础研发和前沿布局。

2017 年 5 月 16 日，境内首个区块链标准《区块链参考架构》正式发布，标志着区块链基础性标准确立。该标准的内容可分为 8 个部分，包括范围、术语和缩略语、概述、参考架构、用户视图、功能视图、用户视图和功能视图的关系、附录，系统地描述了区块链的生态系统，对行业的参与者和核心功能组件进行了详细的规定。该标准的重点在于解决以下 4 个方面的问题。

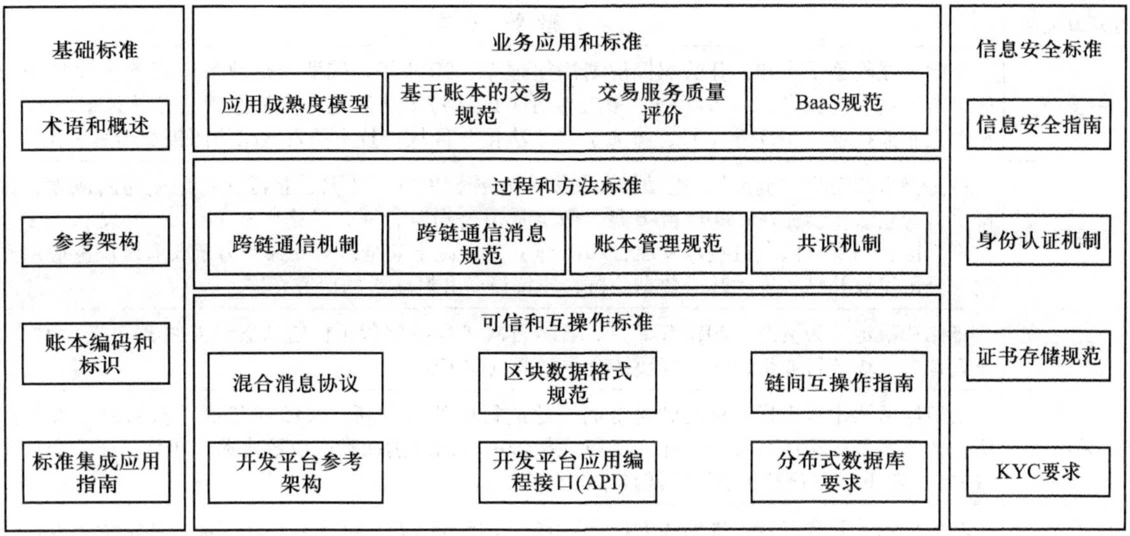

图 3-4　区块链标准体系框架

① 达成共识，对区块链的定义和术语给予明确、一致的解释和说明。

② 明确组件集成，使得行业对技术组件运用有清晰的认知。

③ 规范行业，通过功能视图传递需要具备哪些功能的信息，以规范行业标准。

④ 生态整合，在用户视图中将具有不同视角的用户引入区块链生态。

2016 年，国际标准化组织（ISO）成立了专注于区块链的技术委员会 ISO/TC 307（区块链与分布式记账技术标准化技术委员会），开展基础、身份认证、智能合约等重点方向的标准化工作。我国以参与国（P 成员）身份参加了相关的标准化活动，取得了积极的进展。为尽快推动形成完备的区块链标准体系，做好 ISO/TC 307 技术对口工作，2018 年工业和信息化部信息化和软件服务业司指导中国电子技术标准化研究院提出全国区块链和分布式记账技术标准化技术委员会组建方案。

（2）国际区块链的发展现状

随着区块链的快速发展，其优势和特性逐渐体现，区块链的全球化进程开始向前迈进。

2015 年，部分国家认识到区块链技术的巨大应用前景，开始从国家发展层面考虑区块链的发展道路，“区块链”成为全球各大监管机构、金融机构及商业机构争相研究和讨论的对象。从整体上看，各大金融机构普遍对区块链技术在改善其中后端流程效率，以及降低运作成本的可能性上有着较为积极的态度。部分国家政府一改过去持有的对比特币的反对态度，积极推动区块链技术和应用的发展，区块链开始在各国迅速发展。各国区块链相关政策的对比如表 3-2 所示。

表 3-2　各国政策对比

国家或地区	政 策 发 展
俄罗斯	态度由强硬趋于缓和，开始积极规划法律框架。2014 年，俄罗斯财政部建议禁止比特币及加密电子货币的操作；2016 年初，中央银行考虑比特币合法化和交易监管，尤其是 P2P 交易及个人业务托管；2017 年 1 月，将关于“合法化”区块链技术的发展路线图提交给总统批准
美国	将比特币归类为“商品”，主动推动其研究发展。2015 年 1 月，批准比特币交易所成立，比特币监管立法初步完成；2015 年 6 月，数字货币公司监管框架最终版本 BitLicense 发布，多家监管机构表明支持区块链技术发展；2016 年 6 月，国土安全部对 6 家致力于政府区块链应用开发的公司发放补贴，推动政府数据分析、连接设备和区块链的研究发展
日本	将比特币定义为资产。2016 年 5 月，日本首次批准数字货币监管法案，并将其定义为财产；成立首个区块链行业组织——区块链合作联盟（BCCC）
韩国	由拒绝承认比特币货币地位到自上而下地进行区块链创新。2015 年年底，新韩银行参与区块链企业融资；2016 年 2 月，中央银行在报告中提出鼓励探索区块链技术；同月，证券交易所（KRX）宣布正在开发基于区块链技术的交易平台
欧盟	对新技术持开放态度，推动各方进行研究。2016 年 2 月，欧盟委员会将加密数字货币放在快速发展目标领域的首位，推动各机构对数字货币的政策研究；2016 年 4 月，欧洲数字货币与区块链技术论坛（EDCAB）举办集中讨论区块链的“博览会”；中央银行计划对区块链和分类账簿技术与支付、证券托管以及抵押等银行业务的相关性进行评估
德国	首个承认比特币合法地位的国家，将比特币纳入国家监管体系。2016 年，德国联邦金融监管局（BaFin）对分布式分类账的潜在应用价值进行探索，包括在跨境支付中的使用、银行之间转账和交易数据的存储
英国	鼓励对区块链技术进行深入研究。2016 年 1 月，发布白皮书《分布式账本技术：超越区块链》，第一次从国家层面对区块链技术的未来发展和应用进行了全面分析，并给出研究建议；2016 年 6 月，进行区块链试点，跟踪福利基金的分配以及使用情况
加拿大	承认比特币的合法货币地位。2016 年 6 月，中央银行展示了利用区块链技术开发的 CAD-Coin，即电子版加元
澳大利亚	多领域探索区块链技术。2015 年年底，证券交易所（ASX）考虑申请区块链技术以提高其交易系统，作为其清算和结算系统的替代品；2016 年 3 月，澳大利亚邮政（Australia Post）开始探索区块链技术在身份识别中的应用；新政党 Flux 正在试图利用区块链技术改写政治通货制度

3.4.3　区块链的技术原理

区块链技术原理的来源可以归纳为前面提到过的一个数学问题：拜占庭将军问题。将拜占庭将军问题延伸到互联网生活中来，其内涵可以概括为：在互联网大背景下，当需要与不熟悉的对手进行价值交换活动时，人们如何防止不会被其中的恶意破坏者欺骗、迷惑，从而做出错误的决策。进一步将拜占庭将军问题延伸到技术领域中来，其内涵可以概括为：在缺少可信任的中央节点和可信任的通道的情况下，分布在网络中的各个节点应如何达成共识。区块链技术解决了著名的拜占庭将军问题——它提供了一种无须信任单个节点，还能创建共识网络的方法。

区块链技术涉及的关键点包括：去中心化（decentralized）、去信任（trustless）、集体维护（collectively maintain）、可靠数据库（reliable database）、时间戳（time stamp）、非对称加密（asymmetric cryptography）等。其本质是一种互联网协议，用以解决互联网时代的核心问题——信任。

1. 区块链的核心技术

如果人们要设计一个去中心化的合理数据库，那么将面临三个难题。

一是如何建立一个严谨的数据库，使得该数据库既能够存储海量的信息，又能够在去中心化结构的体系下保证数据库的完整性？二是如何记录并存储下这个严谨的数据库，使得即使参与数据记录的某些节点崩溃，仍然能保证整个数据库系统正常运行及信息完备？三是如何使这个严谨且完整存储下来的数据库变得可信赖，使得人们可以在互联网无实名的背景下成功防止诈骗？

针对这三个核心问题，区块链构建了一整套完整的、连贯的数据库技术，解决这三个问题的技术也成为区块链最核心的三大技术。此外，为了保证区块链技术的可进化性与可扩展性，区块链系统设计者还引入了“脚本”的概念来实现数据库的可编程性。这四大技术构成了区块链的核心技术。

（1）核心技术一：区块+链

关于如何建立一个严谨的数据库的问题，区块链的办法是：对数据库的结构进行创新，把数据分成不同的区块，每个区块通过特定的信息链接到上一个区块的后面，这些区块前后顺连来呈现一套完整的数据，这也是“区块链”这三个字的来源。

区块（block）：在区块链技术中，数据以电子记录的形式被永久地存储下来，存放这些电子记录的文件就称为“区块”。区块是按时间顺序一个一个先后生成的，每一个区块记录了它在被创建期间发生的所有价值交换数据（交易数据），所有区块汇总起来形成一个记录合集。

区块结构（block structure）：区块中会记录下区块生成时间段内的交易数据，区块主体实际上就是交易数据的合集。各种区块链的结构设计可能不完全相同，但在结构上都大体分为块头（header）和块身（body）两部分。块头用于链接到前面的区块并为区块链数据库提供完整性的保证，块身则包含了经过验证的、区块创建过程中发生的价值交换的所有记录。

区块结构有两个重要的特点：第一，每一个区块上记录的交易数据是上一个区块形成之后、该区块被创建之前发生的所有价值交换活动，这个特点保证了数据库的完整性。第二，在绝大多数情况下，一旦新的区块完成并被加入到区块链的最后，则此区块的记录就再也不能被改变或删除。这个特点保证了数据库的严谨性，即无法被篡改。

顾名思义，区块链就是区块以链的方式组合在一起，以这种方式形成的数据库为区块链数据库。区块链是系统内所有节点共享的交易数据库，这些节点基于价值交换协议参与到区块链的网络中来。那么区块链是如何做到这些的呢？由于每一个区块的块头都包含了前一个区块的交易数据压缩（交易缩影）值，这就使得从创世块（第一个区块）到当前区块的各个区块链接在一起，形成了一条长链。由于如果不知道前一个区块的“交易缩影”值，就无法生成当前区块，因此每个区块必定是按时间顺序链接在前一个区块之后。这种所有区块都包含前一个区块引用的结构让现存的区块集合形成了一条数据长链。

这里引用《区块链：互联网金融的终局》序言中的一段话来总结区块链的基本结构：人们把一段时间内生成的信息（包括数据或代码）打包成一个区块，盖上时间戳，与上一个区块衔接在一起，每一个区块的页首都包含了上一个区块的索引数据，然后再在本页中写入新的信息，从而形成新的区块，首尾相连，最终形成了区块链。这个结构的核心思想是：区块（完整历史）+ 链（完全验证）= 时间戳。

“区块+链”的结构为人们提供了一个数据库的完整历史。从第一个区块开始，到最新产生的区块为止，区块链上存储了系统全部的历史数据。

区块链提供了对数据库中每一条交易数据的查找功能。区块链上的每一条交易数据，都可以通过“区块链”的结构追本溯源，逐一进行验证。

区块+链=时间戳，这是区块链数据库的最大创新点。区块链数据库让整个网络的记录者在每一个区块中都通过盖上一个时间戳来记账，表示这个信息是这个时间写入的，从而形成了一个不可篡改、不可伪造的数据库。

（2）核心技术二：分布式结构——开源的、去中心化的协议

有了区块+链的数据之后，接下来就要考虑记录和存储的问题了。在区块链中，应该让谁来参与数据的记录，又应该把这些盖了时间戳的数据存储在哪里呢？在中心化网络模式（如图 3-5 所示）中，数据都是集中记录并存储于中央服务器上，但是区块链不会把数据记录并存储在中心化的一台或几台计算机上，而是让每一个参与价值交换的节点都记录并存储下所有的数据。

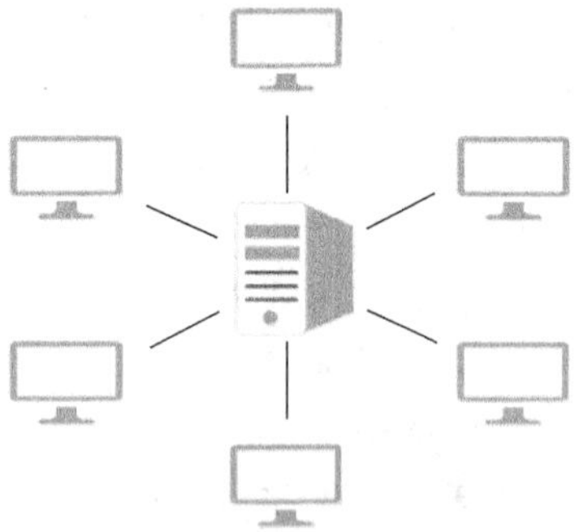

图 3-5　中心化网络模式

（资料来源：工业和信息化部，《中国区块链技术和应用发展白皮书》）

① 如何让所有节点都能参与记录。区块链对于这个问题的处理办法是：构建一整套协议机制，让网络中的每一个节点都在参与记录的同时也去验证其他节点记录结果的正确性。只有当网络中的大部分节点（甚至所有节点）都同时认为这个记录正确，或者所有参与记录的节点都对结果一致通过时，记录的真实性才能得到整个网络的认可，记录数据也才被允许写入区块。

② 如何存储“区块链”这套严谨数据库。区块链对于这个问题的处理办法是：构建一个具有分布式结构的网络，对于数据库中的所有数据都实时更新并将它们存放于所有参与记录的网络节点中。这样即使部分节点损坏或被黑客攻击，也不会影响整个数据库的数据记录与信息更新。

区块链根据确定的开源的、去中心化的协议，构建了一个分布式系统，让价值交换数据通过分布式传播发送给整个网络，通过分布式记账确定数据内容，盖上时间戳后生成区块数据，再通过分布式传播发送给各个节点，实现分布式存储。

① 分布式传播。区块链中每一条新交易数据的传播都采用分布式的方式，根据P2P网络模式（如图3-6所示），消息由单个节点直接发送给网络中的其他所有节点。

② 分布式记账。分布式记账则是实现会计责任分散化（distributed accountability）的重要手段。从硬件的角度来讲，区块链背后是由大量的数据记录存储器（如计算机等）组成的网络，该网络是如何记录发生在网络中的所有价值交换活动的呢？区块链的设计者没有为专业的会计记录者预留一个特定的位置，而是希望通过自愿的原则来建立一套人人都可以参与数据记录的分布式记账体系，从而将会计责任分散化，由整个网络的所有参与者来共同记录。

③ 分布式存储。区块链技术让数据库中的所有数据均存储于网络中的所有计算机节点中，并实时更新。完全去中心化的结构设置使得数据能够被实时记录，并对每一个参与数据存储的节点进行更新，这就极大地提高了数据库的安全性。

通过分布式传播、分布式记账、分布式存储这三大分布式技术可以发现，没有任何人、没有任何组织，甚至没有任何国家能够控制这个系统，系统内的数据存储、交易验证、信息传输过程都是去中心化的。在没有中心的情况下，大规模的参与者达成共识，共同构建了区块链数据库。可以说，这是人类历史上第一次构建了一个真正意义上的去中心化体系。甚至可以说，区块链技术构建了一套永生不灭的系统——只要网络中的所有参与节点没有在同一时间集体崩溃，数据库系统就可以一直运转下去。

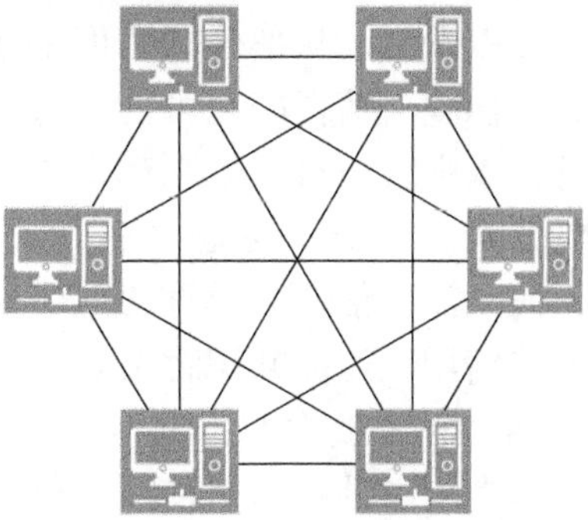

图3-6　P2P网络模式

现在已经有了一个严谨的数据库，也有了记录并存储这个数据库的可用协议，那么当将这个数据库运用于实际社会时，需要解决的一个核心问题是：如何使这个严谨且完整存储下来的数据库变得可信赖，使得人们可以在互联网无实名的背景下成功防止诈骗？

(3）核心技术三：非对称加密算法

什么是非对称加密算法？简单来说，这种算法让人们在“加密”和“解密”的过程中分别使用两个密码，两个密码具有非对称的特点：① 加密时的密码（在区块链中称为“公钥”）是公开可见的，所有人都可以用自己的公钥来加密一段信息（信息的真实性）；② 解密时的密码（在区块链中称为“私钥”）只有信息拥有者知道，被加密过的信息只有拥有相应私钥的人才能够解密（信息的安全性）。

综上所述，在区块链系统内，所有权验证机制的基础是非对称加密算法。常见的非对称加密算法包括 RSA 算法、ELGamal 算法、Diffie－Hellman 算法、椭圆曲线加密（ECC）算法等。在非对称加密算法中，如果一个“密钥对”中的两个密钥满足以下两个条件：① 信息用其中一个密钥加密后，只有用另一个密钥才能解开；② 其中一个密钥公开后，他人根据公开的密钥无法算出另一个密钥，那么就称这个密钥对为非对称密钥对，公开的密钥称为公钥，不公开的密钥称为私钥，如图 3－7 所示。在区块链系统的交易中，非对称密钥的使用场景一般有两种：① 用公钥对交易数据进行加密，用私钥对交易数据进行解密。私钥持有人解密交易数据后，可以使用收到的数据；② 用私钥对信息进行签名，用公钥验证签名，通过公钥签名验证的信息可以确认是由私钥持有人发出的。

图 3－7　非对称加密

可以看出，从信任的角度来看，区块链实际上是数学方法解决信任问题的产物。过去，人们解决信任问题可能依靠熟人社会的“老乡”、交易平台的“支付宝”，而在区块链技术中，所有的规则都事先以算法程序的形式表述出来，人们完全不需要知道交易的对方是“君子”还是“小人”，更不需要求助于中心化的第三方机构来进行交易背书，而只需要信任数学算法就可以建立互信。区块链技术的背后，实质上是算法在为人们创造信用、达成共识背书。

（4）核心技术四：脚本

脚本可以理解为一种可编程的智能合约。如果区块链技术只是为了适应某种特定的交易，那么就没有必要引入脚本了，系统可以直接定义完成价值交换活动所需要满足的条件。然而，在一个去中心化的环境中，所有的协议都需要提前取得共识，这样脚本就不可或缺了。有了脚本之后，区块链技术会使系统有机会去处理一些无法预见到的交易模式，保证了它在未来的应用中不会过时，从而增加了实用性。

脚本本质上是众多指令的列表，这些指令用于记录在每一次价值交换活动中，价值交换活动的接收者（价值的持有者）如何获得这些价值，以及使用自己曾收到的留存价值需要满足哪些附加条件。通常，发送价值到目标地址的脚本，要求价值的持有者具有以下两个条件，才能使用自己之前收到的价值：一个公钥，以及一个签名（证明价值的持有者拥有与上述公钥相对应的私钥）。脚本的优点在于具有可编程性：① 它可以灵活地改变使用留存价值的条件，例如，脚本系统可能会同时要求两个私钥，或多个私钥，或无需任何私钥等；② 它可以灵活地在发送价值时附加一些价值再转移的条件。例如，脚本系统可以约定发送出去的价值以后只能用于支付中信证券的手续费，或者支付给政府等。

2. 区块链的证明机制

区块链的证明机制也就是区块链的证明算法，即通过某一种证明算法来证明区块的正确性和拥有权，以使各个节点达成共识。目前区块链的证明机制有以下三种。

（1）工作量证明机制

工作量证明（PoW）机制是比特币的证明机制，即通过挖矿来证明。在基于工作量证明机制构建的区块链网络中，节点通过与或运算，计算出一个满足规则的散列值，即可获得本次记账权；然后发出本轮需要记录的数据，网络中的其他节点验证并存储数据。这种机制的优点是完全去中心化，节点自由进出，但是它的缺点也很明显：一是目前比特币已经吸引全球计算机大部分的算力，其他使用 PoW 共识机制的区块链应用很难再获得相同的算力来保障自身的安全；二是挖矿造成大量的资源浪费；三是共识达成的周期较长，不适合商业应用。

（2）权益证明机制

权益证明机制（proof of stake，PoS）是工作量证明机制的一种升级共识机制；根据网络中每个节点所占代币的比例和时间，等比例地降低挖矿难度，从而加快寻找随机数的速度。它是针对工作量证明机制的特点所发展出的机制，在一定程度上缩短了共识达成的时间，但是这种机制的实现依然需要挖矿，依然不适合商业应用。

（3）股份授权证明机制

股份授权证明机制（delegated proof of stake，DPoS）类似于董事会投票，持币者投票选出一定数量的节点，代理它们进行验证和记账。这种机制的优点是大幅缩小参与验证和记账节点的数量，可以达到秒级的共识验证，但是整个共识机制还是依赖于代币，而很多商业应用是不需要代币存在的。

3.4.4 区块链的应用领域

区块链不仅可以应用于数字加密货币领域，而且在经济、金融和社会系统中也有着广泛的应用领域。根据区块链应用的现状，可以将区块链目前的主要应用大致归纳为数字货币、数据存储、数据鉴证、金融交易、资产管理和选举投票 6 个场景，如图 3-8 所示。

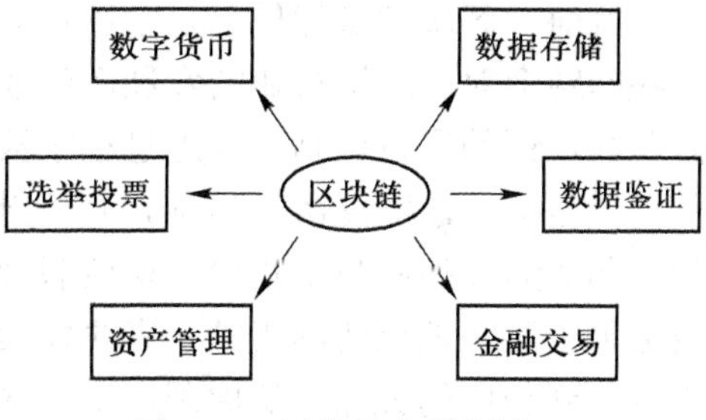

图 3-8 区块链应用领域

1. 数字货币

数字货币以比特币为代表，本质上是由分

布式网络系统生成的数字货币，其发行过程不依赖于特定的中心化机构。

2. 数据存储

区块链的高冗余存储、去中心化、高安全性和隐私保护等特点使得其特别适合存储和保护重要的隐私数据，以避免因中心化机构遭受攻击或权限管理不当而造成大规模数据丢失或泄露。

3. 数据鉴证

区块链数据具有带有时间戳、由共识节点共同验证和记录、不可篡改和伪造等特点，这些特点使得区块链可以广泛应用于各类数据公证和审计场景。例如，区块链可以永久地安全存储由政府机构核发的各类许可证、登记表、执照、证明、认证和记录等。

4. 金融交易

区块链与金融市场应用有着非常高的契合度。区块链可以在去中心化系统中自发地产生信用，因而可以建立无中心机构信用背书的金融市场，在很大程度上实现了“金融脱媒”。同时，利用区块链自动化智能合约和可编程的特点，还可以极大地降低成本和提高效率。

5. 资产管理

区块链能够实现有形和无形资产的确权、授权和实时监控。在无形资产管理方面，区块链已经广泛地应用于知识产权保护、域名管理、积分管理等领域；在有形资产管理方面，区块链则可以结合物联网技术形成“数字智能资产”，实现基于区块链的分布式授权与控制。

6. 选举投票

区块链可以低成本、高效地实现选举、企业股东投票等应用，同时可广泛应用于博彩、市场预测和社会制造等领域。

目前，在我国的区块链应用场景中，最为成熟的是比特币。在世界比特币市场中，我国的科技公司占有很大的市场份额。除了比特币外，在其他领域也有很多区块链产品和应用场景出现。例如，中国平安通过区块链技术进行资产交易和征信；银联的跨行积分兑换系统也是基于区块链技术；京东金融的数字票据和 ABS 云服务、蚂蚁金服的区块链公益平台，以及百度的战略投资 Circle，都是比较有影响力的区块链应用。

目前，区块链虽然处于技术和行业高速发展的阶段，但也出现了不少问题，其中有一些问题会对区块链行业的发展产生非常不利的影响：一是尚未建立统一的标准，这在涉及区块链的项目谈判、实施过程中极易出现问题，更谈不上区块链的大规模推广和应用；二是衍生市场混乱，目前市场上出现了大量涉嫌打着数字货币旗号进行传销、诈骗、非法集资的假数字货币，这些假数字货币，除了给广大投资者带来经济损失之外，也阻碍了区块链行业的正常、有序发展；三是在技术快速发展的同时，技术的安全问题没有得到相应的关注，从原理上讲，区块链技术具有很高的安全性和可信性，然而在工程实现和实际应用中未必能达到预期的效果；四是监管难度大，区块链技术采用“去中心化”的技术设计，避免了传统中心化系统中的诸多问题，但去中心化也意味着主体不明确，监管难以对主体进行有效的控制。

3.5 人工智能

3.5.1 人工智能概述

1. 人工智能的概念

自20世纪50年代以来的三次技术革新浪潮中，学界和业界对人工智能的理解众说纷纭，科技和商业的多元化导致人们对人工智能的定义、发展以及表现形式的理解各异。计算机科学理论奠基人图灵（Alan Mathison Turing）在论文《计算机器和智能》中提出了著名的“图灵测试”——如果一台机器能够与人展开对话（通过电传设备），并且会被误以为也是人，那么这台机器就具有智能。人工智能之父马文·明斯基（Marvin Minsky）则将其定义为“让机器做本需要人的智能才能够做到的事情的一门科学”，这也比较接近当前人们对人工智能的理解。而代表人工智能的另一条路线——符号派的赫伯特·西蒙（Herbert A. Simon）认为，智能是对符号的操作，最原始的符号对应于物理客体。

全面认识人工智能之所以困难，是有客观原因的。人工智能是一个非常广泛的领域。当前人工智能涵盖很多学科，具体可以归纳为六个学科：

① 计算机视觉（暂且把模式识别、图像处理等问题归入其中）。

② 自然语言理解与交流（包括对话，暂且把语音识别、合成归入其中）。

③ 认知与推理（包含各种物理和社会常识）。

④ 机器人学（机械、控制、设计、运动规划、任务规划等）。

⑤ 博弈与伦理（多代理人的交互、对抗与合作，机器人与社会融合等议题）。

⑥ 机器学习（各种统计的建模、分析工具和计算的方法）。

上述这些学科目前正处于交叉发展、走向统一的过程中。

从单独的领域很难为人工智能赋予一个比较全面的定义，下面从技术目标的角度对人工智能进行定义。

人工智能（artificial intelligence，AI），是一门研究、开发用于模拟、延伸和扩展人的智能的理论、方法、技术及应用系统的新的技术科学，它的目标就是用机器去实现所有目前必须借助人类智慧才能实现的任务。

人工智能是计算机科学的一个分支，它企图了解智能的实质，并生产出一种新的能以与人类智能相似的方式做出反应的智能机器。该领域的研究包括机器人、语言识别、图像识别、自然语言处理和专家系统等。人工智能发展到今天，理论和技术日益成熟，应用领域也不断扩大，可以设想未来人工智能带来的科技产品，将会是人类智慧的

“容器”。人工智能是对人的意识、思维的信息过程的模拟，它虽然不是人的智能，但能像人那样思考，也可能超过人的智能。

经过半个多世纪的发展，人工智能已经度过了简单模拟人类智能的阶段，发展成为一门研究人类智能活动规律，构建具有一定智能的人工系统或硬件，以使其能够进行需要人的智力才能进行的工作，并能够对人类智能进行拓展的学科。

2. 人工智能的分支

人工智能是一门涉及众多领域的综合学科，从应用的技术上看，人工智能技术主要有着 4 个分支。

（1）模式识别

模式识别是指对表征事物或者现象的各种形式的信息（数值、文字、逻辑关系等）进行处理和分析，以及对事物或者现象进行描述、分析、分类、解释的过程，如汽车车牌号的辨识。在模式识别的过程中，以图像分析和处理技术为主的一类技术是它的核心。

（2）机器学习

机器学习是研究计算机如何去模拟或者实现人类学习行为的一门学科，它通过对人类学习行为的模拟，获取新的知识或者技能，重新组织已有的知识结构，实现不断完善自身性能的目标，达到操作者的特定要求。

（3）数据挖掘

数据挖掘的兴起得益于大数据和云计算技术的发展，全新的数据结构和数据处理方式使得数据价值的实现有了新的目标。数据挖掘就是依靠算法在海量的数据中搜索和挖掘有用的信息，它应用于市场分析、科学探索、疾病预测等各个领域。

（4）智能算法

智能算法是人工智能的核心，前三个分支都是人工智能技术的应用领域，而智能算法是这三个分支的重要基础，其研究对象就是计算机在处理和解决问题时的特定模式算法，可以将其理解为计算机的思维方式。

3.5.2 人工智能的发展

回顾人工智能的发展历程，可以从时间和技术两个层次来展开。

1. 时间上

（1）萌芽期

1943 年，人工神经网络和数学模型建立，人工神经网络研究时代开启；1950 年，计算机与人工智能之父图灵发表论文《机器能思考吗?》，提出“图灵测试”，这是人类科学史上对人工智能的早期思考。

（2）启动期

1956 年，达特茅斯会议召开，会上正式提出了人工智能的说法，标志着人工智能的诞生，也使这一年成为人工智能元年；期间，人工智能研究在国际学术界的兴起，罗素《数学原理》算法被全部证明，学术交流日益频繁，算法不断发展也带动了人工智能的进步。

（3）消沉期

1969 年，由于时代的限制，科学技术的发展跟不上理论的进步，作为主要流派的连接主义与符合主义进入消沉期，四大预言遥遥无期，在计算能力的限制下，国家及公众对人工智能的信心持续减弱。

（4）突破期

1986 年，反向传播（back propagation，BP）算法开始研究，第五代计算机开始研制，专家系统的研究和应用艰难前行。随着半导体技术的发展，计算能力逐步提高，人工智能的发展开始有所突破。

（5）发展期

BP 算法实现，人工神经网络被广泛认知，基于人工神经网络的算法研究突飞猛进；计算机硬件能力快速提升；随着分布式网络的构建，人工智能的计算成本得以降低。

（6）高速发展期

2006 年，深度学习被提出，人工智能再次得到突破性的发展；2010 年，移动互联网发展，人工智能应用场景开始增多；2012 年，深度学习算法在语音识别和视觉识别上实现突破，同时融资规模开始快速增长，人工智能商业化高速发展；2016 年，在以往被认为是机器“无法取胜”的围棋比赛中，AlphaGo 成功击败人类围棋世界冠军，这被认为是人工智能的重大突破。

2. 技术上

从技术发展的角度来看，人工智能一直在曲折中发展。1956 年达特茅斯会议上一群科学家的集中讨论，引出了人工智能这个概念之后，人工智能经历了短时间的萌芽期，人工智能的各种思路和设想被纷纷提出，使人们对人工智能美好的前景有着极高的期待。但是，随着时间的推移，在技术一直无法取得突破的情况下，人工智能领域看不到前进的方向。

1977 年在第五届国际人工智能会议上，美国斯坦福大学计算机科学家费根鲍姆正式提出了知识工程的概念，随后各类专家系统得以发展，大量商品化的专家系统被推出，但好景不长，因为这些专家系统的学习能力非常有限，满足不了科技和生产提出的新要求，人工智能离人们的期待还有着很大的距离，在随后的 20 多年中，人工智能的发展几乎处于停滞不前的状态。

进入 21 世纪，科学技术在三个领域的发展使得人工智能这个曾被认为是空中楼阁的概念有了实现的可能，这三个领域是数据收集与整理、算法以及高性能计算技术。它们的代表就是大数据、机器学习和云计算：大数据解决了数据的来源问题，机器学习尤其是深度学习为人工智能的发展突破了算法的瓶颈，而以云计算为代表的分布式计算技术为这一切的实现提供了硬件上的可能，它们使人工智能技术走下神坛，成为现实。可以说，正是大数据、机器学习以及云计算的结合，才使人工智能获得真正意义上的诞生。

3.5.3 人工智能的核心技术

人工智能的核心技术主要包括计算、数据、算法三个方面的技术，如图 3-9 所示，具体体现在以云计算为代表的计算技术、以大数据为代表的海量数据采集和处理技术，以及以深度学习算法为代表的机器学习算法。

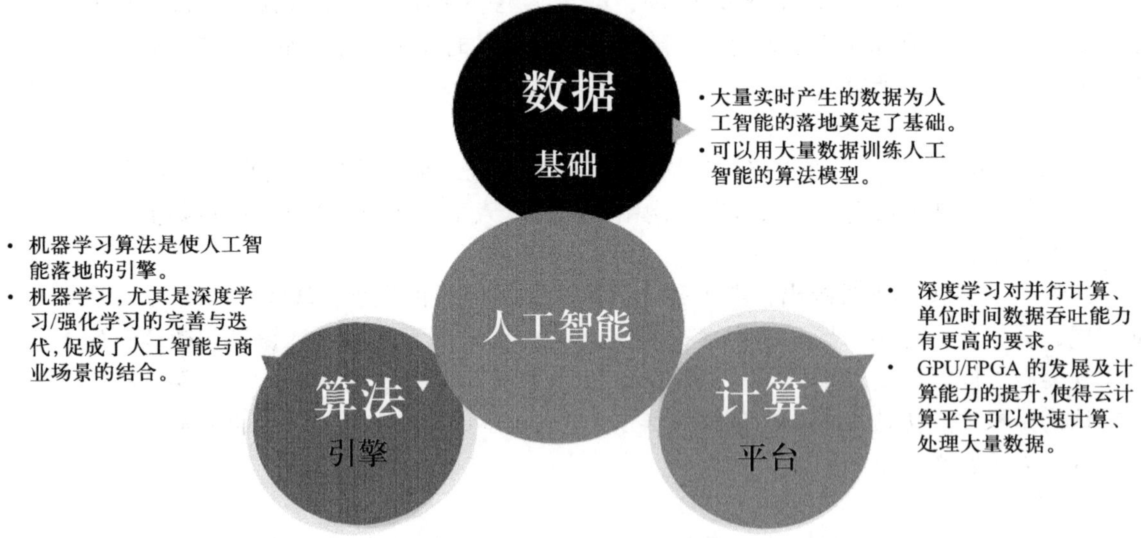

图 3-9 人工智能的核心技术

首先，人工智能对计算能力的要求很高，而以前研究人工智能的科学家往往受限于单机的计算能力，而需要对数据样本进行裁剪，以使得能够在单机中对数据进行建模和分析，导致模型的准确率降低。随着云计算技术和芯片处理能力的迅速发展，人们可以利用成千上万台机器进行并行计算，尤其是图形处理器（GPU）、FPGA 以及人工智能专用芯片（如 Google 的张量处理器 TPU）的发展为人工智能的落地提供了基础计算平台，使得人工智能的应用成为现实。

其次，随着互联网的飞速发展，在线数据变得非常丰富，多源、实时、大量、多类型的数据可以从不同的角度对现实进行更为逼真的描述，而利用以大数据为代表的数据采集和处理技术可以挖掘数据之间多层次的关联关系，为人工智能的应用奠定数据源基础。正如阿里巴巴首席技术官王坚所说，人工智能是互联网驱动下的一个重要领域，人工智能能够发展到今天，不是靠着自身内部的驱动力，而是因为互联网在不断完善，数据变得随处可得，因此人工智能的进步来源于互联网基础设施的不断进步，离开互联网来孤立地看人工智能是没有意义的。

最后，算法的发展，尤其是神经网络之父 Geoffrey Hinton 于 2006 年发表的论文，开启了深度学习在学术界和工业界的研究和应用浪潮，基于人工神经网络的深度学习算法成为人工智能应用落地的核心引擎。

上述三个核心技术相辅相成，相互依赖，相互促进，使得人工智能有机会从专用的技术发展为通用的技术，融入各行各业。

3.5.4 人工智能的应用领域

目前，人工智能的快速发展使其已经渗透到了诸多领域当中，其主要的应用领域包括计算机视觉、自然语言处理、智能机器人等。

1. 计算机视觉

计算机视觉主要是指利用当今快速发展的计算机技术对人类的视觉系统进行模拟，以能够确定物体的位置和运动状态，并能够识别物体，达到代替人类眼睛的目的。一般情况下，计算机视觉领域在应用人工智能技术时需要经过三个步骤，即检测目标、识别目标、识别行为。现阶段，人工智能在计算机视觉领域中的典型应用是人脸识别系统、瞳孔识别系统和指纹识别系统。此外，人工智能在计算机视觉领域的物体场景识别方面尚没有成熟的技术和系统，这主要是由于物体具有复杂性和多样性的特点，虽然可以利用人工智能技术对物体的外貌和特征进行识别，但准确性不高，因而仍然需要对人工智能视觉技术展开更加深入的研究。

2. 自然语言处理

自然语言处理是人工智能的重要应用领域，其主要的研究内容为人机通过自然语言实现有效的互动，而其主要使用的技术为自然语言信息处理技术。人工智能在自然语言处理领域中的典型应用有客服服务、机器人聊天、机器同声传译等。在自然语言信息处理技术中，自然语言识别技术已经相当成熟，自然语言准确识别率基本上达 95%以上，百度、科大讯飞等公司对该技术均进行了积极且有效的应用。

3. 智能机器人

智能机器人主要是指由人类进行操控，但其自身具有比较发达的“大脑”，能够独立进行自我控制的机器人。智能机器人主要包括感觉要素，用于对外部环境进行识别；运动要素，用于与外部环境产生有效的互动；思考要素，用于对所接收到的外部信息进行处理，进而给出准确的回应。现阶段，服务机器人、工业机器人等智能机器人均已经得到了一定的应用，而且将来会有更加广阔的应用市场和发展空间，这是因为它能够给人类的生活带来较大的便利性。

目前，我国起步较早、技术较为成熟的人工智能技术公司主要以百度、阿里巴巴和腾讯三家互联网企业为代表。这三家公司不但开展了人工智能技术的基础性研究工作，而且本身也具备强大的智能金融应用场景，因此处于人工智能金融生态服务的顶端。其中，阿里巴巴旗下的蚂蚁金服在人工智能金融领域的应用最为深入。蚂蚁金服将人工智能运用于网络小额贷款、保险、征信、智能投顾、客户服务等多个领域。根据蚂蚁金服公布的数据，网商银行在“花呗”与“微贷”业务上，使用机器学习将虚假交易率降低了 90%；基于深度学习的光学字符识别（optical character recognition，OCR）系统使支付宝证件校核时间从 1 天缩短到 1 s，并使通过率提升了 30%。此外，蚂蚁金服联合华为、三星等公司共同发起了互联网金融身份认证联盟（Internet Finance Authentication Alliance，IFAA），其标准现已成为国内市场上支持设备与用户数最多的互联网金融身份认证行业标准。

除百度、阿里巴巴和腾讯等互联网企业外，一些传统金融机构、金融科技公司在人工智能领域也加大了投入，并在人工智能的垂直细分领域得到了快速发展。同花顺、网信集团、恒生电子、东方财富、东吴在线等金融科技公司开发的产品已应用于证券行业的智能投顾、量化交易等金融细分领域；第四范式、佳都科技、银之杰、科大讯飞等公司的产品主要应用于风险管理、信用评估、远程开户、票据影像识别等方面。

目前，人工智能就研究、解释和模拟人类智能、智能行为及其规律这一总目标来说，已经迈出了可喜的一步，某些领域已取得了很大的进展。但是从整个发展过程来看，人工智能仍面临着不少难题。人工智能在发展过程中所面临的难题主要有以下几个：一是计算机博弈的困难，尤其是对于博弈问题状态空间庞大，且存在多人对弈、随机性博弈的问题，目前计算机难以模拟实现；二是理论的不成熟，人工智能控制理论的发展存在不同的理论和算法只适用于特定领域或工程背景的问题，理论的通用性和可移植性较弱，到目前为止，人工智能理论的发展还尚未形成一个完整而系统的理论结构框架；三是模式识别的困惑，目前人工智能理论和技术的发展远远达不到模拟人的识别手段和形象思维能力的程度，也难以处理非结构化的问题。

【本章小结】

互联网指的是全球信息系统。互联网的前身是阿帕网，它经历了 Web 1.0、Web 2.0、Web 3.0 阶段，目前正处在 Web 3.0 阶段。

大数据是具有数据量大，类型繁多，价值密度低，速度快、时效高，数据是在线的五大特征的数据。大数据一般有三种采集方法，其主要的应用领域有企业内部大数据应用、在线社交网络大数据应用、医疗健康大数据应用以及在公共服务上的应用。大数据面临的主要问题是数据孤岛问题和底层技术差距问题。

云计算是从分布式计算、并行处理、网格计算发展而来的，是一种新兴的商业计算模式。云计算的发展和互联网的发展息息相关，互联网和数据处理对计算能力的需求催化了云计算的发展。云计算平台运用了许多技术，其中以编程模型、海量数据分布存储技术、海量数据管理技术、虚拟化技术、云计算平台管理技术最为关键。云计算模式存在的问题主要有数据隐私问题、数据安全问题、用户使用习惯、网络传输问题等。

区块链是一种利用去中心化和去信任方式集体维护一个可靠分布式共享数据库的技术方案。其所具有的去中心化、安全可信等特性，使其成为目前创新最多、最受重视、发展最快的技术之一。区块链有四大核心技术，其主要应用可大致归纳为数字货币、数据存储、数据鉴证、金融交易、资产管理和选举投票六个场景。

人工智能是一门研究、开发用于模拟、延伸和扩展人的智能的理论、方法、技术及应用系统的新的技术科学。人工智能的发展几经波折，在 21 世纪大数据和云计算技术发展之后才逐渐走上正轨。其主要的应用领域包括计算机视觉、自然语言处理、智能机器人等。人工智能主要面临三个问题：计算机博弈的困难、理论的不成熟以及模式识别的困惑。

【关键术语】

互联网　大数据　云计算　区块链　人工智能

【思考题】

1. 试阐述云计算和大数据的关系。
2. 大数据和云计算会影响哪些行业?
3. 区块链应用还可以如何创新?
4. 区块链还可以应用到哪些领域?
5. 阐述人工智能未来的发展趋势。

【案例分析】

贵阳市区块链助困系统

2017 年，贵阳市红云社区开发的贵阳首个“区块链+精准扶贫”项目——区块链助困系统上线，并于 2017 中国国际大数据产业博览会上正式宣布上线投入使用。

精准扶贫是国家的第一民生工程，贵阳市红云社区是贵阳“大数据+大民生”工程重点示范社区，为了建成贵阳市块数据城市试验区，顺利推进红云社区运用区块链技术建立困难群体数据库，使政务数据系统精准、安全，为辖区残障人员、困难群众办理相关事宜提供更便捷的服务，防止弄虚作假、徇私舞弊，保证扶贫资金安全可控，由贵阳红云社区携手网录科技，搭建红云社区区块链助困系统，通过区块链平台记录贫困及残障人员的身份信息、扶贫助残的服务信息、资金流向信息，实现精准扶贫、助残。

该系统由以下几个部分组成：基础区块链平台、相关身份基本信息存证模块、相关人员服务信息管理模块、资金使用情况管理模块，以及数据展示模块。其中，残障人员、困难群众身份基本信息存证模块，利用区块链不可篡改的特性，收集和整理辖区内残障人员、困难群众信息并上链，让真实的身份信息得以安全存储，残障人员、困难群众每次享受服务及救助时都通过身份信息唯一识别，避免身份的伪造和盗用。与此同时，对接民生资金的发放系统，实现民生资金发放过程中的资金流转公正、透明；每个贫困户都拥有一个账户，并能够通过手机查询自己的每一笔补助资金以及补助事项；用区块链的方式实现对民生资金点对点使用过程的监管、追溯、结算等，实现民生资金的点对点发放和精确使用，让助残、助困工作发挥最大的效用，保证政府民生资金的使用到位，以真正为残障人员和困难群众提供准确且具有较高公信力的服务。

该系统最终与数据民生工程“社会和云”系统进行对接，保证“社会和云”数据的真实有效，不可篡改，实现了贵阳民生系统从数据溯源到建立数据透明、分布式存储、民生数字货币、社区共识机制、智能合约闭环的主权区块链社会信任体系的目标，树立了区块链技术运用于民生领域的标杆。

问题：根据本案例谈一谈区块链在应用中的优势是什么，如何在实际应用中发挥区块链的特性，本案例给我们带来怎么样的启示。

【参考文献】

[1] 姚文平．互联网金融[M]．北京：中信出版社，2014.

[2] 杨正洪．智慧城市：大数据、物联网和云计算之应用[M]．北京：清华大学出版社，2014.

[3] 梁吉业，冯晨娇，宋鹏．大数据相关分析综述[J]．计算机学报，2016(1)：1–18.

[4] 黄永勤．国外大数据研究热点及发展趋势探析[J]．情报杂志，2014(6)：99–104.

[5] 邱东．大数据时代对统计学的挑战[J]．统计研究，2014(1)：16–22.

[6] 工业和信息化部中国区块链技术和应用发展白皮书[R]. 2014.

[7] 腾讯研究院．腾讯区块链方案白皮书[R]. 2017.

[8] 诸海滨．区块链：吹响数字货币时代的号角[R]．上海：安信证券研究所，2016.

[9] 36 氪研究院．从一到 N，掘金区块：区块链行业研究报告[R]. 2016.

[10] 36 氪研究院．人工智能行业研究报告[R]. 2017.

[11] 林晓轩．区块链技术在金融业的应用[J]．中国金融，2016(8)：17–18.

[12] 益言．区块链的发展现状、银行面临的挑战及对策分析[J]．金融会计．2016(4)：46–50.

[13] 袁勇，王飞跃．区块链技术发展现状与展望[J]．自动化学报，2016(4)：481–494.

[14] 罗明雄，唐颖，刘勇．互联网金融[M]．北京：中国财政经济出版社，2014.

[15] 王鹏．走近云计算[M]．北京：人民邮电出版社，2009.

中篇

互联网金融业务

第4章

互联网支付

【教学目标与要求】

1. 掌握网络支付的基本概念和参与主体。
2. 掌握网络支付的模式分类。
3. 了解银行卡收单的基本概念与参与主体。
4. 掌握银行卡收单的不同分类。
5. 掌握预付卡的分类及功能。
6. 了解典型的网络货币。

【知识架构】

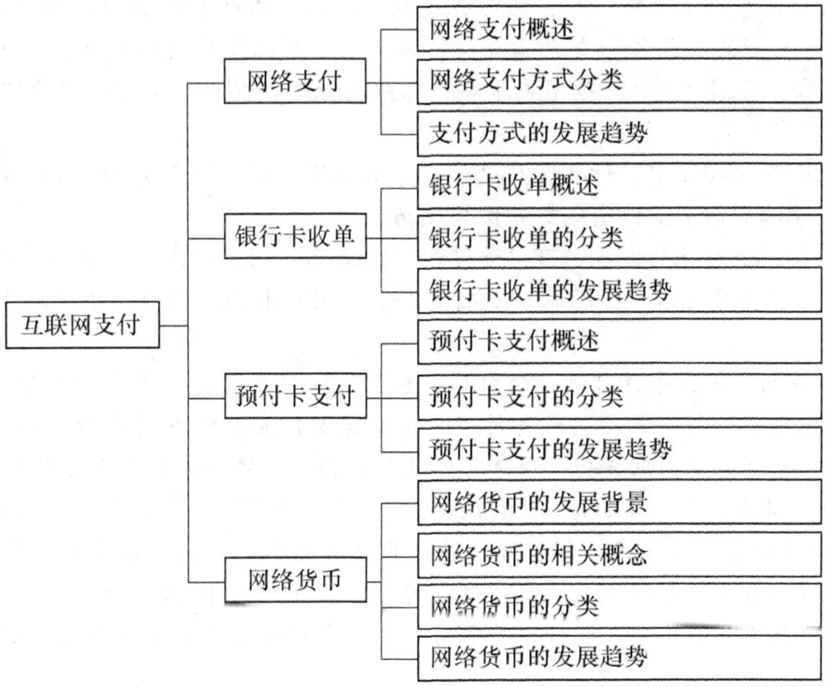

【导入案例】

《非银行支付机构网络支付业务管理办法（征求意见稿）》解读①

在“互联网+”的时代大背景下，网络支付不断增长，与人民的生活息息相关。为了规范非银行支付机构的网络支付业务，防范支付风险，保护当事人的合法权益，中国人民银行起草了《非银行支付机构网络支付业务管理办法（征求意见稿）》，并向社会公开征求意见。

1. 该办法对相关概念进行了定义

支付机构：指依法取得支付业务许可证，获准办理互联网支付、移动电话支付、固定电话支付、数字电视支付等网络支付业务的非银行机构。

支付账户：指获得互联网支付业务许可的支付机构，根据客户的真实意愿为其开立的，用于记录预付交易资金余额、凭以发起支付指令、反映支付交易明细信息的电子簿记。

网络支付业务：指客户通过计算机、移动终端等电子设备，依托公共网络信息系统远程发起支付指令，且付款客户电子设备不与收款客户特定专属设备交互，由支付机构为收付款客户提供货币资金转移服务的活动。同时，网络支付业务具备以下四个基本特征：

① 为收付款客户提供货币资金转移服务的主体是支付机构。

② 客户发起支付指令所借助的是计算机、移动终端等电子设备。

③ 支付指令依托公共网络信息系统远程发起，即客户的电子设备经由公共网络信息系统与相关后台系统进行交互并传递支付指令。因此，在支付指令发起过程中，客户的电子设备不需要与后台系统交互的支付业务不属于本办法规范范畴（例如，基于手机 NFC 功能的电子现金脱机消费业务等）。

④ 支付指令发起过程中，付款客户电子设备不与收款客户特定专属设备交互。

2. 该办法明确规定了支付机构的职责与义务

① 支付机构提供服务的方式：可以通过跳转商业银行网关形式，或通过“银行卡快捷支付”模式，基于客户银行账户办理网络支付业务；也可以按规定基于支付账户提供网络支付服务。

② 获得互联网支付业务许可的支付机构，应当经客户主动提出申请，方为其开立支付账户；仅获得移动电话支付、固定电话支付、数字电视支付业务许可的支付机构，不得为客户开立支付账户；未获得互联网支付业务许可的支付机构，不可为客户开立支付账户。

③ 支付机构为客户开立支付账户（由客户本着“自愿开立、自担风险”的原则申请开立支付账户），应当对客户实行实名制管理，登记客户身份基本信息，核实客户有效身份证件，按规定留存有效身份证件复印件或者影印件，并通过三个（含）以上合法安全的外部渠道对客户身份基本信息进行多重交叉验证，确保有效核实客户身份及其真实意愿，不得开立匿名、假名支付账户。

---

① 根据《非银行支付机构网络支付业务管理办法（征求意见稿）》的相关资料整理。

（特别强调的是，支付账户的使用原则是支付账户不得出借、出租、出售，不得利用支付账户从事或者协助他人从事非法活动。）

④ 支付机构办理业务的原则：不得为金融机构，以及从事信贷、融资、理财、担保、货币兑换等金融业务的其他机构开立支付账户；不得为客户办理或者变相办理现金存取、信贷、融资、理财、担保、货币兑换业务。

3. 该办法规定了支付机构的支付业务

小额支付和日常缴费业务：考虑到客户支付的便捷性需求，为兼顾业务风险可控和灵活性原则，该办法中的相关条款规定，在办理单笔金额不足200元的小额支付业务及公共事业费、税费缴纳等收款人固定且定期发生的支付业务时，支付机构可代替银行进行交易验证。但这必须经客户与银行通过协议明确约定，且银行对客户资金的安全管理责任不因此而转移。

个人支付账户分为两类，综合类支付账户的余额可以用于消费、转账以及购买投资理财产品或服务；消费类支付账户的余额仅可用于消费以及转账至客户本人同名银行账户（包括借记和贷记账户），不可用于转账至其他账户，也不可用于购买投资理财产品或服务。

2010年6月中国人民银行发布了《非金融机构支付服务管理办法》，该办法中所称的非金融机构支付服务，是指非金融机构在收付款人之间作为中介机构提供下列部分或全部货币资金转移服务：① 网络支付；② 预付卡的发行与受理；③ 银行卡收单；④ 中国人民银行确定的其他支付服务。其中，网络支付，是指依托公共网络或专用网络在收付款人之间转移货币资金的行为，包括账户支付、网关支付、特殊的第三方支付。预付卡，是指以营利为目的发行的、在发行机构之外购买商品或服务的预付价值，包括采取磁条、芯片等技术以卡片、密码等形式发行的预付卡，其主要特征是：先付费再消费，如城市交通卡、商场积分卡、储值卡等。银行卡收单，是指通过销售点（point of sale，PoS）终端等为银行卡特约商户代收货币资金的行为，主要从事银行卡收单的机构有国内各商业银行、中国银联以及其他第三方支付机构。

4.1 网络支付

微视频 4-1
网络支付（上）

4.1.1 网络支付概述

1. 背景

微视频 4-2
网络支付（下）

为了促进社会经济的发展，创造良好的支付环境，在各相关部门的推动下，我国相继出台了《中华人民共和国电子签名法》《电子支付指引（第一号）》《银行卡收单业务管理办法》《支付清算组织管理办法》等相关法律法规。2010年6月，中国人民银行发布的《非金融机构支付服务管理办法》，使我国第三方支付机构在法律法规上得到认可和保障。

随着我国电子商务环境的逐渐完善，支付场景的不断丰富，以及金融创新能力的增强，网络用户对在线完成快捷支付的需求增加，从而带动了互联网第三方支付业务快速发展。第三方支付机构在获得中国人民银行颁布的支付牌照后，可从事网络支付、预付卡的发行与受理，以及银行卡收单等相关业务。

第三方支付牌照的发展历程如下。

2011 年 5 月，中国人民银行发放首批第三方支付牌照，支付宝、银联商务、财付通、拉卡拉、易宝支付、钱袋网、快钱、盛付通、快付通等 27 家企业获得第三方支付牌照。

2011 年 8 月，中国人民银行正式发放第二批第三方支付牌照，13 家企业获得第三方支付牌照，其中 7 家为预付卡企业（预付卡发行与受理）；其余 6 家为支付机构（互联网支付及移动支付）。

2011 年 12 月，中国人民银行发放第三批第三方支付牌照，其中包括中国电信、中国移动和中国联通在内的 61 家企业获得第三方支付牌照。中国电信和中国联通的第三方支付牌照业务类型主要有移动电话支付、固定电话支付、银行卡收单，而中国移动的第三方支付牌照业务类型为移动电话支付、银行卡收单。

2012 年 6 月至 7 月，中国人民银行发放第四批第三方支付牌照，此次获得第三方支付牌照的企业多为区域性、行业性的第三方支付机构，数量高达 96 家。值得注意的是，数字电视支付首次获得第三方支付牌照，银视通信息科技有限公司是第一家做电视支付的企业。

2013 年 1 月，中国人民银行发放第五批第三方支付牌照，共计 26 家企业。其中，有 20 家企业的业务类型主要为“预付卡发行与受理”。此次获得第三方支付牌照的企业的业务覆盖范围以所在区域为主。

2013 年 7 月，中国人民银行发放第六批第三方支付牌照，共计 27 家企业获得第三方支付牌照。首批两家纯外资的支付企业——上海索迪斯万通服务有限公司和艾登瑞德（中国）有限公司，获得支付业务许可，且从事的均是预付卡业务。

2014 年 7 月，中国人民银行正式发放第七批第三方支付牌照。此次获得第三方支付牌照的企业共计 19 家，在 19 家企业中，包括广东 8 家，北京 3 家，山东 3 家，重庆、湖北、广西、陕西、新疆各 1 家。此次，中国人民银行除发放了 3 张省级预付卡牌照外，为帮付宝、商物通、武汉合众易宝、北海石基 4 家企业发放了全国性预付卡发行与受理牌照。此外，拉卡拉、平安付等多家公司也在原有牌照基础上获得了全国性预付卡发行与受理的业务资质。

2015 年 3 月，中国人民银行正式发放第八批第三方支付牌照，仅广东广物电子商务公司一家，其主营业务为预付卡的发行与受理。

2017 年 6 月，中国人民银行正式发放第九批同时也是最后一张第三方支付牌照给了传化支付，其主营业务为互联网支付、移动电话支付、预付卡的发行与受理。

获得第三方支付牌照的企业的支付业务分类如图 4-1 所示。

按发证时间分		按业务类型分		按业务覆盖范围分	
2011年5月	27家	互联网支付	103家	全国	127家
2011年8月	13家	预付卡发行与受理	165家	区域	138家
2011年12月	61家	预付卡受理	5家	区域或全国	20家
2012年6月	95家	银行卡收单	60家		
2012年7月	1家	移动电话支付	43家		
2013年1月	26家	数字电视支付	5家		
2013年7月	27家	货币汇兑	5家		
2014年7月	19家	固定电话支付	14家		
2015年3月	1家				
2017年6月	1家				

图 4-1　获得第三方支付牌照的企业的支付业务分类

从 2011 年至今发放了 271 张支付牌照后就不再发放新的第三方支付牌照，但是每 5 年会对存量牌照进行续展。截至 2017 年 12 月 4 日，全国共有 246 张有效第三方支付牌照，有 24 家第三方支付机构被注销牌照，其中 2015 年注销了 2 张牌照，分别为浙江易士企业管理服务有限公司、广东益民旅游休闲服务有限公司；2016 年注销了 2 张牌照，分别为上海畅购企业服务有限公司、北京润京搜索投资有限公司；2017 年注销了 20 张牌照。从注销的原因来看，主要有业务合并、严重违规、主动注销、不予续展四类。被注销的第三方支付牌照统计如表 4-1 所示。

表 4-1　被注销的第三方支付牌照统计

序　号	许 可 证 号	机 构 名 称	注 销 日 期
1	Z2006633000011	浙江易士企业管理服务有限公司	2015 年 8 月 24 日
2	Z2007044000012	广东益民旅游休闲服务有限公司	2015 年 10 月 8 日
3	Z2003731000019	上海畅购企业服务有限公司	2016 年 1 月 5 日
4	Z2016311000019	北京润京搜索投资有限公司	2016 年 10 月 20 日
5	Z2004031000014	上海富友金融网络技术有限公司	2017 年 5 月 15 日
6	Z2007331000014	上海华势信息科技有限公司	2017 年 5 月 15 日
7	Z2007511000016	资和信网络支付有限公司	2017 年 5 月 15 日
8	Z2008531000010	上海付费通企业服务有限公司	2017 年 5 月 15 日
9	Z2017733000017	浙江盛炬支付技术有限公司	2017 年 5 月 15 日
10	Z2024137000015	易通支付有限公司	2017 年 5 月 15 日
11	Z2001731000013	杉德电子商务服务有限公司	2017 年 6 月 6 日

续表

序号	许可证号	机构名称	注销日期
12	Z2009031000013	通联商务服务有限公司	2017年6月6日
13	Z2022333000011	温州之民信息服务有限公司	2017年6月23日
14	Z2009231000011	上海通卡投资管理有限公司	2016年12月20日
15	Z2013731000018	普天银通支付有限公司	2017年6月26日
16	Z2015261000011	西安银信商通电子支付有限公司	2017年6月26日
17	Z2016011000012	北京交广科技发展有限公司	2017年6月26日
18	Z2016511000017	北京中诚信和支付有限公司	2017年6月26日
19	Z2017414000013	山西兰花商务支付有限公司	2017年6月26日
20	Z2017623000010	哈尔滨金联信支付科技有限公司	2017年6月26日
21	Z2018634000015	安徽瑞祥资讯服务有限公司	2017年6月26日
22	Z2018943000011	长沙商联电子商务有限公司	2017年6月26日
23	Z2019353000012	乐富支付有限公司	2017年6月26日
24	Z2019146000014	海南海岛一卡通支付网络有限公司	2017年6月26日

2. 概念

网络支付是指客户为购买特定商品或服务，通过电子设备，依托公共网络或专用网络发出支付指令，实现货币资金转移的行为，包括货币汇兑、互联网支付、移动电话支付、固定电话支付、数字电视支付等。按照发起支付指令所依托的终端设备类型及网络类型，网络支付可以分为互联网支付、移动电话支付、固定电话支付、数字电视支付的。

与传统的支付方式相比，网络支付具有以下特征。

（1）数字化

网络支付采用先进技术通过数字化流转来完成信息传输，其各种支付方式都是采用数字化的方式进行款项支付的。

（2）通信手段

网络支付使用的是互联网等先进的通信手段，同时对软件、硬件设施的要求很高，一般要求有联网的微机、相关的软件及其他一些配套设施。

（3）经济优势

网络支付具有方便、快捷、高效、经济的优势。用户可以足不出户，在很短的时间内完成整个支付过程，这突破了时空的限制，大大提高了支付效率。

（4）增值服务

网络支付可以根据商户的业务发展和市场竞争情况创造新的商业模式，提供个性化的支付结算服务，如向航空公司提供的分账服务等。

3. 网络支付的参与主体

网络支付的参与主体主要有消费者、金融机构、第三方支付机构。

(1) 消费者：用户和商户

用户，是指为满足生产、生活消费而购买和使用商品，或者接受服务的个人客户群体和企业客户群体，是支付工具的被动接受者和使用者，只能选择向其提供生产、生活用品或服务的商户所提供的支付方式。商户是指为用户提供其生产、生活所需的商品或服务的经营主体。

(2) 金融机构

金融机构，是指以银行为主体、其他非银行金融机构为补充的金融服务体。在网络支付领域，银行具有无法替代的作用，第三方支付离不开银行，必须以银行为基础；而银行与第三方支付机构合作，也能提升用户使用网上银行的频率。

(3) 第三方支付机构

第三方支付机构与银行合作，以银行的支付结算功能为基础，向政府、企业和个人提供个性化的清算与增值服务。它的存在会为用户、商户以及金融机构带来不可替代的价值。

在网络支付服务的过程中，众多的参与者形成了网络支付价值链。在网络支付价值链中，前端是网络消费者，中间是第三方支付平台，后端是以银行为代表的金融机构，如图 4-2 所示。

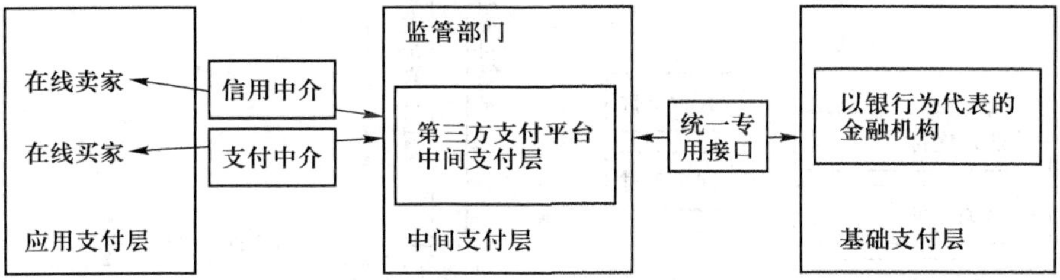

图 4-2　网络支付价值链图

4.1.2　网络支付方式分类

随着电子商务的发展，一些具备一定实力和信誉保障的第三方独立机构和各大银行签约，推出集成网上银行、电话、手机、虚拟账户等支付方式的网上交易支付平台，向交易双方提供第三方支付业务。随着第三方支付的兴起，网络支付得到了很大的发展。网络支付有很多方式，按照不同的维度，可以对网络支付进行不同的分类。

按照与电子商务的相关性，可以将网络支付分为独立第三方支付和非独立第三方支付。独立第三方支付机构，不隶属于任何电子商务网站，不为特定的电子商务平台服务。从服务对象来说，目前在我国非独立第三方支付，如支付宝、财付通、安付通等占绝对主导地位。

按照支付机构提供的支付服务方式和特色，可以将网络支付分为账户支付、网关支付和特殊的第三方支付，本书主要采用这种分类方式。其中，账户支付是指用户在支付平台用电子邮件或手机号开设虚拟账户，用户可以对虚拟账户进行充值和取现，并用虚拟账户中的资金进行交易支付。按照是否具有担保功能又可以将它分为具有担保功能的账户支付（间付支付）和不具有担保功能的账户支付（直付支付），如图 4-3 所示。从服务特色来看，目前市场上的第三方支付机构倾向于建立综合服务平台，所提供的产品有的属于网关支付，有的属于账户支付。

1. 账户支付

（1）直付支付

直付支付的支付流程与传统转账、汇款流程类似，只是屏蔽了银行账户，交易双方用虚拟账户资金进行交易支付。直付支付的典型应用有易宝支付、快钱支付等。

直付支付的支付流程图如图 4-4 所示。

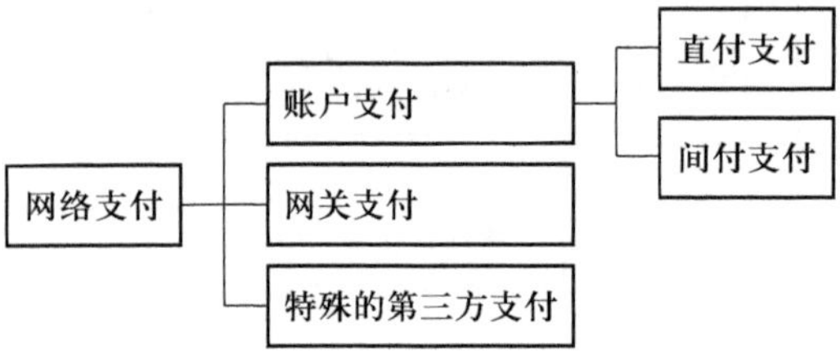

图 4-3 网络支付方式的分类

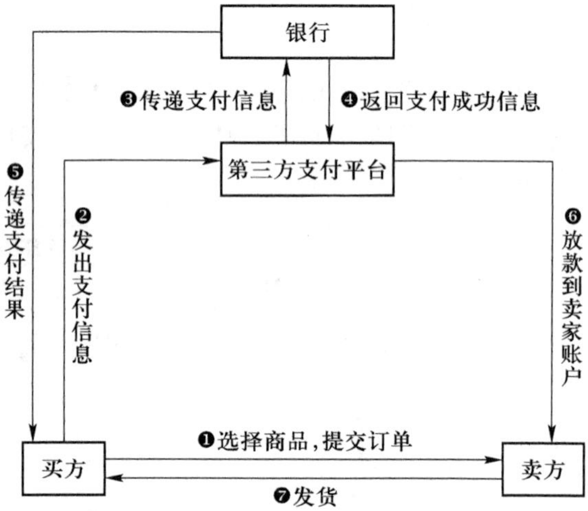

图 4-4 直付支付的支付流程图

直付支付的资金流向图如图 4-5 所示。

图 4-5 的相关说明如下。

① 表示买方向第三方支付平台账户充值时的实体资金流向。此时实体资金是从买方银行账户转移到第三方支付平台用户清算银行账户。

② 表示买方向第三方支付平台账户充值时的平台虚拟资金流向。在买方充值成功后，第三方支付平台增加买方虚拟账户资金。

③ 表示进行交易时买方向卖方支付的货款资金流向。在买方向卖方支付货款时，实体资金不发生变化，发生变化的是第三方支付平台虚拟资金，买方虚拟账户资金减

少，卖方虚拟账户资金增加。

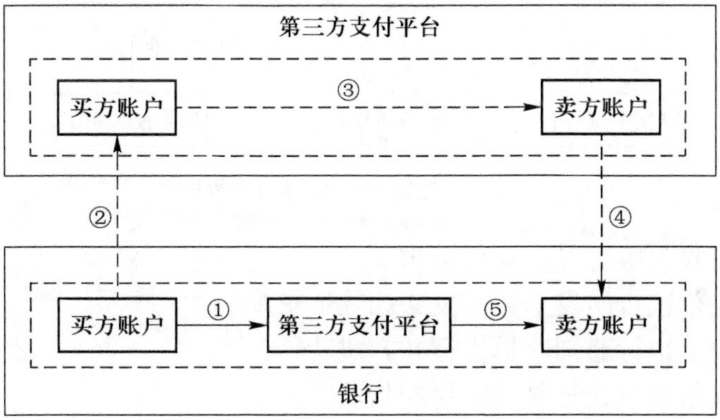

图 4-5　直付支付模式资金流向图

④ 表示卖方取现时的平台虚拟资金流向。在卖方取现成功后，第三方支付平台减少卖方虚拟账户资金。

⑤ 表示卖方取现时的实体资金流向。当卖方发出取现指令时，实体资金从第三方支付平台用户清算银行账户转移到卖方银行账户。

下面以易宝支付为例进行说明。

易宝支付（YeePay）是一家独立第三方支付公司，2003 年 8 月由北京通融通信息技术有限公司创建。易宝支付自运营以来，一直致力于为商户和消费者提供“安全、简单、快乐”的专业电子支付解决方案和服务。2011 年 5 月，易宝支付获得了中国人民银行颁发的首批支付牌照。易宝支付签约的大中型企业超过 30 万家，其中包括百度、搜狐、易趣、慧聪、九城、盛大、完美时空、迅雷、国航、南方航空、海南航空、深圳航空、四川航空、中国航信、中国联通、中国电信等知名企业，年交易额超过千亿元。

易宝支付首倡“绿色支付，快乐生活”的理念，其具有三大特点：易扩展的支付、易保障的支付和易接入的支付。由于用户的重要数据只存储在用户开户银行的后台系统中，任何第三方都无法窃取，因此为用户提供了充分的保障。易宝为用户提供各种增值服务、互动营销推广以及丰富多彩的线下活动，拓展商务合作关系，发展商业合作伙伴，达到多赢的目的。

易宝支付交易的流程图如图 4-6 所示。

图 4-6 的相关说明如下。

① 表示用户（即持卡人）在商户网站下单。

② 表示商户网站向易宝支付平台发送支付请求。

③ 表示风险控制系统检测交易信息。

④ 表示反馈风险控制检测结果。

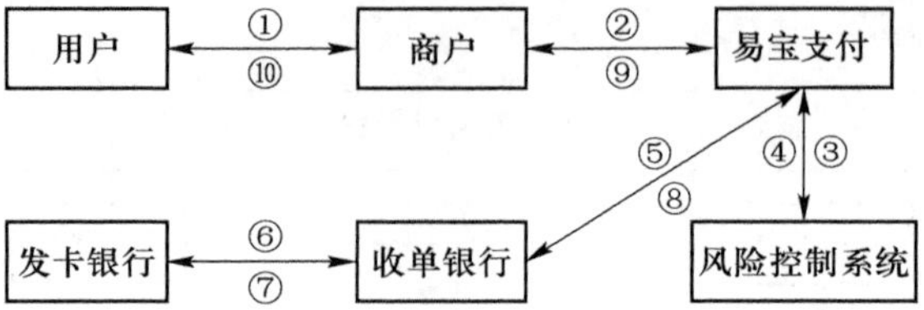

图 4-6　易宝支付交易的流程图

⑤ 表示向收单银行发送支付请求。

⑥ 表示收单银行向发卡银行发送扣款请求。

⑦ 表示发卡银行通知收单银行扣款成功。

⑧ 表示收单银行通知易宝支付扣款成功。

⑨ 表示易宝支付通知商户支付成功。

⑩ 表示商户向用户提供产品或服务。

（2）间付支付

间付支付是指由电子商务平台独立或者合作开发，与各大银行建立合作关系，凭借企业的实力和信誉承担买卖双方中间担保的第三方支付，并利用自身的电子商务平台和中介担保支付平台吸引商户开展经营业务。间付支付的典型应用有支付宝账户支付等。

间付支付的支付流程图如图 4-7 所示。

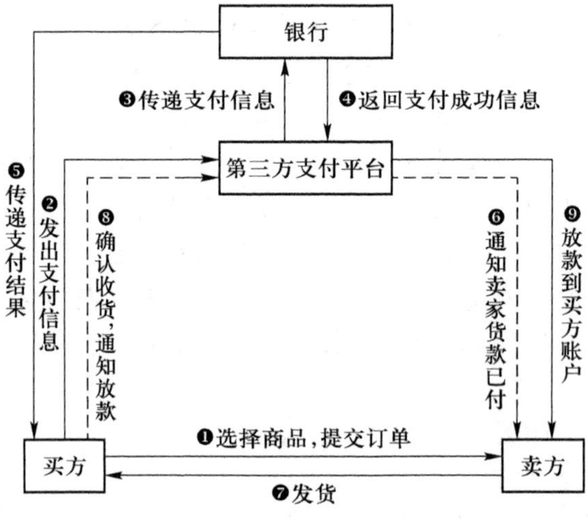

图 4-7　间付支付的支付流程图

间付支付的资金流向图如图 4-8 所示。

① 表示买方向第三方支付平台账户充值时的实体资金流向。此时，实体资金是从

买方银行账户转移到第三方支付平台用户清算银行账户。

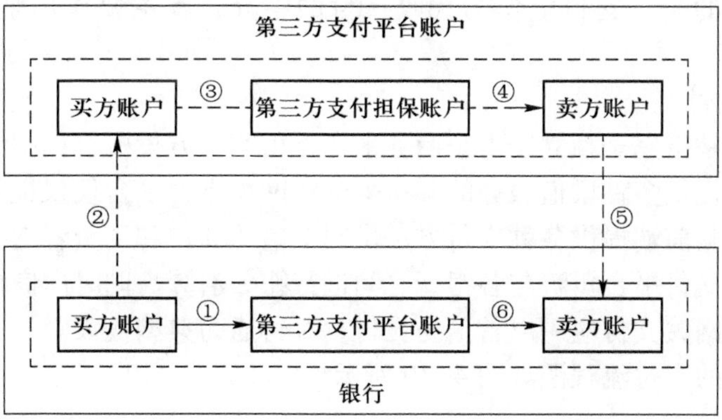

图 4-8 间付支付的资金流向图

② 表示买方向第三方支付平台账户充值时的平台虚拟资金流向。在买方充值成功后，第三方支付平台增加买方虚拟账户资金。

③ 表示进行交易时买方向卖方支付的货款资金流向。在买方向卖方支付货款时，实体资金不发生变化，而发生变化的是第三方支付平台虚拟资金，买方虚拟账户资金减少，第三方支付担保账户虚拟账户资金增加。

④ 表示当买方收到货物，通知第三方支付平台放款时，实体资金同样不发生变化，只是虚拟资金从第三方支付担保账户转移至卖方虚拟账户。

⑤ 表示卖方取现时的平台虚拟资金流向。在卖方取现成功后，第三方支付平台减少卖方虚拟账户资金。

⑥ 表示卖方取现时的实体资金流向。当卖方发出取现指令时，实体资金从第三方支付平台用户清算银行账户转移到卖方银行账户。

下面以支付宝为例进行说明。

支付宝支付的流程图如图 4-9 所示。

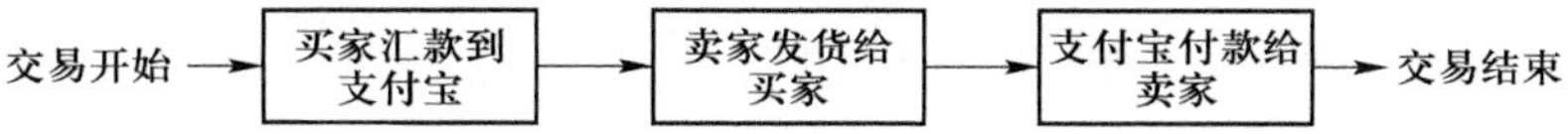

图 4-9 支付宝支付的流程图

支付宝支付流程如下。

首先，买方在网上选中所需的商品后与卖方取得联系并达成成交协议。

其次，买方把货款汇到支付宝第三方账户上。

第三，作为中介，支付宝立刻通知卖方款已收到可以发货。

第四，待买方收到商品并确认无误后，支付宝把货款汇到卖方账户上，整个交易就完成了。

需要说明的是，支付宝作为代收代付的中介，其主要作用是维护网络交易的安全性。

2. 网关支付

网关支付是指完全独立于电子商务平台，由第三方投资机构围绕着订单和支付等为网上签约商户提供多种增值服务的共享平台。网关支付平台仅仅提供支付产品和支付系统解决方案，其前端提供各种支付方法供网上签约商户和消费者选择，其后端连接众多银行。由网关支付平台负责与各银行之间进行账务清算，同时向商户提供订单管理及账户查询功能。网关支付应用以首信易支付、百付通为典型代表。

网关支付的支付流程图如图 4-10 所示。

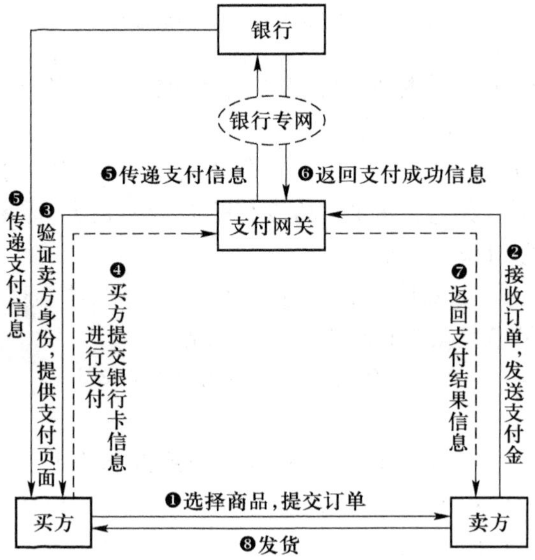

图 4-10 网关支付的支付流程图

网关支付的资金流向图如图 4-11 所示。

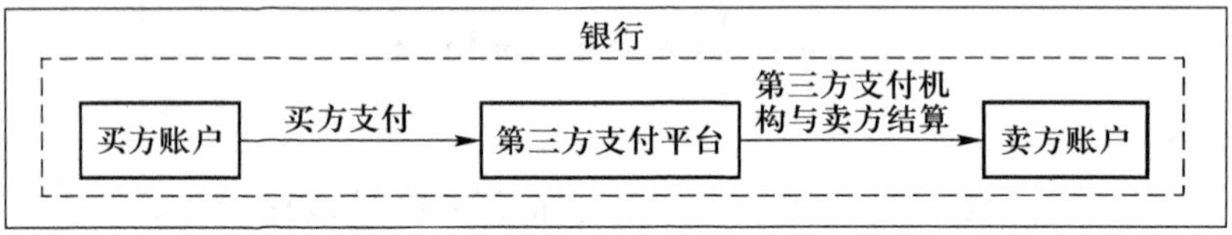

图 4-11 网关支付的资金流向图

下面以首信易支付为例进行说明。

首信易支付自1999年3月开始运行，是我国首个跨银行跨地域提供多种银行卡在线交易的网上支付服务平台，现支持全国范围的23家银行及全球范围的4种国际信用卡的在线支付，拥有由千余家大中型企事业单位、政府机关、社会团体组成的庞大客户群，其业务领域涉及图书音像、鲜花礼品、门户搜索、教育考试等。同时，它凭借着独具特色的二次结算模式，作为支付过程中中立的第三方，保留商户和消费者所有的有效交易信息，最大限度地避免了拒付和欺诈行为的发生。目前，首信易支付作为部分政府机构与消费者之间的桥梁，逐步渗透到教育考试、政府服务、社区管理等公共事业领域，是少数持续盈利的第三方支付平台之一。

首信易网上支付交易流程如图4-12所示，具体如下。

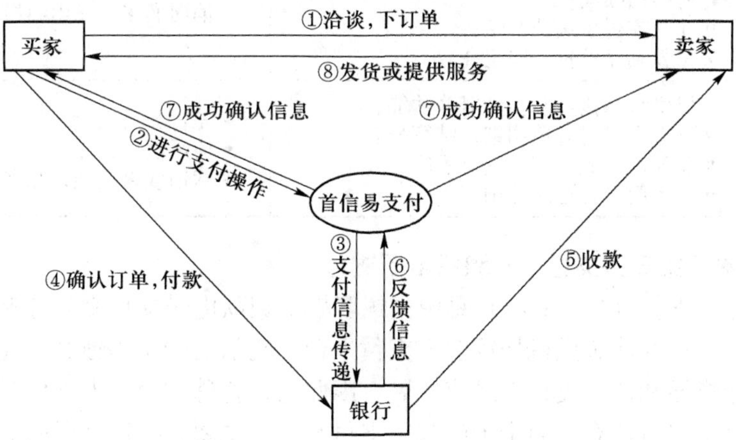

图4-12　首信易网上支付交易流程图

① 网上消费者（买家）浏览检索商户（卖家）网页，与商户洽谈后下订单。

② 网上消费者选择支付方式——“首信易支付”，直接连接到首信易支付的安全支付服务器上。

③ 网上消费者在支付页面上选择自己适用的支付方式，单击相应的按钮进入银行（银联）支付页面进行支付操作。

④ 网上消费者确认订单，并进行付款。

⑤ 商户收到相关银行（银联）的交易汇款。

⑥ 相关银行（银联）将结果信息传至首信易支付。

⑦ 首信易支付将支付结果通知商户和网上消费者。

⑧ 支付成功，由商户向网上消费者发货或提供服务。

最后，各个银行（银联）通过首信易支付向不同的交易成功的商户实施清算。

表4-2所示的是易宝支付、支付宝、首信易支付三个支付平台的对比分析。

表 4-2　支付平台的对比分析

支付平台	优　势	劣　势
易宝支付	• 独立的第三方支付提供商，与商家不会产生冲突； • 具有多元化的支付方式：互联网支付、移动支付等； • 量身定制的行业解决方案； • 首倡绿色支付理念，低成本、高效、快捷、安全	• 在单个领域缺乏用户优势； • 知名度不高
支付宝	• 贷款托管； • 具有良好的信用度和网站品牌支撑；全额先前赔偿损失； • 在线支付手续费全免； • 付款到账发货，安全高效	• 流程有漏洞，会出现欺诈行为； • 偏向卖家，发生纠纷时听卖家解释
首信易支付	• 提供统一接口和自动对账功能； • 可查看实时订单明细，结算账款； • 业务广，支持多种支付手段； • 接入简单，适用范围广	• 先付款后交货； • 信用度低； • 营销效果欠佳，知名度低

3. 特殊的第三方支付——银联电子支付

银联电子支付（ChinaPay）是中国银联旗下银联电子支付服务有限公司提供的第三方支付平台。作为非金融机构第三方支付平台，它依托于中国银联，在人民银行及中国银联的业务指导和政策支持下迅速发展，因此它是特殊的第三方支付平台。

银联电子支付拥有面向全国的统一支付平台，主要从事以互联网等新兴渠道为基础的网上支付、企业 B2B 账户支付、电话支付、网上跨行转账、网上基金交易、企业公对私资金代付、自助终端支付等银行卡网上支付及增值业务。它可以一次性连接多家商业银行和金融机构，支持国内主要商业银行发行的各类银行卡，可以实现跨银行、跨地区的实时支付。银联通过多元化的支付服务体系，为广大持卡人和各类商户提供了安全、方便、快捷的银行卡支付及资金结算服务。

银联电子支付的支付交易流程如图 4-13 所示。

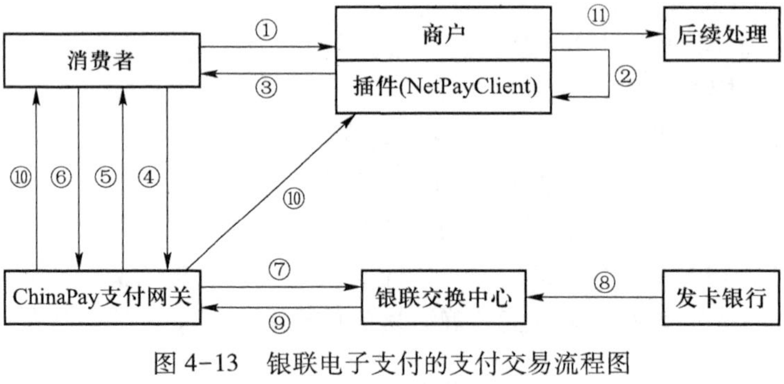

图 4-13　银联电子支付的支付交易流程图

图 4-13 的相关说明如下。

① 表示消费者浏览商户网站，选购商品，并将其放入购物车，进入收银台。

② 表示商户根据购物车中的内容，生成付款单，并调用 ChinaPay 支付网关商户端接口插件（NetPayClient）对付款单进行数字签名。

③ 表示商户将付款单和商户对该付款单的数字签名一起交给消费者确认。

④ 表示一旦消费者确认支付，则该付款单和商户对该付款单的数字签名将自动转发至 ChinaPay 支付网关。

⑤ 表示 ChinaPay 支付网关验证该付款单的商户身份及数据一致性，生成支付页面并将其显示给消费者，同时在消费者浏览器与 ChinaPay 支付网关之间建立 SSL 连接。

⑥ 表示消费者填写银行卡卡号、密码和有效期（适用于信用卡），通过支付页面将支付信息加密后提交给 ChinaPay 支付网关。

⑦ 表示 ChinaPay 支付网关验证交易数据后，按照银联交换中心的要求组装消费交易，并将其通过硬件加密机加密后提交银联交换中心。

⑧ 表示银联交换中心根据支付银行卡信息将交易请求路由到消费者发卡银行，银行系统进行交易处理后将交易结果返回给银联交换中心。

⑨ 表示银联交换中心将交易结果回传到 ChinaPay 支付网关。

⑩ 表示 ChinaPay 支付网关验证交易结果，并对其进行数字签名后，发送给商户，同时向消费者显示支付结果。

⑪ 表示商户接收交易结果，并根据交易状态码进行后续处理。

4. 三类网络支付模式的对比分析

账户支付、网关支付和特殊的第三方支付的对比分析如表 4-3 所示。

表 4-3　三类网络支付方式的对比分析

支付方式	特　点	优　势	劣　势
账户支付	1. 通过绑定的虚拟账户进行交易； 2. 交易资金是银行卡中的电子货币形式（以法定货币为基础）	1. 第三方支付平台保障了交易中资金的安全性； 2. 支付成本较低，方便省时； 3. 支付担保业务可以在很大程度上保障付款人的利益	1. 消费者账户中的“电子货币”是虚拟的，无法得到保障； 2. 若第三方支付平台的信用度及保密手段存在问题，则会给付款人带来极大的风险； 3. 大量资金寄存在虚拟账户中，存在资金寄存风险
网关支付	1. 没有账户属性，仅为银行和商户提供服务； 2. 扮演“通道”角色，不涉及银行的支付与结算； 3. 独立的支付网关，验证交易双方身份信息	1. 职责分明，各司其职； 2. 交易双方的身份验证大大提高了真实性； 3. 数据的加解密技术大大提高了交易信息的真实性、安全性和可靠性	1. 第三方支付机构没有完善的信用评价体系，抵御信用风险的能力较弱； 2. 交易流程复杂，支付时间较长； 3. 增值服务开发空间小

续表

支付方式	特　点	优　势	劣　势
特殊的第三方支付——银联电子支付	1. 非金融机构的第三方支付平台，有中国人民银行的业务指导和政策支持； 2. 整合各方资源，优势互补	1. 多元化的支付服务体系； 2. 提供安全有效的网络连接、多种支付操作平台和支付工具； 3. 个性化订单、自动分账系统，用户体验较好	1. 交易集中时对系统的安全性和稳定性要求更高； 2. 交易集中时引起的网络拥挤堵塞，可能会造成订单的重复支付

由此可知，三类网络支付方式各有其优劣势。在实际的生活中，用户会根据自身的支付需求以及对资金安全等的考虑，选择不同的网络支付方式，从而带动网络支付的发展和进步，但同时也对网络支付方式的创新不断提出新的要求。

4.1.3　支付方式的发展趋势

1. 从传统的支付方式向数字化的支付方式转变

传统的支付方式有现金的流转、票据的转让、银行的汇兑等，通过物理实体的流转完成款项的交易与支付。而随着信息技术的发展，数字化的支付方式（即将货币虚拟化，通过互联网来实现支付交易）能够极大地提高交易支付的效率和安全性，因此是支付方式未来发展的必然趋势。

2. 逐渐形成按需支付的综合性支付方式

用户对支付便捷性和小额支付的需求加速了移动支付的出现。同时，智能终端的普及、4G 用户规模的提升和三网融合的推进，为手机支付创造了良好的发展环境。手机支付将与包括移动电子商务在内的更多应用场景相结合，其远程支付和近场支付能够更加满足用户的实际需求，从而实现跨越式发展。从传统的互联网 PC 端支付到如今如火如荼的移动支付（手机支付）等，多种支付方式共同发展，相互补充，将形成按需支付的综合性支付方式。

3. 其他支付方式

其他支付方式，如应用内支付、手机条码支付、超声波支付、融合线上与线下支付等，以后将与主流的支付方式优势互补，共同发展。其中，应用内支付是将账户支付融合于手机浏览器中，使用户可以通过手机上网购物，并且可以直接在手机浏览器内实现支付。手机条码支付已成功进入线下支付市场，为小微商户提供低成本的收银服务。超声波支付基于短距离的声波或超声波通信技术，允许电子设备之间进行非接触式点对点数据传输（在 10 cm 内）。该技术是手机近场支付和线下支付业务的解决方案。而融合线上与线下支付是指支付工具不仅可以为购买特定商品和服务进行线下支付，也可以通过对支付账户充值进行线上支付。未来还有可能产生聚合支付（又称为第四方支付），即在商户处把第三方支付聚合在一个平台上的支付。

4.2 银行卡收单

4.2.1 银行卡收单概述

微视频 4-3
银行卡收单
(上)

微视频 4-4
银行卡收单
(下)

1. 背景

我国银行卡市场发展得比较晚，其发展历程大致经历了以下三个阶段。

（1）起步阶段（1985—1992 年）

1985 年，中国银行珠海分行发行了我国第一张银行卡，随后，我国四大国有银行相继发行了银行卡，并建设了自己的计算机结算系统，为银行卡业务的进一步发展奠定了网络基础。

（2）金卡工程的启动和实施阶段（1993—2001 年）

1993 年，国务院启动了金卡工程，以实现银行间货币的流通。我国各大商业银行间可实现银行卡跨行业务，标志着我国银行卡市场从分散经营走向联合。

（3）银联推动下的快速发展阶段（2002 年初至今）

2002 年，中国银联股份有限公司成立，标志着我国银行卡产业开始向集约化、规模化方向发展，进入全面、快速发展的崭新阶段。

随着银行卡产业的不断发展，银行卡收单市场也发生着巨大的变化。尤其是 2002 年中国银联股份有限公司成立以来，我国银行卡产业迅速发展，银行卡发卡量和交易量成倍增长，银行卡作为一种支付手段在人们的经济生活中扮演着越来越重要的角色。

随着银行卡产业的发展及政策法规的不断完善，银行卡收单稳步发展。我国银行卡收单市场主要经历了三个发展阶段，每个发展阶段都有其各自的特点，如表 4-4 所示。

表 4-4　我国银行卡收单市场的发展阶段

发展阶段	时间	阶段特点
第一阶段	1993 年 6 月—2003 年 5 月	各发卡银行分别收单，以银行卡联网通用为标志
第二阶段	2003 年 5 月—2008 年 7 月	委托专业化服务机构单一收单，主要模式为“直联 PoS 模式”
第三阶段	2008 年 7 月至今	专业化服务机构与发卡银行共同收单，主要模式为“间联 PoS 模式”

发展至今，银行卡作为我国居民使用最广泛的非现金支付工具，其业务种类不断拓展，持卡人不仅可以通过 ATM 机自动取款，通过 PoS 刷卡消费，还可以通过互联网、手机、固定电话、自助终端、数字电视机顶盒等新型的渠道，实现公共事业的缴费、机票及酒店的预定、信用卡的还款、自助转账等多项活动，促使我国银行卡收单的市场规

模不断扩大。随着银行卡产业的发展及政策法规的进一步完善，中国人民银行发布的第三方支付牌照中已有60家企业获得银行卡收单资格，从而使我国非金融机构银行卡收单业务得到了迅速发展。

2. 银行卡收单的相关定义

（1）银行卡收单的定义

根据中国人民银行2011年12月5日颁布的《银行卡收单业务管理办法（草稿）》（以下简称“办法”）给出的定义：银行卡收单业务是指通过银行卡受理终端，为银行卡特约商户代收货币资金的行为。

（2）银行卡收单的核心业务

《银行卡收单业务管理办法（草稿）》规定银行卡收单的核心业务如下。

① 特约商户实名制审核、审批和签约。

② 特约商户档案和信息管理，含对特约商户信息管理系统的运行和维护。

③ 收单交易处理，含对收单交易处理系统的运行和维护。

④ 特约商户资金结算。

⑤ 收单业务差错和争议处理。

⑥ 收单交易监测、风险控管和处理，含对收单交易监测系统和相关风险控管系统的运行和维护。而且规定收单机构要从事全部收单核心业务，不得将任何一项收单核心业务外包。

3. 银行卡收单的参与主体

（1）发卡机构和持卡人

发卡机构是指发行银行卡，维护与银行卡关联的账户，并与持卡人在这两方面具有协议关系的机构。其主要职能是向持卡人发行各种银行卡，并通过提供各类相关的银行卡服务收取一定的费用。通过发行银行卡，发卡机构获得持卡人支付的卡片年费、信用卡透支利息，以及持卡人享受各种服务时所支付的手续费、商户回佣分成等。

发卡机构通过提供多样化的服务来参与发行市场的竞争，它们推出各类银行卡产品，通过各种营销活动鼓励持卡人使用其银行卡产品进行支付。持卡人基于方便、安全等因素选择使用银行卡，并在使用银行卡进行支付时向发卡机构支付一定的费用。发卡机构和持卡人共同构成了发卡市场的供需双方。

（2）收单机构和特约商户

收单机构是指跨行交易中兑付现金或者与商户签约进行跨行交易资金结算，并且直接或间接地使交易达成转接的银行或专业组织。其主要职能是负责特约商户的开拓与管理、授权请求、账单结算等活动。其主要收益来源有商户回佣、商户支付的其他服务费（如PoS交易刷卡手续费、月费等）及商户存款增加等。大多数发卡银行都兼营收单业务，也有一些非银行专业服务机构经营收单业务。

收单机构向商户提供终端设备，并进行资金清算，承担一定的资金清算风险。收单机构和特约商户构成了收单市场的供需双方。

(3) 转接清算机构

在银行卡收单过程中，除了银行内的交易外，也存在银行间的交易。而跨行交易的实现则需要由专门的机构来负责建设和维护银行卡跨行网络，并提供信息转接和资金清算服务，这个机构就是银行卡转接清算机构。在我国，提供转接清算服务的主要是银联以及其他第三方支付机构。

(4) 其他参与者

专业服务机构，包括中国金融认证中心（China Financial Certification Authority，CFCA)、外包服务商、认证机构、机具制造、机具认证、卡片制造商、系统供应和维护商及各类第三方服务机构。

整个产业的宏观管理者，包括政府及相关职能部门，作为政策制定者及产业监管者，其行为对银行卡市场秩序的维护和银行卡市场的发展产生了重要的影响。

银行卡产业链如图 4-14 所示。

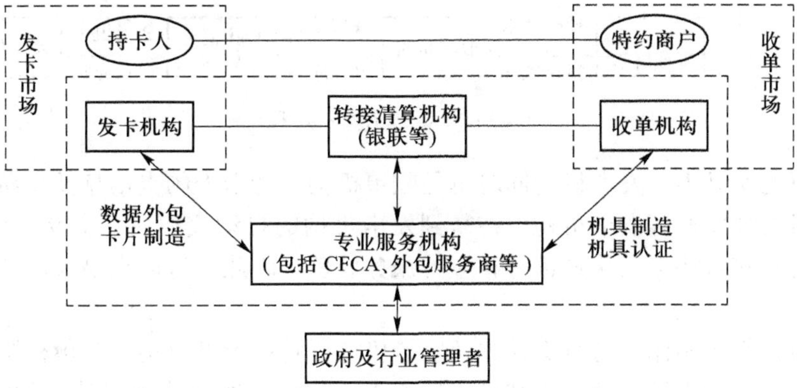

图 4-14　银行卡产业链图

从资金流动看，持卡人刷卡消费后，发卡机构将扣除手续费后的交易资金支付给收单机构；收单机构将剩余交易资金支付给商户。银行卡特约商户需要支付 PoS 交易刷卡手续费，其中包括发卡机构收费、银行卡组织跨行转接收费、收单机构收费。其中，线下 PoS 交易刷卡现行的手续费分成比例是 7:2:1，即发卡机构取七成，收单机构取两成，转接清算机构（银联等）取一成。目前，我国商户扣率一般为 0.5%~2%，具体比例视商户业务性质而定，即我国现行的手续费是按商户的业务类别来区别收费的。

4.2.2 银行卡收单的分类

1. 银行卡收单的分类方式

按照业务发起的介质和方式，可以将银行卡收单业务分为传统收单业务（刷卡，有磁交易）和网络收单业务（无磁交易）。

按照受理渠道，可以将银行卡收单分为 PoS 收单、ATM 收单、柜面收单和互联网收单等。

按照业务类别，可以将银行卡收单业务分为 ATM 收单和 PoS 收单两大类。

（1）ATM 收单

ATM 收单可以分为两类：一类为行内交易，是指持卡人在发卡机构的 ATM 上取款（查询）或在发卡机构收单的商户处刷卡消费产生的交易；另一类为跨行交易，是指持卡人在非本行的 ATM 上取款（查询）或非本银行收单的商户处刷卡消费产生的交易。银行卡的交易过程如图 4-15 所示。

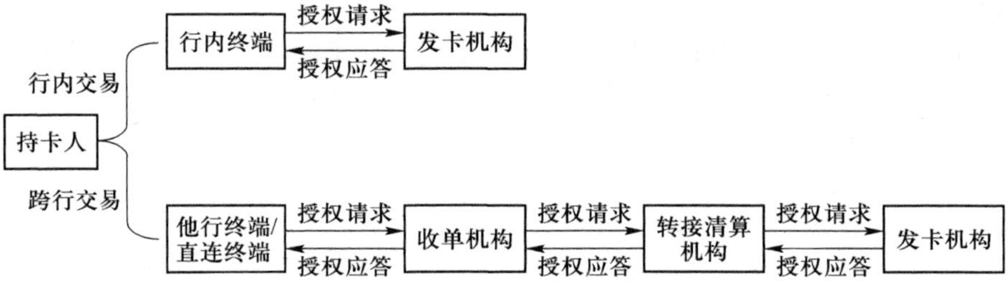

图 4-15　银行卡交易过程

在行内交易中，发卡机构同时也是收单机构，持卡人的卡信息及交易请求通过行内终端机具直接发送到发卡机构，在得到发卡机构的自动授权后，交易即可完成；同时，发卡系统直接对持卡人账户进行相应的账务处理。因此，行内交易仅涉及发卡机构，流程相对简单。

与行内交易相比，跨行交易涉及发卡机构、转接清算机构、收单机构，流程相对复杂。下面以跨行交易为例，详细描述持卡人一次简单取款或刷卡消费的完整交易过程。假设一个持卡人拿着 A 银行发行的银行卡到 B 银行的 ATM 上取款，其交易流程如图 4-16 所示。

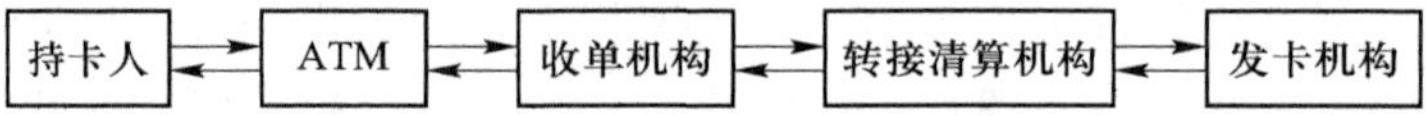

图 4-16　ATM 跨行取款的交易流程

第一步，持卡人看到 B 银行的 ATM 上贴有与其银行卡相同的银行卡网络标识，由此确认 B 银行的 ATM 可以受理自己的银行卡，将 A 银行的银行卡插入 B 银行的 ATM。

第二步，ATM 读取银行卡磁道信息，连同持卡人在 ATM 上输入的密码及取款金额等信息，发送至 B 银行的系统。

第三步，当 B 银行的系统判断出此银行卡不是本行卡时，将相关信息转送至与之相连的银行卡转接清算机构的转接清算系统，以获取交易授权。

第四步，转接清算系统根据银行卡号进行交易路由判断，在判断出此银行卡是 A 银行发行的银行卡后，将相关信息送至 A 银行发卡系统以获取交易授权。

第五步，A 银行收到该银行卡信息和交易请求后，自动核查该银行卡的密码和账户情况，并根据授权规则决定批准或拒绝交易请求。然后，A 银行向银行卡转接清算机构的转接清算系统发送授权应答，并为持卡人账户扣款（借记卡）或挂账（信用卡）。

第六步，接收到 A 银行的授权应答后，转接清算系统会将此应答转发给 B 银行。

第七步，B 银行的系统接到授权应答，向 ATM 发出授权指令或通知 ATM 拒绝交易。

第八步，若交易得到授权，ATM 按照取款金额吐钞，持卡人获取所需要的现金；若此交易请求被拒绝，ATM 显示拒绝交易的信息。

上述过程虽然较为复杂，但由于系统采用了电子化信息处理手段，整个流程一般在几秒内就能完成。

虽然持卡人获取到所需要的现金，但整个交易过程并未完成。在这一交易中，B 银行支付了现金给 A 银行的持卡人，但持卡人并未在 B 银行开立账户，同时 A 银行扣减了持卡人在该行的账户款项，因此 B 银行实际上为 A 银行垫付了持卡人所需要的现金。转接清算机构会将这笔取款交易与其他跨行交易一起在各入网机构之间进行批量的资金轧差清算，并完成资金的划转，此时 B 银行才得到这笔款项。

（2）PoS 收单

PoS 收单业务流程是指消费者在商户处购买商品，刷卡消费，通过 PoS 机将交易数据传送到收单机构，收单机构接收到数据后，上传给银联进行清算，银联将信息发送至发卡银行，发卡银行将对账单寄送给消费者进行核对，若核对无误则将资金划转至商户账户中。

下面假设持卡人使用 A 银行的银行卡在 B 银行签约收单的特约商户处通过刷卡支付货款，这一过程如图 4-17 所示。

图 4-17　PoS 跨行取款处理过程

在实际交易发生之前，B 银行已经完成了商户拓展工作：为了使持卡人能够在此商户处使用银行卡，B 银行与该商户签订了收单协议，并为商户安装了 PoS 机、对收银员进行如何操作等相关培训，在店内张贴或摆放银行卡网络标识。

第　步，当持卡人看到与其银行卡相同的银行卡网络标识时，就确认能够在此商户处使用自己的银行卡，收银员在拿到银行卡时也会通过核查其上的银行卡网络标识确认自己是否可以受理这张银行卡；在确认可受理后，收银员会在 PoS 机上刷卡并输入相关的交易信息；若发卡银行要求密码交易，持卡人还必须输入银行卡密码。

第二步，PoS 机通过与收单机构相连的通信线路，将密码、银行卡信息和授权请求等交易信息发送到 B 银行的收单系统，收单系统根据银行卡网络标识判别不是本行的银行卡后，会将相关信息送至银行卡所属银行的转接清算系统。

接下来的第三步到第七步，授权请求及授权应答在 A 银行、B 银行及银行卡转接清算机构之间的传递、A 银行发卡系统对该银行卡的核查和账户操作，与前述 ATM 收单中的情况基本相同。

最后，PoS 机在收到允许交易的授权应答后，会自动打印签购单；收银员会要求持卡人在签购单上签字（有些凭密码的交易无须签字），并将该签字与银行卡背面签名条上持卡人预留的签名进行核对，核对无误后将签购单中的一联交给持卡人留存；如果 PoS 机接到的授权应答为拒绝交易，则收银员会告知持卡人无法用此卡进行支付。与 ATM 收单一样，从 PoS 机到收单系统，再到转接清算系统和发卡系统之间的交易授权请求和应答也是在瞬间完成的。

持卡人虽然在上述过程中完成用卡付款，但整个交易过程并未结束，因为商户并未真正收到货款。转接清算机构会在此交易批次结束时，将该款项与其他跨行交易款项一起在各入网机构之间进行轧差清算，B 银行得到该款项；同时，B 银行作为该商户的收单银行也会与其对账，并在规定的时间内为商户结算，将此款项与该商户的其他银行卡交易款项一起为商户入账，商户由此得到该笔货款。

2. 按收单机构分类

在已有分类的基础上，下面将按照收单机构来对银行卡收单进行划分。银行卡收单可以分为银行类银行卡收单、非银行金融机构类银行卡收单和非金融机构类银行卡收单三大类。

（1）银行类银行卡收单

银行类银行卡收单是指国内主要商业银行开展的银行卡收单。商业银行的银行卡收单业务运营模式主要有两类：银企合作模式和银行自营模式。

① 银企合作模式是由商业银行与第三方支付机构合作开展的银行卡收单业务。合作的方式主要表现为银行将收单业务中的非核心业务部分或全部外包给第三方支付机构，并向其支付一定的服务费用。

② 银行自营模式是指银行卡收单业务的核心业务和非核心业务均由商业银行自己经营。

由于商业银行在银行卡收单业务中的角色是多变的，它在银行卡产业链中除了可以作为收单机构，同时还是发卡银行和特约商户的结算银行，因此它与整个银行卡产业链的联系更加紧密，与其他各角色之间的接触也就更多。

① 作为发卡银行，通过银行卡刷卡手续费分润获利。在银行卡刷卡手续费分润中，发卡银行服务费占 70%。在我国，四大国有银行在发卡规模方面占有绝对优势，如表 4-5所示，也因此获得了相当可观的银行卡刷卡手续费分润。除此之外，银行卡产品

的功能和营销活动活跃度也对刷卡交易量有着重大的影响。

表 4-5 2017 年前三季度我国银行卡发卡规模①

季度	银行卡在用发卡数量	借记卡在用发卡数量	信用卡在用发卡数量
第一季度	62.63 亿张	57.73 亿张	4.90 亿张
第二季度	63.47 亿张	58.28 亿张	5.20 亿张
第三季度	65.18 亿张	59.66 亿张	5.52 亿张

② 作为收单机构，有着丰富的金融产品线。相较于第三方支付机构，商业银行在收单市场上最大的竞争优势在于丰富的金融产品线——可以为特约商户提供包括存款、贷款、银行卡、银行承兑汇票、国际结算等全方位的金融服务。除此之外，对于商业银行而言，一方面对各种业务的交叉营销可以帮助其更牢固地绑定客户，提高客户的忠诚度和贡献度，从单个客户身上获取更大的价值；另一方面客户在同一商业银行办理多种业务，实质上是降低了商业银行对单个客户投入的成本。因此，为特约商户提供其所需要的各种金融产品和服务，以作为银行卡收单业务的延伸，是商业银行重要的盈利手段。2017 年前三季度我国银行类银行卡收单市场规模如表 4-6 所示。

表 4-6 2017 年前三季度我国银行类银行卡收单市场规模②

季度	银行卡跨行支付系统联网特约商户	PoS 机	ATM
第一季度	2131.74 万户	2548.90 万台	94.06 万台
第二季度	2419.84 万户	2899.94 万台	94.35 万台
第三季度	2515.52 万户	3099.76 万台	94.77 万台

作为收单机构，商业银行的经营范围更广，进行业务创新的空间也更大。除了在银行卡收单业务上进行创新，商业银行还可以为特约商户提供高效、便捷的收款服务和营销支持，为特约商户量身订制全面的金融服务。例如，根据特约商户的清算流水为其提供循环额度贷款等。了解客户的需求并快速做出反应，将需求转化为产品，这就是创新能力的体现。

③ 作为特约商户的结算银行，通过存贷利差获利。在银行卡收单业务中，商业银行既是特约商户的收单银行，也是特约商户的结算银行。特约商户在商业银行开立个人或对公结算账户，用于商业银行每日将 PoS 交易款项清算至指定的结算账户。这样一来就必定会给商业银行带来储蓄存款沉淀以及赚取存贷利差的机会。

商业银行作为特约商户的收单银行和结算银行，掌握着特约商户的现金流状况，在

① 资料来源：中国人民银行发布的《2017 年支付体系运行总体情况》。
② 资料来源：中国人民银行发布的《2017 年支付体系运行总体情况》。

信息对称性上具有先天优势。现在多数商业银行已推出针对小微企业和个体工商户的流水贷，即根据客户结算账户的现金流量给予其一定的授信额度，并且可以循环使用。

（2）非银行金融机构类银行卡收单业务

近年来许多专业收单机构兴起。下面以银联商务为例进行说明。

银联商务作为在 2011 年 5 月份首批获得中国人民银行颁发的第三方支付牌照的企业，专门从事银行卡受理市场建设并提供综合支付服务，是国内最大的银行卡收单专业化服务机构。截至 2013 年 6 月，银联商务已在全国绝大多数省级行政区设立机构，市场网络覆盖全国 337 个地级以上城市，服务特约商户 231.3 万家，维护 PoS 机 313.7 万台，分别占银联联网商户和联网 PoS 机的 32.5%、37.8%。服务 ATM1.35 万台，服务自助终端 11.5 万台，便民缴费终端 67.84 万台。银联商务已经形成了银行卡专业化服务网络，可以满足不同行业客户在全国范围内的各种银行卡增值服务需求，因此具有较强的竞争力。

银联商务有强大的一体化银行卡支付系统，能实现快捷刷卡收银，从而能够有效地帮助商户降低收款成本，提升财务管理的能力。

① 银联商务的传统收单产品有金融 PoS 收单、商超 MIS-PoS、金融 IC 卡服务。

金融 PoS 收单服务，具有快速收款——资金最快 T+0 结算，实时对账——交易流水随时查询，随时监控——排查资金安全隐患等特点。

商超 MIS-PoS，由银联商务自主研发，是基于商业收银设备的一体化银行卡支付受理解决方案。该产品能有效地实现银行卡交易统一处理和账务统一管理，适用于大型百货商场、连锁超市、家电卖场、宾馆酒店及其他连锁专卖店等商户。

商超 MIS-PoS 产品具有交易速度更快、稳定性更强、通信成本更低、管理功能更全面、财务管理更有效、收银管理更完善、企业营运成本更低等优势。

金融 IC 卡服务，有百万台 IC 卡受理终端，在发卡、受理、圈存、营销等多个环节为银行提供业务支持。其使用范围包括出租车、停车场、旅游景区、菜场、餐饮、百货、超市和便利店等消费领域，以及公共交通、社保、医保、高速收费站、通信、公共事业缴费等公共服务领域。

金融 IC 卡服务在全国有超过百万台 IC 卡受理终端，有在百货超市、餐饮便利、公共交通等多领域的 IC 卡应用经验；同时能为持卡人提供电子现金圈存服务，具有完善的客服体系，能够实现 24 小时快速响应。

② 新兴支付产品——全民付。全民付是银联商务面对支付需求的多样化和支付应用的场景化，本着“服务社会，方便大众”的理念而推出的、面向广大公众的便利支付产品。它是利用公司遍布全国的 ATM、PoS 机、自助终端、网上支付等支付渠道，为广大持卡人提供缴纳水、电、煤气、通信等公共事业费用，以及信用卡还款、通信运营商充值、网上购物付款等服务。

全民付目前已开通的业务内容包括信用卡还款、手机话费直充、账单号支付、游戏/目录销售、余额查询、慈善捐款等。

我国正在加大力度改善银行卡商户受理率，这意味着 PoS 收单市场前景广阔。

我国 PoS 收单业务牌照分布如图 4-18 所示。

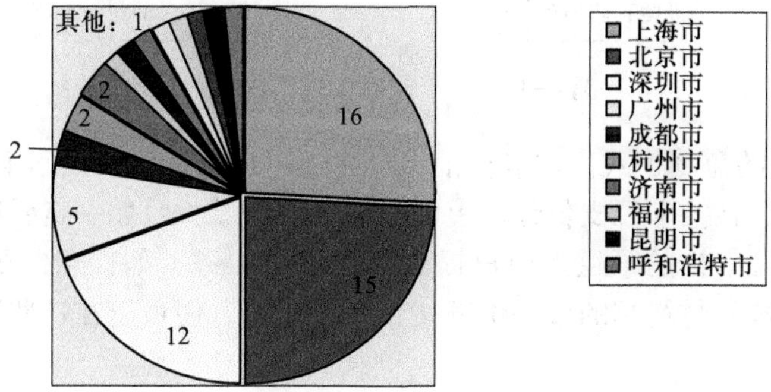

图 4-18　PoS 收单业务牌照分布图

但随着获批 PoS 收单业务的企业不断增加，PoS 收单市场的竞争也会更加激烈。此外，国家对第三方市场的监管力度加大，在一定程度上给银联商务的发展带来了很大的挑战。

（3）非金融机构类银行卡收单业务

随着电子商务的快速发展，非金融机构类银行卡收单业务从无到有，不断壮大，为持卡人带来了更加便利、快捷的支付体验，成为银行卡产业链中不可或缺的一部分。

自 2011 年 5 月 18 日中国人民银行颁发首批第三方支付牌照，支付宝、拉卡拉、快钱等 27 家企业顺利获得牌照。截至 2017 年年底，人民银行共发放九批第三方支付牌照，获得牌照的第三方支付企业已达 271 家，其业务类型覆盖移动电话支付、固定电话支付、数字电视支付、银行卡收单、预付卡发行与受理、互联网支付等，其中 60 家非金融机构获得银行卡收单业务许可。

下面以拉卡拉为例进行说明。

作为目前我国最大的线下支付公司，拉卡拉以信用卡跨行免费还款而受到欢迎。依托遍布全国的拉卡拉支付终端，拉卡拉为用户提供了安全、简单、方便、灵活的全方位便民金融服务。截至 2016 年年底，拉卡拉智能 PoS 收单市场份额处于领先位置，在相关出货渠道中市场覆盖率位居第一。

① 拉卡拉商业运作流程。拉卡拉商业运作流程如图 4-19 所示。持卡人可免除到银行、邮局排队的麻烦，到就近的银行柜台、邮局柜台、一级便利店柜台的拉卡拉支付终端上刷卡处理日常生活金融业务。拉卡拉的主要服务有：Mini-bank：还款、缴费、充值；E-post：手机号汇款、账单号付款、账户充值、公益捐款；Service-store：订阅期刊、购买票务、兑换积分。

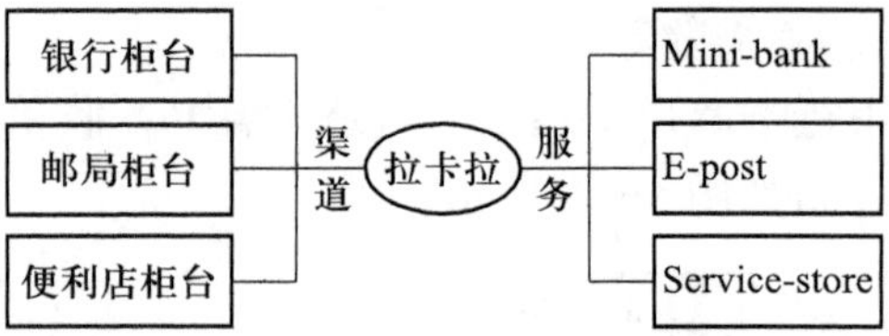

图 4-19　拉卡拉商业运作流程图

② 拉卡拉的盈利模式。拉卡拉很少对普通用户收费，其盈利主要来自于两个方面：一个是手续费，在拉卡拉支付终端上的交易中对收款方收取一定手续费；另一个是增值服务，即利用拉卡拉的渠道为商户提供其他增值服务，如广告。更重要的是市场占有率，一旦拉卡拉支付终端的市场份额达到一定比例，便可以在这些网点上开发出各种各样的盈利模式。

4.2.3　银行卡收单的发展趋势

随着我国银行卡支付方式、受理终端与渠道的不断创新，银行卡收单业务的内涵与外延正在不断扩大，呈现出传统实体商户收单、网络新型收单融合发展的趋势。而中国人民银行借贷分离、取消刷卡手续费等一系列政策的实施，将会改变银行卡收单收费标准，即由原来的按特约商户的类型（如餐娱类、一般类、民生类和公益类）作为收费标准，变为按银行卡类别（如借记卡、信用卡）来收取相关手续费，从而有效防范“套码”现象，营造良好的受理环境。但是，支付宝、易宝支付等各种第三方支付的快速发展，使得支付方式更加多样化，如微信支付、二微码支付、手刷支付、智能便民支付等，为消费者带来更多便利的同时，也给整个银行卡收单行业带来了巨大挑战。

需要说明的是，“套码”实质上是违规套用低手续费率行业的商品类别码（MCC）。根据商户主营业务、行业属性的差异，有的收单机构为商户设定一个“MCC 码”（商户 PoS 机小票的第 8 位至第 11 位数），商户需缴付的刷卡手续费率就由此决定。银行卡收费标准如表 4-7 所示。

表 4-7　银行卡收费标准（PoS 刷卡手续费率）

特约商户的类型	具体内容	手续费率（旧）	手续费率（新）
餐饮类	餐饮、宾馆、娱乐、珠宝金饰、工艺美术品、房地产及汽车销售	2%，其中房地产和汽车销售封顶 50 元	1.25%，其中房地产和汽车销售封顶 80 元
一般类	百货、批发、社会培训、中介服务、旅行社及景区门票等	1%，其中批发类封顶 50 元	0.78%，其中批发类封顶 26 元
民生类	超市、大型仓储式卖场、水电煤气缴费、加油、交通运输售票等	0.5%	0.38%
公益类	公立医院、公立学校	按照服务成本收取，水、电、煤气为 1 元/笔	按照服务成本收取

4.3 预付卡支付

微视频 4-5
预付卡（上）

4.3.1 预付卡支付概述

微视频 4-6
预付卡（下）

随着信用卡、借记卡的发展日益成熟，预付卡作为新兴电子支付工具快速发展。在我国，预付卡在诞生初期主要是单个企业或商户为了吸引客户而发行的单用途预付卡。随着我国预付卡市场的发展和成熟，现阶段的预付卡种类繁多，逐渐从单用途预付卡发展为多用途预付卡，发卡行业遍布商场百货、交通行业、电信行业、餐饮娱乐、健身会所等。预付卡逐渐从单一企业使用发展到多领域、跨地区使用。预付卡的功能也从最初的消费储值发展为积分兑换、附送增值服务等功能。此外，网络电子类型的预付卡也逐渐在网络商户中流通和使用。中国产业信息网发布的《2015—2020 年中国预付卡市场运营态势与市场专项调研报告》显示，近几年我国预付卡的发卡规模如表 4-8 所示。

表 4-8　2012—2016 年我国预付卡发卡规模统计

年份	机构数	发卡数	规模
2012 年	119	3.92 亿张	575.55 亿元
2013 年	160	6.4 亿张	869.8 亿元
2014 年	166	2.39 亿张	740.88 亿元
2015 年	163	2.59 亿张	761.43 亿元
2016 年	160	2.21 亿张	820.23 亿元

（资料来源：中国支付清算协会）

2010 年 6 月 14 日发布的中国人民银行令（2010）第 2 号——《非金融机构支付服务管理办法》对预付卡的定义为：以营利为目的发行的、在发行机构之外购买商品或服务的预付价值，包括采取磁条、芯片等技术以卡片、密码等形式发行的电子支付卡片。其具体形式包括礼品卡、福利卡、商户会员卡、公交卡等。与借记卡相比，其主要区别在于预付卡不与持卡人的银行账户直接关联，既可以由银行等金融机构发行，也可以由普通的工商企业发行。

1. 国外预付卡的发展

美国、日本以及欧洲的预付卡业务开展得比较早，目前已有较为成熟的运作体系和法律法规，且预付卡的使用范围十分广泛。

美国预付卡起源于 20 世纪 70 年代的交通卡。20 世纪 80 年代，电话卡作为预付卡进入美国市场。20 世纪 90 年代，礼品卡作为预付卡出现在美国市场上。礼品卡（gift card）是消费者作为礼物购买然后转赠他人的卡片。自 2000 年以来，美国预付卡发展加快，其市场规模年均增速超过50%，涵盖了电话卡、礼品卡等领域，从物理状态来看预付卡包括实物形式的预付卡和电子形式的预付卡。

日本工商业发达，特别是在百货业和服务业中“预付式证卡”的发行和使用非常普遍。常见的“预付式证卡”有商品券、赠券、文具券、米券、JR车票购买卡、电话磁卡、啤酒券、清酒券等。这些卡大都标明面值或物品的数量并且可以流通，接近于我国“购物卡”的概念。

欧洲预付卡最早是在电信市场中使用的。1975年，意大利提出了在公共付费电话领域使用预付电话卡的创意。随后，英国、法国等纷纷推出预付电话卡。1985年，法国通过对初始的磁条预付卡进行改造，推出了芯片预付卡，并将芯片预付卡作为小额零售支付的手段。1995年，英国推出了一种名为Mondex的预付卡，该预付卡可以在停车场、火车站售票处等多个场所使用，成为最早的一类多用途预付卡。

2. 我国预付卡的发展

与相对成熟的国际市场相比，我国的预付卡业务仍处于发展之中。以国家相关监管政策为标志，我国的预付卡发展可以大致分为三个阶段。

（1）2006年以前——萌芽阶段

早在20世纪60年代，我国就出现了仿照人民币字样印刷的代币票券（又称为代金券），并且在特定范围内取代人民币流通。20世纪80年代，随着市场逐步开放，许多商户开始把发行各类消费卡（券）作为重要的促销手段。而1991年5月国务院办公厅发布了《关于禁止发放使用各种代币购物券的通知》，此后一直到2005年，国务院接连出台相关政策，严厉打击各种代币购物券。因此，这一阶段预付卡市场处于萌芽阶段。

（2）2006年至2009年——监管外的迅速膨胀阶段

2006年，商务部发布的《关于购物返券有关问题征求意见的函》、国务院发布的《关于代币购物券（卡）有关问题征求意见的函》等文件做出认定：预付卡不属于法律禁止的代币券（卡）范畴。自此预付卡得到正名，不再受到具体的监管，预付卡市场迎来新的发展机遇。宽松的监管环境和迅速膨胀的市场需求，吸引了大量的资本和商户。同时，关于规范市场、保障消费者权益的讨论也逐渐引起了人们的重视，政府部门开始寻求规制之道。

（3）2010年至今——监管框架下的良性发展阶段

2010年9月施行《非金融机构支付服务管理办法》，该办法要求非金融机构在提供支付业务前应当取得支付业务许可证，成为支付机构，并对取得资质的要求进行了相关阐述。而2011年5月《关于规范商业预付卡管理的意见》的出台，表明了政府规范预付卡市场的决心。中国人民银行相关政策的出台和后续措施的逐步落实，虽然在一定程度上会对行业的盈利规模和发展速度造成冲击，但从长远发展的角度来看，一个规范健康的环境将更加有利于行业的发展。

3. 我国预付卡行业产业链

我国预付卡行业产业链如图 4-20 所示。

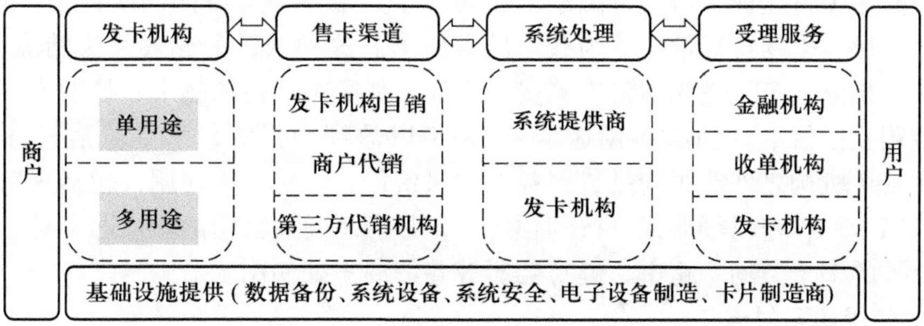

图 4-20　我国预付卡行业产业链

在我国，预付卡经过多年的发展和完善，其产业链已具雏形，依据专业化分工的情况，预付卡行业产业链分为发卡机构、售卡渠道、系统处理、受理服务四个主要环节。

发卡流程主要涉及发卡机构、售卡渠道和系统处理三个环节。卡片由发卡机构通过售卡渠道流转至购卡用户手中；而资金从购卡用户流转至发卡机构（或其签约存管银行），发卡机构通过自主或第三方系统对用户信息和交易信息进行处理和存储。而消费流程则主要涉及发卡机构、系统处理和受理服务三个环节。商品或服务由商户流转至用户；资金通过支付平台和收单机构由发卡机构（或其签约存管银行）流转至商户，发卡机构通过自主或第三方系统对卡片及用户信息进行更新存储。

4.3.2　预付卡支付的分类

按照发卡机构和使用范围，可以将预付卡分为两大类：单用途预付卡和多用途预付卡，如表 4-9 所示。

表 4-9　预付卡分类

预付卡类型	发卡机构	使用范围	主要特点	监管机构
单用途预付卡	商业企业	发卡机构内部	1. 发卡机构的辅助业务； 2. 使企业提前回收成本，降低财务风险； 3. 提升品牌价值，增强竞争力	商务部等各级主管部门
多用途预付卡	第三方发卡机构	跨地区、跨行业、跨法人	1. 由专营发卡机构发行； 2. 双边市场：一边是受理商户拓展，一边是卡片销售； 3. 规模为王：必须达到一定规模才可能盈利	中国人民银行及其分支机构

单用途预付卡（简称单用途卡），根据《单用途商业预付卡管理办法（试行）》，即指企业发行的，仅限于在本企业或本企业所属集团或统一品牌特许经营体系内兑付货物或服务的预付凭证，包括以磁条卡、芯片卡、纸券等为载体的实体卡，以及以密码、串码、图形、生物特征信息等为载体的虚拟卡。这种预付卡亦被称为储值卡、消费卡、智能卡、积分卡等，是先付费再消费的卡片，如超市储值购物卡、校园卡等。

多用途预付卡（简称多用途卡），是指以盈利为目的，由专营第三方发卡机构发行，在发卡机构之外购买商品或服务的预付价值，可跨法人使用，包括采取磁条、芯片等技术以卡片、密码等形式发行的预付卡，如四川商通公司的和信通卡等，可以在发卡机构以外的多个商场、超市、健身会所等签约商户处使用。

1. 单用途预付卡

（1）概述

最早的单用途预付卡出现在美国。20 世纪 70 年代早期，大学校园卡和交通卡的出现标志着单用途预付卡的诞生，20 世纪 80 年代后期，单用途预付卡日益流行，其中电话预付卡在美国的大中城市中出现并广泛使用。

20 世纪 80 年代我国出现了具有预付性质的代币购物券，为了防止监管上的混乱，我国一直以来都对预付代币券实施政策上的严格管理。2011 年 5 月，针对公款消费和收卡受贿等问题，中国人民银行、监察部等七部委联合制定了《关于规范商业预付卡管理的意见》，规定单用途预付卡由商务部进行监管。2011 年 11 月，商务部发布了《单用途商业预付卡管理办法（征求意见稿）》，标志着我国开始对商业企业发行的单用途预付卡进行规范管理。2012 年 4 月，经民政部、商务部、国资委批准，中国商业联合会商业预付卡规范工作委员会正式设立，至此单用途预付卡行业组织已现雏形。

（2）商业模式

单用途预付卡的商业模式如图 4-21 所示。一般是由消费者从发卡商户（或商户预付卡代销渠道）购买特定金额的预付卡，然后持卡在特定商户及其合作单位消费。如果是一次性卡片，卡内金额消费完后需要重新购卡；如果是可循环使用的卡片，则可以自行充值后继续消费。其整个运作过程显示，单用途预付卡由发卡商户自行运作，整个流程都在发卡商户或其合作商户圈内完成。

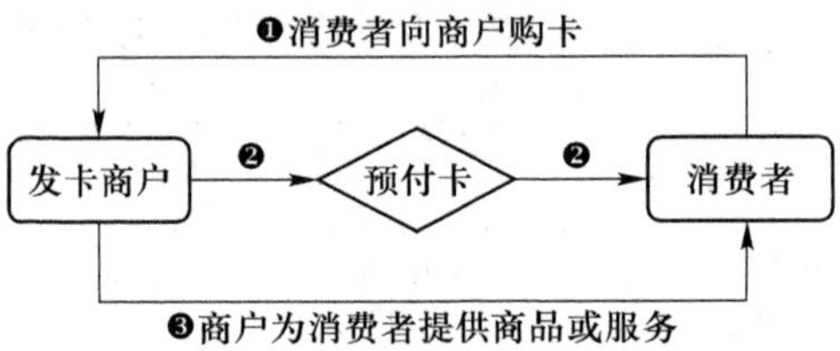

图 4-21　单用途预付卡商业模式

（3）盈利模式

单用途预付卡发卡机构发行预付卡的直接目的是促进销售，提前回收资金，防范财务风险。因此，单用途预付卡发卡机构的直接盈利来自于四个方面：备付金收益、利息、过期沉淀资金和卡内残值，其中以备付金收入和过期沉淀资金为主。

① 备付金收益。备付金是指消费者预存或留存在支付机构的货币资金，这里的备付金仅指预付卡中未使用的与预付价值对应的货币资金。发卡机构出售预付卡可以获得高额的流动资金，售卡所得的预付款成为发卡机构零利息的短期贷款。发卡机构可以将这笔资金用于企业的经营活动和规模扩张，也可以用于商业地产的投资等。

② 利息。发卡机构售卡所得的预收款项沉淀在企业的银行账户上，即使是作为活期存款计算利息，每年也为发卡机构带来不菲的利润。在竞争日渐激烈的零售市场上，同质化的竞争和持续不断的价格战已经使得大多数企业的利润下滑，此时预付卡经营的利润来源就成为零售企业综合利润的重要补充。

③ 过期沉淀资金。由于目前多数单用途预付卡都设有使用期限，一旦过期，卡上的余额资金将会进入发卡机构的盈利范围。为了充分保障消费者的权益，防止发卡机构的不当收益，2011 年 5 月出台的《关于规范商业预付卡管理的意见》中明确规定，记名商业预付卡将不设有效期，不记名商业预付卡有效期不得少于三年，对于超过有效期尚有资金余额的预付卡，发卡人应提供激活、换卡等配套服务。

④ 卡内残值。由于预付卡不提现不找零，部分人的卡内会存留少量余额而不再使用，使之成为卡内残值。这些小额余额长久积累就会沉淀为发卡机构的不菲利润。为了防止发卡机构无偿占有卡内残值，方便持卡人使用，《关于规范商业预付卡管理的意见》要求发卡机构健全预付卡收费、投诉、保密、赎回、清退等业务管理制度，全面维护持卡人的合法权益。

单用途预付卡的市场竞争优势主要体现在发卡方的商业影响力和品牌号召力上，发卡主体多为某地区的知名商场、超市，销售难度较低，大多数情况下是用户主动消费。其劣势在于用途单一，消费场所相对固定；同时，由于缺少监管，一旦出现发卡机构倒闭、退出市场等情形，持卡用户将没有任何资金安全保障，未消费的预付卡无法退现或继续使用，造成消费者资金损失。

案例

校园一卡通

校园一卡通是从早期的食堂收费系统发展而来的，现已成为一种典型的单用途预付卡。校园一卡通是以 IC 卡为信息载体，适用于校园消费和管理的网络系统。IC 卡取代了学校管理和生活中所使用的各种个人证件和现金支付手段，一张小小的 IC 卡可以实现生活消费、学籍管理、身份认证、网上交费等多种功能，师生员工在学校各处办事、活动和消费只凭校园卡即可进行，从而做到“一卡在手，走遍校园”，同时推动了学校各单位、各部门信息化、管理规范化的进程。某些高校的校园一卡通与银行联网，可以在校内外银行网点和指定商户圈存、圈提、取现、消费，真正做到一卡通用。通过校园一卡通的使用，学生可以在校园里方便地就餐、购物等，不但简化了消费现金的麻烦，增加了学生资金的安全性，而且有利于学校统一管理。校园内实现一卡通管理已经成为校园管理发展的必然趋势。

校园一卡通的运营模式如图 4-22 所示。校园一卡通一般由学校发行并进行统一管理，具有校内消费结算和身份识别两方面的用途。校园一卡通能设置密码保护卡内信息安全，能使用本地销售终端进行脱机消费，因而收费交易时间大大缩短，交易成本也随之降低。

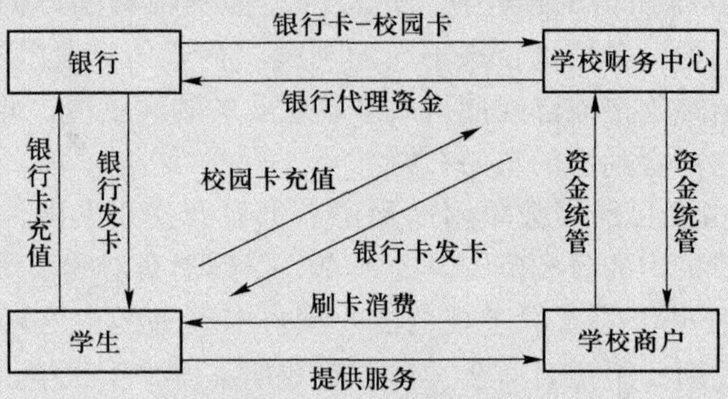

图 4-22　校园一卡通运营模式

（4）发展趋势

第一，向着更加开放化、主体更趋多元化的方向发展。作为新兴产业，预付卡产业具有巨大的发展空间。随着消费市场的不断变化和企业竞争手段的多元化，以及用户消费的多元化，单用途预付卡在各个行业的使用范围将逐步扩大，可以预见它在不久的将来会成为行业的发展重心。

第二，商业预付卡产品将在对公用户的基础上不断完善并向个人和家庭领域发展和延伸。将来的预付卡将不仅仅是一张简单存储资金价值的卡片，而是整合各种资源工具的有效平台。对于商户而言，预付卡将集成会员管理、优惠、积分以及其他个性化功能，形成以预付卡为载体、以客户为中心的整合营销工具，实现与企业品牌的互动。

2. 多用途预付卡

（1）概述

多用途预付卡出现于 20 世纪 90 年代早期。20 世纪 90 年代中期随着电子技术的迅猛发展，多用途预付卡系统的覆盖面得到进一步拓展，从而使得支付方式更加多样化。继多用途的礼品卡之后，公司员工费用卡、“激励”卡、汇款卡、医疗卡等各类多用途预付卡纷纷涌现。

2010 年 9 月施行的《非金融机构支付服务管理办法》，对非金融机构从事多用途预付卡的发行和受理业务进行了规范，首次在正式法规中承认了预付卡的合法地位。2011年5月出台的《关于规范商业预付卡管理的意见》中提出，对预付卡进行实名制管理，多用途预付卡由中国人民银行进行监管。未经中国人民银行批准，任何非金融机构不得发行多用途预付卡，一经发现，按非法从事支付结算业务予以查处。多用途预付卡发卡人接受的、消费者用于未来支付需要的预付资金，不属于发卡人的自有财产，发卡人不得挪用、挤占。多用途预付卡发卡人必须在商业银行开立备付金专用存款账户存放预付资金，并与银行签订存管协议，接受银行对备付金使用情况的监督。国家对多用途预付卡管理的实施细则之后也陆续制定完成，向社会公开征求意见。

(2) 商业模式

多用途预付卡的商业模式如图4-23所示。多用途预付卡由第三方发卡机构发行，消费者购买，通过网上交易平台或线下商户的PoS机进行消费，由第三方发卡机构扣除卡内金额后向第三方存管银行发送付款指令，存管银行向商户交付结算款，商户在收到结算款项后向发卡机构返佣。在此模式中，第三方发卡机构具有双边市场特征，一边是受理商户拓展，与众多商户签订协议，布放PoS机；一边是卡片销售，发行并销售预付卡。

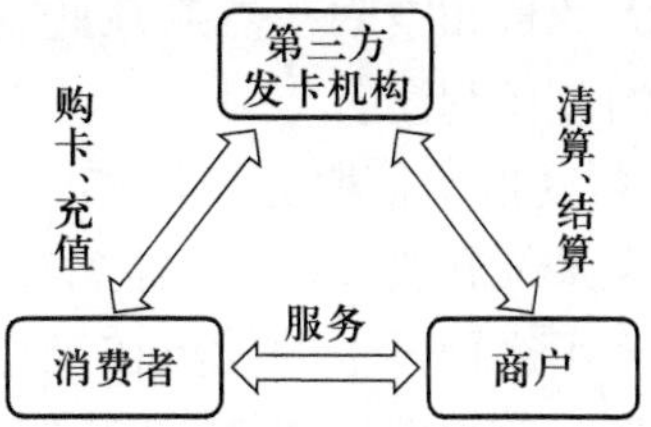

图4-23　多用途预付卡商业模式

(3) 盈利模式

多用途支付卡发卡机构的主营业务是预付卡的发行和受理，其盈利模式更加丰富。与单用途支付卡的不同之处在于多用途支付卡的盈利模式除了备付金收益、过期资金沉淀和卡内残值外，还包括办卡、管理费和商户返佣等，如表4-10所示。

表4-10　多用途预付卡发卡机构主要细分盈利模式占比

细分盈利模式	所占比例
办卡费、管理费	5%~10%
商户返佣	30%~40%
卡内残值	20%~30%
备付金收益	15%~25%

注：各细分盈利模式占比为不同盈利模式占总盈利规模的比例，行业平均水平。

① 办卡费、管理费。办卡费也称为售卡手续费，是指消费者在购买预付卡的同时需要缴纳的购卡手续费。由于卡片制作成本低，手续费中大部分金额会成为企业的利润。管理费主要是指预付卡的延期费或者服务费，消费者在预付卡过期之后向商户缴纳的延期手续费成为发卡机构的又一收入来源。《关于规范商业预付卡管理的意见》规

定：对于不记名预付卡，发卡机构可收取换卡和过期账户管理费用；记名卡可收取挂失、换卡和转让费用。

② 商户返佣。商户返佣是指商户支付的交易佣金。《关于规范商业预付卡管理的意见》颁布后，由于来自备付金、沉淀资金的收入受限，商户佣金收入是目前预付卡发卡机构的主要收入来源。根据不同行业的利润率，商户返佣比例大致如下：商超百货行业为 0.1%~2%；餐饮娱乐行业为 5%~20%；生活服务行业为 1%~5%；休闲健身行业为 8%~10%；美容美发行业为 8%~20%。

③ 通过折扣、积分等服务获取的中间利润。发卡机构以其承诺的购买力向商户争取较大的折扣空间，然后在此基础上降低一定的折扣空间让渡给消费者，从而赚取两个折扣的差额利润。

④ 其他增值服务。例如，发卡机构为企业提供福利解决方案、向其他发卡机构提供发卡系统和机具以及预付卡行业咨询等业务的收入。

多用途预付卡的优势在于跨法人机构、多渠道的支付能力，受理渠道越多，支付能力越强，使用就越便捷。同时，消费者的资金安全可以得到有效的保障，即使发生发卡机构倒闭的极端情况，由于中国人民银行对支付机构资金托管账户的监管，消费者仍然能够获得卡内未使用资金的退现保障。多用途预付卡的优势还在于能够高效完成市场资源配置，实现商户与消费者的共赢。多用途预付卡的劣势是在未形成众多消费渠道之前，销售和渠道的扩展难度较大。同时，巨额资金往来对发卡机构清算系统的效率和安全性要求非常严格，清算系统是整个资金循环过程中最核心的部分，如果该系统存在风险漏洞，无论是发卡机构还是商户的损失都无法估计。

综上所述，预付卡发卡机构的盈利模式如表 4-11 所示。

表 4-11 预付卡发卡机构盈利模式

预付卡类型	盈利模式
单用途预付卡	1. 备付金收益（利息、资本市场运作、作为自有资金用于公司经营）； 2. 利息； 3. 过期沉淀资金
多用途预付卡	传统盈利模式： 1. 备付金收入（利息、资本市场运作、作为自有资金用于公司经营）； 2. 过期资金沉淀、卡内残值； 3. 商户返佣； 4. 办卡费、管理费。 创新盈利模式： 1. 通过折扣、积分等服务获取的中间利润； 2. 其他增值服务收入

（4）预付卡与第三方支付牌照

第三方支付牌照也称为支付业务许可证，是为规范第三方支付行业发展秩序而设定的行业准入门槛。第三方支付牌照包括三类业务：网络支付、预付卡的发行与受理、银行卡收单。《非金融机构支付服务管理办法》明确了非金融机构提供支付服务需申请业务许可证，并规定逾期未能取得许可证者将被禁止继续从事支付业务。

截至 2017 年 12 月，中国人民银行共发放 271 张牌照，注销牌照 24 张。预付卡行业已进入牌照时代，目前总计有 165 家企业获得了中国人民银行颁发的支付清算业务许可的“预付卡发行与受理”相关业务的牌照。预付卡发行与受理牌照数量是第三方支付机构中最多的，其中业务开展范围为全国的仅有 12 家（统计数据暂未确定）。

4.3.3 预付卡支付的发展趋势

预付卡的发展趋势如下。

第一，预付卡应用朝着移动化、场景化的方向发展。随着全球移动互联网的快速发展和智能手机的普及，围绕生活消费的手机应用不断出现，用户对应用的移动化、灵活化、快捷化的要求越来越高，进一步推动了预付卡向移动化方向的发展。预付卡将与互联网支付、移动支付等创新服务相融合，使线下线上互通使用，实现预付卡市场和产业的升级。

第二，预付卡将实现跨区域使用。2012 年 4 月发行的“岭南通 · 八达通”联名卡实现了粤港两地互联互通，极大地方便了两地群众跨区域的出行和消费，具有里程碑式的意义。2015 年 11 月，《中共中央关于制定国民经济和社会发展第十三个五年规划的建议》提出的规划和建设 19 个中国城市群为多用途预付卡的进一步发展提供了良好的契机，预付卡未来可实现在各大城市群内部联网使用和跨城市使用。

4.4 网络货币

4.4.1 网络货币的发展背景

信息技术革命带来了网络技术的进步，也为货币形式的创新创造了条件，网络支付越来越受重视。同时，计算机技术在金融领域的应用，也使得银行业务和货币的形式逐步演变。此外，由于随着虚拟经济的发展，人们需要大量即时、小额度的交易，而非金融机构发行的网络货币克服了传统电子货币的持有壁垒以及交易过程中由多方确认而导致的烦琐手续，更能满足人们对于便利的需求，所以越来越多受到重视，发展较快。

4.4.2 网络货币的相关概念

网络货币的发展尚属于初期，其内容和形式不断演变，因此网络货币的定义一直没有明确，而且争议主要在于网络货币与电子货币的关系。我国学者对两者之间的关系有多种理解，主要包括：李翀（2003）等学者认为网络货币等同于电子货币，认为网络货币是指存在于互联网中的货币，包括预付卡、借记卡等；杨旭（2007）等学者认为网络货币是电子货币的一个分支，电子货币包括以专业网络为基础的传统货币的电子支付形式，也包括基于公用互联网的网络货币；蔡则祥（2008）等学者认为网络货币与电子货币是完全不同的，不是由国家货币发行机关发行的、不具备法偿货币资格，仅仅是由各网络商户发行，为网络消费者服务，只能在网上流通且不能下线的虚拟货币才称为网络虚拟货币。

本书采用的观点是网络货币属于电子货币，电子货币主要分为基于银行卡的信用货币和网上虚拟货币——网络货币（约定货币），同时又将网络货币分为两类：普通的虚拟货币和数字货币，如图 4-24 所示。

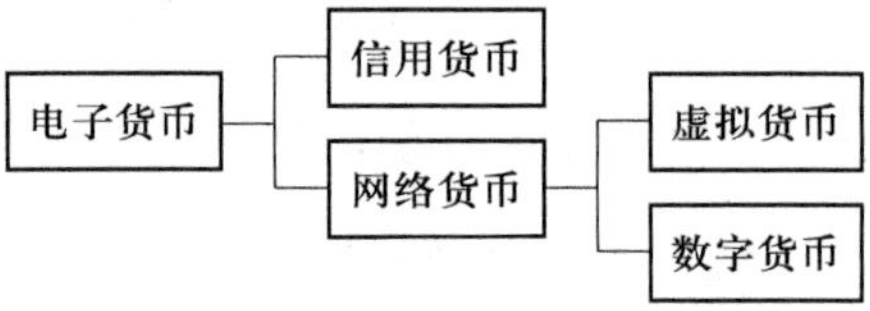

图 4-24　电子货币的分类

4.4.3　网络货币的分类

由上述概念可知，网络货币不同于基于银行卡的信用货币。信用货币本质上就是纸币在银行的存储形式，即存款货币，它的发行者是银行，其功能也是通过保存和转移银行的债务来实现价值的转移和贮藏，执行货币的各项职能，是主权货币的另外一种形式，而信息技术只是使它以电子形式表现出来。当人们在账户之间划拨资金时实质上只是资金信息的传递。网络货币与信用货币的差别不在于物理性质不同，而在于是不是由主权国家发行。网络货币是网络运营商等非金融机构或者个人通过计算机技术和通信技术创造的、以电子信息的形式存在的，通过网络实现流通和支付功能的交易媒介，其价值取决于人们的信任程度。它拥有虚拟性、匿名性、价值性、便利性以及自由流通性等属性，网络货币分为虚拟货币和数字货币。

1. 虚拟货币

虚拟货币是网络货币的一种，它由网络游戏公司或者其他金融机构发行，能够用法定货币购买或者使用网络服务赢取，能够在特定的流通领域实现快速的支付与流通。它的交易成本低，交易速度快。目前虚拟货币的种类繁多，归纳起来可以分为以下三种。

（1）游戏币

游戏币是网络游戏中流通的货币，用于购买游戏中的各种虚拟道具和服务，在虚拟的游戏世界中，玩家可以在虚拟的“金融市场”中交易游戏币。不同的游戏币只能在相应的游戏中使用，不能跨游戏使用。要获得游戏币，最便捷的方式是直接用现实的货币购买游戏币。在我国，目前最具有代表性的就是腾讯公司发行的 Q 币，消费者可以用银行卡、财付通、电话银行、手机充值等 10 余种手段购买 Q 币，然后再用 Q 币购买腾讯公司提供的各种增值服务。

（2）积分金币

这种网络虚拟货币用于网站业务的营销，是网站为了吸引网民，锁定用户而推出的一种“奖励措施”。积分金币主要用于网站内各种虚拟物品的消费，它被用来计价、购买各种虚拟产品和服务。这类虚拟货币目前在使用中占有较大的比例，但比较分散，常见于各种网站论坛。这些虚拟货币名称多样，可以将它们统称为积分金币。要获取积分金币主要有两种方法，一种是通过为论坛提供劳务换取积分金币，如上传高质量的资料、宣传网站等，还有一种就是直接用现实货币购买积分金币。不过这种虚拟货币更多的只是各类网站营销手段的体现。

（3）网络消费币

比较著名的网络消费币如美国贝宝（PayPal）公司发行的贝宝币，它主要用于网上购物。这种虚拟货币在一定程度上会对现实货币造成冲击，消费者向贝宝公司提出申请，就可以将银行账户里的钱转成贝宝币——相当于银行卡付款，但服务费较低，而且在国际交易中不必考虑汇率。严格来说，网络消费币具有第三方支付的性质，它同我国的第三方支付平台（如支付宝、财付通等）的性质是一样的，要以真实的货币作为基础，但它的跨国际性及在网络中使用，导致其虚拟性更强，同纯粹的第三方支付平台（如银行中介）又不一样。我国目前尚无这类虚拟货币出现。

2. 数字货币

数字货币是无发行中心的网络货币，大多通过计算机“挖掘”产生，它不完全等同于虚拟世界中的虚拟货币，因为它经常被用于真实的商品和服务交易，而不仅仅局限在网络游戏等虚拟空间。但是，目前中央银行不承认也不发行数字货币，要发行数字货币也不一定要有基准货币和中央银行。数字货币不依托任何实物，它依靠密码技术和检验技术来创建、分发和维持，其具有以下特点：去中心化，能够实现全球范围内的流通，流通的成本几乎为零；能够实现高效的交易；币值只取决于人们的信心，不会受特定国家经济水平波动的影响等。目前，全世界发行有数千种数字货币，比较流行的有比特币、莱特币、比特股等。

4.4.4 网络货币的发展趋势

1. 网络货币的统一将是未来的发展方向

在网络货币被推出的初期，各个网站都推出了自己的虚拟货币，都有一套自己的运行体系。每种虚拟货币都有各自的经济制度，彼此之间不能直接转换流通。但这种在各个网站虚拟货币之间的隔阂必将会影响用户使用的方便性。未来，网络货币的发展将会解决这个问题：首先是各个网站虚拟货币之间的互通问题将会得到解决，就像当前的股票流通一样，通过一定的汇率，使各种虚拟货币可以互相兑换；在发展的高级阶段，各个网站将统一使用一种虚拟货币进行交易。去中心化，隐私性，匿名性，不会通胀，交易的全球性、高效率性、低成本性，自我完善与发展等特点使网络货币必将成为未来世界的理想货币。

2. 网络货币将进一步促进网络服务产业的发展

网络货币作为一种快捷的支付手段，在新兴的网络信息商品和服务中起着不可替代的中介作用。网络货币的中介作用，促进了新兴网络信息商品和服务的制造、生产和流通。如果缺少这种中介作用，诸如付费歌曲下载、付费虚拟装扮这样的网络信息商品和服务将很难实现在线销售；也正是基于这种中介作用，网络信息商品和服务才有了广阔的市场和生存的空间，新兴网络信息商品和服务的提供商才大量涌现并提供了丰富的商品和服务，进而形成以提供多样化信息服务为主的规模产业。

3. 网络货币促进新兴支付工具的发展

网络货币支付作为商户与消费者之间的一种新兴支付手段，与传统的现金和转账支付相比有着强大的优势；并且作为信息产业发展的产物，网络货币本身便是在科学技术的推动下产生的，也将在科学技术，尤其是计算机技术、通信技术和网络技术发展的推动下，继续向前发展。网络货币的出现，有效填补了我国电子支付系统的空白，而计算机技术、通信技术和网络技术三者发展的结合，将不断拓宽网络货币的应用领域，推动网络货币的进一步发展，使其催生出更多的新兴支付工具。

【本章小结】

随着支付场景的不断丰富、金融创新能力的增强，互联网用户对在线完成快捷支付的需求增加，从而带动了互联网第三方支付业务的快速发展。第三方支付机构在获得支付牌照后，可以从事网络支付、预付卡的发行与受理以及银行卡收单等相关业务。

按照支付机构提供的支付服务方式和特色，可以将网络支付分为账户支付、网关支付和特殊的第三方支付。

银行卡收单业务是指通过银行卡受理终端，为银行卡特约商户代收货币资金的行为。其主要参与者有发卡机构和持卡人、收单机构和特约商户、转接清算机构、其他参与者。

预付卡是指以营利为目的发行的、在发卡机构之外购买商品或服务的预付价值，包括采取磁条、芯片等技术以卡片、密码等形式发行的电子支付卡片。按照发卡机构和使用范围，可以将预付卡分为两大类：单用途预付卡和多用途预付卡。

网络货币是网络运营商等非金融机构或者个人通过计算机技术和通信技术创造的、以电子信息的形式存在的、通过网络实现流通和支付功能的交易媒介，其价值取决于人们的信任程度。它拥有虚拟性、匿名性、价值性、便利性以及自由流通性等属性。网络货币分为虚拟货币和数字货币，其中虚拟货币包括游戏币、积分金币和网络消费币。

【关键术语】

网络支付　银行卡收单　预付卡　网络货币

【思考题】

1. 简答题

（1）什么是网络支付？网络支付的分类有哪些？

（2）试阐述银行卡产业链各参与方以及各构成部分之间的关系。

（3）举例说明预付卡在生活中有哪些种类。

（4）阐述网络货币的发展趋势。

2. 讨论题

登录淘宝网、当当网，通过网站提供的帮助中心了解它们各自支持的支付方式，特别是网络支付方式，思考网络支付的发展趋势。

【案例分析】

中国人民银行暂停“瑞银信”支付牌照

随着互联网的快速发展，金融服务信息化程度大大提高。为了顺应市场经济的发展，中国人民银行于2011年至2017年前后共发行了九批第三方支付牌照共计271张。而深圳瑞银信信息技术有限公司（以下简称瑞银信）就是第五批发证当中的主要从事银行卡收单业务中的一家。瑞银信在获得支付牌照后短短的三四个月内，每天发展的商户数就约2万，发展速度非常之快。

瑞银信北京分公司因违规发展商户接到中国人民银行支付结算司做出的“暂时收回牌照”的严罚，并于2014年12月中旬遭中央电视台曝光。瑞银信被勒令退出北京收单市场，这一事件的发生，引起中国人民银行的高度重视和社会的广泛关注。

瑞银信主要从事银行卡收单业务，作为第三方支付机构，它对于代理商提供的商户资质审核存在严重不到位甚至是违规的情况。例如，不核查营业执照的真假，只要提供营业执照即默认商户的资质是真的等现象。该企业的做法无视市场规则，涉嫌违规操作而被暂停了支付牌照。正是诸如瑞银信等企业的违规操作，使得PoS机代理市场混乱，出现了代理商为了发展下线，采取来者不拒的做法，甚至对套现行为采取主动迎合的态度。

这一事件的背后，引起了人们的思考。PoS机套现的原因，以及如何杜绝非法套现行为都值得人们深思。

PoS机套现的原因有以下几点：

① 商家资质审核不严。我国最初的PoS收单业务主要由银联和商业银行来进行，而随着互联网和信息技术的发展，由中国人民银行授权的第三方支付机构也能从事银行卡的收单业务。第三方支付机构从事银行卡收单业务，一方面促进了金融服务信息化；另一方面也出现了商户资质审核不严的情况。部分第三方支付机构最初是出于拓展市场、竞争的需要，而放低标准来发展商户，而后来逐渐演变成为了发展商户，主动迎合套现行为的恶劣行为。

② 监管不到位。对 PoS 收单市场的使用环境监管不到位。对于 PoS 机的违规操作，中国人民银行没有具体、明晰的处罚条例，只能根据内部的相关文件进行处罚，并没有上升到法律层面。

那么如何杜绝非法套现行为呢？可以从以下几个方面杜绝非法套现行为。

① 对于资质审查的具体条件和要求要明确、规范，做到有章可循。

② 信用卡体制问题。当持卡人在 ATM 刷卡取现时，需要支付信用额度的一半，缴纳 1%~3%的手续费，以及支付一天万分之五的利息；而采用 PoS 机套现，则只损失很少的手续费，以及最多享受 56 天的免息期（相当于无息贷款）。这些差距致使 PoS 机套现行为不断发生，所以杜绝非法套现行为就必须“机”“卡”双管，以及逐步取消信用卡的免息期等措施。

问题：根据本案例，谈一谈银行卡收单市场中套现行为发生的根本原因，以及思考还能用其他什么方法杜绝这种行为。

【参考文献】

[1] 冯菊平，等. 支付体系与国际金融中心[M]. 上海：上海人民出版社，2009.

[2] 帅青红. 银行卡理论与应用[M]. 成都：西南财经大学出版社，2013.

[3] 帅青红. 电子支付与结算[M]. 大连：东北财经大学出版社，2011.

[4] 林楠. 商业银行银行卡收单业务发展研究[D]. 厦门：厦门大学，2013.

[5] 张晓锋. 银行卡收单市场存在的主要问题与改进措施[J]. 中国信用卡，2010(8)：45-48.

[6] 吴从法，赵宏伟. 非金融支付机构银行卡收单业务的乱象与治理[J]. 金融会计，2013(7)：30-33.

第5章

互联网银行

【教学目标与要求】

1. 了解互联网银行的发展背景。
2. 了解互联网银行的定义和发展历程，掌握境内互联网银行的特点，熟悉其经营模式。
3. 了解互联网银行产品，掌握互联网银行产品与消费金融产品的异同。
4. 了解互联网银行的优势和存在的问题，以及互联网银行的发展趋势。

【知识架构】

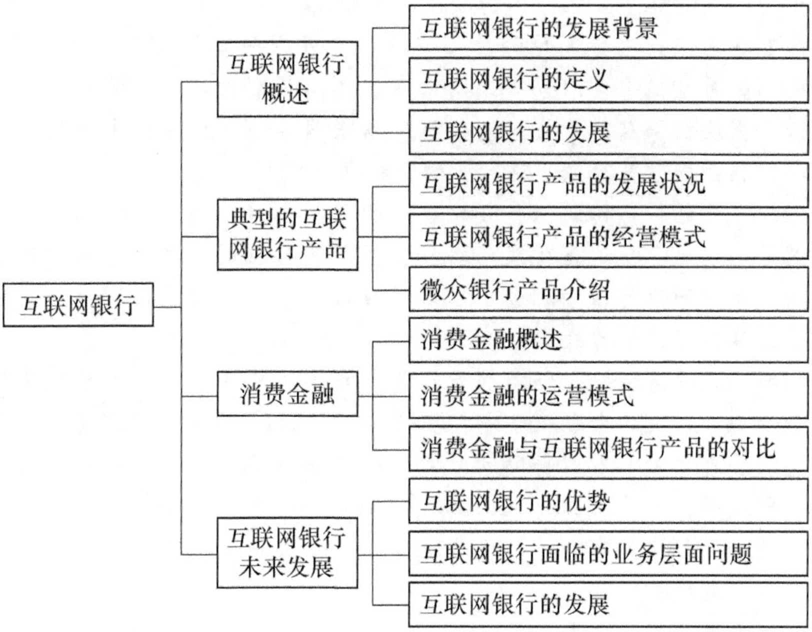

【导入案例】

互联网银行攻守之道：突围消费金融，攻克金融科技

移动互联网改变了人们的生活方式，也深刻地改变着金融体系。人们更加依赖手机，金融服务的边界在不断延伸。互联网金融是这个时代的必然产物，伴随着互联网金融的兴起以及互联网银行的崛起，这两股力量有交集也有碰撞，传统银行内部也有新旧两种思想在博弈。尽管国家的监管政策在适时而变，但与互联网金融、互联网银行的发展仍然不适配。这也倒逼互联网银行主动寻求创新突破，找准攻守之道，开始思考银行业的发展走向，重塑金融格局。

消费金融是互联网银行乘势崛起的必赢之战。凭借牌照优势，撬动同业资金杠杆，互联网银行可以直接跑步进场，正面竞争。账户体系是互联网银行排兵布阵的中坚力量。互联网金融的发展与银行让渡账户特许权有极大的关系，银行业务被侵蚀正是从支付开始，继而在信贷和理财等领域纷纷失去阵地。互联网银行完全有机会从巨大的市场容量中切一块蛋糕，而监管政策的频繁调整也意味着可能出现新的拐点，尤其是如果对远程开户和小微企业贷款免面签等进行松绑，则意味着互联网银行有无限的发展空间。

金融科技是互联网银行占领高地的核心战斗力。互联网银行改变了传统银行“总分支”的结构，直接将服务时空拉平，以分布式网络触达所有互联网用户。同时，互联网银行纷纷战略布局金融云、区块链、人工智能、大数据、物联网等新兴技术，未来将极大地改变银行业的成本结构和盈利模式，甚至颠覆银行业的传统估值逻辑。

互联网银行的人才结构与传统银行相比也发生了根本性的改变，信息技术（IT）和数据人员所占的比例普遍超过50%，他们足够敏捷，并具有很强的洞察力，用极客精神成为互联网银行的特种兵。互联网银行由于融合了互联网属性、金融科技属性和银行基因，因此天然地可以攻守兼备，具备很强的作战能力。

互联网银行要践行普惠金融，坚持稳健经营，守牢风险底线。普惠金融的巨大潜力是互联网银行的核心动力。传统的金融服务方式在“二八定律”的模式下践行普惠金融的难度很大，大型银行发展普惠金融基本以补贴的方式进行，不具备商业可持续性。互联网银行则借助互联网生态另辟蹊径，与传统银行相比具有体制机制、客户体验、成本和效率等方面的明显优势，与互联网金融相比具有人才、风险控制、资金成本等优势，极大地降低了服务成本和门槛，可以迅速做大规模。

稳健经营是发展的基石，也是对客户权益的终极保障。商业银行作为特许经营机构，具有很强的外部性。从监管的角度看，银行有别于其他企业的最大特点是其对资本充足率的重视与严格要求，银行必须满足流动性和安全性等稳健指标，所获的收益才是安全和可持续性的。面对市场，互联网银行比传统银行更需要明白“是舍不是得”，只有坚守稳健经营的文化，强化风险意识，保护好客户权益，才能行稳致远，成就长期价值。

守牢风险底线是互联网银行的生命线也是生产力。互联网银行业务有互联网原生性，对风险的敬畏并没有阻碍互联网银行的进取。可以通过中国人民银行征信和公安局二代身份证等传统数据，结合社交和行为等新型数据，更全面地评估信用风险；此外，将大数据与生物技术相结合，可以更精准地识别客户身份，实施反欺诈，从客户的切身利益出发，使风险控制与客户体验相协调。

以微众银行、网商银行和新网银行为代表的互联网银行正在以迅雷不及掩耳之势迅速崛起，他们依靠对金融科技的深刻理解和对金融本质的准确把握，凭借着极致的客户体验和合理的定价标准，融入互联网生态，逐步积累大量的互联网客户群，收获互联网金融的红利。

中国互联网金融的兴起让全球重新审视金融格局，而互联网银行的崛起将让中国更加瞩目。

（资料来源：新浪综合，2018 年 2 月 13 日）

在普惠金融的战略支撑下，互联网银行逐渐兴起，为传统金融业注入了新鲜活力。那么，究竟互联网银行是在什么具体背景之下发展起来的，互联网银行目前的发展状况是什么，它和消费金融产品的不同是什么，其机遇与挑战是什么，本章将对这些问题进行初步解答，为读者理清思路。

5.1 互联网银行概述

5.1.1 互联网银行的发展背景

1. 经济下行，银行不良贷款率上升

受金融危机的延续影响，我国自 2010 年以来 GDP 增速曾连年下降，如图 5-1 所示。从“四万亿计划”开始，中国全面进入资本过剩时代，资本压迫成为威胁中国经济的最大问题。中国当前的资本压迫，又主要表现为房地产对实体经济的压迫，尤其是对制造、零售业的压迫。而实体经济的困难处境反映到金融业的一个表现就是银行的不良贷款率呈现出连续上涨的趋势。不同类型银行的不良贷款率差别很大。其中，农村商业银行要求农村金融机构一定要将一定比例的贷款用于支持农业发展，但是农业是基础产业，具有投资风险大、易受经济周期影响、收益率低等特征，因此农村商业银行的不良贷款率近年来一直走高并超过了警戒线。商业银行的不良贷款率在将要达到警戒线时于 2016 年有了一定的回落，而以中国信达、中国华融为代表的我国四大资产管理公司于 2015 年从银行收购的贷款金额同比却大幅上涨，帮助商业银行将不良贷款率维持在低位。在这样的背景下，我国银行急需加快变革步伐来应对不良贷款率持续走高带来的巨大挑战。

微视频 5-1
互联网银行（上）

微视频 5-2
互联网银行（下）

2. 利率市场化，旧有盈利模式难以为继

随着我国存款利率市场化的推进，我国利率市场化进程已经到了最后阶段。利率市场化推动了银行之间的竞争，原有的以利差为主的盈利模式难以为继。自 2010 年以来，我国四大银行利息净收入在总营业收入中的比例（如图 5-2 所示）正逐渐下降。尤其是 2015 年中国人民银行连续五次降息，其中还包括一次贷款利率降幅大于存款利率降幅的非对称降息，使得四大银行贷款利息收入减少的幅度远远超过存款利息支出减少的幅度。存贷利差的进一步缩小使银行业务的转型与升级迫在眉睫。

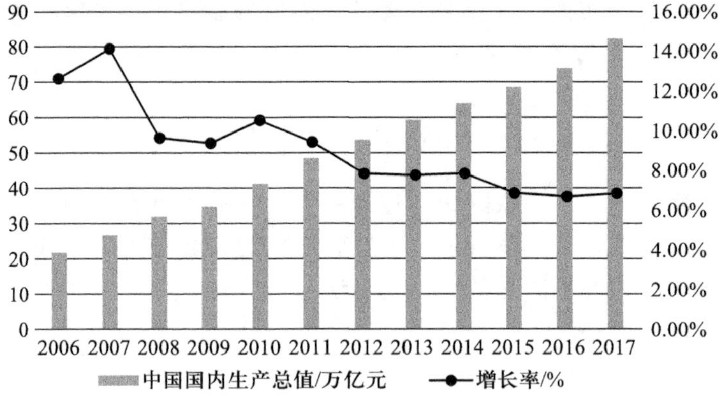

图 5-1　国内生产总值及增长率

（资料来源：国家统计局）

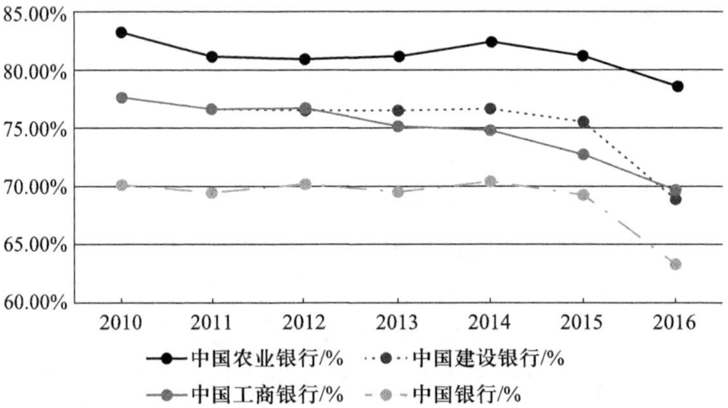

图 5-2　我国四大银行利息净收入在总营业收入中的比例

（资料来源：中国人民银行）

3. 银行产品同质化严重

一直以来，我国传统商业银行的产品都存在着同质化严重的问题，主要表现在服务对象同质化、创新模式同质化、推广模式同质化三个方面。造成银行产品同质化的原因有很多，如图 5-3 所示，其中影响最大的有两个原因，一是银行本身定位趋同且受到严格的金融管制，业务创新阻力很大；二是行政化管理使得银行内部等级观念强，无法做到扁平化管理，没有形成有利于创新的环境。随着金融进入移动互联网和金融科技驱动的新时期，金融产品创新迭代速度不断加快，线上 APP 取代线下物理网点成为银行竞争的主战场，原有的同质化竞争矛盾将进一步扩大。因此，对于银行来说，谋求转型，走差异化路线刻不容缓。

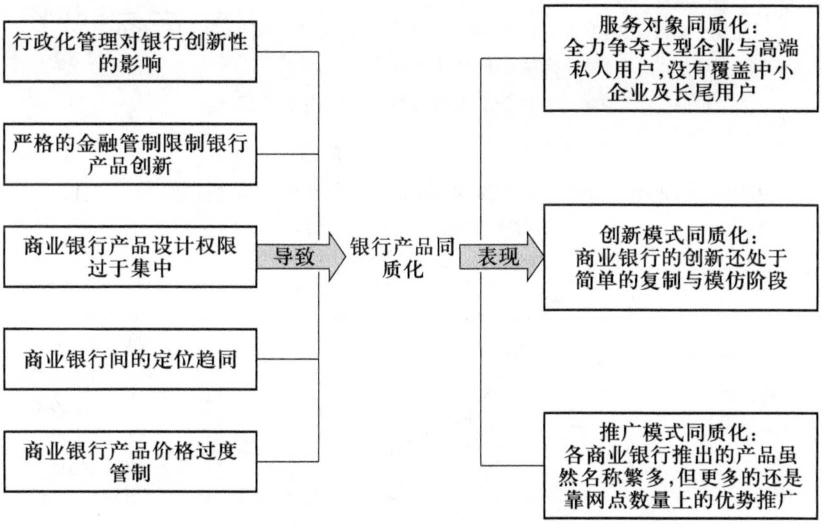

图 5-3　银行产品同质化示意图

4. 金融脱媒，银行面临挑战

随着我国金融体制改革的不断深化和社会经济的不断发展，金融脱媒现象加速显现，使我国商业银行面临着巨大的冲击和挑战。我国金融脱媒具体表现在，存款端居民储蓄率逐渐下降，贷款端大型银行信贷规模占全部金融机构信贷规模的比例逐年下降，如图 5-4 所示。在我国，依托股票、债券、投资基金等金融工具的直接融资快速发展，传统商业银行需要通过转型来应对金融脱媒趋势。

5. 互联网金融的快速发展对银行造成冲击

2013 年 6 月，余额宝横空出世，并于 2014 年开始迅速增长。这一现象级的金融产品引爆了我国网络理财市场，2015—2016 年相关的余额理财类产品层出不穷，触网的金融产品也从基金逐渐扩展到其他各个方面。与此同时，网络信贷市场也走向繁荣，从 P2P 网络借贷到消费金融，网络信贷余额从 2013 年的 704.4 亿元增长到了 2016 年的 11 600.7 亿元，如图 5-5 所示。互联网金融的快速发展在存贷汇三个方面都对传统商业银行造成了巨大的冲击。

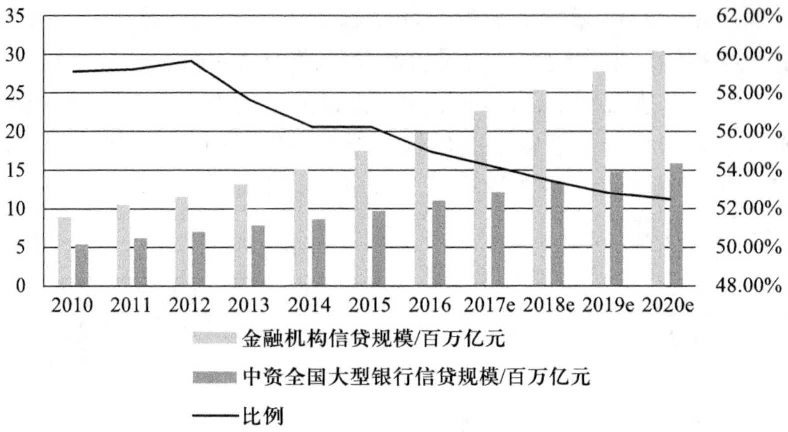

图 5-4　2010—2020 年中国金融机构及中资全国大型银行信贷规模

（资料来源：中国人民银行）

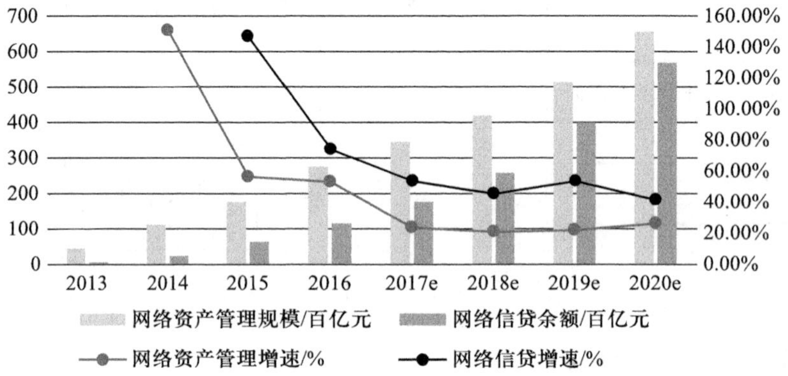

图 5-5　2013—2020 年中国网络信贷市场发展情况

（资料来源：艾瑞咨询）

5.1.2　互联网银行的定义

互联网银行一直以来都没有一个确切的定义。深圳九九加一实业有限公司董事长、互联行创始人林立人将互联网银行定义为“借助现代数字通信、互联网、移动通信及物联网技术，通过云计算、大数据等方式在线为客户提供存款、贷款、支付、结算、汇转、电子票证、电子信用、账户管理、货币互换、P2P 金融、投资理财、金融信息等全方位无缝、快捷、安全和高效的互联网金融服务的机构”。

本书认为，广义的互联网银行包括以传统银行运营为主体，不以物理网点和实体柜台为基础，主要通过 ATM、互联网、电话等远程通信渠道为客户提供银行产品和服务的直销银行。狭义的互联网银行只表示完全通过互联网开展业务，没有线下物理网点的银行。截至2018年3月，在狭义互联网银行的定义下，我国的互联网银行只有网商银行、微众银行和新网银行三家。本章主要研究狭义范畴的互联网银行。

互联银行作为金融脱媒、利率市场化和互联网技术发展的产物，最早于1995年出现在美国，后在世界上的很多国家都得到了发展。2014年12月和2015年6月，微众银行和网商银行作为我国第一家和第二家互联网银行也是首批试点的民营银行分别正式开业。微众银行和网商银行代表着互联网银行在中国的破冰。随着金融改革的不断深入，“互联网+”被列入政府工作报告，普惠金融理念得以发展，中国人民银行会同有关部委出台了《关于促进互联网金融健康发展的指导意见》，互联网银行开始进入快速发展时期。

2015年6月22日，国务院办公厅转发中国银监会《关于促进民营银行发展的指导意见》。有超过50家企业或企业联合体向中国银监会发起民营银行申请，其中包括互联网企业，今后可能有更多的以互联网企业为主导的互联网银行出现。以小米和京东为例，小米已经成立了多家业务公司，陆续推出了“小米金融”“小米活期宝”“小米贷款”等金融产品，在电子支付、移动金融等领域均有所布局。京东金融业务涉足了传统的存、贷、汇和供应链金融、消费金融、众筹、财富管理、支付、保险等领域。未来银行和非银行机构之间的业务边界越来越模糊，将有更多的企业开始创办互联网银行。

5.1.3 互联网银行的发展

1. 境外互联网银行

(1) 美国互联网银行的发展模式

纵观美国互联网银行的发展，由于存在两种不同的理念，相应地形成了两种发展模式：一种是以印第安纳州第一网络银行（First Internet Bank of Indiana，FIBI）为代表的全方位发展模式；另一种是以康普银行（CompuBank）、ING Direct USA、美国互联网银行（Bank of Internet USA，BofI）为代表的特色化发展模式。

① 全方位发展模式。该模式下的互联网银行提供传统银行所提供的一切金融服务，此外还致力于开发新的电子金融服务，以满足客户的多样化需要，从而吸引更多的个人客户和中小企业，以期完成对传统银行的完全替代。

② 特色化发展模式。与全面发展模式相比，特色化发展模式下的互联网银行仅提供传统银行所能提供的部分服务，具有一定的局限性。例如，因为缺乏分支机构，它们无法为小企业提供现金管理服务，也不能为客户提供安全保管箱等。

(2) 美国互联网银行的兴衰

1995年10月，全球首家以互联网银行冠名的金融组织“安全第一网络银行”（Security First Network Bank，SFNB）在美国成立，该银行是一家全能型银行，而且没有设立任何物理网点，标志着一种新的银行模式的诞生，从此互联网银行的数目如雨后春笋般飞速增长。但传统银行经过多年的发展，实施了“网上、网下业务兼营”

的战略，而不少互联网银行却出现了利润下滑、亏损，甚至被兼并重组，面临着衰退的危险。例如，安全第一网络银行在 1998 年就出现了停滞的迹象，并同年被加拿大规模最大的皇家银行以2 000 万美元收购。对美国互联网银行进行研究后发现，采用全方位发展模式的互联网银行已所剩无几，目前仅有的比较有名的互联网银行是印第安纳州第一网络银行。而采用特色化发展模式的互联网银行在传统银行的夹缝中占据了一席之地，发展较好的有 ING Direct USA、BofI 等。根据美国互联网银行的发展现状，对两种发展模式的网络银行进行对比分析，如表 5-1 所示。

表 5-1　美国互联网银行发展模式对比

项　目	全方位发展模式（以 SFNB 为例）	特色化发展模式（以 ING Direct USA 为例）
目标客户群（who）	所有人群	划分目标客户群，进行精准的客户定位
产品服务类型（what）	大量的差异化金融服务	细分领域简单，提供有限的金融服务
服务提供方式（how）	缺乏专业金融服务、技能	培训金融顾问，作为第三方提供存款保障

下面以美国互联网银行（BofI）为例进行具体介绍。

BofI 可以说是纯粹互联网银行的范本，它成立于 1999 年 7 月，总部位于美国加利福尼亚州。BofI 自成立之初，业务策略即确定为通过互联网渠道开展银行业务，除总部以外不设立物理网点，利用技术降低银行产品与服务成本，同时实现规模的快速扩张。BofI 成立两年后即实现盈利，2005 年 3 月其控股公司在纳斯达克上市。截至 2017 年 6 月，BofI 总资产规模达 85 亿美元，实现净利润 1. 35 亿美元。

（1）负债端：高利率吸引客户，规模虽小但增速快

作为一家纯粹的互联网银行，由于缺乏业务基础引流，也没有母公司的品牌信任度加持，BofI 的吸储策略只能是通过不同的直销渠道，为客户提供高利率存款产品，从而实现存款规模的快速增长。BofI 一方面通过提供高利率存款产品和全功能账户覆盖广大客户群，同时通过咨询公司等可能产生存款客户关系的机构渠道扩大辐射范围；另一方面也进一步深度挖掘细分客户，如通过界面更酷炫、储蓄存款利率更高的 Bank X 吸引熟悉移动互联网的年轻用户。

根据美国联邦存款保险公司（The Federal Deposit Insurance Corporation，FDIC）的统计数据，BofI 的存款成本率比行业均值高 40 BP（基点，1 BP＝0. 01%），2012—2017 年，其存款规模从 16. 2 亿美元增长至 69 亿美元，尽管目前仍然比较小，但年均复合增长率达 33. 7%。从存款结构上来看，BofI 的存款以储蓄存款、有息活期存款为主，近年来无息存款在其中的占比稳步提升，从 2013 财年的 3. 9%上升至 2017 财年的 12. 7%，因此尽管近年来它的储蓄存款付息率出现较大幅度的攀升，但其整体存款成本率却有所下降。

（2）资产端：以房地产按揭贷款为主，高贷款收益率维持合理息差水平

BofI 的资产端以风险较低的房地产按揭贷款为主，近年来持续增加消费贷款、商业及行业贷款等收益率更高的贷款配置。尽管 BofI 为了吸引客户提供了较高的存款利率，但是它利用互联网技术形成了投资分析竞争优势，保持了较高的贷款收益率，从而能够维持高于行业均值的净息差水平。从资产质量来看，由于 BofI 的贷款集中于风险较低的房地产按揭贷款，因此其资产质量较高，不良率维持在较低水平。

（3）成本控制：技术实现效率提升

通过分析国外互联网银行的发展模式不难看出，互联网银行的业务本质并未改变，其核心竞争力在于借助互联网技术与渠道节约物理网点的人力成本与物理成本，因此 BofI 可以长期将成本收益比保持在银行业平均水平的二分之一以下。此外，通过分析 BofI 的非利息支出结构，亦可以看出互联网银行的特殊性。一方面，它需要保持技术投入以提高平台的运营效率；另一方面，在互联网时代，广告营销成为塑造品牌形象、吸引目标客户群的必要手段，因此数据处理与网络、广告营销费用成为除员工薪资以外的最重要的投入。

2. 我国的互联网银行

2013 年 11 月，《中共中央关于全面深化改革若干重大问题的决定》提出“发展普惠金融，鼓励金融创新，丰富金融市场层次和产品”的理念，提倡以小微、民营经济撬动改革大局，密集出台金融政策为民营银行开局破冰。2014 年 3 月国务院批准五家民营银行试点方案。2015 年 5 月 27 日，网商银行各项准备工作就绪，并获得中国银监会浙江监管局正式批准，标志着我国首批试点的五家民营银行全部拿到“通行证”。建立民营银行主要是为了打破我国国有商业银行的垄断，实现金融机构多元化，促进金融市场的公平竞争，以及国有金融企业的改革。我国部分互联网银行的发展情况如表 5-2 所示。由腾讯、阿里巴巴分别作为大股东的微众银行和网商银行是其中受到较多关注的民营银行，两者的对比如表 5-3 所示。2016 年 12 月 28 日新网银行开业。新网银行是继微众银行和网商银行之后，全国第三家互联网银行，中西部第一家互联网银行，也是四川省首家民营银行，旨在弥补传统银行在场景、产品、服务等方面的不足。

表 5-2 我国部分互联网银行发展情况

银行	开业时间	注册资本	参与的互联网公司
微众银行	2014 年 12 月 28 日	42 亿元	腾讯持有 30%股权
网商银行	2015 年 6 月 25 日	40 亿元	蚂蚁金服持有 30%股权
新网银行	2016 年 12 月 28 日	30 亿元	小米持有 29.5%股权，与新希望、红旗连锁等共同设立

表 5-3　微众银行和网商银行的对比

项　　目	微众银行	网商银行
目标客户	个人消费者和小微企业	草根消费者和小微企业
业务模式	个存小贷	小存小贷
经营业务	信用卡业务、小额消费信贷业务，以及嵌入腾讯客户线上行为的金融服务	主要为电子商务中的小微企业和个人消费者提供 20 万元以下的个人存款产品和 100 万元以下的贷款产品
大数据征信	主要为社交数据	主要为交易数据
平台背景	微信、财付通、QQ、腾讯征信公司	支付宝、阿里小额贷款、芝麻信用、淘宝及天猫
合作伙伴	华夏银行、东亚银行（中国）	暂无

微众银行由腾讯、百业源、立业等多家知名企业发起设立，于 2014 年 12 月正式获批成立，是国内首家开业的民营银行。微众银行注册资本为 42 亿元，控股股东为深圳市腾讯网域计算机网络有限公司（持有微众银行 30%股权）。网商银行是经中国银监会批准设立的股份制商业银行，纯互联网运营，于 2015 年 6 月 25 日正式开业，注册资本为 40 亿元，控股股东为蚂蚁金服（持有微众银行 30%股权）。网商银行是中国第一家将核心系统架构在金融云上的银行。

微众银行和网商银行有很多相似之处。它们同由互联网企业发起，专注于中小客户，利用大数据和自身已有的平台优势，期望做成“轻资产、平台化、交易型”的互联网银行。但两者也有所不同。微众银行的业务模式是“个存小贷”，即“个存”的存款不再设定下限，重点服务个人消费者和小微企业。微众银行对其自身做了一个定位：以普惠金融为目标，以个存小贷为特色，以同业合作为依托，以数据科技为抓手。微众银行的客户主要是社交关系客户，主体初期多为个人消费者。与之相比，网商银行的业务模式为“小存小贷”，主要提供 500 万元以下的贷款产品，小微企业、个人消费者和农村消费者是其主要客户。网商银行的客户初期主要来自电子商务平台，它利用阿里巴巴电子商务平台的优势，即阿里巴巴 B2B、淘宝、支付宝等电子商务平台上积累的信用数据及行为数据，向无法在传统金融渠道获得贷款的客户发放“金额小、期限短”的纯信用小额贷款。

不同于传统银行开办后 3~5 年才开始盈利的历史经验，处于初期发展阶段的网商银行和微众银行均在 2016 年扭亏为盈。其中，微众银行 2016 年净利润为 4. 01 亿元，网商银行净利润为 3. 16 亿元，分别同比增长 168. 77%和 559. 02%；营业收入分别为 24. 49 亿元、26. 37 亿元，同比增长 985. 1%、942. 49%。在资产和贷款余额上，两家银行在 2016 年也实现了惊人的大幅增长。微众银行 2016 年年报显示其资产总额为 519. 95

亿元，同比增加 424 亿元，增幅为 440.43%，其中，各项贷款余额为 307.76 亿元，同比增加 269 亿元，增幅为 697%。网商银行截至 2016 年年底资产总额约 615.22 亿元，较 2015 年年末增长 313 亿元，增幅为 103.41%。其中，贷款余额约为 328.90 亿元，较 2015 年年底增长 256 亿元，增幅为 351%，占总资产的 63%。今天，传统银行间借贷市场已进入白热化的竞争阶段，而网商银行和微众银行凭借自身的优势在各自擅长的特定领域开辟新道路，取得了令人瞩目的成绩。

5.2 典型的互联网银行产品

5.2.1 互联网银行产品的发展状况

下面以微众银行、网商银行和新网银行为例分析互联网银行的主要业务。微众银行自成立之初就将自己定位为“连接者”，即连接个人消费者、小微企业和金融机构。微粒贷的创新——“联合贷款”模式就是这一战略定位的最佳体现。简单来说，微粒贷通过“联贷平台”，将客户的微小金融需求与传统金融机构连接起来，20%左右的贷款资金由微众银行发放，80%的贷款资金由合作银行发放；微众银行则基于大数据、人工智能技术为合作银行提供客户筛选与风险控制业务，基于区块链技术搭建银行间的联合贷款清算平台，用以提供清算对账等后台支持工作。这一合作模式一方面充分利用互联网技术降低传统金融机构的运营管理成本，另一方面利用传统金融机构的线下渠道与资金使得微粒贷的客户覆盖延伸至腾讯社交网络以外，面向更大的客户群，实现了金融与科技的深度融合。截至 2016 年年底，微粒贷合作金融机构达 25 家，而且还将持续扩大合作网络；主动授信超过 7 000 万人，开通客户超过 1 500 万人，覆盖面达 31 个省、直辖市、自治区，567 个城市；累计发放贷款近 1 987 亿元，管理贷款余额 517 亿元，总笔数超过 2 000 万笔，最高贷款日规模超过 10 亿元，最高贷款日笔数超过 10 万笔，实现了传统金融机构贷款不可能企及的扩张速度与运营效率，体现出金融科技的强大生命力与颠覆性。

除微粒贷以外，微众银行还与互联网平台合作，将信贷产品嵌入消费场景，微众银行个人金融三大主要产品及服务如表 5-4 所示。其中，微车贷是微众银行布局互联网+汽车金融，连接汽车金融服务商与个人消费者，与中国最大的二手车交易平台优信合作的产物。在优信购车的客户可以选择“付一半”购买方案，买车时可以只支付车款的一半，在两年内不用支付月供，两年后选择支付余款或将车辆归还。在这一合作中，优信提供消费场景，微众银行提供贷款资金与客户大数据分析，并利用互联网技术加速贷款信审，从而降低了传统贷款信审速度缓慢导致的高额时间成本。截至 2016 年年底，微车贷贷款余额为 55 亿元，较年初增长了 22 倍。

表 5-4　微众银行个人金融三大主要产品与服务

产　　品	服　　务
微粒贷	基于微信、QQ 社交数据风险控制的移动端自助式小额信用、循环使用贷款； 截至 2016 年年底，累计发放贷款近 1 987 亿元，管理贷款余额为 517 亿元
直通银行	直销银行服务； 开通客户达 160 万人，管理资产余额达到 222 亿元
微车贷	互联网+汽车金融产品； 与中国最大的二手车交易平台优信合作，以“付一半”为首个应用场景； 截至 2016 年年底，贷款余额为 55 亿元，较年初增长 22 倍

网商银行围绕服务小微企业客户、服务农村市场、服务中小金融机构的发展战略，推出了网商贷、旺农贷、信任付等信贷产品。截至 2016 年年底，网商银行累计向小微企业发放贷款 879 亿元，服务小微企业客户 277 万户，户均贷款余额约为 1.5 万元；旺农贷则已涵盖全国 25 省 271 个县市的 6 624 个行政村，平均放款金额近 5 万元。网商银行的主要产品与服务如表 5-5 所示。

表 5-5　网商银行的主要产品与服务

产　　品	服　　务
网商贷	服务于小微企业、创业者；围绕阿里巴巴、淘宝、天猫等电子商务平台，为电子商务平台卖家提供融资服务； 截至 2016 年年底，服务超 277 万个小微企业客户
旺农贷	服务于乡镇农村地区客户，为农村种养殖户和农村经营者提供信贷最高额度为 50 万元； 截至 2016 年年底，涵盖全国 25 省 271 个县市的 6 624 个行政村，平均放款金额 5 万元
信任付	为小微企业、创业者提供赊购赊销、信用支付等账期金融服务；小微经营者“先拿货，后付款”

新网银行主推的信贷产品是“好人贷”，额度从 5 000 元至 20 万元不等，贷款利率为日利率 0.04%左右，可以随借随还。申请“好人贷”时，在填写个人姓名、身份证号，上传身份证正反面和本人正面照之后，还需要填写第一联系人和第二联系人。完成上述程序需要几分钟的时间。之后在很短的时间内，新网银行的客服会进行电话确认，确认后就可以得到从新网银行无抵押纯信用贷款的额度。如果要实际借款，还需关联贷款人本人的银行卡。

除了现阶段的小微企业贷款之外，新网银行还瞄准网贷资金存管这一“蓝海”业务。根据中国银监会的监管要求，网贷机构应在 2017 年 8 月 23 日之前完成自身资金与出借人和借款人资金的隔离管理，并选择符合条件的银行业金融机构作为出借人与借款人的资金存款机构。由于网贷资金存管业务对传统银行吸引力不大，同时网贷机构也对银行较高的收费心存芥蒂，导致双方合作进展缓慢。而作为传统银行补位者的新网银行，反而觉得机会来了。

在 2017 年 2 月中国银监会发布的《网络借贷资金存管业务指引》细则出来之后，为了推动网络借贷行业合规健康发展，新网银行上线了存管业务，还和中国互联网金融协会联合举办了首届全国网贷机构资金存管对接洽谈会，截至 2017 年 4 月，新网银行已经与 70 多家网贷机构达成了网贷资金存管协议。

银行在与网贷机构进行资金存管业务合作时，往往受制于存管方系统改造等因素，从协议签署至项目落地需要六个月以上的时间。对此，新网银行从开业之初，就在团队人员组建、IT 系统架构方面加大了力度。对于达成协议的网贷机构，新网银行将提供专门团队的一对一服务，7×24 全时响应，并承诺在签署协议之后的两个月内完成项目落地。新网银行的主要产品与服务如表 5-6 所示。

表 5-6　新网银行的主要产品与服务

产　　品	服　　务
存管	系统完全合规，存管方案完全符合《网络借贷资金存管业务指引》的要求； 监管悉心指导，北上深蓉多地监管机构及中国互联网金融协会悉心指导，全力支持； 思维基因相通，互联网基因相通，技术对接效率快，重视客户体验； 1+1+1 服务，一个业务经理、一个产品经理、一个技术经理全方位服务； 7×24 小时服务，随时随地响应网贷机构需求； 急速对接落地，两个月完成系统对接、项目落地
好人贷	随时随地拿出手机，三分钟完成申请； 想借就借，一次授信，终身使用，额度终身有效，无需任何费用； 想还就还，7×24 小时，想还就还，提前还款无任何手续费

5.2.2　互联网银行产品的经营模式

下面以网商银行为例，说明互联网银行的经营模式。网商银行从股权结构看，属于完全由民间资本发起设立的民营银行，注册资本为 40 亿元，持股 30% 并拥有控制权的第一大股东为浙江蚂蚁小微金融服务集团有限公司，因此网商银行将纳入阿里巴巴的金融体系，充分获取阿里巴巴商业生态系统的电子商务平台、客户、数据和技术等资源，其经营模式将围绕着线上运作、挖掘大数据、服务小微企业和个人消费者进行布局。

1. 完全网络化运营

网商银行完全网络化运营，不设立实体分支机构，业务往来完全依托互联网渠道展开，业务处理主要通过银行的计算机系统自动完成，并将大数据等现代信息技术用于业务创新。延续阿里巴巴组织结构扁平化的特点，减少不必要的组织层级，信息直达服务前台，使后台工作人员和服务系统通过互联网与客户终端直接连接，服务更贴近客户。

与传统实体银行相比，网商银行具有如下特征：一是业务覆盖面广，服务可以覆盖现有的主流互联网终端（包括 PC 端和移动端），未来甚至可以借助物联网延伸至线下物理世界，不像物理网点那样会受到营业时间、空间和地域的限制；二是业务可塑性强，网络化业务流程和产品设计得极为灵活，它们充分利用最新的信息技术，可依据客户需求进行弹性调整，以提供有针对性的金融产品和服务；三是流程高效、便捷，通过互联网缩短与客户的距离，去除烦琐的手续，业务处理自动化程度高，系统响应迅速；四是运营成本低，它不依赖于大型的固定资产和大量的人工操作，使固定资产购置、维护和人员薪酬支出得以降低，这些可以转化为产品和服务的价格优惠，形成成本领先优势。

2. 注重大数据应用

网商银行对接阿里巴巴电子商务平台，充分挖掘平台中小微企业和个人消费者积累的大数据资源。阿里巴巴电子商务平台中的大数据来源于消费者频繁的电子商务交易记录、物流公司信息反馈等实时性的数据源，它们能够与商品流、物流、资金流和信息流联动。对这些大数据进行深入的挖掘，能够从多维度揭示数据所关联的实时的、有效的信息，精确获得消费者各对应层面的特征，并据此判断其现状及未来的发展趋势，从而降低信息的收集成本，消除信息的不对称和不完全性，提高信息的使用效率和资源配置效率。与传统银行仅掌握静态的征信记录、孤立的现金流水账等有限信息而难以真正挖掘大数据相比，应用大数据挖掘成为网商银行的核心竞争力。

网商银行以大数据技术为依托，对阿里巴巴平台、物流企业等第三方机构的数据进行获取、集成、分析、解释，将大数据挖掘应用于三方面：一是精准营销，准确识别客户收入、偏好、需求等特征，据此对客户进行细分，以恰当的方式营销有针对性的产品和服务，实现金融资源供需的有效匹配；二是产品和服务创新，判断、预测客户需求和行业发展趋势，进行相应的产品和服务创新并合理定价；三是贷款风险管理，用于贷前调查的信息采集，贷中审核的信用评级，贷后监督的实时监控，通过销售记录、客户评价、缴费清单等数据判断客户的信用状况，通过订单物流信息、现金流水账等动态数据追踪其偿债能力和履约意愿，合理授信，量化风险，风险预警，提高风险控制能力，降低贷款业务的信用风险。

3. 深入开发长尾市场

依据长尾理论，深入挖掘需求曲线长尾部分的市场能获得不亚于需求曲线前部主流市场的效益，即向传统金融所忽视的数量庞大的小微企业和个人客户提供有针对性的金融服务能产生巨大的总体收益，颠覆“二八定律”，是普惠金融的有效实践。据阿里巴巴的有关数据，B2B 平台阿里巴巴中国站企业会员达 800 万个，B2C 平台天猫店铺达 13 万个，C2C 平台淘宝商户达 900 万个，这些平台可提供基础性的客户和数据资源。

可以说，阿里巴巴电子商务平台是潜力巨大的长尾市场。

网商银行定位为零售银行，其目标客户为阿里巴巴平台中的小微企业和个人客户，向其提供20万元以下的存款产品和500万元以下的贷款服务，即小存小贷，避开传统商业银行垄断的批发银行业务，挖掘长尾市场。网商银行一方面通过大数据应用分析阿里巴巴平台中的小微企业和个人需求，吸纳潜在客户，延展需求长尾；另一方面依据小微企业和个人客户的差异化需求，提供有针对性的金融服务，增加客户黏性，重点解决长尾市场的资金需求问题，提供小微企业信贷业务、消费者金融服务，如小微企业短期小额信用贷款、供应链金融和消费者信用支付、分期网购等服务。小微客户、农村客户和中小金融机构是网商银行的三大目标客户群体，也是其发展战略。网商银行行长俞胜法表示“网商银行永远不会去碰那20%的高价值客户群。”网商银行的定位非常清楚，就是要成为传统金融体系的有益补充，尤其是为广大的小微网商、个人创业者和普通消费者，特别是其中的农村消费群体服务。以贷款业务为例，网商银行非常明确不会做500万元以上的贷款业务。网商银行的口号是无微不至，希望未来五年能服务1 000万家企业，目标是做中国小微企业客户数最多的一家银行，目前网商银行已经拥有了350万小微企业客户。

5.2.3 微众银行产品介绍

1. 微粒贷

微粒贷是微众银行推出的首款互联网小额信贷产品，2015年5月在手机QQ平台上线，同年9月在微信平台上线，为超过千万的客户提供便捷、高效的贷款服务。微粒贷采用客户邀请制，入口逐步开放。开通微粒贷可以通过微信和手机QQ两种方式进行，分别如图5-6和图5-7所示。

微粒贷的整个借款流程都是在手机上完成的，客户无须提供任何纸质资料，只需要根据手机界面的提示完成操作即可。截至2018年9月，微粒贷支持使用中国银行、兴业银行、中信银行、中国民生银行、中国工商银行、中国农业银行、中国交通银行、重庆农村商业银行、华融湘江银行、浙江稠州银行、重庆银行、广州银行、广东华兴银行、长沙银行、平安银行、浦发银行、广发银行、中国光大银行、北京银行、中国建设银行、上海银行、中国邮政储蓄银行、招商银行、江苏银行、洛阳银行、哈尔滨银行、桂林银行、泰安银行、江西银行、昆山农村商业银行、上饶银行、宁夏银行、晋城银行、泉州银行、嘉兴银行、济宁银行、深圳农村商业银行、江苏长江商业银行、莱商银行、遂宁银行、九江银行、东亚银行、包商银行、齐商银行的借记卡借钱。当客户在手机上看到借款申请成功的提示后，说明该笔资金已成功发放至客户的收款银行卡，无法取消。若用款计划确实发生改变，可在次日提前还清该笔借款，仅需支付一天利息。

(a) 选择微信→“ 钱包 ”→“ 微粒贷借钱 ”

(b) 打开“ 微粒贷 ”

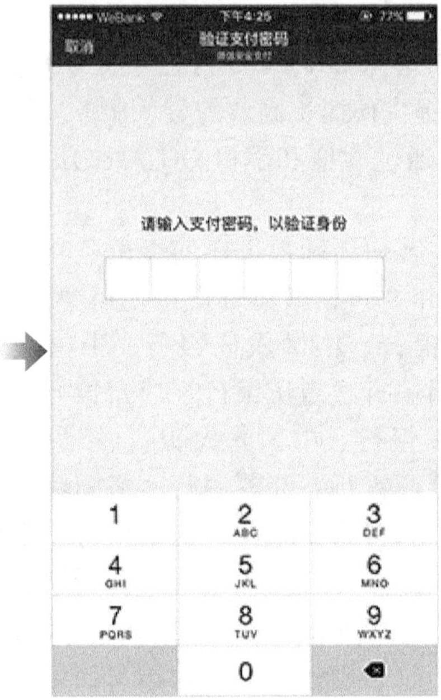

(c) 输入支付密码

(d) 显示可借额度

图 5-6　通过微信开通微粒贷流程

(a) 选择QQ→“QQ钱包”→“资金·理财”→“微粒贷”

(b) 打开“ 微粒贷 ”

(c) 输入支付密码

(d) 显示可借额度

图 5-7　通过 QQ 开通微粒贷流程

目前微粒贷的总额度是由系统进行判断的，暂无法申请人工调额，微粒贷借款额度将随着客户信用记录的累积而提高，保持良好的信用记录有助于提升额度。客户关注微粒贷官方公众号，贷款额度调整后客户可以通过公众号第一时间得到通知。借款申请提交成功后，资金预计 3 分钟内到账；若贷款需要等待电话确认，则在电话确认通过后资金到账；具体到账时间以收款卡银行到账通知为准。

除贷款利息以外，微众银行不向客户收取任何费用。微粒贷借款按照实际借款天数计息，计算公式为：每日利息＝剩余未还本金×日利率。例如，借款金额为 10 000 元，借款期限为 10 期。第一期，每日产生利息 5 元（10 000×0.05%）；还清一期后，剩余本金为 9 000 元，则每日产生利息 4.5 元（9 000×0.05%）；以此类推。借款成功后，客户从次日起就可以还清该笔借款，实际借款天数为 1 天，客户也只需支付 1 天利息；但是在借款当天客户无法还清当天借款。客户可以通过以下三种方式还款。

① 自动还款：客户只需在约定还款日的前一天，确保还款银行卡（即客户借款时选择的收款银行卡）资金足够归还当期应还本金和利息，银行会在还款日凌晨自动扣款。

② 提前还款：客户可以随时进入“微粒贷”，单击“提前还清借款”按钮，根据页面提示完成还款即可。

③ 微众银行 APP 还款：客户可以随时进入微众银行 APP 进行还款。

如果客户在还款时逾期，则自逾期之日起，每天对逾期本金额外收取约定利率 50%的罚息，直至逾期还清，计算公式为逾期罚息＝逾期本金×日利率×50%×逾期天数。由于微粒贷是通过手机 QQ 或者微信开通的，如果客户的 QQ 账号或微信账号被盗，在申请找回 QQ 或微信账号期间，微粒贷借钱功能将不可使用，以保障资金安全。

微粒贷主要通过以下几种方式保证客户的借款资金安全。

① 客户在借钱时只可选择本人财付通绑定的银行卡收款。

② 在客户借钱过程中，对于通过手机 QQ 渠道开通微粒贷的客户，需要验证其财付通支付密码；对于通过微信渠道开通微粒贷的客户，需要验证其微信支付密码及验证手机号，并核实其身份（姓名、身份证）。

③ 对于大额借款，还会进一步通过电话核实客户的身份。

④ 客户借钱后，对于其修改手机号、找回 QQ 号以及修改绑定银行卡都有严格的验证流程；同时，借款资金只会转入指定的本人借记卡账户，因此客户必须要保管好银行卡、银行卡密码及财付通支付密码。

2. 微车贷

微车贷是微众银行推出的“互联网+汽车金融”产品。微众银行与优信合作，选择优信二手车的“付一半”产品作为首个应用场景。“付一半”产品分为“无月供”和“低首付”两种方案。

（1）无月供

客户首付车辆价格一半的费用，即可拥有车辆，两年期间零月供；两年合约到期后，客户可自由选择：

① 由租转买，补齐尾款，完成购买，这种情况等同于分两期支付车款的贷款购车方案。

② 不支付车辆尾款，将车辆退还给优信，结束租赁。这种情况等同于一个两年的租车方案。

（2）低首付

选择低首付客户在购车时根据个人信审情况支付车款的 30%～50%作为首付，即可拥有车辆，剩余车款可以分为 24 期偿还，并享受更低的利率。

微车贷的办理流程主要包括以下几个步骤。

① 申请信审：客户下载并注册优信二手车 APP，在线提交本人的身份证、借记卡（储蓄卡），系统最快 60 分钟反馈审批结果，如图 5-8 所示。

② 通过信审后，客户在线下与优信二手车签署“付一半购买意向书”及“购车协议”，在线上签署“人行征信授权书“及”信息使用授权书”。

③ 刷卡付款：客户使用贴有“优信二手车”标志的专属 PoS 机将刷卡支付首款（可以多次刷卡，但必须当日刷足额）。

④ 客户携带身份证、驾驶证、借记卡（储蓄卡）、付一半购买意向书、购车协议及购车刷卡小票，到优信服务中心获取并签署购车合同。

⑤ 客户通过“优信二手车”APP 在线确认订单，并在线签署和微众银行的借款合同。

⑥ 优信二手车审核通过后，服务中心将协助客户办理车辆过户手续等事宜，并通知客户按时提车。

在优信二手车的“付一半”产品中，车辆的零售价为 3 万～50 万元，客户最低只需支付 30%首付。客户签署购车合同、支付首付款后，约三个工作日优信就可以将款项按照约定支付到指定车商的账户上；车商开始办理车辆过户和车辆抵押手续，各个地区的车辆管理所办理抵押登记的时间周期有所不同。客户在借款时，除了支付必要的利息和融资租赁服务费外，还需要根据当地的实际情况交纳相应的抵押登记费用和 GPS 费用；如果客户选择购买质保服务，还需支付质保服务费。在客户的借款没有还清前，不支持再次借款。

还款日是借款合同中约定的日期，客户可登录优信二手车 APP 查看。目前微车贷支持的还款方式为：还款日前向绑定还款借记卡（储蓄卡）中转入足额资金，到期日银行会自动扣款以偿还欠款。还款过程中不需要支付任何手续费。

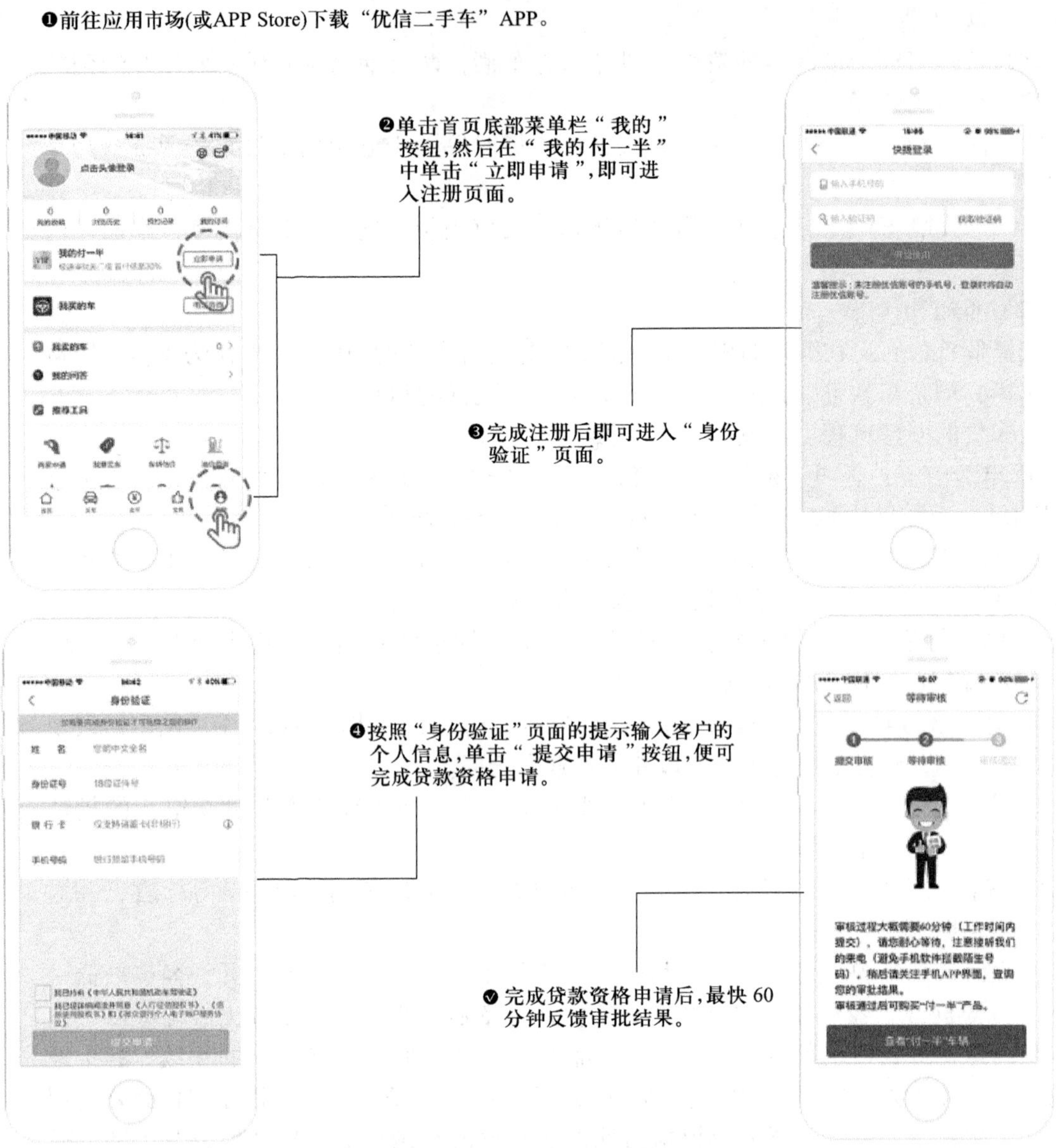

图 5-8 微车贷办理流程图

3. 微业贷

微业贷是微众银行为广大小微企业提供的线上流动资金贷款服务。目前微业贷只在广东、江苏、湖南开放,其他区域将陆续上线。微业贷官方申请入口包括微信公众号“微众银行企业金融”、微众银行微业贷官网和深圳市国税局网上办税服务大厅,它针对企业一般纳税人开放,以纳税识别码及密码登录,通过法定代表人身份验证后即可申请。

原则上企业在任何时间都可以进行借款，但如果在工作日 9:00～17:00 发起借款，则基本上可以当天 30 分钟内到账；工作日其他时间由于无法完成后台人工审批或者支付渠道无法支持付款，借款在第二个工作日才可到账；遇节假日需顺延到节假日后的第一个工作日才能完成放款到账，这期间产生的利息将在 30 个工作日后退回。

企业在申请微业贷时无需任何抵质押（若企业提款则需法定代表人提供连带责任保证），但是需要签订“征信授权协议”与“税银及平台数据授权协议”。企业签订“征信授权协议”将授权微众银行查询企业在中国人民银行的征信记录；企业签订“税银及平台数据协议”将授权微众银行及合作方查询企业的税务信息。企业授信申请审核时间一般在 30 分钟以内，少数情况需要较长的时间。审核结果将以短信方式通知申请企业的法定代表人。微业贷根据多维度的大数据对企业进行综合评估，额度最高可达 300 万元。微众银行根据企业经营状况和信用记录，对企业的授信额度进行定期调整，额度调整将通过短信等方式通知。借款申请提交成功后，资金最快可在 30 分钟内到账。

微业贷单笔借款的期限为一年，在该期限内整笔借款随借随还，按日计息，利率根据风险模型核定，日利率为 0.03%～0.045%，计算公式为每日利息＝剩余未还本金×日利率。微业贷借款按照实际借款天数计息，企业在核额成功后即可获知实际利息。例如，借款金额为600 000 元，日利率为 0.04%，借款期限为 12 期。第一期，每日产生利息 240 元（600 000×0.04%）；还清一期后，剩余本金为 550 000 元，则每日产生利息 220 元（550 000×0.04%）；以此类推。企业的借款分 12 期按月在固定日等额本金偿还，还款固定日为企业首次成功借款的日期。例如，企业在 4 月 18 日首次成功借款，则还款日是每月的 18 日，不分节假日。还款前，企业可登录微众银行微业贷官网查看企业专用还款账户及待还金额。还款资金需由借款企业从他行开立的对公结算账户，划转入官网提示的专用还款账户。如果使用网银转账，则需要选择实时到账的方式。以资金到账为准，转账后需查询还款户余额，系统在账单日将自动批处理扣除专用还款账户内的应还金额。若使用网银转账时在银行列表中找不到微众银行，则可到开立账户的银行柜台进行转账。

如果贷款产生逾期，则从逾期之日起上浮 50%按日收取罚息，计算公式为：逾期罚息＝逾期本金×日利率×（1+50%）×逾期天数，总还款金额＝本金+利息+罚息，逾期行为将影响企业的中国人民银行征信记录。除贷款利息以外，微众银行不收取任何手续费。此外，提前还款也不收取手续费。如果借款由外部其他机构提供担保或保险等服务，微众银行将代收相关服务费。

5.3 消费金融

5.3.1 消费金融概述

微视频 5-3
消费金融

消费金融是指为满足个人或家庭对最终商品和服务的消费需求而提供的金融服务。目前在我国有传统消费金融公司、银行搭建线上消费金融平台、互联网消费金融公司、基于电子商务平台的互联网消费金融等运营模式。作为一种全新的金融工具，消费金融对于释放国民消费潜力、提升经济发展质量具有重要作用。我国消费金融市场发展快速。2017 年，中国个人消费信贷需求强劲，传统金融机构消费信贷当年增加 3.89 万亿元，为历史最高增量，年底余额达 9.80 万亿元。互联网平台消费信贷发展时间较短，规模保持快速增长，2017 年年底余额为 3 500 亿元。从目前的规模来看，消费信贷市场仍将保持快速增长，预计到 2019 年年底，我国消费信贷余额将达 14.67 万亿元。

互联网消费金融是“互联网+消费金融”的新型金融服务方式。在我国，互联网消费金融有着特定的经营服务范围。《关于促进互联网金融健康发展的指导意见》将互联网金融业态分为互联网支付、网络借贷、股权众筹融资、互联网基金销售、互联网保险、互联网信托和互联网消费金融七大类。其中，互联网支付、网络借贷和互联网消费金融属于广义消费金融范畴。但是从该指导意见的表述上看，我国对互联网消费金融采取了相对严格的界定：一是互联网消费金融不包括互联网支付内容，两者分别属于中国银行保险监督管理委员会和中国人民银行监管；二是互联网消费金融不包括网络借贷，特别是 P2P 网络借贷；三是互联网消费金融业务的缩小化。

因此，本书中的互联网消费金融是指银行、消费金融公司或互联网企业等市场主体出资成立的非存款性借贷公司，以互联网技术和信息与通信技术为工具，以满足个人或家庭对除房屋和汽车之外的其他商品和服务消费需求为目的，向个人或家庭出借资金并允许其分期偿还的信用活动。通常这类贷款形式具有金额小、期限短、无须进行贷款等特点，自推出以来受到了消费者的广泛欢迎。

无论是传统金融机构，如商业银行、消费金融公司等，还是以京东、阿里巴巴等为代表的电子商务企业，这些主体都在通过不同的方式和途径推动互联网消费金融产业快速发展，使完整的互联网消费金融产业链得以形成。在这条产业链上，主要包括四类参与者，如图 5-9 所示。

① 消费者，即资金需求方，是消费金融的核心，他们利用金融机构提供的资金进行消费，在约定时间进行偿还。

② 金融机构，即资金提供方，包括商业银行、消费金融公司、电子商务企业等，根据消费者的信用状况、消费能力等提供资金给消费者。

③ 电子商务平台等。

④ 行业监督者，包括中国银行保险监督管理委员会、消费品领域委员会、行业协会等。

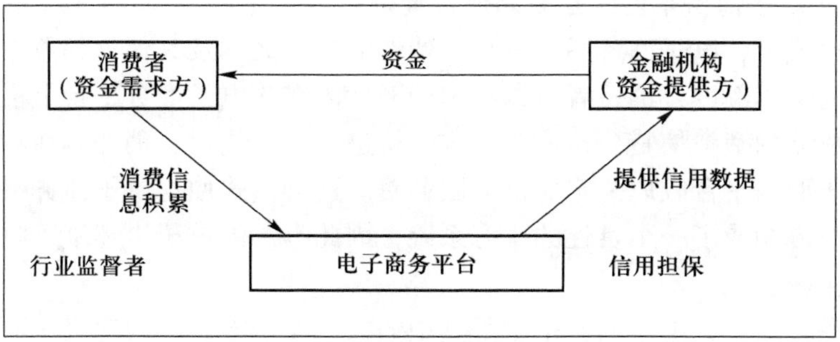

图 5-9　互联网消费金融产业链

具体而言，互联网消费金融呈现出如下特点。

① 在范围上，互联网消费金融将服务对象扩展至健康、旅游、日常消费等价值低、期限短的商品。

② 在资金筹集方式上，互联网消费金融的资金筹集方式以线上为主，资金渠道更加广泛。

③ 在授信方式上，互联网消费金融在进行审批时除了可以借鉴传统的审批方式外，还可以借助现代化的信息技术获得消费者的历史交易金额、交易频率等信息，以此考察消费者的信用状况，从而决定是否向其放贷。

5.3.2　消费金融的运营模式

互联网消费金融与传统消费金融最大的不同体现在资金的筹集方式上，即互联网消费金融在资金筹集上依托线上的筹集方式，如通过商业银行的线上业务、互联网消费金融公司、电子商务平台等其他创新企业进行消费信贷业务。

目前，我国互联网消费金融有以下三种运营模式。

1. 银行搭建线上消费金融平台

传统商业银行依托自身的客户资源和金融服务优势，通过创新线上消费服务模式，搭建起旅游频道、购房中心、汽车城等子消费平台，并在其中嵌入线上消费信贷服务，为消费者提供线上消费体验。

2. 互联网消费金融公司

互联网消费金融公司的运营模式以不吸收公众存款，且小额、分散为原则，通过自有资金为我国境内居民个人消费提供个人耐用消费品贷款及一般用途个人消费贷款。2015 年，重庆百货与其他五家公司共同发起设立了国内首家互联网消费金融公司——

马上消费金融股份有限公司。与传统消费金融公司最大的不同是，该公司搭建了互联网平台，从基础设施、平台、渠道、场景四个方面扩展互联网平台业务，从而实现“无边界、全渠道”的经营服务。

3. 基于电子商务平台的互联网消费金融

在该模式下，电子商务平台分析消费者的交易数据及其他外部数据，向消费者提供数额不等的信用额度，消费者可以在信用额度内在该电子商务平台上进行消费，由电子商务平台成立的消费信贷公司或第三方机构进行资金垫付，消费者在约定的还款期限内还款，电子商务平台收取一定比例的服务费。这种模式使得电子商务平台、资金提供方和消费者三方构成了一个良性的生态系统，因此本书侧重于讲述基于电子商务平台的互联网消费金融。

在这种模式中，电子商务平台是其中的核心参与方，因为它直接面对消费者，并且在商品渠道、支付渠道上掌握了消费者的信息流、商品流、资金流等信息，这样多维度的信息将能够快速促使信息对称，降低风险发生的概率。这些信息的掌握成为电子商务平台参与消费金融市场的核心能力。同时，利用这些信息可以了解消费者的消费习惯、消费需要等，提高自身的销售额，从而成功地将消费需求与资金联系起来。

目前依靠电子商务平台来进行消费金融运作在国外已经有成功的例子。例如，日本乐天、美国运通等，都成功地从原来业务单一的公司发展为金融集团，但在我国该模式的消费金融仍处于初步发展阶段。不过从 2014 年开始，我国的各大电子商务平台纷纷涉足消费金融领域，其中最知名的莫过于京东白条、蚂蚁花呗、苏宁任性付。而蚂蚁花呗更是走出阿里巴巴平台，接入了唯品会、亚马逊、大众点评等 40 多个电子商务平台。主流电子商务平台和传统银行的消费金融业务的比较分析如表 5-7 所示。

表 5-7　主流电子商务平台和传统银行的消费金融业务的比较分析

比较项	主流电子商务平台			传统银行
	京东白条	蚂蚁花呗	苏宁任性付	银行信用卡分期
消费场景	京东商城自营产品、部分第三方商户的实物商品和 170 手机号购买	淘宝、天猫商城（不支持部分商户、商品）、唯品会、亚马逊等 40 余个电子商务平台	苏宁易购、苏宁云商、部分合作商，虚拟商品除外	国美在线商城（支持银行有招商银行、中国民生银行、北京银行、中信银行、广发银行、中国建设银行、兴业银行、中国农业银行）
手续费（月）	0.5%~1%	2.5%~8.8%	0.498%	0.9%~8.4%（最低是中国建设银行，最高是广发银行）

续表

比较项	主流电子商务平台			传统银行
	京东白条	蚂蚁花呗	苏宁任性付	银行信用卡分期
分期付款特点	①最长30天延后付款期：30天免息；②3~24个月分期付款：利率为0.5%~1%	每月10日固定日期还款：最长免息期41天，最短免息期11天	30天免息，指定商品3零分期（0首付、0利息、0手续费），最长分期5年（特殊商品）	按3、6、12期支付（中国建设银行支持按18、24期支付），通过网络使用信用卡即可完成分期付款
逾期费率（日）	0.03%	0.05%	0.05%	一般为0.05%
最高信用额度及特点	1.5万元；大多数客户的信用额度不超过1万元，普通客户的信用额度只有6 000元	从几千元到3万元不等；钻石级买家：8 000元；三心级买家：1 000元	V1客户：3 000元；V2客户：5 000元；V3客户：8 000元；最高可达20万元	参照相应发卡银行信用卡授信额度（最高一般为50 000元）

5.3.3 消费金融与互联网银行产品的对比

从贷款流程和利率来看，微众银行的微粒贷和网商银行的网商贷与各种消费金融产品非常相似。

1. 申请渠道均为线上申请

由于不设置物理网点，网商贷和微粒贷与消费金融产品一样均只可在线上操作，而传统银行的个人信用贷款业务在线下线上均可操作。

2. 审核流程简单高效

微众银行与网商银行的产品在放款资质审核方面，基本依赖于后台的大数据风险控制平台，而不像传统银行那样要求客户提供个人资产证明等文件证明，大大简化了客户需要提供的资料，以及审批手续。

3. 申请门槛较低

在此类风险较高的无抵押信用贷款中，传统银行对客户资质的要求较高。例如，中国工商银行的个人信用贷款，需要客户是其优质法人或机构中的高级管理人员及具有高级专业技术职称的人员，或者是其私人银行、财富管理、牡丹白金卡或理财金账户客户。而目前微众银行和网商银行的产品大多实行邀请制，所以受邀客户开通相关产品并不存在问题。微粒贷的相关数据显示，其近65%的用户为25~35岁，具有大专及以下学历的客户占比为72%，而这部分客户在传统银行获取同类贷款的难度较大。

4. 较高的个性化利率，较低的贷款额度

微众银行与网商银行的贷款利率均根据客户资质来确定，信用好的客户可获得更低的贷款利率。但总体来说，它们的日利率为0.02%~0.05%，年化利率为7.3%~18.25%，高于传统银行4.35%~4.9%的利率。但该利率对于民间借贷来说还是具有一定的优势的，所以对长尾市场中的客户来说仍具有吸引力。微粒贷的每笔业务都非常“微小”，平均每笔放贷不到 1 万元，超过 99%的客户贷款少于 5 万元，88%的客户贷款少于 2 万元。

新网银行的产品与传统银行的消费金融产品不同，它倾向于向社会中产阶层提供资金服务，目前市场上的消费金融产品往往与医疗美容、信息家电消费场景相关，额度较小，对社会中产阶层没有实际的意义。这一人群的资产配置比较丰富，在某些场景下有流动性的需求，而新网银行的产品贷款额度较大，可以很好地满足他们资金周转的需要。

互联网银行产品与部分消费金融产品的对比如表 5-8 所示。

表 5-8　互联网银行产品与部分消费金融产品的对比

比较项	网商贷	微粒贷	好人贷	京东金条	360 借条	小米贷款	万达贷
申贷条件	支付宝、淘宝、1688 等商户	微信、QQ 用户；需参考中国人民银行征信系统	全网用户	京东白条用户	白名单邀请制，需要是 360 用户	使用小米手机，参考小米信用分	白名单邀请制
申请渠道	网商银行网页/APP	微信钱包、QQ 钱包	新网银行微信公众号、新网银行 APP	京东金融 APP	360 借条 APP	小米金融 APP	万达贷 APP
贷款额度	500 元~30 万元	500 元~30 万元	5000 元~20 万元	最高 10 万元	500 元~20 万元	500 元~100 万元	1000 元~2 万元
贷款日利率	0.02~0.05%	0.045~0.05%	0.04%左右	0.05%	最低 0.03%	0.05%	0.03~0.04%
还款期限	6/12 个月	5/10/20 个月	最多 36 个月	1/3/6 个月	3/6/12 个月	因人而定	最多可借 30 天
逾期罚息	逾期本金×罚息率（日利率×1.5）×逾期天数	逾期本金×罚息率（日利率×0.5）×逾期天数	暂不明确	逾期本金×罚息率（日利率×1.5）×逾期天数	暂不明确	逾期本金×罚息率（日利率×1.5）×逾期天数	暂不明确
提前还款	可提前，不收费	可提前，不收费	可提前，不收费	可提前，不收费	可提前，不收费	可提前，不收费	可提前，不收费

5.4　互联网银行未来发展

5.4.1　互联网银行的优势

1. 方便快捷，互联网模式的运营效率大大提高

在传统柜台业务模式下，客户经常会感受到排队等待、服务不周、贷款难批等

“痛点”，而且这样耗时费力，与现代社会的快节奏不符，极大地提高了办理业务的成本。而互联网银行创造出全新的金融服务体验模式——贷款流程互联网化，不设物理网点、柜台和分支机构。客户在线“刷脸”开户，足不出户，即可完成一切金融业务交易，并且不受时间、地点、空间等的约束，享受持续的服务；此外，计算机快速、自动化、网络化的处理方式，使得烦琐的传统服务手续和客户跑物理网点的时间得以节省。

2. 相对低廉的成本结构

传统银行均是通过建设物理网点来提高市场占有率的，这使得其成本包括维护ATM、门店等的成本，以及贷前尽职调查、贷后尽职管理等的成本。上市银行公开的财务数据显示，开设物理网点的费用占银行全部成本的50%~65%。互联网银行则摒弃传统的物理网点扩张模式，所有获客、风险控制、服务都在线上完成，从而节省了物理网点建设所需要的租金和购置物业的资本性支出，也无须支付庞大的人工成本。此外，由于互联网银行采用云服务，因此大大降低了信息技术方面的投入。微众银行利用海量服务分布式的架构，将成本下降了80%，其最终目标是将单个账户的IT成本（传统小型银行为100元，大型银行为20~30元）降至1元。因此，互联网银行有较大的让利空间，可以提供更高的储蓄利率、更低的贷款利率和服务费率，从而切实缓解“融资难、融资贵”问题，满足普惠金融的要求。

3. 金融资源配置的公平性、普惠性

与传统银行的大企业、大项目定位不同，互联网银行全力打造“个存小贷”品牌。微众银行的成立是商业银行与互联网的深度融合，也是探索普惠金融之道的大胆尝试。互联网银行主攻互联网人群，服务不再有VIP客户和草根之分，使得金融资源配置的公平性得到保证。无论是客户“刷脸”开户、征信，还是分析每一个客户积累的大数据，都是由计算机程序自动完成的，没有主观因素掺杂在其中，对所有客户都一视同仁。同时，基于信息公开透明的互联网特性，一方面资金需求方可以自由选择适合自身需要的产品，另一方面互联网银行的产品也可以有效地覆盖到社会各阶层，甚至是全世界的客户。

4. 基于大数据开展业务，创新授信体系

互联网银行具有先天的大数据和流量优势，大大降低了信息的不对称性，也为信用风险管理提供了新的工具。通过“刷脸”识别客户，可以由软件去分析大数据，评定客户信用等级，授予客户相应的贷款金额，省去传统的信用调查、上门担保等过程。微众银行依托腾讯及其生态圈，对社交媒体积累的海量信息进行甄别并加以综合，为客户建立基于线上行为的征信报告，并将庞大的社交群体作为其潜在的客户，这使得其具有很强的竞争力。网商银行则定位于在支付宝、淘宝、天猫等平台上从事一定年限商业活动的客户，通过对客户在线上积累的100天大数据分析得出其信用状况。

5.4.2 互联网银行面临的业务层面问题

互联网银行尽管基于互联网金融对银行商业模式进行了颠覆性的创新，突破性地采用了完全网络化运营、大数据应用、深入开发长尾市场等经营模式，但是要在现阶段的市场条件下顺利地投入运营，在实际运营中发挥其功能，还需要解决以下诸多业务层面的问题。

1. 远程开户问题

互联网银行没有物理网点，客户无法像传统银行一样以面签的方式进行实名认证，开设银行电子账户。若按照直销银行的远程开户方式，即客户自助填写注册信息并提供由传统银行签发的实体银行卡，通过信息核查后将实体银行卡与虚拟银行账户绑定，最后结合账户小额划款验证等交叉验证方式完成间接实名认证，实现虚拟账户的开设，互联网银行仅能从传统银行存量用户中吸纳客户，必然会受到传统银行的牵制。若委托合作银行，通过其物理网点完成开户，该方式虽然可靠却违背完全网络化运营追求服务高效、便捷的初衷，而且合作银行能率先识别客户进而抢夺客户资源。

2. 吸收公众存款问题

一方面，拥有互联网企业背景的互联网银行属于Ⅱ类户（Ⅱ类户可以通过电子方式办理资金划转，购买投资理财产品、办理限定金额的消费和缴费支付等，但不能存取现金，不能向非绑定账户转账），导致其无法获得可持续、低成本的资金来源，制约贷款规模，无法满足未来开发长尾市场的资金需求。另一方面，电子银行和互联网货币基金对互联网银行的替代程度高。其中，电子银行的业务体系较为全面，涵盖大部分银行业务，可在线销售各类存款和理财产品，而且电子银行账户大多与实体银行的账户绑定，因此在银行存量客户中覆盖面广，由于客户黏性的存在，互联网银行难以吸引电子银行客户的存款向其转移。而互联网货币基金的认购门槛低，采用 T+0 赎回机制，收益率高于同期活期存款利率，对于利率敏感的客户更具有吸引力。互联网银行在存款利率管制尚未完全放开的情况下，无法发挥存款的价格竞争机制，面临存款流失的风险。

3. 存款准备金交付问题

《中华人民共和国商业银行法》第三十二条规定，商业银行应当按照中国人民银行的规定，向中国人民银行交存存款准备金，留足备付金。互联网银行依据《中华人民共和国商业银行法》的规定需要交存存款准备金，但因它为“纯网络无实体”模式，无物理网点和金库，其存款需存放在其他商业银行中，交存存款准备金依然要依靠其他合作银行去完成。它的存款准备金的交存标准和交存方式是怎样的、各家合作银行是否向其收费、如何避免重复交存存款准备金等问题都亟待解决。

4. 如何保障系统安全

互联网银行的计算机应用系统由应用服务器、数据库服务器、网站服务器和客户端组成。由于其业务完全基于网络渠道，业务处理基本上都依靠系统自动完成，交易记录、客户信息等数据都是以电子化的方式存储的，与传统银行相比更倚重系统安全；但与此同时互联网系统与各类外部系统对接，使整个系统对互联网敞开，因此面临着比传统银行更严重的系统安全风险。系统安全风险来自计算机系统故障、黑客入侵、计算机病毒破坏三个方面，这些风险将会造成系统无法运转、客户资金被盗、存储数据丢失等问题，给互联网银行造成经济损失并影响其声誉。另外，“双十一”等购物活动中密集的网购交易产生的大量支付结算业务，亦会给互联网银行系统的运行造成巨大压力。

5.4.3 互联网银行的发展

1. 对策建议

（1）拓展多层次开户体系，降低开户门槛

① 借鉴现有的开户方式。第一，设置客户自助开户程序。由客户自助填写注册信息，上传身份证扫描件或其他有效证件，通过与全国公民身份信息系统联网比对、手机短信确认等交叉验证方式实现远程开户。第二，利用互联网金融现有的客户和数据资源。例如，阿里巴巴旗下的支付宝实名用户数达3亿，记录着用户各类真实信息，可有效验证用户身份的真实性；网商银行依托大数据技术重点挖掘这类客户的信息，客户开户时可将有效信息映射至网商银行开户系统，以免除填写信息等开户手续，从而直接将阿里巴巴的用户流量转为网商银行的现实客户。

② 借助物联网远程开户。物联网将互联网延伸至物理世界，通过用物联网感知层技术验证开户人身份信息替代传统的实地面签。例如，用人脸识别技术获取人脸的生物学特征，再比对全国公民身份信息系统中的身份信息能准确识别个人身份，并结合其他交叉验证方式，保证客户良好的使用体验。2015 年 1 月 4 日微众银行首笔贷款业务即是在人脸识别技术的帮助下完成的；同年 3 月马云在德国汉诺威消费电子、信息及通信博览会中展示了使用基于人脸识别技术的 Smile to Pay 支付认证技术完成网购支付，充分说明该技术运用的可行性。

（2）创新存款业务，吸引存款流入

第一，服务价格优惠。将运营成本降低并以减免转账手续费、账户管理费的方式回馈客户，降低客户交易成本。第二，提供增值服务。例如，网商银行可以依据存款额度等指标增加贷款授信额度，或联合阿里巴巴平台向客户发放购物红包，增加客户效用和客户黏性。第三，推广移动支付。开发手机应用程序，将二维码支付（二维码反扫）、指纹支付等移动支付方式用于线下实体商店消费。第四，创新存款产品。开发特色存款增值产品，兼顾高收益和流动性，同时满足闲散资金理财和便捷消费需求。

（3）自建 P2P 网络借贷平台，弥补存贷款业务缺口

互联网银行在目前难以通过吸收公众存款来支撑贷款业务的情形下，可以主动摆脱对存贷利差盈利模式的依赖，一方面自建直接融资渠道 P2P 网络贷款平台，以中介费用作为新的利润增长点；另一方面充分利用自身数据、客户资源和技术的积累，实现多

元化经营的范围经济。互联网银行的 P2P 网络借贷平台应由其子公司或内部机构经营管理，面向不满足于传统存款理财、追逐更高收益、能承担相应风险的投资者和长尾市场中存在融资需求的小微企业，由各方自行发布交易信息并自主成交，互联网银行仅作为交易撮合平台，基于大数据进行资质审核、风险控制及提供相应信息服务，不提供担保赔付，不承担借贷业务的风险。

（4）建立完善的存款保险制度

以美国的网络银行为例，其全部加入联邦保险存款制度。在我国，2015 年 2 月 17 日，国务院发布《存款保险条例》。随着微众银行等民营银行进入银行业市场，竞争更加激烈，存款保险制度的建立有利于保护存款人利益和金融稳定。对于互联网银行而言，存款保险也有助于其获得客户信任，促进互联网银行稳定、持续、健康地发展。

（5）以云计算构建银行系统，增强系统安全

云计算以虚拟化技术为核心，依托计算服务、存储服务、宽带资源的大型服务器集群，通过网络向客户提供灵活的软件、硬件资源和计算服务。将云计算用于互联网银行系统的构建可以增强系统弹性，灵活增减 IT 资源，避免系统安全风险，从而降低设施购置和维护的成本。互联网银行部署云计算的一种方式是将云计算外包给云服务提供商，以获取专业化的云服务，避免自建云计算系统而带来的高额成本。例如，网商银行的金融云系统即由阿里巴巴的云服务提供商阿里云提供技术支持。

2. 发展前景

（1）发挥成本优势，共享收益

互联网银行不设立物理网点的特点，因此能够节省传统银行所需的大规模场所、员工和客户信息搜寻成本；同时，互联网银行的金融电子化特点与小微企业客户小额、短期、高频的理财和融资需求相适应，能够解决传统银行处理此类业务交易和信息成本过高的问题。在未来的发展中，这些低成本优势又可以支持互联网银行将节省的费用一部分转化为高额利润与股东共享，一部分转化为较高的存款利息、低收费、部分服务免费等与客户共享，有利于进一步扩大客户市场。

（2）积累信用信息数据，加速资源配置效率

基于互联网提供金融服务的互联网银行，能够在任何时间、任何地点以任何方式为客户提供方便、快捷、高效和可靠的全方位实时金融服务，从而满足了客户的个性化需求，节约了客户的交易时间，减少了中间环节，提高了金融服务的质量和效率，并能够积累信用信息数据，使信息更加透明，这使得资金提供方能够迅速做出决策，资金需求方也能够快速获得所需要的资金，同时也节省了资金需求双方进行借贷的时间和精力，提高了资源配置效率。

（3）客户黏性不断增强，扩大客户市场

随着我国互联网的不断普及和电子商务的快速发展，网络平台积累了庞大的数据资料，随着这些网络平台的发展和新网络平台的搭建，客户规模将不断扩大，客户黏性会

不断加强。据了解，腾讯拥有 8 亿月活跃 QQ 用户及 10 亿月活跃微信用户，阿里巴巴拥有 8.7 亿支付宝用户，此外还拥有阿里小贷、芝麻信用等平台。两者都积累了包括社交、游戏、交易等数据在内的大量客户信息，可以通过对数据进行分析，对客户进行授信及细分等活动。在阿里巴巴得到银行牌照之前，其业务其实已经渗透到了银行传统的“存”“贷”“汇”业务；获得银行牌照后，则意味着阿里巴巴的“存”“贷”业务将彻底打通，这些都为其积累了丰富的经验和庞大的客户基础，有利于互联网银行的发展。

互联网银行的发展具有双面性，既有投资少、维持费用低、不受时空局限、业务功能强大、信息传递瞬时等优势，又有安全性较低、进入门槛较低、风险易扩散等劣势。在经济全球化的时代，各国之间的经济联系越来越紧密，我国金融业的改革全球瞩目，随着经济全球化和信息时代的到来，传统的银行发展模式已经发生了不可逆转的变化，从传统银行到互联网银行，银行从实体化向虚拟化发展，这实际上是一个不断“扬弃”的过程。互联网金融的发展将不断推动金融业的改革创新，以不断适应时代的发展需要，可以说互联网银行是未来银行业必不可少的组成部分和发展的必然趋势。

3. 互联网银行与传统银行关系——竞争与合作

传统商业银行的核心能力在于处理复杂和个性化的业务，它具有存款、贷款、汇款三合一的能力。此外，因为它有物理网点，也易于取得客户的信任。互联网银行则擅长于量大、笔数小，比较简单且标准化的业务，其经营成本低，服务方便快捷。例如，网商银行基于金融云，每年单账户成本只有约 0.5 元，单笔支付成本约 0.02 分钱。此外，互联网银行还有一个优势就是拥有大数据处理技术，信用评价和风险控制模式都可以基于大数据来完成。例如，微众银行成功完成的第一笔贷款业务正是大数据技术在金融领域应用的集中反映，是数据应用驱动金融服务领域发展的具体表现。

互联网银行和传统银行不是完全对立的，它们之间是一种竞争与合作的关系。互联网银行将倒逼传统银行改革。面对民营银行、互联网金融等新兴金融服务主体的兴起，以及发展普惠金融、服务实体经济的迫切要求，传统银行也在积极地进行改革和创新。以中国邮政储蓄银行为例，该银行正开始实施新一轮 IT 规划，发起设立大数据平台、云计算平台和电子商务平台，并计划借助其在全国的 4 万个网点，努力构建一个线上到线下（O2O）的立体化金融服务网络。

同时，互联网银行因其市场份额有限，刚起步时面临着许多生存挑战，不可能完全颠覆传统银行。毕竟传统银行有数百年的发展历史，互联网银行仍然有很多业务无法与传统银行相提并论。相反，两者还存在着深厚的合作关系。例如，微众银行和网商银行更多地将自己定位为一个服务整体金融体系的开放性平台。为了实现这一目的，它们必将努力与传统金融机构开展同业合作。2015 年 5 月 23 日，微众银行首席信息官马智涛在深圳银行业安全研讨会暨 2015 深圳金融 IT 界（银行业）行业交流营中强调，微众银行“只有 30 亿的注册资金，在这个基础上去开展同业合作是非常重要的战略定位，我们希望把微众银行打造成一个可以聚集同业资源的平台。微众银行更像是一个有银行牌照的互联网中间平台，所以我们希望在这个平台上真正把同业合作的基础建立起来，这也对整个IT平台架构提出了不一样的要求。”因此，互联网银行给银行业带来的冲击是暂时的，从长期看会极大地促进中国银行业的健康发展。

【本章小结】

互联网银行采用数据挖掘技术，不设立物理网点，其业务主要定位于小微企业和个人消费者，与传统银行商业模式相比具有颠覆性创新，但它在远程开户、吸收公众存款、存款准备金交存、保障系统安全等方面仍存在问题。

消费金融是指为满足个人或家庭对最终商品和服务的消费需求而提供的金融服务。目前在我国有传统消费金融公司、银行搭建线上消费金融平台、互联网消费金融公司、基于电子商务平台的互联网消费金融等运营模式。作为一种全新的金融工具，消费金融对于释放国民消费潜力、提升经济发展质量具有重要作用。

【关键术语】

互联网银行　消费金融

【思考题】

1. 互联网银行具有哪些突出的特点？未来互联网银行具有怎样的发展趋势？
2. 狭义的互联网银行与直销银行存在哪些差异？
3. 互联网银行产品与消费金融存在哪些差异？
4. 互联网银行会对传统商业银行产生哪些影响？商业银行应如何改进以应对竞争？
5. 互联网银行如何在未来的发展中占据更大的市场份额？

【案例分析】

中信与百度联合发起的百信银行正式开业

2017年11月18日，由中信银行与百度联合发起设立的百信银行在北京市朝阳区举行了业务发布会，百信银行正式开业。它也是全国首家获批的独立法人形式的直销银行。

中国人民银行副行长范一飞在发布会上表示，百信银行的成立顺应了金融科技发展浪潮，是传统银行主动拥抱互联网技术的典范和商业银行战略转型的有益尝试，是践行数字普惠金融的积极探索，更是银行业响应国家战略的重大创新试验，具有重要意义。“希望百信银行以科技为金融赋能，打造一批差异化、场景化、智能化的创新金融产品和服务，为践行普惠金融、支持实体经济发展做出更大贡献，走出一条有别于传统银行的创新发展之路。”范一飞对百信银行未来发展提出了殷切期望。

1. 以科技为基石做直销银行探索者

百信银行（aiBank）全称为“中信百信银行股份有限公司”，由中信银行与百度分别持70%、30%的股份联合发起。百信银行以“为百姓理财，为大众融资”为市场定位，依托中信银行强大的产品研发及创新能力、客户经营及风险控制体系，以及百度互联网技术和用户流量资源，满足客户个性化金融需求，打造差异化、有独特市场竞争力的直销银行。

金融科技浪潮推动下的新金融正在逐步尝试运用新型运作模式来满足客户日益增多的个性化需求。百信银行作为新型银行的探路者，无疑有着非同一般的意义。在开业发布会上，中国银监会副主席曹宇对百信银行开业的意义给予了充分肯定。他指出，百信银行作为我国首家独立法人形式的直销银行，是商业银行适应市场需求和互联网发展趋势的有益尝试。中国银监会积极支持商业银行在依法合规、风险可控的前提下，稳步开展直销银行子公司试点。曹宇表示：“希望百信银行切实做好试点工作，强化普惠金融服务，坚持合规审慎经营，走专业化、特色化经营道路。”

而百信银行选址北京市朝阳区也为其自身赢得了更多的优势。北京市朝阳区具有优秀的商务资源，对外交流活动十分频繁，百信银行落户朝阳为其今后的发展奠定了良好的基础。北京市委常委、副市长阴和俊对于百信银行落户朝阳区感到高兴，他表示，百信银行能够选址北京，落户朝阳区，充分体现了中信银行与百度对北京营商环境的认可和信赖。“希望百信银行能够充分发挥自身优势，服务首都的实体经济，为首都普惠金融发展做出重要的示范。”

2. 聚焦智能和普惠打造智慧金融服务平台

科技金融、普惠金融是当下金融业的主题，百信银行与“百姓银行”虽一字之差，其战略规划却处处体现着普惠的关怀。中信银行董事长、百信银行董事长李庆萍在百信银行业务发布会上介绍称，百信银行将坚持“市场化、差异化、智能化”的发展方针，牢固树立普惠金融理念，以客户为尊，服务重心聚焦个人、小微企业和“三农”，将普惠落到实处。

未来百信银行将聚焦智能和普惠，构建智能账户、智能风控和智能服务等核心能力，主要针对传统银行服务薄弱和未触达的空白领域进行错位发展。通过“线上+线下”“商业+银行”的差异化发展模式，积极构建泛场景生态圈，将银行服务深度融入各类生活场景和产业生态，实现生态共融、协作共赢。

在发布会上，百信银行行长李如东对百信银行的三大业务板块进行了介绍。在消费金融方面，百信银行将推出小额、高频、纯信用、全线上的百分贷，通过智能风控和智能获客精准匹配客户的信贷需求，实现秒批秒贷；在小微企业融资方面，将推出小微企业融资产品——百兴贷，依托交易场景创新风险控制模式，实现线上申请，实时审批，为小微企业提供可信、可获得、可负担的金融服务；在财富管理方面，即将推出一款智能理财产品——智惠宝，为客户提供智能化、场景化、一站式、较高收益的线上理财。

李庆萍对百信银行的业务做了更为详细的补充："百信银行针对个人客户几乎没有门槛，个人客户的贷款大致会在30万元以内，只要有需求，且符合'评分卡'技术内部的风险控制和画像所设定的条件，就可以进行贷款。小微企业的额度会相对大一些，会设定在200万元以内。在支持'三农'方面，百信银行则主要基于互联网和大数据优势，只要客户想在网上做业务，便可以判断其还款意愿和还款能力，并进行用户画像，从而更好地开展'三农'方面的业务。"

3. 基础实力雄厚，前景更具想象力

直销银行作为一种新型银行运作模式，客户主要通过网络、电子银行、手机等渠道获取银行产品和服务。因此，科技对于百信银行的支撑作用至关重要。百度一直走在新兴技术发展的前列，而百信银行则拥有国内顶尖的客户资源和风险控制能力，这些资源将为百信银行的发展提供有力的支撑。

中信集团董事长常振明对百信银行的未来充满了信心并表示，中信集团将坚定地支持百信银行发展，为其提供平台、技术、数据和资源支持，助推百信银行战略落地，并以百信银行成立为契机，加快中信集团"互联网+"转型工作。百度集团总裁兼首席运营官陆奇也表示，人工智能在智慧金融时代将成为基础设施和核心驱动力，百信银行的成立恰逢其时。百度将把人工智能技术输出给百信银行，将其打造成最懂用户、最懂金融产品的智慧金融服务平台。

百信银行的开业开创了直销银行的先河。从2013年开始，国内的大多数银行已经开始探索直销银行，数量也有几十家之多，但都只局限于银行内的一个部门，到目前为止，独立法人形式的直销银行仅有百信银行一家。在百信银行计划筹建的两年内，其他传统银行以及互联网巨头在直销模式上的探索已经硕果累累，这为百信银行今后的发展提供了很多丰富的营养，国家政策上的有力支持也使百信银行迈向未来的步伐更加有力。

百信银行拥有百度海量用户资源的同时，百度强大的搜索能力和各种应用场景也将成为其未来客户业务生长的土壤，而基于用户消费行为形成的大数据和云计算更可能使百信银行的业务呈现爆发式的增长。直销银行虽然是一种新型银行运作模式，但受银行发展趋势以及政策导向的影响，相信未来的普及度将会大大提高。近几年，百度一直致力于人工智能技术的研究且已达到了国内领先水平，这也使得百信银行的未来更具想象力。

（资料来源：2017年12月25日，中国金融家）

问题：根据本案例，谈一谈百信银行的经营模式，以及它与微众银行和网商银行的相同点和不同点。

【参考文献】

[1] 刘思平．网商与微众[J]．金融博览，2015(8)：10-11.

[2] 王信淳．纯网络银行及其监管问题研究[J]．海南金融，2015(7)：71-74.

[3] 陈一稀．美国纯网络银行的兴衰对中国的借鉴[J]．新金融，2014(1)：58-62.

[4] 唐方方．中国互联网个人征信机构差异分析与合作模式探讨[J]．清华金融评论，2015(9)：93-98.
[5] 张文博，宋国军．美国个人征信市场化运作特点，监管措施及对我国的启示[J]．华北金融，2015(5)：35-37.
[6] 刘玉龙．个人征信业蓄势待发[J]．金融世界，2015(8)：66-71.
[7] 李晗．消费金融公司的国际经验与启示[J]．银行家，2013(11)：14-17.
[8] 邱峰．新兴金融业态：纯互联网银行模式研究[J]．吉林金融研究，2015(4)：34-39.
[9] 中国金融四十人论坛互联网银行课题组，张晓朴，姚勇．互联网银行风险管理：基于传统银行的比较研究[J]．新金融评论，2017(2)：95-118.
[10] 张爱军．互联网银行发展模式与借鉴：基于美国的经验[J]．新金融，2015(6)：61-64.
[11] 刘卫锋．海外互联网银行法律制度及其启示[J]．理论月刊，2017(1)：168-174.
[12] 戴德宝，薛铭．互联网银行与传统银行合作策略选择的博弈研究[J]．武汉金融，2016(12)：8-12.

第 6 章

P2P 网络借贷

【教学目标与要求】

1. 了解境内外 P2P 网络借贷的发展历程。
2. 了解境内 P2P 网络借贷不同资本系列的优缺点。
3. 了解 P2P 网络借贷的不良模式以及未来的发展趋势。
4. 了解 P2P 网络借贷与银行微贷的异同。

【知识架构】

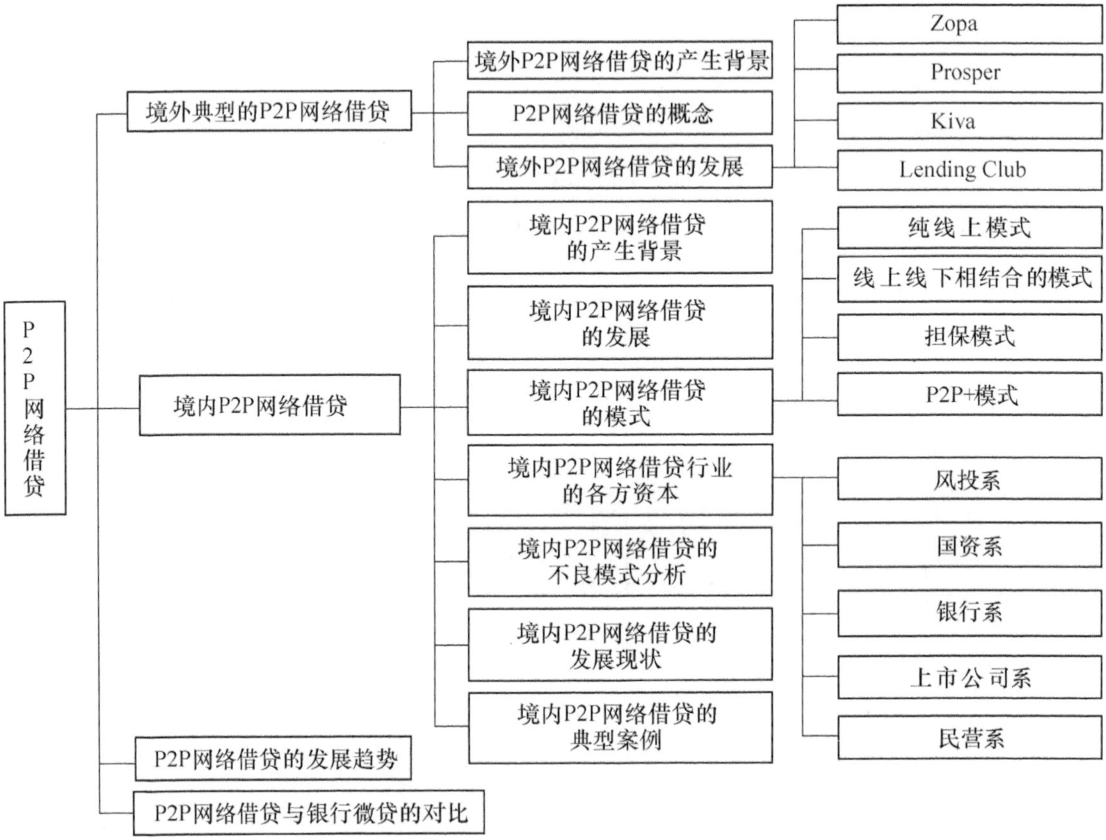

【导入案例】

2017 年是 P2P 网络借贷的监管年

为了贯彻落实党中央、国务院关于网络借贷行业制度建设的有关工作部署和要求，规范网络借贷行业的健康发展，2016 年 8 月中国银监会等部门正式发布《网络借贷信息中介机构业务活动管理暂行办法》（以下简称《办法》），确立了网络借贷行业监管体制及业务规则，明确了网络借贷行业的发展方向，为网络借贷行业的规范发展和持续审慎监管提供了制度依据。

《办法》出台后，按照网络借贷行业"1+3"（一个办法三个指引）制度体系，中国银监会会同相关部门于 2016 年 11 月发布了《网络借贷信息中介机构备案登记管理指引》，这份文件的主要目的是建立健全网络借贷信息中介机构备案登记管理制度，加强网络借贷信息中介机构的事中事后监管。2017 年 2 月中国银监会以及相关部门又发布了《网络借贷资金存管业务指引》，该指引充分吸收和采纳了国家有关部委、地方金融监管部门、银行业金融机构、网络借贷机构和有关自律组织的意见，明确了网络借贷资金存管业务应遵循的基本规则和实施标准，鼓励网络借贷机构与商业银行按照平等自愿、互利互惠的市场化原则开展业务。随后，中国银监会于 2017 年 8 月研究起草了《网络借贷信息中介机构业务活动信息披露指引》（以下简称《信息披露指引》），该指引在充分吸收和采纳了国家有关部委、地方金融监管部门、网络借贷机构和有关自律组织的意见后，被正式印发实施。《信息披露指引》要求 P2P 网络借贷披露网络借贷机构基本信息、网络借贷机构运营信息、项目信息、重大风险信息等重要信息，是 P2P 网络借贷行业制度建设的最后一块大的拼图。

《信息披露指引》的出台，标志着网络借贷行业"1+3"制度体系基本搭建完成，初步形成了较为完善的制度政策体系，进一步明确网络借贷行业规则，有效防范网络借贷风险，保护消费者权益，加快行业规范进程，实现网络借贷机构优胜劣汰，真正做到监管有法可依，行业有章可循。可以说，2017 年是 P2P 网络借贷的监管年。那么 P2P 网络贷款在境内外分别有怎样的发展？来自各方资本的 P2P 网络借贷平台的优缺点是什么？P2P 网络借贷未来的发展趋势是什么？本章将对上述问题进行解答。

6.1　境外典型的 P2P 网络借贷

微视频 6-1 境外 P2P 网络借贷（上）

6.1.1　境外 P2P 网络借贷的产生背景

孟加拉国经济学家穆罕默德·尤努斯认为现代经济理论在解释和解决贫困问题方面存在缺陷，1979 年，他在孟加拉国国有商业银行体系内部创立了格莱珉（意为"乡村"）分行，开始为贫困的孟加拉妇女提供小额贷款业务。1983 年 10 月 2 日，格莱珉

微视频 6-2 境外 P2P 网络借贷（下）

银行正式独立，作为非营利组织，通过开展无抵押的小额信贷业务和一系列的金融创新机制，向贫穷的农村妇女提供担保资金量较小的贷款（即小额贷款），这不仅创造了利润，还使成千上万的穷人尤其是妇女摆脱了贫困，使扶贫者与被扶贫者达到双赢。格莱珉银行已成为 100 多个国家的效仿对象和盈利兼顾公益的标杆，其向贫困人口发放贷款的方式自成一体，被称为“格莱珉模式”。这普遍被认为是全球第一家小额贷款组织，P2P 小额贷款模式由此产生。2006 年，为了表彰格莱珉银行从社会底层推动经济和社会发展的努力，尤努斯与格莱珉银行共同获得了诺贝尔和平奖。P2P 小额贷款以前主要是线下模式，直到 2005 年英国人理查德·杜瓦、詹姆斯·亚历山大、萨拉·马休斯和大卫·尼克尔森 4 位年轻人共同创办了世界上第一个 P2P 网络借贷平台 Zopa，乡村银行的网络版——P2P 网络借贷才被广泛传播。

当然，P2P 网络借贷毕竟与乡村银行还有较大的差异。这主要表现在：首先，企业性质不同。乡村银行是银行，而 P2P 网络借贷只是信贷中介。其次，盈利方式不同。乡村银行是银行的模式，它的利润主要来自于存贷利差。而 P2P 网络借贷的盈利点是收取手续费，向借款人和出借人（主要是向借款人）收取一定数目的手续费，是 P2P 网络借贷的主要利润来源。

6.1.2 P2P 网络借贷的概念

P2P 是 peer-to-peer 或 person-to-person 的简写，意思是个人对个人。P2P 网络借贷是指个人与个人间的小额借贷交易，借贷双方一般需要借助专业的网络平台确立借贷关系并完成相关的交易手续。借款人可自行发布借款信息，包括金额、利息、还款方式和时间，实现自助式借款；出借人根据借款人发布的信息，自行决定借出金额，实现自助式借贷。

6.1.3 境外 P2P 网络借贷的发展

1. Zopa

2005 年 3 月，Zopa 在英国伦敦成立，P2P 网络借贷行业的帷幕就此拉开。Zopa 将其自身定位为一种连接出借人（投资人）与借款人的网络平台：借款人登录 Zopa 网站上传借款申请，经过 Zopa 的匹配，出借人借钱给他们，并获得一笔不小的借款利息作为回报。而 Zopa 收取出借人出借总资金 1%的手续费，收取借款人 30~610 英镑不等的手续费。其 2014 年 2 月的数据显示，借款人的借款利率为 4.5%到 15.5%不等，高信用借款人的平均借款利率为 5.6%；投资者获得的平均收益率为 3.9%到 4.9%。

Zopa 一成立，就以其新颖的运营模式获得了大众的广泛关注，一方面注册会员迅速增多，从开始时的 300 名会员到 2007 年的 14 万名会员；另一方面借款总额也一路飙升。2011 年，Zopa 与英国另外两个大型 P2P 网络借贷平台 Funding Circle 和 Rate Setter 共同成立了英国 P2P 金融协会（Peer to Peer Finance Association，P2PFA），用于对行业进行自律监管，促进 P2P 网络借贷市场的发展。2012 年，罗特席尔德家族（Jacob Rothschild）对 Zopa 投资，同时英国政府也向其发放 9 万英镑帮助其运营、发放贷款。

目前，Zopa 是英国最大的 P2P 网络借贷平台，它自成立以来共进行过 4 轮融资，总共获得 7 160 万英镑，用于平台的发展。Zopa 主要的借款用途有汽车贷款、偿还信用卡贷款、用于购买家庭必需品的消费贷款等。

2. Prosper

2006 年 2 月，Prosper 在美国成立，属于营利性网络借贷平台，但它只提供交易，属于典型的单纯中介型 P2P 网络借贷平台。从 2006 年 1 月至 2008 年 1 月，Prosper 已促成了 1.17 亿美元的贷款交易，在美国国内的注册会员已达到 58 万人，到 2011 年初注册会员更是达到 98 万多人，业务范围也由美国扩展到意大利、日本等地。Prosper 的快速发展最终引起了美国监管部门的注意，美国证券交易委员会认为平台实际是在经营投资和金融产品，2008 年勒令平台关闭。然而 2009 年美加州政府允许 Prosper 重新开业，继续从事 P2P 网络借贷业务，并接受美国证券交易委员会的监管。

Prosper 的商业模式具有以下特点：一是借贷双方在网络平台上自主交易，Prosper 不会干预其交易过程；二是出借人根据借款人的个人经历、朋友评价和社会机构的从属关系来对其进行审查；三是为控制信用风险，Prosper 对所有借款人进行信用评级并据此确定其借款利率，信用等级由高到低依次为 AA、A、B、C、D、E 和 HR（high risk，高度危险）。

3. Kiva

Kiva 成立于 2005 年，是一个联系着欧美国家出借人与发展中国家借款人（以企业为主），提供跨境小额贷款服务的非营利性 P2P 网络借贷平台，它以消除贫困为宗旨。截至 2011 年，Kiva 的注册借款人数超过了 74 万，已经为 60 多个国家提供了近 3 亿美元的无息贷款，贷款偿还率高达 98.94%。

Kiva 采取“批量出借人+小额借贷”的形式开展业务，这种模式有三个特点。一是 Kiva 不以营利为目的，其借款人为发展中国家的低收入企业，主要向它们提供集体贷款、住房贷款和农业贷款三种类型的贷款；二是 Kiva 利用国际贸易支付工具 PayPal 实现跨国资金的放贷，即时支付，即时到账，放贷过程快速、便捷；三是 Kiva 不与借款人直接联系，而是通过各地的合伙人来间接放贷。

4. Lending Club

（1）Lending Club 的发展历程

① 创立初期。Lending Club 于 2006 年 10 月在美国特拉华州成立，并于 2007 年 5 月在 Facebook 上以应用的形式运营。它借助网络平台的高传播特性以及朋友彼此之间的互相信任，撮合借款双方。借款人可以在应用中发出借款请求，因为 Facebook 中多为其认识的朋友或同学，所以这种方式在增加借款成功率的同时也增强了借款的私密性。2007 年 9 月，Lending Club 网站上线，全面开展 P2P 网络借贷业务。

② 静默期。2008 年，美国证券交易委员会认定借款凭证为证券，要求所有 P2P 网络借贷平台向其登记并申请开展业务许可。Lending Club 停止业务并向美国证券交易委员会提出申请，平台进入静默期，但是仍将继续为之前筹集的贷款提供服务，投资者仍可以查询账户，管理之前的贷款和撤出可用的资金。

③ 发展期。2008 年 10 月 14 日 Lending Club 成功向美国证券交易委员会注册后重新开业，并开始通过发行会员支付凭证来向借款人贷款。Lending Club 成为第一家按美国证券交易委员会安全标准提供个人贷款的企业，这意味着即使 Lending Club 发生严重的债务危机，甚至倒闭，其平台上的投资者仍然能够得到美国政府的资金保障。

Lending Club 在获得美国证券交易委员会批准转变为证券模式后，将业务拓展到美国大部分州，并迅速超越了 Prosper，成为美国 P2P 网络借贷市场的主要服务平台。2012 年 11 月，Lending Club 总贷款金额超过 10 亿美元；同期，Lending Club 达到现金流的流入大于流出，实现盈利。**2014 年 12 月，Lending Club 于纽约证券交易所上市，市值近 90 亿美元。**截至 2016 年，Lending Club 累计促成贷款金额超过 200 亿美元。按照资金端的不同来区分，其中通过票据促成的贷款金额约占 20%，通过发行信托凭证促成的贷款金额约占 32%，通过整体销售贷款促成的贷款金额约占 48%。从贷款笔数看，约 80%的贷款被用于债务合并和信用卡还贷。

（2）Lending Club 的主要业务和产品

自成立到 2014 年 2 月，Lending Club 只提供个人信贷服务，2014 年 3 月开始上线商业信贷服务，2014 年 4 月收购 Springstone 公司，开始提供教育和医疗信贷服务。

① 个人信贷。Lending Club 提供额度从 1 000 美元~35 000 美元的个人无抵押贷款，1 000 美元~9 975 美元的贷款只能申请三年的期限。初始到期日为三年的贷款如果不能按时还款，则可以将最终到期日扩展至五年；初始到期日为五年的贷款，最终到期日仍为五年且不可扩展。

Lending Club 所提供的个人贷款分为四类：合并债务贷款、信用卡支付贷款、家庭改善贷款和游泳池贷款。其中，游泳池贷款是 Lending Club 在业务上的一种创新。2011 年 5 月 2 日 Lending Club 宣布 Poolorporation 将通过 Lending Club 在个人信贷方面投资 200 万美元，用以推动游泳池和 SPA 的销售。Lending Club 应用创新的理念成为上市公司为其潜在客户提供融资的平台。

② 商业信贷。商业贷款的额度为 15 000 美元~100 000 美元，期限为 1~5 年。

③ 教育和医疗信贷服务。Lending Club 目前只能通过 Springstone 公司提供教育和医疗信贷，但它计划未来能够直接通过 Lending Club 平台提供教育和医疗融资产品。目前教育和医疗融资额度为 499 美元~40 000 美元。

除此之外，Lending Club 的子公司 LC Advisors 专门为合格投资者提供投资管理服务。LC Advisors 作为普通合伙人成立了五个投资基金，同时成立信托来管理这些基金。这些基金通过不同的投资策略来购买 Lending Club 发行的凭证。除了成立投资基金外，

LC Advisors 设立了分离管理账户（SMAs）来增加合格投资者的投资途径。使用分离管理账户的投资者对投资策略有更强的控制力。此外，它还为通过第三方机构在 Lending Club 平台上管理投资的合格投资者提供服务。

（3）Lending Club 发展模式

Lending Club 发展迅速，得益于其独特的发展模式和发展理念。Lending Club 按照美国证券交易委员会的安全标准向个人提供个人贷款，投资者购买的是 Lending Club 发行的“会员偿付支持债券”，从而成为 P2P 网络借贷平台的无担保债权人，而非借款人的债权人。当平台上的投资者放出的贷款出现违约时，投资者将独自承担投资的损失，Lending Club 并不给予补偿。Lending Club 的利润主要来自对借款人收取的手续费和对投资者的管理费，前者会因为借款者个人条件的不同而有所不同，一般为贷款总金额的 1.1%~5%；后者则是统一对投资者收取其个人净资产的 1%作为管理费。Lending Club 根据借款人的信用等级将各笔贷款分为 A~G 7 个等级。其中，B 级和 C 级两类贷款占据总贷款的 50%。

Lending Club 的商业模式具有以下特点：一是在整个交易过程中，Lending Club 扮演的是一个信息中介的角色，对借贷双方进行匹配，但不会提供与资金保障有关的其他服务；二是 Lending Club 对借款人有非常严格的审核标准，包括借款人最低的信用级别 FICO 评分（由美国个人消费信用评估公司开发的一种个人信用评级，根据 Experian、TransUnion、Equifax 三大征信局信用报告）要在 660 之上，负债/收入比要低于 40%（不包括房贷），至少有三年的信用历史等；三是 Lending Club 有一套自己的系统给借款人评分，从 A1 到 G5 一共有 35 个级别，由平台制定还款利率，这取决于借款人的信用记录、目前的还款能力以及贷款意向。

（4）Lending Club 交易流程

Lending Club 仅对在平台注册的借款会员和投资会员开放。借款会员在成功注册后，可以向 Lending Club 提交贷款需求。在经过 Lending Club 审核后，该贷款需求将在平台上公布，供投资者浏览和选择。针对每笔贷款需求，单个投资者的最低投资额度为 25 美元。如果在贷款需求公布后 14 日之内，投资者的总认购比例超过贷款金额的 60%，贷款将按照认购总额进行发放。

在整个贷款流程中，Lending Club 负责以下任务。

① 审核借款会员身份和信用记录。

② 审核贷款需求和确定贷款利率。

③ 分发偿付的贷款本息（若有逾期，则负责追偿）。

在 Lending Club 负责的业务中，主要的核心环节有以下三个。

① 审核借款会员信用记录和身份。在注册过程中，Lending Club 会对借款人的信用记录和身份进行审核，审核通过率一般为 11%左右。在信用记录方面，Lending Club 要求合格借款人必须满足借款会员资质条件。

② 审核贷款需求。Lending Club 在平台上公布的贷款需求均采用标准化格式，包括贷款金额、期限、利率、用途以及借款人的基本信息等。贷款金额必须低于 35 000 美元，期限一般为 3 年或 5 年。根据 Lending Club 的统计，贷款主要用于信用卡还款、房屋装修和购车等消费用途。

③ 确定贷款利率。Lending Club 先获取借款人的数据，再根据内部开发的算法来分析借款人的表现，并考虑申请人的 FICO 评分、信用属性和其他申请数据得到一个基础风险子级，再根据贷款金额和贷款期限调整基础风险子级，得到最终子级。

最终子级共分为 35 个级别，归入 A、B、C、D、E、F、G 这 7 个等级，每个等级又包含了 1、2、3、4、5 这 5 个子级。Lending Club 设定的利率考虑了信用风险和市场情况，每个等级最终的贷款利率由以下公式计算：贷款利率=基准利率+风险和波动率调整，风险和波动率调整涵盖了期望损失，并为从 A1 到 G5 的各个等级的贷款提供递增的风险调整收益。目前，各个级别的平均贷款利率为 5. 24%~20. 18% 。

6. 2　境内 P2P 网络借贷

6. 2. 1　境内 P2P 网络借贷的产生背景

微视频 6-3 境内 P2P 网络借贷（上）

微视频 6-4 境内 P2P 网络借贷（下）

大多数企业和个人以往主要通过商业银行信贷业务进行融资，这是商业银行重要的收入来源。2008 年的金融危机，使得金融体系受到巨大的损伤，实体经济信贷需求萎缩，金融机构慎贷心理蔓延。与此同时，监管者加强了宏观审慎和微观审慎监管，各项监管指标随之提高，客观上导致了金融抑制，金融服务可获得性难度提高，中小企业等本身信用等级较低、资金需求也比较急切并且缺乏抵押和担保的高风险领域，获得的金融机构的支持开始减少。而民间借贷的融资成本过高，使得融资难成为小微企业发展需要解决的重要问题。

与此同时，随着经济水平的提高、收入的增长，人们的物质需求也大大增加，具有稳定的工作、较高的收入水平和良好的信用观念的群体规模不断扩大。他们对生活品质有较高的追求，却没有充足的积蓄，因此是小额贷款的优质客户。然而商业银行信贷却忽视这一群体，使他们的资金需求无法得到满足。

在上述背景下，一种依托于网络的新型金融服务模式—— P2P 网络借贷出现了，一方面，因为 P2P 网络借贷尚未定性，处于监管真空状态，在我国严格的金融准入制度下，成为民间资本进入金融领域最便捷的入口；另一方面，P2P 网络借贷使部分不能得到银行表内满足的信贷需求，包括符合信贷条件但需要出表的和本来就在银行服务之外的信贷需求，得到了一定的满足。因此，越来越多的人开始认可 P2P 网络借贷这种新兴的模式，P2P 网络借贷逐渐成为民间借贷的重要方式，受到小额民间借贷者的追捧和社会的广泛关注，一定程度上成为商业银行贷款业务的竞争者。

6.2.2 境内 P2P 网络借贷的发展

1. 萌芽期（2007—2010 年）

P2P 网络借贷于 2007 年正式进入中国，拍拍贷是境内第一个注册成立的 P2P 网络借贷平台，同期宜信、红岭创投等 P2P 网络借贷平台相继出现。但从总体来看，2007—2010 年间，我国社会融资的需求和导向还没有从资本市场中转移，大部分资金集团还寄希望于资本市场的再次转暖，尽管市场对于新形式的融资平台期望较高，但是从业者较少。

2. 膨胀发展期（2011—2012 年）

2011 年，随着利率市场化、银行脱媒以及民间借贷的火爆，P2P 网络借贷呈现出爆发性的发展态势，P2P 网络借贷平台的交易量达到 31 亿元，2012 年增长到 216 亿元。在这期间，由于门槛低，缺少必要的监管和法规约束，各种劣质的 P2P 网络借贷产品也大量地涌向市场，公司资金链断裂，投资者血本无归，欺诈等事件频发。2011 年 9 月，号称“中国最严谨的网络借贷平台”的哈哈贷由于资金链断裂，宣布暂停服务。随后，中国银监会办公厅发布了《关于人人贷有关风险提示的通知》，警示人人贷存在着七大风险。此后，多个 P2P 网络借贷平台接连发生恶性事件，给我国正常的金融秩序带来了不利的影响；市场也因此重新审视 P2P 网络借贷行业的发展，对行业的期待开始回归理性，各 P2P 网络借贷平台也开始组成行业联盟、资信平台，并积极寻求与中国人民银行征信系统的信用数据对接，市场开始呼唤法律法规的监管。

3. 行业整合期（2013 年）

随着 P2P 网络借贷风险的大规模爆发，投资者开始具备一定的风险意识，市场逐渐向理性回归，市场上的劣质企业将被淘汰，P2P 网络借贷平台的数量增速放缓，幸存下来的优质 P2P 网络贷款平台具有更多的话语权。我国个人及中小企业征信系统因 P2P 网络借贷风险控制体制短板的补足而进一步完善，同时 P2P 网络借贷的本土化进程基本完成，整体市场将形成三足鼎立局面：首先是更多的国有金融机构以子公司或入股已有 P2P 网络借贷平台的方式参与 P2P 网络借贷市场的竞争；其次是资历较深的正规 P2P 网络借贷平台，经过行业整合后实力进一步加强；最后是地区性、局部性以及针对特定行业的小规模 P2P 网络借贷平台。

4. 监管整顿期（2014—2017 年）

2014 年 3 月，中国银监会发布 P2P 网络借贷平台“四条红线”**明确平台的中介性质，明确平台本身不得提供担保，不得将归集资金搞资金池，不得非法吸收公众资金。**2014 年 9 月，又提出了 P2P 网络借贷“十条监管原则”。从“四条红线”到“十条监管原则”，从中国银监会设普惠金融部门到国家释放各种信号鼓励互联网金融的发展，表明了国家对 P2P 网络借贷平台的合规性要求越来越详细，但又鼓励互联网金融创新，在政策上对 P2P 网络借贷平台给予了大力支持，未来将会有关于 P2P 网络借贷的监管细则和法律法规出台，试点也会增多，P2P 网络借贷行业将进入牌照经济时代。这一时期为以规范监管为主的政策调整期。

5. 规范发展期（2017 年至今）

《网络借贷信息中介机构业务活动管理暂行办法》出台后，按照网络借贷行业“1+3”（一个办法三个指引）制度体系，中国银监会会同相关部门分别于 2016 年年底和 2017 年年初，发布了《网络借贷信息中介机构备案登记管理指引》《网络借贷资金存管业务指引》。随后，中国银监会研究起草了《网络借贷信息中介机构业务活动信息披露指引》及其信息披露内容说明。《网络借贷信息中介机构业务活动信息披露指引》的出台，标志着网络借贷行业“1+3”制度体系基本搭建完成，初步形成了较为完善的制度政策体系，行业的基本政策制度架构完成，基本实现了监管有法可依、行业有章可循，P2P 网络借贷行业进入规范发展期。

6.2.3　境内 P2P 网络借贷的模式

1. 纯线上模式

在纯线上模式中，P2P 网络借贷平台作为中介，为借贷双方提供了一个信息交互的平台，平台本身不涉及具体的金融服务，是金融脱媒的一种表现形式，其基本法律关系是民间借贷+中介。在该模式下，贷款的违约风险由借贷双方承担，P2P 网络借贷平台并不承担违约责任；P2P 网络借贷平台从新用户开发、信用审核、签订合同到贷款发放及偿还的整个业务流程主要是在线上完成的。纯线上模式网络借贷平台对借款人的信用审核是利用数据模型来完成的，利用数据模型对收集到的数据信息进行分析得出借款人的信用等级和相对安全的信用额度。因此，纯线上模式是一种纯信用无担保的模式，在境内其代表平台是拍拍贷。

拍拍贷成立于 2007 年 6 月，其全称为“上海拍拍贷金融信息服务有限公司”，总部位于上海，是我国第一个纯信用无担保的网络信用借贷平台，同时也是第一个由工商部门批准、获得“金融信息服务”资质的互联网金融平台。拍拍贷作为纯中介平台，既不吸收存款，也不发放贷款，而是主要提供信息匹配、工具支持和服务等功能，通过与第三方支付平台（如支付宝、财付通等）合作，管理和处理所有与客户资金相关的操作。在拍拍贷平台上，借款人的借款利率由借款人自己设定，拍拍贷则提供“竞标”和“自动投标”两种方式，并且设定了法定最高利率限制，这有效地避免了高利贷的发生。拍拍贷信用机制中信用关系的搭建是通过以拍拍贷为平台进行注册认证实现的，主要采取认证机制、审核机制、资金管理机制和逾期催收和黑名单机制等进行风险控制。

虽然纯线上模式有着规范透明、交易成本低等优势，但由于数据获取难度较大、不提供资金担保、极易出现逾期、提款困难且难以让投资者接受等问题，因此目前境内这种模式的 P2P 网络借贷平台越来越少。

2. 线上线下相结合的模式

境内大多数 P2P 网络借贷平台采用线上和线下相结合的模式，即借款人和出借人的借贷交易主要通过 P2P 网络借贷平台在线上进行，同时理财产品也通过线上推广，而借款人的信用认证机制，如借款信息来源、借款审核、贷后管理等主要在线下完成。在线上和线下相结合的模式下，为了更好地保障投资者权益和吸引投资者，P2P 网络借贷平台通常提供担保机制。并且，越来越多的平台对从线下获得的债权进行拆分组合，将其打包成“固定收益类”理财产品，在线上销售给理财投资者。因此，线上和线下相结合的模式通常采取担保和债权转让的方式进行运营，在我国其代表平台为宜信。

2006 年，唐宁在北京创办宜信公司，以提供个人对个人的小额信用贷款中介服务为业务核心，广泛开展财富管理、信用风险评估与管理、信用数据整合服务、小额贷款行业投资。其旗下有宜信、宜人贷、宜车贷、宜农贷、宜信财富等多个 P2P 网络借贷平台。宜信主要通过线上发布借贷信息，借款人和出借人主要通过线上进行交易。其独特之处是创立了 P2P 理财模式，即线下的债权转让模式：借贷双方不直接签订债权债务合同，而是引入第三方个人作为专业放贷人，先行放款给借款人，再由第三方个人将债权转让给投资者。在宜信平台上，有借款意向的人在申请贷款后，宜信的信用审核部门对借款人进行审核，对符合条件且满足评级要求的借款申请人，先由宜信公司的 CEO 唐宁利用自有资金进行出借，与借款人订立借款合同。然后，宜信公司根据潜在的投资者（出借人）的投资期限和预期收益率选择合适的借款人，之后由唐宁将其持有的借款合同依法进行转让。

在中国信用环境不完善的情况下，线上和线下相结合的模式已经成为绝大多数 P2P 网络借贷平台的选择。在该模式下，可以最大限度地降低借款的违约风险，吸引更多的投资者，但是在该种模式下 P2P 网络借贷平台所采取的债权转让方式未来是否会受到监管上的限制是一个值得考虑的问题。

3. 担保模式

P2P 网络借贷平台自身担保模式在行业被纳入监管后遭到监管层的质疑，所以总体的发展趋势是要求 P2P 网络借贷平台“去担保化”。P2P 网络借贷平台去除自身担保后，目前的担保模式主要有四种：担保公司担保、保险公司担保、风险准备金担保、抵押担保。

（1）担保公司担保

担保公司担保的类型主要分为一般担保公司和融资性担保公司担保。

在一般担保公司担保模式下，一旦借款人违约，就由担保机构进行代偿或债权收购，投资者收到担保机构代偿或债权收购资金的金额等于投资者应收未收到的全部投资本息之和。一般担保公司担保的保证分为一般保证和连带责任保证。一般保证的担保力度非常小，连带责任保证可以起到保护责任，但市场上的连带责任保证不多。担保机构为了自身的资金安全，对借款人的审核会更加严格，这都有利于投资者的本金安全，以及降低违约风险。尽管有“债务人不能履行债务时，由保证人承担保证责任”的规定，但是如果没有确认借款人完全没有还款能力，担保公司就不会承担责任，一旦借款人不能履行债务，投资者将血本无归。

在融资性担保公司担保模式下，P2P 网络借贷平台本身有金融机构背景，由金融机构旗下的担保公司进行担保，一旦借款人违约，就提供全额代偿，对于投资者来说，资金安全程度较高。金融机构具有成熟的风险控制体系，在审查借款人方面会更加严格，可以有效地杜绝虚假标的。同时，融资性担保公司的担保规模与自身注册资本之比要小于 10。随着 P2P 网络借贷平台规模的扩大，融资性担保公司的规模也需要扩大，然而我国境内很多担保公司已经严重超值。

（2）保险公司担保

在保险公司担保模式下，P2P 网络借贷平台引入保险金融机构，投资者通过投保降低自身的风险损失。保险公司直接向客户提供财产险保障的模式，使投资者可以通过购买保险将自身风险降到最低。P2P 网络借贷平台与保险公司的合作方式主要有四种：一是平台为投资者购买的一个基于个人账户资金安全的保障保险，以保证资金安全；二是基于平台的道德等购买保险产品；三是为担保标的中的抵押物购买相关财产险；四是为信用标的购买信用保证保险。然而 P2P 网络借贷的风险太大，保险公司考虑自身的收益而不愿受理此类保险，而且我国境内并非所有的 P2P 网络借贷平台都能引入保险公司的该项业务。

（3）风险准备金担保

风险准备金担保指的是 P2P 网络借贷平台建立了一个资金账户，当借贷出现逾期或者违约时，P2P 网络借贷平台会用资金账户中的资金来归还投资者的资金，以此来保护投资者的利益。目前，很多 P2P 网络借贷平台将风险准备金模式作为一种辅助安全保障模式。但这种模式也存在一定的问题。例如，一些 P2P 网络借贷平台资金与风险准备金没有实现根本上的分离，风险准备金极有可能被挪用；而且，风险准备金的提取比例较小，不足以降低 P2P 网络借贷投资者的亏损风险。

（4）抵押担保

抵押担保模式指的是借款人以房产、汽车等作为抵押来贷款，如果发生逾期或者坏账，P2P 网络借贷平台和投资者有权处理抵押物以收回资金。

4. P2P+模式

随着 P2P 网络借贷的不断发展，其与其他金融形态的结合也更加多样化，如 P2P+供应链金融模式、P2P+股票配资模式、P2P+融资租赁模式等。

（1）P2P+供应链金融模式

P2P+供应链金融模式，本质上是将产业链上下游的中小微企业在核心企业信用的提升下，获得 P2P 网络借贷平台更多的金融服务。P2P 网络借贷平台围绕着供应链核心企业，参与上下游中小微企业的资金流和物流，把单个企业的不可控风险转化为供应链企业整体的可控风险，通过获取各类信息和数据，把风险控制到最低。

（2）P2P+股票配资模式

在我国，随着 2014 年下半年股市好转，且 P2P 网络借贷平台具有灵活性、创新性等特点，P2P+股票配资迅速发展。股票配资即通过在线申请，借款人用少量的自有资本作本金，按照一定的配资比例从互联网理财平台借入资金，这些资金全部注入平台指定的账户。这种配资比例一般从 1∶1 到 1∶5 不等，即如果投资者原有本金 10 万元，最大可以通过杠杆放大到 50 万元。然而 2015 年 7 月 12 日，中国证监会发布了《关于清理整顿违法从事证券业务活动的意见》，要求清理整顿开立虚拟证券账户、借用他人账户、出借本人证券账户、代理客户买卖证券等场外配资行为，遏制配资抬头，以避免配资再次危及股票市场的平稳运行。因此，多数 P2P 网络借贷平台已经停止股票配资业务。

（3）P2P+融资租赁模式

我国融资租赁领域分为金融租赁、内资租赁和外资租赁。其中，快速增长的金融租赁有银行等金融机构背景，而主要与 P2P 网络借贷平台合作的是内资租赁，尤其是非厂商的第三方租赁公司，它们有资金短缺的困境，与 P2P 网络借贷平台的合作意识较强。以融资租赁中的直接租赁为例，如果企业 A 有设备需求，会找到融资租赁公司 B，B 设计购买设备和出租设备的整个流程，B 拥有设备的所有权和出租后的收租权。在 B 需要筹集资金购买设备时与 P2P 网络借贷平台进行合作，借助众多投资者的资金，将部分收租权转移给大众投资者。P2P 网络借贷平台与 B 合作监管投资者的资金账户，并最终将资金转移给包括 A 在内的承租企业。

6.2.4 境内 P2P 网络借贷行业的各方资本

1. 风投系

自 2014 年 1 月 9 日人人贷获得领投方为挚信资本的 1.3 亿美元的风险投资以来，据不完全统计，截至 2017 年 12 月，获得融资的 P2P 网络借贷平台数量共计 127 个，其中获得 A 轮融资的有 67 个，约占 52.7%；获得 B 轮融资的有 43 个，约占 34%；获得 C 轮融资的有 14 个，约占 11%；获得 D 轮融资的有 3 个，约占 2.3%。风险投资不仅仅为行业注入了丰厚的资金，同样为 P2P 网络借贷的发展提供了利好消息。与国资系和银行系相比，风投系有较低的风险、较好的收益，这是风投系受欢迎的原因。

风险投资机构的注资，一方面释放了一个信号，就是这些机构看好 P2P 网络借贷行业的发展，认为它们的投资可以带来回报。这对投资者以及其他资本会有利好效应，增强投资者的信心，加快 P2P 网络借贷行业的发展。另外，风险投资在一定程度上能够为平台增信，风险投资机构的注资充裕了 P2P 网络借贷平台的资金，有利于 P2P 网络借贷平台将这些资金用于风险控制、运营、推广、技术等方面，以提高平台的安全稳定性，也有利于将 P2P 网络借贷行业推向更广大的受众；然而，风险投资的引入是否导致 P2P 网络借贷平台急于扩大经营规模而放松风险控制值得人们深思。

下面为部分获得风险投资的 P2P 网络借贷平台名单：人人贷、微贷网、有利网、理财范、银客网、爱钱进、投哪网、积木盒子、爱钱帮、银豆网、点融网、安心 de 利、信用宝、花果金融、拍拍贷、翼龙贷、短融网、草根投资、医界贷、金联储、微美贷、e 微贷、融 360、铜板街、挖财、91 金融超市（排名不分先后）。风险投资机构包括 IDG 技术创业投资基金、红杉资本等知名风险投资机构，也包括联想控股、小米等企业。

2. 国资系

根据网贷之家的统计，截至 2017 年正常运营的国资系 P2P 网络借贷平台共有 207 个，其中国资参股平台 124 个，国资控股平台 83 个。此外，还有 49 个停业、转型及有问题的国资系 P2P 网络借贷平台。

国资系的 P2P 网络借贷平台无论是在资金实力方面还是资源整合方面，都有着草根 P2P 网络借贷平台无法比拟的地方。它们无论是平台资质还是平台管理、风险控制能力都将成为 P2P 网络借贷行业的标杆，这对于推进行业的规范发展有着重大的作用。

国资系 P2P 网络借贷平台的优势体现在以下方面：第一，有国有资产背景股东的隐性背书、强大的资金实力（如表 6-1 所示，13 个 P2P 网络借贷平台注册资本金基本上都在 1 000 万元以上），兑付能力有保障；第二，国资系 P2P 网络借贷平台多脱胎于国有金融或类金融平台①，因此一方面业务模式较为规范，另一方面从业人员金融专业素养较高。国资系 P2P 网络借贷平台的劣势也十分明显：首先，缺乏互联网基因。其次，从投资端来看，起投金额较高，多数是 1 000 元、1 万元起投，最高是 5 万元起投。另外，它的收益率不具有吸引力——投资收益率低于行业平均利率水平，相当一部分平台的投资收益率不高于 12%，最低投资收益率为 6%。最后，从融资端来看，由于项目标的较大，产品种类有限且多为企业信用贷款，再加上国资系 P2P 网络借贷平台较为谨慎，具有层层审核的机制，因此平台的运营效率受到很大的影响。

表 6-1　国资系 P2P 网络借贷平台

序　　号	平台名称	注册资本金	所　在　地
1	保必贷	971.428 5 万元	上海市
2	德众金融	1 000 万元	安徽省
3	海金仓	3 000 万元	北京市
4	金宝保	3 000 万元	重庆市

① 除了中国人民银行和中国银行保险监督管理委员会、中国证券监督管理委员会正式核准的金融机构外，私募机构、投资机构以及派生的创新型投融资平台，如小额贷款公司、融资租赁公司、互联网金融、第三方支付机构、典当公司、担保公司等均属于类金融企业，这类平台就是类金融平台。

续表

序　　号	平 台 名 称	注册资本金	所　在　地
5	金开贷	1 000 万元	陕西省
6	金控网贷	10 000 万元	广东省
7	京金联	6 000 万元	湖北省
8	开鑫贷	1 000 万元	江苏省
9	蓝海众投	10 000 万元	广东省
10	星投资	2 000 万元	上海市
11	中广核富盈	1 000 万元	广东省
12	众信金融	1 000 万元	北京市
13	紫金所	1 000 万元	江苏省

（资料来源：未央网）

3. 银行系

P2P 网络借贷行业发展迅速，众多银行系 P2P 网络借贷平台纷纷进场。其中，比较有代表性的平台有平安银行的陆金所、民生银行的民生易贷、包商银行的小马 bank、兰州银行“e 融 e 贷”等。

银行系 P2P 网络借贷平台的优势主要在于：第一，资金雄厚，流动性充足；第二，项目源质地优良，大多来自银行原有的中小型客户；第三，风险控制能力强，银行系的 P2P 网络借贷平台与银行有着千丝万缕的联系，利用银行本身具有的风险控制能力和各类信息资源，不仅可以有效降低风险与成本，也可以提高平台本身的信用等级。此外，与传统 P2P 网络借贷平台相比，银行系 P2P 网络借贷平台的劣势主要体现在收益率偏低，预期年化收益率处于 5.5%~8.6%之间，略高于银行理财产品，但处于 P2P 网络借贷行业的较低水平，对投资者的吸引力有限。此外，很多传统商业银行只是将互联网看作是一个销售渠道，其 P2P 网络借贷平台的创新能力、市场化运作机制都不够完善。目前银行系中尚在营业且正常发标的 P2P 网络借贷平台有 5 个，如表 6-2 所示。

表 6-2　银行系 P2P 网络借贷平台

序　　号	平 台 名 称	银　　行
1	陆金所	平安银行
2	开鑫金服	国家开发银行
3	有氧金融	包商银行
4	民生易贷	民生银行
5	民生转赚	民生银行

（资料来源：未央网）

4. 上市公司系

随着 P2P 网络借贷行业的发展，上市公司同样组团进入 P2P 网络借贷行业。据不完全统计，截至 2017 年 10 月，上市公司参股或控股的 P2P 网络借贷平台高达 120 个，其中上市公司控股的 P2P 网络借贷平台 47 个，上市公司参股的 P2P 网络借贷平台 68 个，停业、转型以及问题 P2P 网络借贷平台 5 个（资料来源：网贷之家）。

上市公司对进入 P2P 网络借贷行业如此热衷，主要原因有以下三个：第一，资本对互联网金融概念的热捧，上市公司从市值管理的角度出发，涉足互联网金融板块，以此来带动股价的上涨。第二，P2P 网络借贷平台急于寻求上市公司的注资，上市公司可以以较少的资本获得较多的股份。第三，上市公司从产业链上下游的角度出发，要打造供应链金融体系，上市公司在其所处的细分领域深耕多年，熟知产业链上下游企业的情况，掌握其经营风险、贸易真实性，很容易甄别出优质借款人，从而保证融资安全。

根据统计，涉足 P2P 网络借贷行业的上市公司所属的行业分布相对集中，如图 6-1 所示，其中以制造业最多，约占 57%。制造业对 P2P 网络借贷平台表现出极大的兴趣旨在打造完善的供应链金融体系，构建以 P2P 网络借贷资金流为脉络的供应链金融生态圈，将供应链中的信息生成和接收、物流的发出和对接，甚至将实体企业的生成端和销售端进行对接和融合，从而帮助核心企业掌控产业链中的其他企业，进而提高上下游企业之间的对接效率和经营收益。

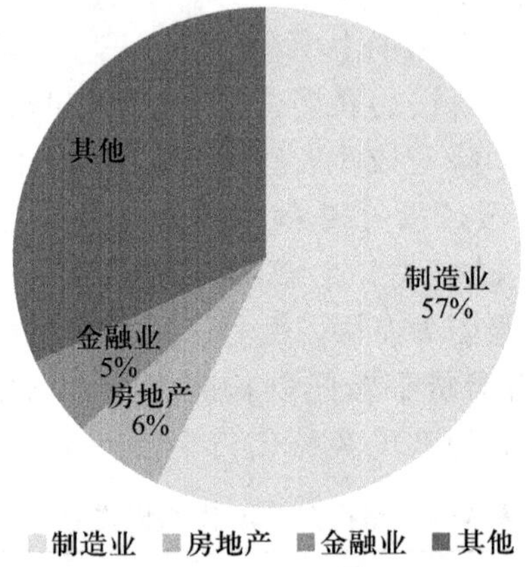

图 6-1　涉及 P2P 网络借贷行业的上市公司所属行业分布

（资料来源：未央网）

5. 民营系

P2P 网络借贷行业中民营系 P2P 网络借贷平台的数量最多，起步也最早。部分民营系 P2P 网络借贷平台已经成长为行业领头羊，如红岭创投、爱投资、有利网等；但更多的草根 P2P 网络借贷平台则不胜枚举，鱼龙混杂。

这类民营系 P2P 网络借贷平台的优势体现在：第一，具有普惠金融的特点，门槛极低，最低门槛为 50 元起投；第二，投资收益率大多为 15%～20%，处于 P2P 网络借贷行业较高水平，具有吸引力。然而，民营系 P2P 网络借贷平台的劣势也十分明显，如风险偏高。由于资本实力及风险控制能力偏弱，草根 P2P 网络借贷平台是 P2P 网络借贷平台倒闭的高发区。

民营系 P2P 网络借贷平台虽然没有银行的强大背景，但是有着强大的互联网思维，产品创新能力强，市场化程度高；投资起点低，收益高，手续便捷，客户群几乎囊括了各类投资人群。而 2017 年《关于促进互联网金融健康发展的指导意见》等文件对 P2P 网络借贷行业在互联网金融中地位的肯定，无疑让民营系 P2P 网络借贷平台获得了更大的发展机遇。相信好的 P2P 网络借贷平台最终会以优异的成绩来证明民营系 P2P 网络借贷平台特有的魅力。

6.2.5 境内 P2P 网络借贷的不良模式分析

1. 高息

代表案例：鹏城贷是典型的高息 P2P 网络借贷平台，于 2012 年创立，公司法人为王龙，以高息闻名，投资者在该平台上拍下的借款标月息 2 分，月度奖励又高达 2 分，加上其他奖励，月息高达 4 分至 5 分，这意味着如果投资者能够不断滚动投入，年化收益率能够达到 60%。

结论：投资中收益与风险成正比的道理许多人都懂，但是却又有不少人抵挡不了高息的诱惑，鹏城贷案件的受害者有 500 多名，他们在鹏城贷的投资由几十万元到两千多万元不等，总计金额接近两亿元。如果投资者可以以更理性的态度对待投资，不贪图一时之利，就不会造成如此大的损失。

2. 大额项目

代表案例：深圳融易融成立于 2012 年 9 月，2015 年 6 月份起，融易融开始被爆有提现延期、限制提现等问题。据调查消息称，融易融出现问题乃触礁某房产项目，提现困难。

结论：P2P 网络借贷行业注册资金大多为千万元，风险金亦大多为千万元左右，融易融6 000万元的注册资金在行业内已算是比较高的，但依然难以抵挡一次大额项目带来的冲击，因为大额项目资金投入动辄上亿元，一旦这些出现坏账，企业根本无力承受。

3. 资金池

代表案例：通融易贷于 2012 年 4 月份正式上线，注册资本为 1 000 万元，实缴资本仅为 200 万元。2015 年 4 月，通融易贷平台出现了提现困难的情况。此后，通融易贷一直在努力筹措资金，但仍有不少项目无力回款。据通融易贷董事长赖金茂透露：平台的确一直存在资金池，把线上投资者投资的资金私自挪用到一些大额项目上，但到期后的回款并不顺利，使得通融易贷出现提现困难的情况。

结论：资金池的存在会导致资金的对应关系不清晰，资金流向不清，平台很容易出现掩盖坏账、庞氏骗局等风险，因此《关于促进互联网金融健康发展的指导意见》中也明确提出客户资金第三方存管制度，要求从业机构应当选择符合条件的银行业金融机构作为资金存管机构，对客户资金进行管理和监督，实现客户资金与从业机构自身资金分账管理。

4. 自融

代表案例：东方创投是 2013 年 6 月成立于深圳的一个 P2P 网络借贷平台，其法人是邓亮。它承诺月利率为 3%至 4%的高额回报，通过网上平台非法吸收公众存款。截至 2013 年 10 月 31 日，该平台吸收投资者资金超过 1 亿元，其中已兑付 7 471. 96 万元，实际未归还投资者本金 5 250. 32 万元。在实际资金用途为平台自融的情况下，东方创投对投资者长期以“本息保障”“资金安全”“账户安全”进行公开宣传；实际上，平台募集资金都是投资者直接汇款至邓亮的私人账户，或者打款至第三方支付平台后再转至邓亮的私人账户，具体投资款均由邓亮个人支配。三个月后，邓亮的资金链断裂，汇款不及时导致投资人提现困难。

结论：自融项目其实与资金池极为相似，在缺乏第三方监管的情况下，经营者一念之差可能将资金引到自己名下，非常容易出现坏账，大多数企业在这种情况下会选择“挖东墙补西墙”的方式，导致一系列恶性循环，最终将企业带入无尽深渊。

5. 拆标

代表案例：2013 年“天力贷事件”依然历历在目，这个仅存活 6 个月的 P2P 网络借贷平台，不仅有高息的问题，还存在拆标的问题，企业存在大量 1 个月、2 个月、3 个月、6 个月等期限的短期标，终于在多重因素的挤压下，天力贷陷入兑付危机。

结论：所谓“拆标”，就是将长期借贷拆成多个短期标发布，这种做法本来是为了解决大额长期借贷项目的销售问题，利用长期借贷每月等额付息的特点而设计。在这种“借新还旧”模式下，很容易面临由于后续跟进资金不足而导致的流动性风险。在 P2P 网络借贷行业，企业拆标无异于是给自己埋下隐患。

6. 纯诈骗

代表案例：2012 年爆发的优易网案是我国首个以集资诈骗罪名公开审理的 P2P 网络借贷平台案例。在此之前，P2P 网络借贷行业鲜有平台倒闭的事件发生，投资者风险意识淡薄，优易网承诺的超高收益吸引了许多投资者，当时优易网自称系香港亿丰国际集团投资发展有限公司旗下的 P2P 网络借贷平台。2012 年 12 月 21 日，香港亿丰国际集团投资发展有限公司（以下简称“亿丰”）发表声明称，亿丰旗下成员“从未有所谓的南通优易电子科技有限公司”，同时，该集团保留对假冒或盗用集团名义的不法单位和个人采取法律行动、追究法律责任的权利。当天（即 2012 年 12 月 21 日）优易网突然宣布“停止运转”，优易网的三位负责人便失去联系。

结论：纯诈骗企业不仅仅消磨着行业的诚信，更打击了投资者对行业的信任度，好的行业环境需要行业内每个人的努力。

6.2.6 境内 P2P 网络借贷的发展现状

1. 行业

（1）平台总数大幅下降

截至 2017 年 12 月，P2P 网络借贷行业正常运营平台数量达到了 1 931 个，与 2016 年年底相比减少了 517 个，全年正常运营平台数量一直单边下行。由于平台整改进程尚未完成，P2P 网络借贷行业运营平台数仍将进一步下降，具体下降速度取决于备案及合规情况。

2017 年 P2P 网络借贷行业整改进程已进入收尾阶段，退出行业的平台数量与 2016 年相比大幅度减少，全年停业及问题平台数量为 645 个，而 2016 年则为 1 713 个。问题平台数量占比持续降低，2017 年问题平台数量占比仅为 33.49%，66.51%的平台选择良性退出，以上数据均表明我国 P2P 网络借贷行业监管卓有成效，未来行业发展环境将愈加健康。

（2）成交规模创新高

2017 年 P2P 网络借贷行业成交量达到了 28 048.49 亿元，与 2016 年相比全年网络借贷成交量（20 638.72 亿元）增长了 35.9%。2017 年，网络借贷行业历史累计成交量突破 6 万亿元大关，单月成交量均在 2 000 亿元以上，而且 3 月和 7 月成交量均超过了 2 500 亿元，这些突破性数据表明投资者对 P2P 网络借贷行业的信心未减。2018 年上半年 P2P 网络借贷行业成交规模将趋于稳定，伴随着 P2P 网络借贷平台备案登记的陆续完成，下半年或迎来成交量新高，全年网络借贷成交量大概率突破 3 万亿元。

（3）网络借贷平台收益率下降

2017 年 P2P 网络借贷行业总体综合收益率为 9.45%，与 2016 年相比 P2P 网络借贷行业总体综合收益率下降了 100 BP。2017 年综合收益率延续 2016 年整体下行的走势，但下降速度有所放缓。一方面由于体量靠前的 P2P 网络借贷平台，大部分都具有强大的背景，比较受投资者青睐，但其综合收益率较低；另一方面应监管政策要求，资产端借款利率也在逐步下行，综合影响 P2P 网络借贷行业综合收益率下行（资料来源：网贷之家）。

2. 政府

我国 P2P 网络借贷行业产生以来，有一段时期由于缺乏相应的法律法规，行业内一直都处于一种“无准入门槛、无行业标准、无监管”的“三无”状态。直到 2016 年 8 月《网络借贷信息中介机构业务活动管理暂行办法》发布，才结束了无法可依的状况。随后中国银监会以及相关部门分别发布了《网络借贷信息中介机构备案登记管理指引》《网络借贷资金存管业务指引》，以及《网络借贷信息中介机构业务活动信息披露指引》，这“一个办法三个指引”，形成了我国 P2P 网络借贷行业“3+1”制度体系，标志着政府对 P2P 网络借贷行业的认可，也标志着 P2P 网络借贷开始走上严格监管、规范发展之路，P2P 网络借贷行业迎来了“规范元年”。

3. P2P 网络借贷备案工作

按照 2017 年 12 月 P2P 网贷风险专项整治工作领导小组下发的《关于做好 P2P 网络借贷风险专项整治整改验收工作的通知》的工作部署，各地要在 2018 年 4 月底之前完成辖内主要 P2P 网络借贷平台的备案登记工作，6 月底之前全部完成。

备案工作的主要要求是考核当前 P2P 网络借贷平台的资质。具体来说，就是根据“3+1”制度体系，具备对应的证书或者达到相应的要求。

（1）互联网信息服务经营许可证

《网络借贷信息中介机构业务活动管理暂行办法》明确未取得互联网信息服务经营许可证的不得开展 P2P 网络借贷业务。

（2）银行存管

《网络借贷信息中介机构业务活动管理暂行办法》明确 P2P 网络借贷平台资金需要银行存管。

（3）国家信息系统安全等级保护三级认证

《网络借贷信息中介机构业务活动管理暂行办法》第三章第十八条显示，“网络借贷信息中介机构应当按照国家网络安全相关规定和国家信息安全等级保护制度的要求，开展信息系统定级备案和等级测试。”

（4）存量超标资产消化

《网络借贷信息中介机构业务活动管理暂行办法》明确个人在同一 P2P 网络借贷平台的借款余额上限不超过 20 万元，企业在同一 P2P 网络借贷平台的借款余额上限不超过 100 万元。

（5）其他

根据《网络借贷信息中介机构业务活动信息披露指引》进行相关信息披露；超级放贷人模式的债权转让需要停止等。

备案工作的实施意味着 P2P 网络借贷行业将迎来一次大的洗牌，具备了三证的 P2P 网络借贷平台不一定代表着其绝对安全，但没有三证备案的 P2P 网络借贷平台就会被淘汰，因此当前各大 P2P 网络借贷平台均以备案工作为第一要务。根据网贷之家的不完全统计，截至 2017 年年底，同时具备互联网信息服务经营许可证、国家信息系统安全等级保护三级认证、银行存管的平台仅有 59 个，未来一段时间对于 P2P 网络借贷平台来说压力还是很大的。

6.2.7 境内 P2P 网络借贷的典型案例

截至 2017 年 11 月拍拍贷上市，一共有 5 个 P2P 网络借贷平台在美国上市，它们分别是宜人贷、信而富、趣店、和信贷、拍拍贷，下面以这5个平台为例，简单介绍一下它们各自的情况。

1. 拍拍贷

（1）发展简介

拍拍贷的前身为上海代丰投资咨询有限公司，成立于2007年，2012年4月更名为上海拍拍贷金融信息服务有限公司，总部位于上海，是境内第一个获得政府认可、由工商部门批准的P2P网络贷款平台。拍拍贷从成立之初便以让借款人满足临时资金需求从而改善生活，让投资者增加投资渠道从而获得收益为目的，将自身定位于信息中介，致力于建设公开、安全、稳定、高效的互联网金融平台。2016年年初，拍拍贷成为被评为“胡润百富”中国新金融50强企业中为数不多的几个P2P网络借贷平台之一，2017年11月拍拍贷上市，成为业界关注的目标。

拍拍贷发展至今，交易规模连续十年保持高于200%的增长速度，2016年全年交易规模高达198.78亿元，而2012年仅有2.9亿元，4年增长接近70倍。

在交易规模急剧增长的同时伴随着客户数量的成倍增加，截至2018年3月31日拍拍贷平台累计注册客户达7 142.4万，而2015年年底仅有1 211万注册用户。与此相对应的，是拍拍贷高速增长的业务数量，2014年，拍拍贷全年的成交笔数仅有118万笔，到了2017年，这个数字上升到了超过2 500万笔。不仅如此，拍拍贷2017年全年总营业收入达38.958亿元，同比增长222.3%，发展速度惊人。

（2）融资情况

拍拍贷的迅速发展，除了依靠我国庞大的市场需求和良好的公司资质以外，还得益于外部资本的大力推动。拍拍贷在稳定增长的同时，获得了投资银行的青睐，2012年至2015年已经获得了三轮投资，如表6-3所示。

表6-3　拍拍贷融资情况

融资轮次	领投机构	跟投机构	融资金额
A	红杉资本中国基金	光速中国创业投资基金	0.25亿美元
B	光速中国创业投资基金	红杉资本中国基金、诺亚财富	0.5亿美元
C	君联资本 海纳亚洲创投基金	红杉资本 光速中国创业投资基金	数千万美元

不仅如此，**2017年11月，拍拍贷成功在纽交所上市，发行价为13美元，总市值约39亿美元**，此次融资总额达2.7亿美元，其中包括公开发行股票融资2.2亿美元和向新鸿基私募融资5000万美元。

（3）运营模式

拍拍贷在成立之初，即将网络借贷平台定位于纯粹的网络借贷中介平台，其运营模式属于典型的 P2P 网络借贷模式。借款人可以在拍拍贷上获得信用评级，发布借款需求，快速筹得资金；投资者对借款人、借款项目做出评判后通过拍拍贷平台把自己闲置的资金投资给借款人，既能帮助他人又能获得较好的收益。随着拍拍贷的发展，其商业模式逐渐转变为标准贷款+现金贷+消费分期模式。拍拍贷借款流程一般分为 4 个环节：一是借入者（借款人）通过平台发布借款项目；二是借出者（投资者）根据借款项目信息做出判断选择投标并投出自有资金；三是借款人借款成功获得资金使用；四是借款人在项目到期时按时还款。

与其他平台类似，拍拍贷也有着自己的客户分类征信系统，拍拍贷称之为魔镜系统，这是拍拍贷利用掌握的大数据自定指标，自主开发的征信评估系统。与一般平台的评估体系相比，其考核维度更多，能更全面统计和反映用户的信用。利用该系统，拍拍贷会给每一笔借款一个魔镜等级，警示投资者注意风险把控。在魔镜系统中，魔镜等级从 AAA 到 F 共 8 个等级，风险依次上升，每个等级的标的目标逾期率不一样。

（4）产品类型

① 散标。散标是拍拍贷平台上最原始的借款标的，是信用标产品。投资者可以根据个人的期限、利率、风险偏好，将资金投到多个标的中。针对投资中高风险的标的，拍拍贷会进行风险提示，鼓励进行“小额分散”投资。

② 彩虹计划。彩虹计划是拍拍贷推出的自动投资工具，客户使用该工具可以按照事先确定的预期投资回报自动投资拍拍贷平台上的借款标的。使用期结束后，拍拍贷将帮助客户对其所持有的债权进行债权转让，转让成功后，客户收回全部投资本金和相应的收益。

③ 快投。快投是拍拍贷推出的一个帮助客户快速分散投标的工具，可以帮助客户高效地分散投资。使用快投后，投资资金会由系统根据一定算法自动分散投资到最多上百个标的中。

2. 宜人贷

（1）发展简介

宜人贷是宜信公司于 2012 年推出的互联网个人借贷平台，是中国领先的、第一个创立债权转让产品的 P2P 网络借贷平台。宜人贷致力于为中国优质城市白领人群提供高效、便捷、个性化的信用借款咨询服务，并通过“宜人理财”在线平台为投资者提供安全、专业的一站式理财咨询服务。2018 年 7 月，宜人贷再次入围“中国互联网企业 100 强”排行榜，成为金融科技领域唯一连续三年入围该排行榜的互联网金融公司。

宜信公司创建于 2006 年，总部位于北京，包括宜信财富（全称为“宜信卓越财富投资管理（北京）有限公司”）、宜信普诚（全称为“宜信普诚信用管理（北京）有限公司”）、宜信惠民（全称为“宜信惠民投资管理（北京）有限公司”）等多家公司。**2015 年 12 月 18 日，宜人贷在美国纽约证券交易所成功上市，成为国内 P2P 网络借贷行业中第一家在美国上市的公司**，宜人贷的成功上市，使它在很长一段时间内都是 P2P

网络借贷行业的标杆，给广大借贷客户以巨大的鼓舞，也给了投资者很大的安全感。

（2）盈利模式

与其他平台类似，宜人贷以向借款人、投资者分别收取一定费用作为盈利的主要来源，包括借贷双方身份验证费、银行卡验证费、审核费、成交服务费、债券转让费以及逾期费用等。对于不同的客户，宜人贷收费标准不同，信用资质良好的客户可以免除分期服务费（手续费），但对信用资质一般的客户收取的借款费用比例较高，为借款金额的1%。不同客户的逾期费用计算方式相同：违约金=（月应还本金+月应还利息-实际还款金额）×0.2%×逾期天数。其中，50%的违约金支付给投资者，另外50%的违约金支付给宜人贷。

（3）主要产品

宜人贷的产品类型较少，在明确满三个月或更短时间内可付费或免费转让项目后，可以确保投资者资金的流动性。其产品主要有三种：一是精英标，期限为2~4年，投资者直接投给借款人，封闭期长，满三个月付转让费后可转让标的；二是宜定盈，期限为2年，固定封闭期，封闭期越长，利率越高，若封闭期内赎回需支付紧急退出费；三是节节高，期限同样是2年，封闭期为一个月，一个月以上可以免费赎回，前三个月收益一致，从第四个月开始收益随服务周期增长而逐月递增。

宜人贷的借款产品以城市白领为主要目标人群，宜人贷根据借款人特征对借款产品和服务模式进行了相应的设计，将其分为以下三种模式。

① 极速模式借款（最快10分钟审核完毕）。客户仅能通过宜人贷手机客户端对该产品进行申请，其申请条件如下：

• 借款人持有效信用卡，并通过固定电子邮箱地址来接收信用卡账单；或持有中国人民银行出具的个人信用报告；

• 借款人有本人名下实名认证的淘宝账号；

• 借款人有本人名下实名认证的手机号。

收取费用为：平台服务费=前期服务费（一次性）+分期服务费（按月）。

② 普通模式/工薪精英借款。该产品的目标群体为优质城市白领人群，其申请条件如下：

• 借款人需在现单位连续工作满6个月及以上（含试用期）；

• 税后月打卡工资大于或等于4 000元；

• 持有信用卡。宜人贷对月打卡工资大于4 000或者就职于“白名单事业单位”的客户优先审批。

③ 线下工薪信用卡借款。该产品的目标客户群体为信用卡使用人群，申请者需要至少持有一张在用的信用卡。在收取费用时平台服务费会在放款前一次性扣除，金卡借款客户可享受较低的服务费率。

3. 信而富

（1）发展简介

成立于2001年的信而富，在未正式成立线上平台之前，就一直为银行提供信用评分模型和风险管理系统，并帮助服务银行发行过1亿余张信用卡，拥有超过16年的相关经验。2015年7月，信而富宣布完成3 500万美元C轮第一笔融资，由私募股权公司Broadline Capital领投，瑞银华信投资银行等机构跟投；2016年11月融资2 000万美元，当时的估值为10亿美元。**2017年4月28日信而富在美国纽约证券交易所挂牌交易，成为在纽约证券交易所挂牌的第二个中国P2P网络借贷平台。**信而富本次发行1 000万股，发行价为6.0美元，募资6 000万美元，开盘价6.65美元，较发行价上涨10.8%。据计算，信而富市值达4.2亿美元。

（2）经营情况

与其他大多数的上市公司不同，信而富一直处于亏损状态，根据信而富披露的数据来分析，信而富在2014年、2015年、2016年的税前利润分别为13.1万美元、-3 002.6万美元、-3 336.3万美元，不仅是亏损，而且亏损额度还在不断扩大。此外，在信而富上市之后的一个月，根据其披露的财报显示，仅上市一个月，信而富就亏损了1亿人民币。对于一直亏损还能在美国上市的原因，信而富表示，“这个行业可以盈利的公司，无一例外都是在前端一次性借款时，要求客户支付相当可观的服务费用。而我们没有要求客户这么做。这种区别，使得我们可以面对大量的客户，而其他机构可能面对的只是走投无路、慌不择路的客户。”由此出现了所谓的“战略性亏损”，这在美国投资者看来很正常。信而富称，在信而富的核心投资者中，有非常多的长线基金参与了投资，它们支撑了整个公司的股价。“长线投资者不关注短期波动，着眼于长远的发展。”

（3）主要业务

① 对出借人的服务。对出借人的服务如下。

- 散户直投：这是为满足出借人资金规模小、周转灵活的需求而推行的短期出借体验方案。出借人可以自选合适的项目，小额分散出借，降低出借风险。
- 出借方案：这是为满足出借人省心省力的需求而推行的出借体验方案。出借人加入出借方案后，资金按约定规则自动进行出借，每期回款按复利循环出借。
- 债权转让

P2P网络借贷平台为了满足客户自主转让或受让债权的需求而推出的一项服务功能，通过该功能，客户可以在线转让自己持有的符合转让条件的债权，也可直接购买其他客户转让的债权，快捷、高效地完成债权转让。

② 对借款人的服务。对借款人的服务如下。

- 工薪贷：一线城市月平均工资2 000元以上，其他城市月平均工资1 500元以上的客户即可获得最高50 000元的借款。

- 助业贷：实体店经营 1 年以上，网店经营 3 年以上且月平均营业收入大于 1 万元，即可获得贷款。
- 物业贷：只要客户交房贷 3 个月以上，就可以获得最高 15 万元的借款。
- 车主贷：有车、有稳定收入与居住场所的客户，即可获得最高 60 万元的借款。

4. 趣店

（1）发展简介

趣店集团成立于 2014 年 3 月，前身为“趣分期”。趣店集团依托统一且独特的风险控制和大数据体系，同时与国内多个第三方大数据平台合作，能够多维度、全方位识别客户信息。2014 年 8 月，趣店集团获千万美元 B 轮融资，由源码资本和蓝驰创投等知名风险投资机构联合注资。2015 年 4 月，趣店集团宣布完成约 1 亿美元 D 轮融资。由昆仑万维领投，蓝驰创投、源码资本等跟投。2015 年 8 月，趣店集团获得约 2 亿美元 E 轮融资，由蚂蚁金服领投，昆仑万维、蓝驰创投、源码资本等全部跟投。**2017 年 10 月 18 日，趣店集团在美国纽约交易所上市，发行价为 24 美元，公司发行 3 750 万股，趣店市值高达 79 亿美元。**自成立以来，趣店围绕着 5 亿非信用卡人群，提供了包括趣店、来分期等产品在内的多元金融消费服务，目前注册客户已超过 2 000 万人，覆盖 18 岁至 50 岁的主力消费人群。

（2）商业模式

趣店的前身是“趣分期”，专注于校园分期业务，随后趣店开始对自己的业务进行调整，加快了自身业务的转型升级，并于 2016 年 9 月宣布逐渐退出校园信贷，逐渐向白领、蓝领等消费群体拓展。实际上，趣店在逐步退出校园市场之后，最为主要的业务与最有力的抓手就是依靠蚂蚁金服的流量入口提供在线借贷服务。趣店接入支付宝获得了流量入口，并与芝麻信用建立起合作和辅助风险控制的关系，由此趣店逐步形成了以现金贷为主的业务构架，加上正好赶上了现金贷的发展，在一年多的时间里迅速扭亏为盈，实现了业绩的大幅增长。

（3）主要业务

与其他平台力求产品多元化的发展思路不同，趣店推出的产品比较单一，其主要业务就是前面提到的通过蚂蚁金服的流量入口提供在线借贷服务，也就是所谓的现金贷（现金贷是小额现金贷款业务的简称，是针对申请人发放的消费类贷款业务，具有借款与还款方式方便、灵活，以及实时审批、快速到账的特性）。

趣店的招股书显示，趣店的收入主要由现金贷服务费、分期佣金构成，现金贷占总营业收入的 80% 以上，平均费率为 4%，每笔贡献不到 40 元，这在同行业中并不算高。其成本主要由投资者利息和账户管理费构成，行政管理、研发费用主要由工资、推广费、期权费构成，换算成均笔成本、费用情况，每笔合计不到 15 元，这在同行业中也是比较低的。

5. 和信贷

（1）发展简介

和信贷是和信电子商务有限公司推出的互联网金融服务平台，于 2013 年 8 月 18 日正式上线运营。其总部设在北京。和信贷结合全球金融发展与互联网技术创新，在健全的风险控制体系的基础上，为个人客户提供专业、可信赖的理财服务，帮助他们实现财富增值。和信贷已于 2017 年 11 月在美国纳斯达克上市，市值约为 6 亿美元。截至 2018 年 5 月 8 日，和信贷平台的累计交易额约为 212.1 亿元，累计注册人数约 25.8 万人。

（2）盈利模式

目前和信贷的商业模式基本为消费贷款模式，它的大部分业务都来自于此。和信贷 2014 年大部分贷款为房产抵押贷款，但从 2016 年开始几乎全面转型到信用贷款，目前信用贷款占比为 75%左右，在 2017 年 3 月到 6 月和信贷放出的贷款中，信用贷款规模的占比更是达到了 99.2%。在目前和信贷的业务收益中，现金贷占有相当大的比重。根据招股书，和信贷在截至 2016 年 3 月 31 日的这一财年，净利润为 350 万美元；截至 2017 年 3 月 31 日的这一财年，净利润攀升至 860 万美元，同比增长 142.2%。

（3）主要产品

和信贷的产品主要有三种，分别是月月升息、荷包、散标。

① 月月升息：100 元起投，1 个月锁定期，逐月加息，适合对资金的灵活性要求较高的投资者。

② 荷包：是和信贷提供的本金循环出借及到期转让退出工具，属于定期理财产品。荷包内是信用借款及车抵押借款需求，投资者出借的金额将实现分散出借，更好地满足投资者多样化的预期年化收益需求。荷包在投资者认可的标的范围内，对荷包内的标的进行分散出借，且回款金额在相应期限内自动复投。锁定期结束后，荷包会通过债权转让的方式进行转让退出，投资者可以一次性获得本金和预期年化收益。

③ 散标：通常是指独立借款人自主发布的单独借款需求，散标是可以债权转让的，不过需要在持有债权一个月以后；逾期债权不能转让，手续费率为 0.5%。

6.3 P2P 网络借贷的发展趋势

1. 去担保化成为 P2P 网络借贷平台的发展趋势

《关于促进互联网金融健康发展的指导意见》指出，P2P 网络借贷平台要明确信息中介性质，主要是为借贷双方的直接借贷提供信息服务，不得提供增信服务，不得非法集资。因此，未来去担保化仍然是 P2P 网络借贷平台的发展趋势之一。

未来 P2P 网络借贷行业可以不担保，但是不等于不保障投资者权益，需要在投资者权益保护与去担保化之间建立一个平衡点。投资者权益保障的形式将会更加丰富，风险准备金、保险保障等都有可能成为主流，从而较好地解决风险共担、责任划分问题。

2. 移动化比例逐渐提高

P2P 网络借贷的形式基本上是随着互联网的演变而发展的，在个人计算机（PC）时代诞生了支付宝、财付通等一系列支付产品，而且这些平台占据着很大的市场份额。P2P 网络借贷的诞生原本就是为个人金融服务的，是将个人财富妥善管理的一种形式，因此在移动互联网发展和广泛应用以后，P2P 网络借贷的优势更加明显，人们存钱取钱十分便捷。因此，P2P 网络借贷平台纷纷从 PC 端转向移动端，使用移动 P2P 网络借贷的人数也越来越多。

P2P 网络借贷从 PC 互联网过渡到移动互联网，一方面，方便了客户，不使用计算机就能处理个人的金融业务，使得那些不会操作计算机的人也能参与其中，而这意味着一个更大的市场；另一方面，增加了行业技术门槛与运营技术难度，不是只简单地有一个网站就能做金融，这使得那些以经济犯罪为目的的人不能轻易地进入这个行业，倒闭、诈骗等情况自然也会减少。

3. 大数据将成信用风险控制的首选

大数据时代，P2P 网络借贷平台不再盲目放贷。例如，宜人贷突破了传统的信用审核流程，通过对互联网数据进行调取和分析，简化了申请流程，提升了审核的效率和精准度。客户通过宜人贷借款 APP 的极速模式申请借款，仅需授权信用卡账单接收电子邮箱地址、淘宝账号、手机号三项数据，即可在 10 分钟内快速获知审核结果，真正实现了借款申请电子化、智能化和移动化。

同时，大数据有利于征信体系的建设。通过大数据可以得知某些行业乃至某些企业有无坏账、滥账等情况，从而进行贷款决策，提前将风险控制在可控范围之内；大数据也可以用来指导客户的投资，判断风险标的，对客户起到预警的作用。当然，这个体系还不够完善，仍需要第三方监管机构的参与，以将这个体系做得更完整。

4. 向一站式理财平台或大资管平台转型升级

更多的 P2P 网络借贷平台从单一的 P2P 网络借贷服务发展为财富管理的一站式平台或大资管平台，一方面是突破现有的业务发展瓶颈，扩大平台体量；另一方面也有助于提升原有客户的黏性，吸引更多的具有不同风险偏好度的投资者。传统金融机构，如证券、保险、基金、信托和消费金融等金融机构，和 P2P 网络借贷平台合作意愿加强，也加快推动了 P2P 网络借贷平台的转型升级。目前已有 10 多个 P2P 网络借贷平台，如陆金所、积木盒子、投哪网、团贷网、人人贷、红岭创投、诺诺镑客、91 旺财、金信网等向一站式理财平台或者大资管平台转型升级，它们加强与传统金融机构的合作，形成共赢。

当然，P2P 网络借贷平台向一站式理财平台或大资管平台转型升级，需要综合考虑平台的战略定位和发展阶段，而不是一味地追求转型。转型前 P2P 网络借贷平台自身需要拥有核心竞争力及流量优势，否则转型后仍会陷入白热化、同质化的竞争浪潮之中。尽管 P2P 网络借贷平台有向一站式理财平台或大资管平台转型升级的趋势，但垂直化、小而精的细分 P2P 网络借贷平台也有很好的发展前景。

6.4 P2P 网络借贷与银行微贷的对比

1. 资金来源

银行微贷模式的平台主体是银行，是典型的机构性融资模式。作为信用中介，其放贷资金来源规范，除了银行资本金以外，大部分来自储户存款，具备天生的高杠杆性（用放贷资金与模式主体注册资本比值衡量其杠杆率）。

P2P 网络借贷的资金来源则相对复杂，来自众多投资者。纯粹作为交易中介和信息中介的 P2P 网络借贷平台，本身不参与投融资，这种模式下 P2P 网络借贷是一种个人性融资模式，不存在杠杆率问题。但是由于在实际操作过程中，一些 P2P 网络借贷平台对其上的交易进行了担保，一些 P2P 网络借贷平台直接参与到投融资交易过程中，而它们本身的资本金又有限，导致其杠杆率远远超过银行，隐含的风险也很大。

2. 目标客户

（1）服务客户的区域不同

银行微贷模式一般依靠银行开设的物理网点，在一定的地域范围内开展业务，基本限制在本地。P2P 网络借贷模式的服务范围最宽泛，无论是在地域范围方面还是在其他方面基本上都没有限制，任何有理财和融资需求的客户均能通过 P2P 网络借贷平台开展投融资活动。

（2）客户融资的规模不同

银行微贷模式主要以小微企业和个体工商户为服务对象，贷款额度从几万元到几百万元不等。P2P 网络借款所服务的客户在一定程度上是被银行拒之门外的非优质客户，以个人、个体经营者和小企业为主，融资规模从几千元到几十万元不等，也有个别融资近亿的项目。

（3）客户融资的期限不同

银行微贷模式超过 90% 的贷款的期限是 6 个月以内；P2P 网络借贷模式则期限较长。根据人人贷 2016 年年报，就其期限最短的信用认证标而言，超过 60% 的融资期限长于一年，其他诸如实地认证标等的融资期限更长，一般为 2~3 年。

3. 风险控制

（1）信息收集方式不同

银行微贷模式主要通过物理网点收集数据，同时还利用借款人已有的信贷数据。P2P 网络借贷模式的审核偏“线上线下统筹模式”，由于我国征信体系不健全，需要通过网络收集借款人的信用信息，利用这些信用信息并根据他们的历史交易情况对借款人进行信用评级。

（2）审核时间不同

P2P 网络借贷模式能满足急需借款的客户群的需求，凭借收件收据或他项权证，最快在1天内即可放贷，从而大大地满足了资金短缺的小微企业的借款需求。而银行微贷模式的审核材料众多，手续较为烦琐，通常需要2~6周的时间。

4. 成本收益

银行微贷模式在深入挖掘利润、高度控制成本方面已经形成了独特的机制。一是差异化的利率风险定价机制。银行对贷款实施不同的利率，满足了不同客户的需求，从而最大限度地扩大了利润空间。二是成熟的成本控制机制。大部分专注于小微企业的银行都实现了精细化管理，通过完善的后台管控，降低运营成本。

P2P网络借贷模式分为两种。一种是纯粹的P2P网络借贷平台，其收益主要来自手续费，这种平台以拍拍贷为典型代表，它们并不承担风险。但是，大量的P2P网络借贷是另外一种模式，它们不仅是信息中介，还进行大量的线下业务，其成本收益控制方式逐步向银行微贷模式靠近，而且存在一定的法律风险。

【本章小结】

P2P网络借贷是指个人与个人间的小额借贷交易，借贷双方一般需要借助专业的网络平台确立借贷关系并完成相关的交易手续。借款人可自行发布借款信息，包括金额、利息、还款方式和时间，实现自助式借款；出借人根据借款人发布的信息，自行决定借出金额，实现自助式借贷。

境外的P2P网络借贷主要有Zopa、Prosper、Kiva、Lending Club四个平台。

P2P网络借贷在我国境内经历了萌芽期、膨胀发展期、行业整合期、监管整顿期、规范发展期五个阶段，它主要分为纯线上模式、线上线下相结合的模式、担保模式和P2P+模式。根据其资本的不同，又分为风投系、国资系、银行系、上市公司系、民营系五个系别。

投资者需要注意对P2P网络借贷不良模式，如高息、大额项目、资金池、自融、拆标、纯诈骗等进行识别。

【关键术语】

P2P网络借贷　担保模式　P2P+模式　资金池　自融

【思考题】

1. 试阐述作为投资者应如何规避P2P网络借贷的风险。
2. 试阐述P2P网络借贷平台如何控制风险。
3. P2P网络借贷未来还可以如何创新?

【案例分析】

宜 人 贷

宜人贷是宜信公司于 2012 年推出的个人信用贷款与投资理财 P2P 网络借贷平台，宜人贷为拥有信用维护意识的城市白领人群，提供个人信用借款咨询服务。

宜人贷实现 P2P 网络借贷从客户获取、风险控制、交易达成到客户服务全流程线上操作。个人借款人在网上发布借款请求，通过信用评估后，可获得投资者的信用借款资金支持；而个人投资者则可获得经济收益。宜人贷专注于具有信用维护意识的城市白领人群，这一群体具有较好的教育水平、信用意识以及稳定的还款能力。借款人需要满足三个条件：年龄在 22~55 周岁之间，税后月薪在 4 000 元以上，信用良好。条件符合的借款人，可以申请最高 50 万元的借款。

宜人贷基于移动互联网及大数据技术进行风险控制创新，广泛采集多维度信息及客户授权数据并进行交叉比对，通过自动化征信体系和反欺诈系统实现智能决策，采用云计算技术为数据处理中心提供强大的数据支撑。极速模式是宜人贷推出的基于互联网大数据风险控制的个人信用借款咨询服务。与传统信用审核机制相比，极速模式采用大数据决策引擎来对客户的还款能力和信用资质进行判定，无须客户提交财产证明和信用报告，只需通过宜人贷借款 APP 进行简单的三步操作，对客户授权的互联网数据进行分析，即可在 1 分钟之内反馈预估额度，在 10 分钟内完成审核。

2015 年，宜人贷联合广发银行达成 P2P 资金托管业务合作。宜人贷在广发银行开立了交易资金托管账户、风险备用金托管账户和服务费账户三类账户，由广发银行对客户在宜人贷平台上的每一笔交易进行全面托管，实现客户资金与平台资金的有效隔离。广发银行对宜人贷平台从客户实名开户、合同签署备案、交易与合同的匹配审核、交易资金的划转、风险备用金监控的全部流程进行监控和核对，并与宜人贷同步核对借款信息与合同的匹配度，根据合同信息触发资金划转，保障交易的真实性和安全性。广发银行还定期出具资金托管报告，客户可在宜人贷官方网站上查询资金托管情况。

问题：根据本案例谈一谈宜人贷的模式是什么，可以如何改进业务。

【参考文献】

[1] 刘轶，赵宣，罗春蓉．P2P 网络借贷研究：一个文献综述[J]．金融理论与实践，2015(6)：106-112.

[2] 张梦晶．我国 P2P 网络借贷平台的运营模式研究[D]．蚌埠：安徽财经大学，2015.

[3] 梁振杰．我国 P2P 小额网络信贷运作模式研究[D]．广州：暨南大学，2015.

[4] 雷舰．我国 P2P 网贷行业发展现状、问题及监管对策[J]．国际金融，2014(8)：71-76.

[5] 郭卫东，李颖. 网络借贷平台 P2P 模式探索[J]. 中国流通经济，2014(6)：114-121.
[6] 叶湘榕. P2P 借贷的模式风险与监管研究[J]. 金融监管研究，2014(3)：71-82.
[7] 王朋月，李钧. 美国 P2P 借贷平台发展：历史、现状与展望[J]. 金融监管研究，2013(7)：26-39.
[8] 孔非凡，江玲. 我国 P2P 小额信贷模式存在的风险及对策建议[J]. 西部经济管理论坛，2013(1)：321.
[9] 高佳敏. P2P 网络借贷模式研究[D]. 成都：西南财经大学，2013.
[10] 薛群群. 国内外 P2P 小额信贷企业运营模式研究及实例分析[D]. 北京：中央民族大学，2013.
[11] 钮明. "草根"金融 P2P 信贷模式探究[J]. 金融理论与实践，2012(2)：58-61.
[12] 莫易娴. P2P 网络借贷国内外理论与实践研究文献综述[J]. 金融理论与实践，2011(12)：101-104.
[13] 辛宪. P2P 运营模式探微[J]. 商场现代化，2009(21)：19-22.
[14] 罗明雄，唐颖，刘勇. 互联网金融[M]. 北京：中国财政经济出版社，2013.

第7章

互联网金融搜索

【教学目标与要求】

1. 了解互联网金融搜索的背景及现状。
2. 掌握互联网金融搜索的基本概念、分类和特点。
3. 熟悉互联网金融搜索的模式。
4. 了解互联网金融搜索的产生与发展及影响。
5. 了解互联网金融搜索的风险控制。

【知识架构】

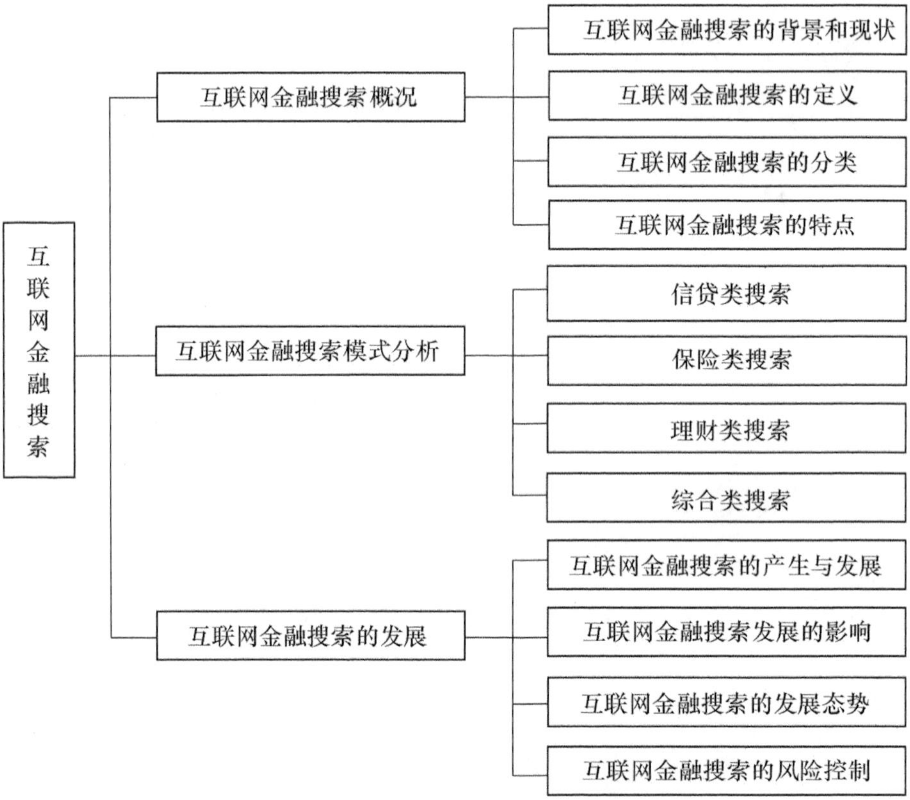

【导入案例】

融 360 开启了金融互联网搜索之门

融 360（北京融世纪信息技术有限公司）成立于 2011 年 10 月，是中国领先的互联网金融垂直搜索平台，提供贷款、信用卡、理财等金融产品的搜索比价及申请服务。融 360 是“互联网+金融”的典型业态，是新型的网络金融服务公司，它利用大数据、搜索等技术，让上百家银行的金融产品可以直观地呈现在客户面前。

2015 年 3 月 12 日，中国证监会领导走访了金融产品搜索平台——融 360，对公司的融资情况、上市意向、盈利模式进行调研，并对融 360 发出明确邀请：“希望融 360 和蚂蚁金服一起，成为第一批在境内上市的互联网金融创业公司。”

2015 年 3 月 22 日，新闻联播首次头条报道互联网金融，题为“互联网+金融　加出融资高效率”，新闻报道时长 6 分钟，阐述了互联网金融在我国的迅猛发展。新闻报道中采访了当时的工商银行行长易会满、垂直搜索平台融 360CEO 叶大清。

2015 年 5 月，融 360 推出“天机”大数据风险控制系统——通过大数据分析，系统会根据身份认证、还款意愿和还款能力三个维度，对申请贷款的客户进行评分，依据分值来为合作机构提供放贷建议。针对特定的细分市场，融 360 的目标是力争 5 万元以内的小额贷款最快 10 分钟审批，当天放款。除了贷款审批速度实现了突破，贷款获批率也得到了显著的提升，对于同一类客户，用抵押物、收入流水证明等粗放式的传统风险控制方式，贷款获批率为 15%左右；而使用大数据模型结合人工审批获批率可以达到 30%以上。

2015 年 6 月，融 360 与 8 家商业征信机构确立合作，其中包含芝麻信用、腾讯征信等知名企业。2015 年 10 月，完成 D 轮超过 10 亿元融资，由云锋基金、赛领基金等领投，红杉中国基金及 Star VC 跟投的 D 轮融资。

2015 年 10 月，融 360 和中国人民大学联合主办 2015 普惠金融 CRO 全球峰会，发起了旨在推动“信贷在线化”的 OLA 行业自律组织，是中国首个“在线贷款联盟”。

2017 年 11 月 16 日，融 360 旗下简普科技在美国纽约证券交易所成功上市。

融 360 一直想坚持的理念是让金融变得更简单，坚守的价值观是：开放、自我超越、激情、基于数据和事实做决策、信赖与可信赖、客户导向。这使得融 360 在 P2P 网络借贷行业的发展中找到了自己的定位，坚持做好金融搜索，为个人客户和小微企业等提供便捷、高效、安全的线上金融服务，力图打造成未来我国覆盖地域最广、使用人数最多的金融搜索和金融信息服务平台。

（资料来源：融 360 官方网站）

互联网金融已经深入我国经济社会的方方面面，成为我国经济体系的重要组成部分，那么作为互联网金融的搜索引擎，互联网金融搜索有哪些模式？发展如何？本章将介绍互联网金融搜索的概况、模式及发展。

7.1 互联网金融搜索概况

7.1.1 互联网金融搜索的背景和现状

1. 互联网金融搜索细分领域的诞生

近几年来，除了货币基金、众筹和 P2P 网络借贷的火爆，金融搜索服务也发展很快（如各种房产电子商务和汽车电子商务等），一些互联网金融搜索平台（如真格贷、易贷网、好贷网、91 金融和融 360 等）横空出世。这些互联网金融搜索平台的业务性质和内容比较相近，虽然业务竞争非常激烈，但都占据着一定的金融服务区域和市场，并不断升级各自的服务内容和特色。它们通过大数据技术，不仅解决了购买过程中的信息不对称问题，还为客户提供了便捷、高效、可靠的免费金融产品服务，也为银行等金融机构提供了智能化的金融创新。

2. 金融产品信息不对称的格局急需打破

无论是对于实体行业来说还是对于金融等服务行业来说，从“以产品为中心”到“以客户为中心”的转变是互联网思维带来的一个巨大变化。虽然传统商业银行早在十多年前就对自身的业务进行了互联网改造，但仍然是以自身产品为中心，除了很好地解决了在线交易的问题外，对于社会个人和中小企业广泛的借贷和理财需求，传统商业银行并没有给出很好的解决方案，依然只是大型企业和组织才能获得贷款，富裕的个人才能买得起理财产品。广大中小企业和普通个人客户难以获得贷款。随着互联网技术对金融领域的渗透，这一局面正在迅速改变。此外，金融机构即将面临的主体客户群，是在互联网时代成长起来的一代人，他们的消费习惯是对价格敏感度高，喜欢“货比三家”。金融产品复杂性高，产品和客户之间需要高效匹配。

3. 互联网时代背景下的机遇和挑战

互联网思维将重新定义甚至颠覆金融业的风险定价机制、金融服务业的满意度和体验，以及金融行业的品牌信任。互联网金融搜索平台主要利用互联网优势，解决传统金融受实体约束，费时费力，信息不透明、不对称等问题。互联网金融搜索平台能够有效地避免触碰金融监管红线，并且使用户和中小企业能够通过专业平台搜索，在互联网或移动终端上免费找到最适合自己的贷款产品。互联网金融搜索平台在思维方法和资源获取方面与传统搜索引擎检索方法不同，通过对贷款产品进行多属性、多维度的复合查询，快速、准确地定位到所需的产品。互联网金融搜索平台在广大银行、小额贷款公司等传统金融机构和中小企业、个人之间搭起了一座桥梁，使双方都能方便、快捷地寻找到更多的优质客户和优质信贷产品。互联网金融搜索平台还能充当认证信贷经理和风险控制角色，通过大数据分析和合理机制，推动信贷产品更加价低质优和贷款客户信用评估等。

7.1.2 互联网金融搜索的定义

2014 年 12 月，艾瑞咨询的《互联网金融垂直搜索行业分析报告》提到，互联网金融搜索的定义为，根据客户的金融需求和自身实际情况，金融流量分发网站会在数据库中找到可以满足客户需求的金融产品，并在搜索结果中予以显示。客户可以选择适合他们的产品并留下联系方式，客户经理将进一步与客户联系，以完成交易。

2015 年 1 月，艾瑞咨询的《中国互联网金融产业发展报告》指出，互联网金融搜索提供了交易环节外的在线金融服务这种智能化的运营模式，将大数据技术、垂直搜索技术与金融顾问、贷款初审等传统金融服务结合起来，实现了金融搜索方式以及金融业务流程的更新。其核心在于利用数据的可追踪性和可调查性等特点，依托数据分析以及数据挖掘技术，根据客户的特定需求，为他们筛选并匹配符合条件的金融产品。

2016 年 7 月，陈鹏全在《互联网金融从入门到精通》一书中提到互联网金融搜索的核心本质就是“搜索+比价”的模式，即采用金融产品垂直搜索方式，将各家金融机构的产品放在平台上，客户对各种金融产品的价格、特点等进行对比，自行挑选合适的金融服务产品。

目前，在 MBA 智库百科中，互联网金融搜索的定义是，利用互联网进行金融产品的销售以及为金融产品销售提供第三方服务的平台。

在以上定义中，有的强调互联网金融搜索仅仅是提供信息的平台；有的认为互联网金融搜索只是一种工具，更多的是为金融的发展提供支持；有的则关注计算机技术在互联网金融搜索中的应用，等等。要定义互联网金融搜索是比较困难的，首先，艾瑞咨询的《中国互联网金融产业发展报告》只是给出了互联网金融搜索的相关概念，是一个抽象的东西，没有确切的互联网金融搜索的定义；其次，互联网金融搜索的种类很多，随着计算机技术的发展、互联网的普及，互联网金融从 PC 端逐渐向移动端过渡。互联网金融的这种动态发展，本身就给对互联网金融搜索进行定义带来了困难。

综上所述，我们认为互联网金融搜索是运用人工智能等计算机技术，根据一定的策略和方法，从互联网上收集金融信息，在对金融信息进行智能的组织和处理后，为客户提供切实可行的金融产品和服务信息的系统。

7.1.3 互联网金融搜索的分类

互联网金融搜索的多元化创新发展，形成了提供高端理财投资服务和理财产品的第三方理财机构，以及提供保险产品咨询、比价、购买服务的保险搜索网站等。目前，互联网金融搜索可以从以下两个层面进行分类。

1. 从金融产品销售产业链的层面进行分类

根据相关互联网金融搜索平台的服务内容及服务方式，可以将互联网金融搜索分为第三方信贷资讯平台、垂直搜索平台以及在线金融超市三大类，如图 7-1 所示。

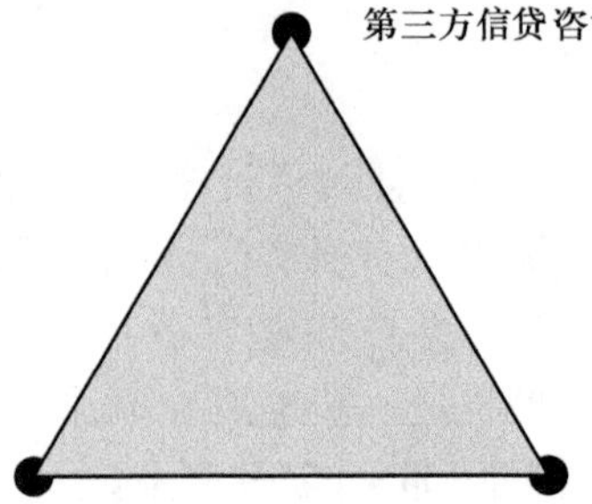

图 7-1　互联网金融搜索的分类

第三方信贷资讯平台是为客户提供全面、权威的金融行业数据及行业资讯的搜索网站，其典型代表有网贷之家、和讯网以及网贷天眼等。

垂直搜索平台是聚焦于相关金融产品的垂直搜索门户。所谓垂直搜索，是指针对某一特定行业的专业化搜索，在对某类专业信息进行提取、整合以及处理后反馈给客户。互联网金融垂直搜索平台为客户提供信息的双向选择，从而有效地降低信息不对称的程度。

在线金融超市汇聚了大量的金融产品，其在提供在线导购及购买匹配，利用互联网进行金融产品销售的基础上，还提供与之相关的第三方专业中介服务。这类搜索在一定程度上充当了金融中介的角色，通过提供导购及中介服务，解决了服务信息不对称的问题。

从产业链角度分析，第三方信贷资讯平台在产业链中充当的是外围服务提供商的角色，垂直搜索平台在产业链中充当的是媒介角色，而居于二者上游的便是在线金融超市，这类搜索在产业链中充当的是代理商角色。三者均为产业链下游客户服务，而处于三者上游的企业便是金融机构。

2. 从互联网金融搜索经营产品种类的层面进行分类

互联网金融搜索又可以根据汇集的金融产品和金融信息的种类，细分为信贷类搜索、保险类搜索、理财类搜索以及综合类搜索四个子类。其中，前三类互联网金融搜索主要聚焦于单一类别的金融产品及信息，而第四类互联网金融搜索则致力于金融产品、信息的多元化，汇聚着不同种类的金融产品和服务信息。而 7.2 节介绍的互联网金融搜索模式，就是根据这个层面的分类来进行分析的。

7.1.4　互联网金融搜索的特点

互联网金融搜索的快速发展，不仅满足了广大互联网客户对贷款、信托、保险、理财、财富管理等的多元化需要，还酝酿着对传统的金融行业越来越大的冲击风暴。它具有如图 7-2 所示的特点。

1. 搜索方便、快捷，匹配快速、精准

互联网金融搜索打造了“搜索+比价”的金融产品在线搜索模式，将相关金融机构的各类产品汇集到网站平台上，客户通过对各类金融产品的价格、收益、特点等信息进行对比，自行挑选适合其自身需求的金融服务产品。

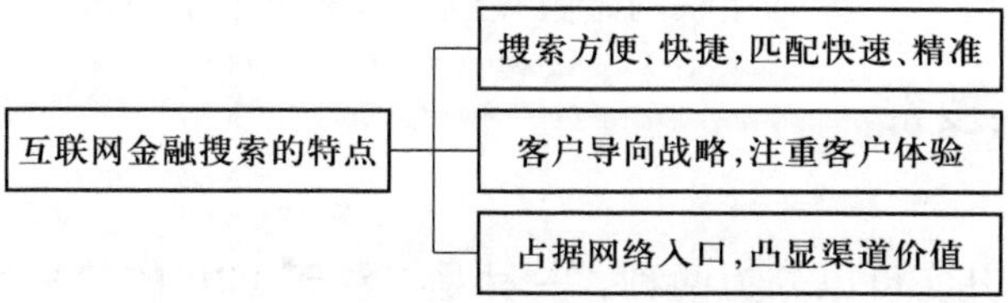

图 7-2　互联网金融搜索的特点

2. 客户导向战略，注重客户体验

互联网金融搜索的另一个核心优势是客户导向战略，即通过对市场进行细分来确定目标客户群，根据他们的特定需求提供相应的服务。其宗旨是提升客户在交易过程中的体验度，通过产品种类的扩充和营销手段的创新，动态地适应客户的需求，如图 7-3 所示。

图 7-3　互联网金融搜索的宗旨

从经济学角度分析，互联网金融搜索注重客户体验的原因在于网络金融产品和服务具有规模经济的特性。具体来看，虽然互联网金融搜索额外增加一个产品或提供一次服务的边际成本较低，而且随着搜索规模的扩大，其平均成本会随着产品供给的增加而不断下降，但是，互联网金融搜索获取规模经济的先决条件是掌握大量的客户资源。因此，客户导向战略可以使互联网金融搜索根据客户的行为变化及信息反馈，及时了解客户的实时需求，为其提供差异化金融服务，甚至可以协助金融机构为其设计特定的金融产品，更好地满足客户的特定需求，从而使互联网金融搜索进一步扩大市场份额，获取更多的利润。

3. 占据网络入口，凸显渠道价值

从产业链角度分析，互联网金融搜索的上游为金融产品供应商，即传统金融机构，下游为客户，而作为中间桥梁的互联网金融搜索，其最大的价值就在于它的渠道价值。被引入商业领域后，它的含义被引申为商品销售线，即商品的流通路线，指的是厂家的商品通过一定的社会网络或代理商卖向不同的领域，最终达到销售的目的。

7.2 互联网金融搜索模式分析

互联网金融搜索提供了除交易环节之外的在线金融服务。下面根据互联网金融搜索汇集的产品的类型，对各类互联网金融搜索的模式进行详细分析。

7.2.1 信贷类搜索

1. 定位

信贷类搜索其实可以分为两种，一种是专注于P2P的信贷类搜索，另一种是常规的信贷类搜索，这里将这两种类型合二为一，统一按照信贷类搜索来进行阐述。信贷类搜索与银行及相关金融机构直接对接。目前，这类互联网金融搜索的核心业务形态主要以垂直“搜索+比价”为主，因此信贷类搜索的定位是信贷产品垂直搜索平台，将传统的线下信贷产品业务流程以及信息转移到网络上，为传统信贷产品业务注入互联网基因。

在现阶段，信贷类搜索虽然将线下信贷产品业务流程转移到线上，初步实现了信贷产品业务流程在线化，但由于信贷产品极其复杂并具有一定风险性，因此目前我国客户购买信贷产品的方式依然以O2O模式为主，即客户在线搜索信贷产品信息并进行比对，然后到线下的相关金融机构去购买，这就是所谓的ROPO（research online purchase offline，线上调查线下购买）模式，而距离线上自助式购买还有很长的一段路要走。

2. 运营模式

信贷类搜索秉承公平、公正、公开的原则，对互联网金融信息资源进行汇总、整理，并具备一定的风险预警及风险揭示功能，起到了对信贷产品垂直搜索平台的监督作用，其运营模式如图7-4所示。

以网贷之家为例。作为国内首个且最大的第三方信贷资讯平台，网贷之家自成立以来，就为客户提供了一个公开透明的信息交流平台。在平台上线后，网贷之家提出了信贷指数概念，对其进行实时更新，并建立了档案、百科、导航、资讯、社区等栏目，为客户提供了大量的P2P信贷信息作为参考。网贷之家的首页如图7-5所示。

网贷之家创立于2011年10月，是中国首个权威P2P网络借贷行业搜索网站，隶属于上海盈讯科技股份有限公司，总部位于上海。自成立以来，网贷之家秉承“公平、公正、公开”的原则，为P2P网络借贷行业参与者与关注者提供有价值的资讯、数据、报告、客户原创内容、理财工具及个性化服务，在专业研究、行业数据、原创内容、用户人气和创新服务等方面始终稳居行业领先地位。2015年6月，网贷之家获赛富亚洲和创东方领投的B轮亿元融资。

模式一

- 利用信贷类搜索，客户可以搜索到大量的信贷行业资讯、行业数据，从而有效地降低了借贷双方的信息不对称程度。

模式二

- 信贷类搜索以客户中立的立场，通过网站工作人员的各种考察方式，将全国各地具备资质且运营状况良好的信贷平台纳入网贷类搜索的导航栏，为有贷款需求的用户提供相关信息参考，有效地解决了其对信贷平台信息的获取问题。

模式三

- 信贷类搜索还具备一定的风险屏蔽及风险预警功能。例如，网贷之家通过平台准入审核，筛选出具备相关资质及良好信誉的信贷平台，并对准入平台的信息进行实时监控，以便在“跑路”等事件发生前及时进行风险预警。

图 7-4　信贷类搜索的运营模式

图 7-5　网贷之家的首页

作为领先、专业的 P2P 网络借贷行业搜索网站，网贷之家根据客户的不同诉求精准定位，陆续推出资讯、专栏、档案、数据、评级、社区等精品频道，倾力打造“对话网贷人”“我在中国做 P2P”“网贷漫谈”等优质原创视频栏目，为投资者进行安全、科学的投资提供有价值的参考。

网贷之家提供丰富的网贷咨询，有专门的质询、专栏、视频、原创、导航、平台介绍等功能，为客户提供业内动向、政策变化、新闻等咨询；也有专业的网贷问答、平台点评、行业研究等服务。在网站入口处客户可以根据自身需求选择合适的贷款平台。例如，若客户侧重投资期限，网站则会根据返利时间推荐平台；而若客户侧重平台背景，网站则会根据是国资系还是上市公司系推荐平台。网贷之家集合了大量贷款平台供客户根据自身需求选择。

网贷之家还建立了个人信用档案，将其纳入自己的征信系统。个人征信档案将预期未偿还贷款的客户列入黑名单，供 P2P 网络借贷平台参考，档案信息涵盖了贷款人姓名、欠款总额、预期贷款、最长预期、贷款人所在地等信息。此外，网贷之家还提供了曝光平台，提供平台曝光、平台质疑、平台预警等帖子供客户参考。

网贷之家提供时报、日报、月报、年报以及信贷指数等栏目，对 P2P 网络借贷平台的成交量、标数等数据进行汇总，并对其进行实时更新，这些数据客观地反映出 P2P 网络借贷平台的运营状况，有效地降低了贷款市场中的信息不对称程度，为存在借款需求的客户提供了参考。

3. 盈利模式

目前，第三方信贷资讯平台类互联网金融搜索的盈利模式与传统资讯类网站的盈利模式相似，主要是通过广告联盟的方式来获取利润。不难看出，该盈利模式的核心就在于流量，依靠网站的流量、访问量和点击率来吸引广告，搜索日均访问量越多，越容易吸引企业投放广告，从而获取更多的利润。

7.2.2 保险类搜索

1. 定位

保险类搜索的核心定位分为两类：一类是聚焦于保险产品的垂直搜索平台，利用云计算等技术精准、快速地为客户提供产品信息，从而有效地解决保险市场中的信息不对称问题。其典型代表有富脑袋、大家保、eHealthInsurance 以及 InsuranceHotline 等。另一类定位于在线金融超市，充当网络保险经纪人的角色，为客户提供简易保险产品的在线选购、保险计算及综合性保险方案等专业性服务。其典型代表为大童网、慧择网以及 Leaky 等。

保险类搜索为客户提供了一种全新的保险选购方式，并实现了保险业务流程的网络化，具体包括保险信息咨询、保险计划书设计、投保、核保、保费计算、缴费、续期缴费等。

2. 运营模式

保险类搜索对各家保险公司的产品信息进行汇总，并为客户和保险公司提供交易平台。同时，为客户提供诸如综合性保障方案评估与设计等专业性服务，以确保在以服务营销为主的保险市场中，依靠更好的增值服务争取到更多的客户资源。

目前，虽然国内外保险类搜索数量繁多，但保险类搜索基本上是以 B2C 模式、O2O

模式以及兼具 B2C 和 O2O 的混合模式这三类模式为主，如图 7-6 所示。其中，慧择网是境内 B2C 模式保险类搜索的典型代表，其本质是在线金融超市。与平安等保险公司的网络直销平台不同，慧择网精选了各家保险公司的产品以供客户选择，搭建了类似于聚美优品的垂直类电子商务平台。客户通过对不同保险产品的价格、内容等详细信息进行比对及筛选，最终选择适合自身需求的保险产品。

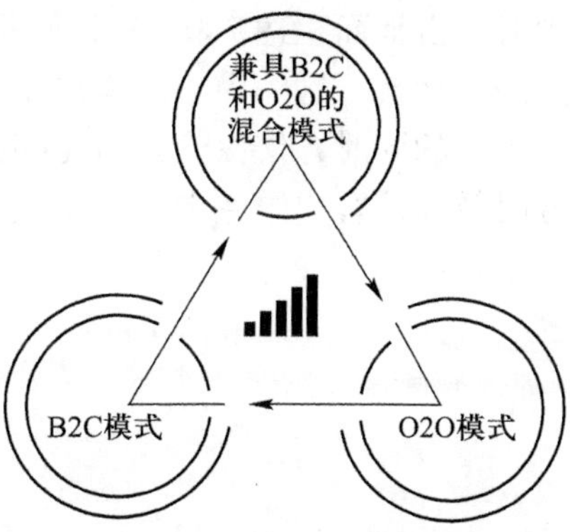

图 7-6　保险类搜索的三种模式

下面以慧择网为例进行介绍。慧择网于 2006 年正式成立，是由深圳市慧择时代科技有限公司（以下简称慧择）打造的全国首个用于保险产品对比并实现网上垂直交易的保险类搜索平台。它是经中国保监会批准的最早获得保险网销资格的网站之一，是互联网保险平台的创立者。经过 10 余年的发展，慧择网已与 80 余家保险公司合作，提供近千种保险产品，产品线涵盖了意外险、健康险、人寿险、企业险、车险、家财险等全险种产品，服务客户超过 3 000 万。

在平台构建方面，慧择积极探索出一条新的道路。为了避免低频和非刚需的保险产品在线上销售困难所带来的业务增长压力，保障其业务快速增长，慧择还大力发展保险代理人代销平台和 B（企业）端行业合作伙伴分销渠道。目前，慧择旗下拥有四大子平台，分别是慧择网、聚米网、开放平台和保运通，它们分别针对不同的客户群体，共同构成了其业务体系。

在融资方面，慧择网先后多次获得商业巨头的投资，一方面说明其发展潜力之巨大，另一方面又为其今后的规模式发展奠定了基础。从 2012 年到现在，慧择网分别获得了焦点科技、赛富基金、万融时代资本、创东方、考拉基金的多轮融资，总融资金额超过 5 亿元。目前，慧择网已成为融资规模最大的互联网保险超市平台。其主页如图 7-7 所示。

（1）闭环服务模式

慧择网在运营模式上始终倡导“产品+服务+渠道”的保险生态闭环服务模式，如图 7-8 所示，这在行业内是创新之举。这种闭环式的服务模式与一般比价销售平台的最大区别在于，它是从客户需求的角度出发，通过开展售前咨询和对比、售中引导、售后保全与理赔服务，构建起了一站式的全流程服务平台。此外，慧择网尤其注重平台的后端支持，以平台后端稳健的服务推动前端的业务发展，惠及客户，从而得到了客户的广泛认可。这种模式使得慧择网能够更加精准地了解客户需求，近距离地对产品的品质和服务水平进行管控，从而使平台的聚合价值在闭环生态里尽可能大地发挥出来。慧择网在 2012 年最早开始实施 7×24 小时的客户服务，2016 年又在合肥投入了一个智能客服中心，占地面积达7000多平方米，目的是构建一个规模化、标准化和专业化并举的客户服务平台。这一中心的建立在全国范围内都是领先的，它在通过智能化服务来匹配客户需求的同时，使保险公司能够识别客户，为风险控制做好准备。慧择网的这种客户服务时效以及客户服务中心的建立为进一步完善闭环服务模式发挥了重要作用。

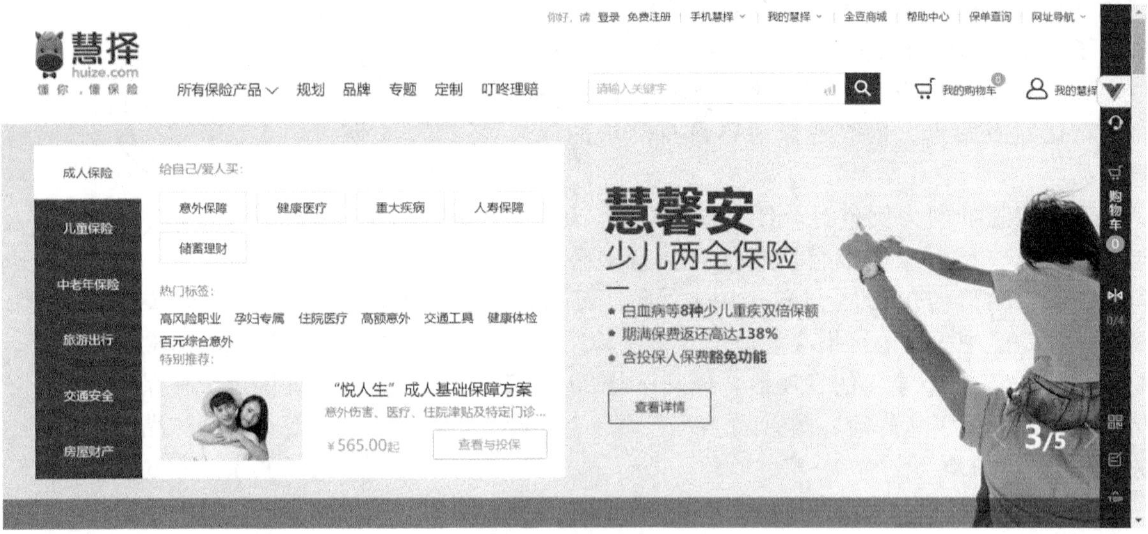

图7-7 慧择网主页

图7-8 慧择网“产品+渠道+服务”模式图

（2）运营模式

如果探究慧择运营模式的本质，可以说它是将B2C模式和B2B模式很好地结合在一起运作的。慧择通过已经拥有的四大子平台面向不同的客户提供不同的服务，一方面开展个人保险业务，另一方面向企业单位提供保险，全方位地服务各类消费群体。

（3）产品定制和理赔服务

慧择网根据经营10余年来的风险数据，精准分析保险需求，通过资深的业务顾问，为用户提供一对一的全程服务，为他们量身定制高性价比的产品，个性化的定制服务在很大程度上节省了客户的时间和精力。整个定制流程如图7-9所示。

图7-9　产品定制流程图

在理赔服务上（如图7-10所示），慧择网提供两种报案方式，一是微信报案，通过关注慧择网公众号来提交报案；二是电话报案。另外，慧择网提供专业的业务顾问对客户进行指导，保证在整个理赔过程中都有专人跟进，做到所有问题都能够随时应答，对带有叮咚闪赔标签的产品可开启即赔服务，免去了复杂的理赔流程，减少客户等待的时间。

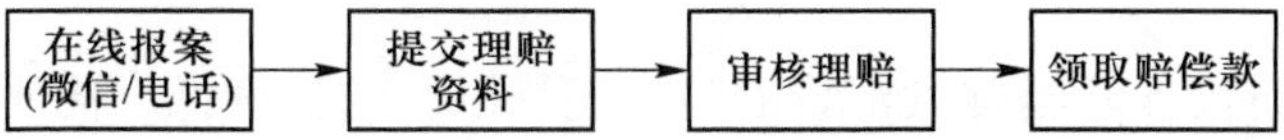

图7-10　理赔服务流程图

（4）个性化的搜索引擎

慧择网在对保险产品进行搜索时，一方面根据客户的年龄段，划分为儿童保险、成人保险和中老年保险等搜索模块；另一方面根据产品的功能，划分为旅游出行、交通安全、财产责任、投资理财等搜索模块。如图7-11所示。这种个性化的产品划分方式在一定程度上方便了客户的选购，使所有保险产品尽可能清晰地展现出来。

而境内的大家保、富脑袋以及境外的eHealthInsurance、InsuranceHotline则是O2O模式的典型代表，它们的本质类似于信贷类搜索中的垂直搜索平台融360。搜索平台本身并不从事保险销售，而是通过“搜索+比价”模式为客户提供保险机构、保险产品的深度信息搜索和比价服务。客户只需要填写投保人信息，网站即可为其筛选出适合投保的保险产品及投保方案。在确定所要购买的产品后，客户直接单击相关链接，即可进入保险机构进行投保，从而极大地节约了交易成本。

在境内众多的保险类搜索中，大童网是唯一一个兼具B2C以及O2O模式的保险产品电子商务平台。与大家保相比，大童网的运营模式有相似的地方，又有区别。两者相似之处在于都是通过“搜索+比价”模式将各家保险机构的不同产品分类展示出来，并用不同的标签加以区分，为客户提供直观的对比，提高其搜索效率。而两者的区别在于大童网不仅具备保险产品O2O模式，还兼具带有电子商务属性的保险产品B2C模式，是为客户提供在线选购、在线支付的电子商务平台。

图 7-11　产品划分情况

此外，现阶段保险类搜索汇聚的险种还是以复杂程度低、同质化较高的意外险和车险为主。其原因不仅在于该险种易于横向比价，更为重要的是其边际成本较低，在保险类搜索达到一定规模后，有助于其实现规模经济效益，从而发挥搜索的渠道优势。

3. 盈利模式

由于慧择网不仅仅提供保险产品代销，还提供协助理赔等服务，所以慧择网的盈利来源主要有以下几个方面。

（1）销售佣金

在销售渠道上，它扮演的是分销商的角色，通过在线代销保险产品获取佣金实现盈利。

（2）服务费

在服务层面上，慧择网协助客户办理理赔，因此还有一部分盈利来源于参与理赔的服务费。

（3）产品销售利润

与其他一些代销网站不同，慧择网的一个强大竞争力在于，它拥有自营品牌，其自营险种主要涉足骑行、户外、旅游领域，如“众行天下”“乐游全球”“诺亚方舟”“慧择海外”等。慧择网的这些自营险种的销售额占其户外旅游险总销售额的70%。因此，这些产品的销售利润也是其盈利来源之一。

（4）产品设计佣金

慧择网除了代销保险产品，提供保险服务，经营自营品牌外，还积极参与保险产品的开发。它通过经营过程中所收集到的客户需求信息，从保险产品到定价，全方位地协助保险公司开发新产品，从中获取佣金。

7.2.3 理财类搜索

1. 定位

理财类搜索作为独立的第三方理财机构，可以客观地分析客户的理财需求，为其推荐相关的理财产品，并提供综合性的理财规划服务。理财类搜索与信贷类搜索、保险类搜索的定位并无太大差异，只是聚焦的产品类别有所不同，其本质上依然可分为垂直搜索平台以及在线金融超市两大类，并依托“搜索+比价”模式为客户提供货币基金、信托、私募股权基金（private equity，PE）等理财产品的投资理财服务。此外，部分理财类搜索还收集了大量的费率信息，以帮助客户降低日常开支。

2. 运营模式

理财类搜索并不参与交易，其角色为独立的第三方理财机构。理财类搜索结合国内外宏观经济形势的变化，依托云计算技术，通过合作机构等供应渠道汇集了大量诸如信托、基金等理财产品，并对它们进行深度分析，甄选出优质的理财产品以供客户搜索比价。

同时，理财类搜索通过分析客户当前的财务状况和理财需求，如资产状况、投资偏好以及财富目标等，根据自身情况为客户制定财富管理策略以规避投资风险，向他们推荐符合条件的理财产品，并向他们提供综合性的理财规划服务。除了传统的 PC 端网站式搜索，如格上理财、存折网、我爱卡、LearnVest 以及 LowerMyBills 等，理财类搜索还包括移动端 APP 式搜索，涌现了一批手机理财软件，如理财产品交易平台铜板街、记账理财 APP 挖财以及存折网客户端等。移动端理财 APP 的出现，不仅使得客户可以随时随地查询和购买理财产品，更重要的是有助于理财类搜索发挥其自身的渠道优势，积累更庞大、更优质的客户资源。

下面以挖财为例进行介绍。挖财是我国最先推出的个人记账理财工具，现已发展成为一个集记账、管钱、理财、信用、社区等服务于一体的全方位的互联网财富管理平台。挖财专注于帮助客户实现个人资产管理的便利化、个人记账理财的移动化、个人财务数据管理的云端化。挖财现有的服务包括移动端服务和 PC 端服务，主要产品有挖财记账理财、挖财信用卡管家、挖财钱管家、快贷、挖财宝理财等 APP，以及钱堂（原挖财社区）。

2009 年 6 月，由杭州财米科技有限公司创办的国内首家互联网金融公司——挖财正式上线。在以记账服务作为资产管理的切入点吸引大量对财富管理感兴趣的客户之后，2013 年，挖财与金融业咨询分析公司信策数据合并，成为真正拥有“互联网+金融”基因的公司。同年，挖财在业内首先尝试推出互联网理财服务，发布继挖财记账理财之后的第二个 APP 挖财宝理财。而后挖财旗下陆续推出了财富管理 APP 挖财钱管家、信用卡管理APP挖财信用卡管家、纯线上贷款APP快贷、理财交流平台钱堂等产品，建立了覆盖记账、理财、贷款、资产管理、信用管理的完整产品线，并于2015年11月与中国人保财险达成产品创新战略合作协议，尝试保险产品的探索与创新。2016年1月，挖财宝理财登顶苹果中国应用商店免费应用总榜第一位、财务类应用榜第一位。

当客户在移动端打开挖财记账理财APP时，首先出现如图7-12所示的启动界面，界面的中央是挖财记账理财的品牌名称和图标，下面标注着挖财记账的口号："爱记账，会生活"，传递着企业为这款应用赋予的理念；界面的最下方，标明挖财的名称及其口号："我的资产管家"，表明企业的定位。

客户进入挖财主页面后，首先看到的就是日常账本（如图7-13所示），上面清晰地显示着客户本月的支出、收入和差额，也可以对账本的背景进行个性化的设置。每逢节日或挖财推出相关的主题活动时，日常账本的背景上会出现相应的活动标识（logo）。例如，在某年"三八妇女节"，页面就出现了"请叫我女王!"的活动图标，单击该图标，就会跳转到相应的活动页面，客户可以单击其中感兴趣的图标继续了解相关内容。

图7-12　启动页面

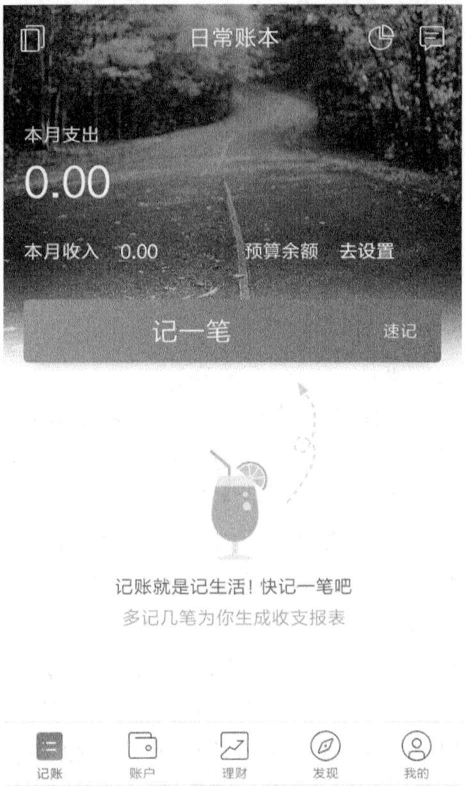

图7-13　主页面

在挖财主页面的中间，是“记一笔”按钮，客户单击该按钮可以直接跳转到账本页面进行记账。此外，该按钮上还有两个小字“速记”，单击它会出现“快速记账”页面，引导客户绑定银行卡、淘宝等账户，以便在使用这些账户消费后直接自动记账。

在挖财主页面的下部，还有“记账”“账户”“理财”“发现”四个功能按钮，方便客户对自己的收支、理财、重要事件、银行账单进行浏览和管理。其中，利用“账户”功能按钮可以看到客户自使用挖财记账以来的总支出与收入（如图 7-14 所示）。利用“理财”功能按钮则可以选择并购买挖财的理财产品，如图 7-15 所示。利用“发现”功能按钮，则可以进入服务窗（如图 7-16 所示）或挖财社区（如图 7-17 所示），这些功能按钮的设置方便了记账用户流向挖财宝理财、钱堂等产品。

图 7-14　账户页面

图 7-15　挖财理财页面

主页面的右下方有“我的”管理按钮，单击该按钮，即可进入相应的界面，利用其中的“设置”按钮客户可以对账号与安全、智能记账、记账提醒等进行个性化设置，以实现对账本的轻松管理。

从上述分析中不难看出．为了给客户提供全方位的、一应俱全的功能体验，挖财APP没有采用简单的设计方式，而采用了多级菜单、多个入口、多个按钮的设计方式。这种设计方式虽然与功能单一的理财类APP相比较为复杂，但是却提供了很多功能与入口。而理财类APP的信息承载量在很大程度上决定了客户对它的印象。

图 7-16　服务窗

图 7-17　挖财社区

除了理财产品推荐外，理财类搜索还可以帮助客户节省日常开销，这类理财类搜索平台的典型代表为国外的LowerMyBills。目前该公司已经发展成为一家致力于帮助客户节约生活成本的一站式免费线上网站。它的主要业务包括家庭贷款、信用卡、车辆及健康保险，以及远程服务和无线服务，而它的最大特色在于涵盖了500多家不同种类的供应商来匹配客户的需求，具体涉及信用卡、保险以及长途话费等领域。打开LowerMyBills的首页，客户可以很容易地检索、比较不同产品或服务的价格以及相关费率，在质量相同的条件下，选择费用最低的金融产品或服务，从而有效地降低自己的各种日常支出。

3. 盈利模式

现阶段，理财类搜索的盈利模式较为简单，其收入主要以广告费和推荐费为主。理财类搜索通过为理财产品供应商带来客户量和交易量，并向它们收取相应的推荐费来盈利，因此其盈利模式的关键在于流量。由此可见，有效地提高转化率，将流量引导至供应商，实现流量变现，将成为理财类搜索收入的重要保证。

7.2.4 综合类搜索

1. 定位

综合类搜索本质上与信贷类搜索、保险类搜索以及理财类搜索并无太大差异，其核心定位依然是互联网金融领域的垂直搜索平台和在线金融超市。而综合类搜索与其他互联网金融搜索的不同之处在于所经营的产品类型不同，后三者均聚焦于某种单一的金融产品，而综合类搜索则汇聚着多种金融产品。

综合类搜索本身不参与交易，而是引入多元化的金融产品和大量相关的业务人员，为客户搭建选购各类金融产品以及与业务人员对接的平台。

目前，以在线金融超市为核心定位的综合类搜索平台的典型代表有融 360 以及 91 金融等，以垂直搜索平台为核心定位的综合类搜索平台的典型代表有度小满金融（原“百度金融”）等。下面以融 360 为例进行介绍

2. 融 360 平台业务及服务

融 360 致力于建设我国领先的金融信息服务平台，它的意义在于消除金融信息不对称所带来的金融运行效率低等问题。融 360 专注于为有信贷需要的客户提供专业化的金融产品搜索、精准推介和线上申请贷款等服务，为公众、金融机构提供风险控制和数据支持等业务。融 360 面向借贷客户的业务范围涵盖信贷业务、信用卡申请与理财服务等；面向公众、金融机构和企业的业务主要涵盖发布金融分析报告、提供第三方信贷评级和帮助建立风险控制模型等服务。融 360 官方网站数据显示，融 360 平台的一端是客户，包括 4 300 万小微企业、3 000 万个体经营者、2 亿个目标消费者；另一端是银行、小额贷款公司、消费金融公司等其他金融机构。

图 7-18 所示的是融 360 的商业模式。

3. 融 360 运营模式

有贷款需求的客户只需登录融 360 网站，先填写相关信息，如图 7-19 所示，如贷款用途、贷款金额以及贷款期限，再单击搜索按钮就可以快速查询到适合自己的信贷产品，并通过对信贷产品进行横向比较，选择自己满意的金融机构申请贷款。

融 360 作为互联网金融搜索行业中最早进入金融垂直搜索领域的企业之一，具有一定的先发优势，其运营模式大致可以分为以下三类。

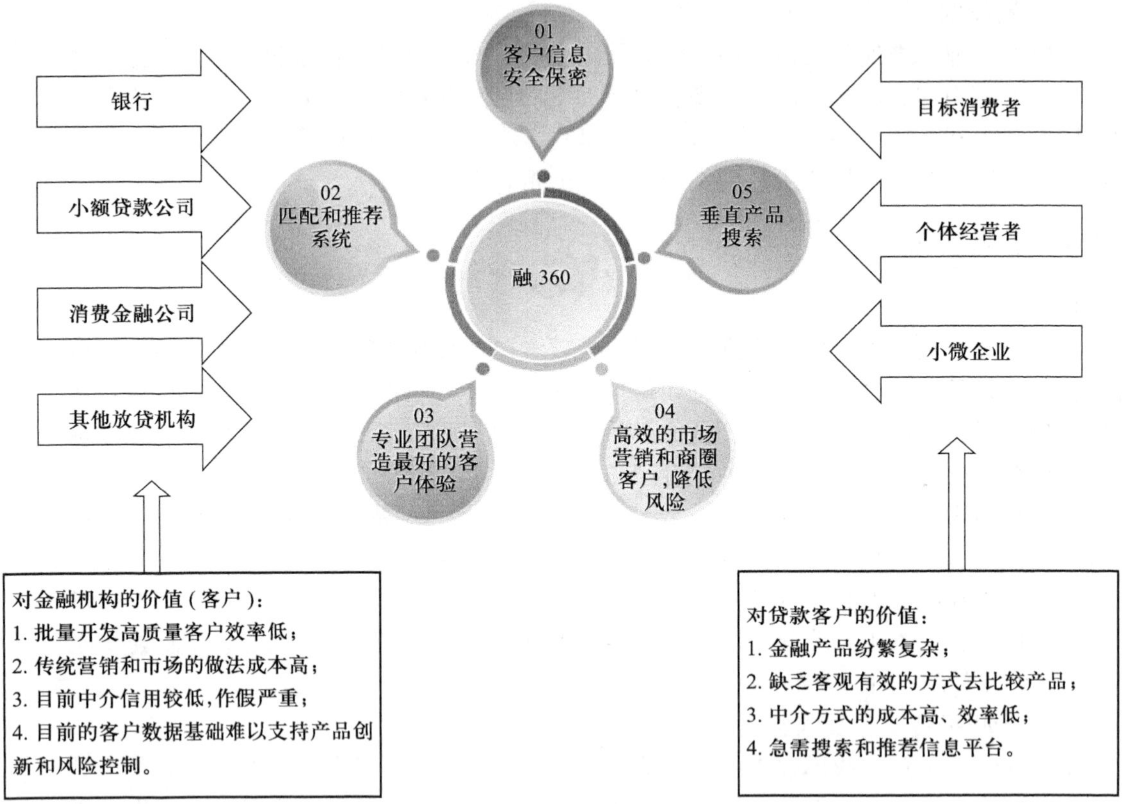

图 7-18　融 360 的商业模式

图 7-19　融 360 首页

（1）为解决金融市场信息不对称、提升客户体验而建立的互联网金融垂直搜索板块

就普通贷款申请人而言，为了得到一笔有效的贷款，要花费许多时间去寻找适合的借贷产品，其中有不少时间是由于信息不对称而被浪费掉；有时即便花了大量的时间也难以找到符合自身需求的借贷产品。加上许多贷款申请人实际上并不了解自身的贷款条件，而且缺乏金融方面的知识，所以往往不清楚如何根据自己的实际情况，如收入水平、职业背景、资产情况，来合理选择借款平台或金融产品，贷款时容易出现病急乱投医的现象，最终导致贷款失败。对于银行等有富余资金的金融机构来说，它们同样会花费较多的时间来获取有效客户，导致客户挖掘效率低下、成本高昂。

融 360 是我国第一个互联网金融垂直搜索平台，它可以帮助客户自主挑选符合自己需求的金融信贷产品。融 360 能够清晰、直观地展示金融产品信息，包括金融产品的金额、利率、放款时间等，帮助客户比较各金融产品间的差异，挑选适合于自己的产品。融 360 这类互联网金融垂直搜索平台就是致力于解决这种由信息不对称而引起的 P2P 网络借贷行业普遍效率低下的问题，大大提升互联网金融的运行效率。

（2）作为金融信息媒介，撮合客户与金融产品

随着我国互联网金融规模爆发式的增长，互联网金融的客户容量得以迅速扩充，客户数量不断增加，客户群体不断更新。融 360 平台作为金融信息服务中介，平台一端是上游资金端，包括数万家银行、消费金融公司、小额贷款公司等金融机构；另一端是下游信贷需求方，包括数千万个体经营者和小微企业，数亿个目标消费者。融 360 拥有独立的智能科技研发团队，它独创的智能推荐技术可以将复杂的、难以理解的非标准化金融产品信息转换成标准化信息，实现信息整合，便于客户理解，帮助客户体验到更加便捷、高效、安全的金融服务，同时也为金融机构推介适合的客户，帮助其批量开发客户，提高客户获取效率，降低成本。

（3）发展风险控制和大数据技术，形成核心竞争优势

发展风险控制和大数据技术，是融 360 作为互联网金融垂直搜索平台的核心竞争优势所在，也是它不同于一般标准化 P2P 网络借贷平台的独特运营模式。融 360 可以收纳垂直搜索引擎数据，如果其客户数量足够多，则会形成一个巨大的金融数据库，这个金融数据库中既包含海量客户数据，还有庞大的金融产品信息。融 360 在拥有海量数据的同时，还通过计算机等技术来运用这些数据，这就是融 360 发展风险控制和大数据技术的意义所在。

融 360 有平台的信息中介属性，平台与金融产品相互独立，也不主动接触借贷资金，就平台自身而言不存在资金风险，但平台投资者的风险却是存在的，而融 360 的发展依托于广大投资者，其风险管理机制将影响投资者对平台的持续选择。融 360 的“天机”大数据风险控制系统是互联网金融垂直搜索领域不断发展、创新的产物，为线上、线下金融机构提供风险控制服务，并以其高效率、低成本和一站式体验等特点解决了传

统金融风险控制成本高、覆盖面小、时效低的问题。融 360 成立了大数据研究所，定期向公众发布金融分析报告，为企业或金融机构提供征信服务等。大数据技术的应用不仅始终贯穿于融 360 风险控制系统的建设中，还是整个互联网金融垂直搜索平台未来发展的方向。

4. 融 360 盈利模式

融 360 是一个对客户免费的平台，它的盈利来源主要有四种：面向金融机构收取的客户推荐费、贷款成功后的客户返佣金、广告费和“一站式服务费”。

（1）面向金融机构收取的客户推荐费

融 360 向上游金融机构客户推荐潜在贷款客户，扩宽其客户渠道，每完成一笔线上交易，向金融机构收取一定的客户推荐费。融 360 这一部分面向金融机构的盈利，依靠平台精准搜索、精准匹配等精准化技术的支撑。

（2）贷款成功后的客户返佣金

对于下游借款需求方来说，融 360 以贷款成功返佣金的方式获得收入。融 360 每完成一笔客户贷款审批，就会依照客户申请贷款金额的一定比例收取佣金，作为平台帮助下游客户顺利完成贷款的报酬。

（3）广告费

融 360 对各金融机构发布的广告收取的广告费也是其主要的盈利方式，这要求平台具有一定的知名度及用户流通量。

（4）“一站式服务费”

融 360 实际上是一个金融信息服务平台，所以它对外收取的“一站式服务费”也是其盈利方式之一。“一站式服务费”包括为金融机构提供风险控制服务时收取的技术服务费；为个人、企业、金融机构提供个人征信数据时收取的信息服务费等。这一部分盈利则依托于融 360 风险控制和大数据技术的完善与发展。

7.3 互联网金融搜索的发展

互联网金融搜索作为垂直搜索中的一员，具有广阔的发展空间，但同时又有其独特的发展路径。

7.3.1 互联网金融搜索的产生与发展

互联网门户网站的发展经历了从综合门户到垂直门户、从通用搜索平台到垂直搜索平台两个重要阶段，而互联网金融门户便产生于第二个阶段。随着我国互联网逐步从大众向分众渗透，网络应用逐渐细化，网络服务垂直化已成为互联网金融门户的重要发展趋势，为互联网金融搜索的产生提供了可能性，具体原因如图 7-20 所示。

图 7-20　互联网金融搜索产生与发展的原因

1. 网络营销逐渐成为金融领域重要的营销途径之一

随着互联网的发展，越来越多的客户倾向于先通过网络查询金融机构及相关产品的信息，充分了解相关信息后再进行交易。因此，营销从过去的被动式营销逐步转化成了现在的互动式营销，这就需要线下和线上不断结合，为互联网金融搜索提供了生存和发展的市场空间。

2. 金融搜索趋向垂直化促进了金融业的发展

随着金融产品不断增多，客户面临着严重的信息过剩问题，对于客户而言，从网络中的海量信息中找到适合自己需要的信息要耗费大量的时间。而随着网络搜索技术的发展，金融搜索趋向垂直化，这种垂直化搜索的出现，不仅高效地整合了金融机构的资源，还将相关金融产品的信息准确、快速地传递给客户，以使客户能够更加快速、精准地找到自己所需要的产品，从而有效地降低了搜寻成本，同时也促进了金融业的发展。

上述两点为互联网金融搜索的产生和发展提供了契机，同时也推动了依托垂直搜索引擎、云计算等技术，以金融产品信息汇集和金融产品在线销售为主的搜索网站——互联网金融搜索平台的形成和发展。

7.3.2　互联网金融搜索发展的影响

到目前为止，互联网金融搜索并未对金融脱媒产生直接的影响，而是与传统金融业的创新形成了良好的补充，提高了金融产品的信息化程度，为客户带来了更为丰富的金融产品以及更加便利的购买方式，从而推动传统金融业适应互联网发展的节奏，具体表现如图 7-21 所示。

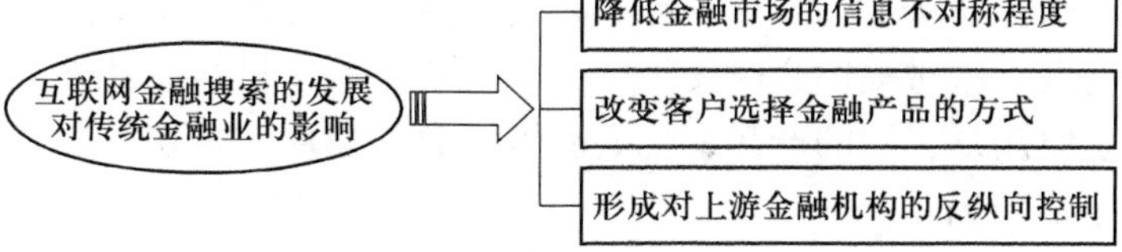

图 7-21　互联网金融搜索的发展对传统金融业的影响

1. 降低金融市场的信息不对称程度

互联网金融搜索通过搜索引擎对信息进行组织、排序和检索，可以有效地缓解信息超载的问题，其形成的“搜索+比价”模式为客户提供了充足且精准的金融产品信息，减少了逆向选择的发生。互联网金融搜索还可以起到一定的监督职能，通过企业征信以及风险预警等方式对相关企业进行实时监督，减少了道德风险的出现。

2. 改变客户选择金融产品的方式

随着大数据以及云计算等技术的发展，互联网金融搜索将金融产品从线下转移到了线上，形成了“搜索+比价”模式，使客户快速且精准地搜索和比较非标准化且具有较高风险性和复杂性的金融产品成为可能，使其足不出户就可以搜索到满足自身需求的金融产品。与传统的搜索模式相比，“搜索+比价”模式大幅提高了客户的搜索效率，既节省了时间，又降低了交易成本，加快了信息及资金的流通速度。

3. 形成对上游金融机构的反纵向控制

从长期来看，随着利率市场化水平的不断提升，资本市场不断完善，国内金融市场将会步入金融产品过剩时代，金融领域的竞争格局也会从产品竞争逐步转向产业链竞争。届时，最稀缺的资源莫过于稳定的客户群体，而在互联网金融搜索成长为掌握客户资源的重要渠道后，势必会拥有金融产品销售这一纵向结构的决策权以及对上游金融产品供应商（如银行、基金公司、保险公司、投资公司等）的议价能力，逐渐形成对上游供应商的反纵向控制。

7.3.3 互联网金融搜索的发展态势

从2013年到现在，互联网金融搜索不但其商业模式获得了投资机构的认可，而且其市场空间广阔，总体上呈现出了良好的发展态势。未来互联网金融搜索的发展趋势主要有以下4个方面，具体如图7-22所示。

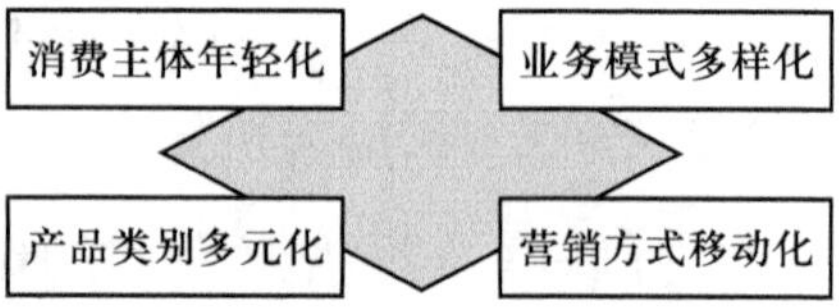

图7-22 互联网金融搜索的发展态势

1. 消费主体年轻化

2013年伊始，互联网消费金融开始出现井喷式发展。在互联网消费金融受到热捧的同时，消费的主力人群也在发生着变化。显著异于其他年龄层的成长环境，以及与互联网用户群的高度重合，使“90后”[①] 成为一个极为特殊的消费群体。

随着互联网金融从PC端逐步向移动端过渡，在互联网时代中成长起来的一代人，对价格敏感度高，这对提供金融搜索产品的机构是一个挑战。此外，这代人喜欢尝试新的产品，喜欢便捷、实用的产品，他们获取信息的速度非常快，因此互联网金融搜索的使用者会更趋年轻化。

2. 产品类别多元化

对于互联网金融垂直搜索平台而言，信息不对称是其需要解决的首要问题，因此平

① 社会学家把第二次世界大战以后每10年分成一个阶段加以研究，“90后”泛指1990年以后至2000年之间出生的所有中国公民。“90后”出生时改革开放已显现出明显成效，同时也是中国信息化飞速发展的年代，所以“90后”可以说是信息时代的优先体验者。

台上的产品覆盖面越广，产品数量越多，其上游企业的资源越分散，信息传递越充分，平台的价值也就越大。这也是融360在信贷搜索之后又上线了信用卡搜索，以记账理财为核心业务起家的挖财APP也于2013年7月推出了基金交易服务，软交所科技金融超市一上线就涉及企业贷款、股权融资、政策融资、企业理财以及新三板/IPO五大类金融产品的重要原因。

由此可见，在经营的产品类别方面，以垂直搜索平台为核心定位的互联网金融搜索未来必将呈现产品多元化的发展趋势，即搜索将汇聚不同类型的金融产品，从单一金融产品的垂直搜索平台转化为汇聚不同类型金融产品的综合类垂直搜索平台。例如，信贷类垂直搜索平台可以开展P2P网络借贷、信用卡等搜索业务，而保险类垂直搜索可以将业务范围延伸到理财、中期信托、短期保险基金等，供客户搜索比价，从而深层次、多角度地挖掘和满足客户需求。

3. 业务模式多样化

互联网金融搜索的核心是客户，随着人们生活水平的日益提高，金融产品不断创新，满足客户对金融产品多元化需求的同时提升客户体验，将成为保障互联网搜索核心竞争力的关键。

因此，在业务模式方面，互联网金融搜索不会仅局限于当前模式的B2C模式，随着依托大数据、云计算等技术的互联网金融核心技术不断发展，互联网金融搜索将通过对客户搜索习惯和行为特征进行有效的记录和智能分析，协助金融机构为客户量身设计金融产品，通过自主定制产品的方式加强客户在交易过程中的自我成就感，提升客户体验，逐步形成互联网领域的C2B模式。

4. 营销方式移动化

随着移动通信技术和移动终端设备的发展，越来越多的客户形成了使用手机等移动终端浏览和支付的消费习惯。因此，结合移动互联网的发展趋势，未来互联网金融搜索势必会涌现出一批像铜板街以及挖财等的手机APP，使客户可以随时随地进行搜索比价。通过从PC端到移动端的全方位布局，互联网金融搜索将使金融产品信息的传播更加及时，业务流程更加便捷，从而更好地聚拢客户资源，充分发挥其渠道优势。

7.3.4 互联网金融搜索的风险控制

互联网金融搜索是基于网络信息技术运行的互联网金融模式，互联网金融搜索本身大部分并不直接参与交易，仅作为第三方信贷资讯平台或垂直搜索平台为客户提供相关的信息及增值服务。互联网金融搜索主要面临着如图7-23所示的三大风险。

针对互联网金融搜索所面临的主要风险，可从以下三个方面采取相应的风险管理措施，以确保其健康发展。

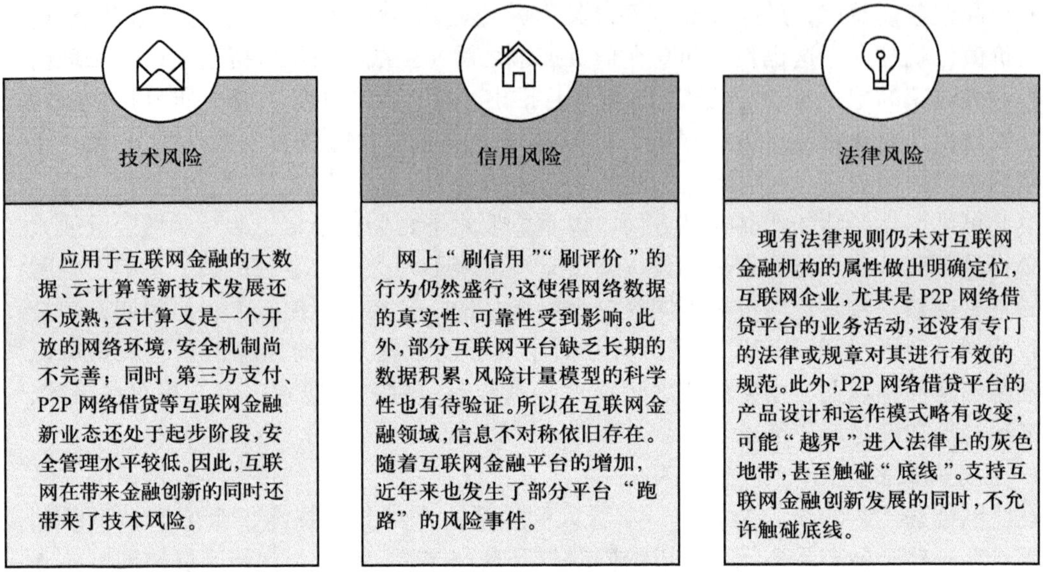

图 7-23　互联网金融面临的风险

1. 技术预防措施

技术预防措施包括以下两个方面的内容。

（1）提升核心技术水平

互联网金融搜索的技术风险防范是保证其有良好的生存环境、健康有序发展的关键。因此，要开发、运用多种网络安全的核心技术，针对网络安全可能出现的问题采取相应的防范措施，保证互联网金融搜索安全运行。

（2）完善网络安全管理

互联网金融搜索可以从建立专职部门及建立相关的规章制度两个方面来完善其技术风险管理体系，具体措施如图 7-24 所示。

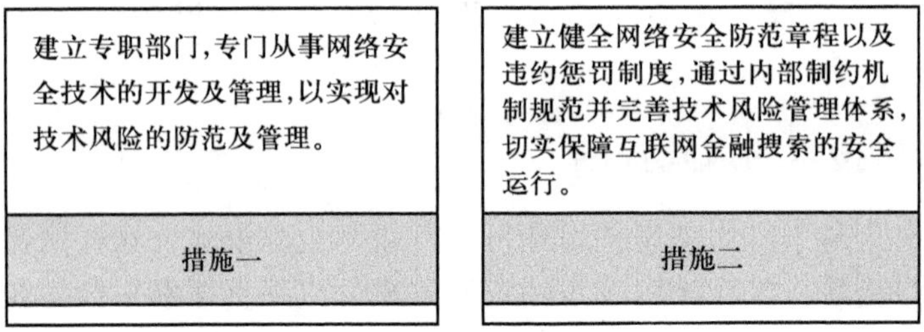

图 7-24　完善网络安全管理的措施

2. 法律法规保护措施

健全法律法规，完善监管体系，具体包括以下内容。

一方面建议尽快出台专门的金融消费者权益保护法，另一方面针对互联网金融搜索在交易中的法律地位，建议法律给出明确的规定，为在互联网金融搜索模式下处于弱势地位的金融消费者提供更多的维权途径。

3. 消费者需提高自我保护意识

《中华人民共和国消费者权益保护法》对消费者的基本权利进行了规定。消费者要善于利用这些权利维护自身的合法权益。这种意识包括事后的维权意识和事前的维权意识。在交易中充分行使知情权，要求金融机构或搜索网站对重要信息做出详细的说明和解释，对于交易过程中的重要信息要做好保留工作。

【本章小结】

互联网金融搜索是指运用人工智能等计算机技术，根据一定的策略和方法，从互联网上收集金融信息，在对金融信息进行智能的组织和处理后，为客户提供切实可行的金融产品和服务信息的系统。互联网金融搜索的特点主要包括：搜索方便、快捷，匹配快速、精准；客户导向战略，注重客户体验；占据网络入口，凸显渠道价值。互联网金融搜索模式主要有信贷类搜索、保险类搜索、理财类搜索以及综合类搜索。

【关键术语】

互联网金融搜索

【思考题】

1. 简述互联网金融搜索的背景及现状。
2. 什么是互联网金融搜索？
3. 简述互联网金融搜索的分类、特点及模式。
4. 阐述互联网金融搜索的产生、发展及影响。
5. 谈谈你对互联网金融搜索风险控制的认识。

【案例分析】

普惠金融是互联网金融发展的重要目标

经过多年的发展，互联网金融已经正式进入合规发展期，对于互联网金融行业来说，2018 年不仅是行业保持合规发展的关键年，也是金融回归本源，朝着普惠金融的终极目标迈进的重要一年。互联网金融并不是互联网与金融业的简单结合，而是在安全、移动等网络技术的基础上，为适应新的需求或补充过去传统金融未涉及的需求而产生的新模式及新业务。

所谓普惠金融，就是利用互联网金融市场广泛而且能够精准定位的优势，帮助广大小微企业和个人实现资产增值。普惠金融作为金融行业发展的新方向，其目的就是能让每个人都享受到来自金融行业发展所带来的福利。如今，互联网金融遍及所有偏远地区，能够助力广大小微企业的成长，缓解其融资难、融资贵等问题。不可否认互联网金融的出现解决了传统金融所不能解决的问题，并且随着国家互联网金融行业监管制度的不断完善，互联网金融行业开始全面洗牌，一些非法、不合规的互联网金融平台开始逐渐被淘汰。互联网金融行业重新进入高速发展期，回归金融本源，服务实体经济的发展，成为助力中国经济增长的重要引擎。

毫无疑问的是，互联网金融是金融行业的重要创新，它不仅影响了整个金融体系，还带动了多行业的创新。最重要的是，互联网金融让每个人参与金融成为可能。一方面，互联网金融的发展支撑着其他行业的创新和开拓，并且有效缓解了中小企业的融资问题。另一方面，互联网金融改变了人们的理财生活，其强劲的发展势头不仅让人们越来越关注自己的财富问题，而且在传统理财产品之余，为人们的投资理财提供了更多选择。

随着互联网金融行业的迅速发展及大众金融水平知识的不断提高，互联网金融逐渐成为聚光灯下的焦点。而最终只有合规发展的互联网金融平台，才能得到广大客户的支持与信任。

【参考文献】

[1] 王婷婷，李振国．商业银行互联网金融门户风险管理研究[J]．北华大学学报：社会科学版，2015(2)：28-33.

[2] 罗明雄，唐颖，刘勇．互联网金融[M]．北京：中国财政经济出版社，2013.

[3] 石东磊．简析互联网金融的主要类型模式[J]．纳税，2017(19)：121.

[4] 时代金融．2017 年互联网金融报告：网贷平台主动退出增多[J]．时代金融．2018(1)：30-32.

[5] 肖□．《无现金时代》让你看懂互联网金融全貌[J]．国际融资．2018(2)：68-71.

下篇

互联网金融管理

第 8 章

互联网清算

【教学目标与要求】

1. 了解中国人民银行清算体系的发展历程，掌握中国人民银行清算系统的组织架构。

2. 了解中国银联的成立与发展历史，了解中国银联的发展趋势，熟悉中国银联的组织架构。

3. 了解网联清算有限公司的产生背景及股权分布，熟悉网联清算平台总体架构设计中的关键选择。

4. 了解境外清算体系的发展。

【知识架构】

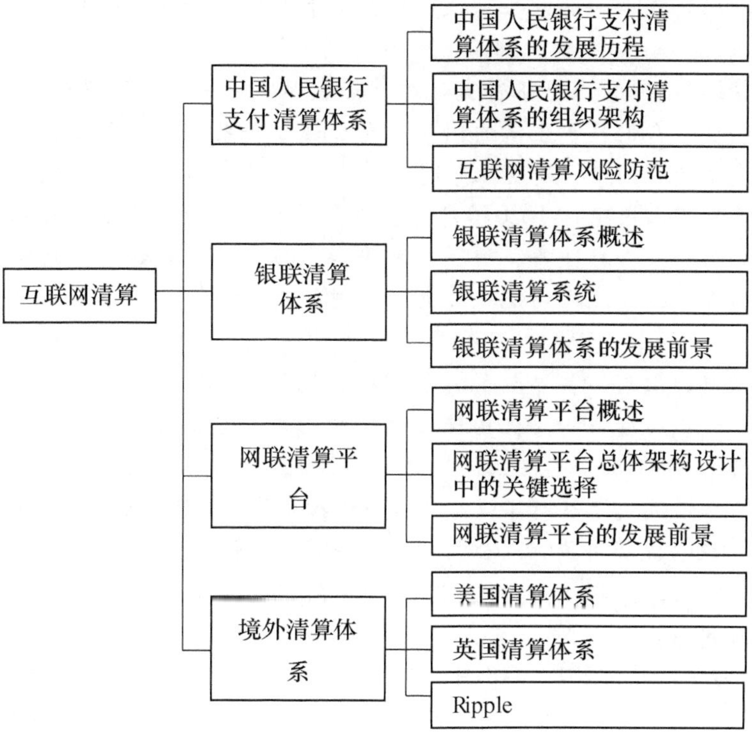

【导入案例】

45家机构共同发起成立“网联清算”，最终取缔支付机构与银行的直连模式

2017年7月28日，中国人民银行清算总中心、财付通支付科技有限公司、支付宝（中国）网络技术有限公司及银联商务股份有限公司等45家机构签署了“网联清算有限公司设立协议书”，拟共同发起成立“网联清算有限公司”（以下简称网联）。

网联注册资本为20亿元。协议各方均以货币出资，出资额分三次缴纳，出资时间分别为设立协议书生效之日起30日内，网联成立后半年内以及1年内，具体时间以网联发出的缴纳出资通知为准，协议各方三次缴纳出资比例分别为50%、30%和20%。

网联系由中国支付清算协会牵头发起设立，其经营宗旨为：建立和运营非银行支付机构网络支付清算平台（网联清算平台），提供统一、公共的资金清算服务，实现支付机构一点接入，保证清算行为合法合规，节约连接成本，提高清算效率，促进支撑行业创新，保障客户资金安全，提升支付行业服务质量和效率，有效防范支付风险，推动和规范市场长远、健康发展。

2017年3月31日，中国清算支付协会官网显示，非银行支付机构网络支付清算平台启动试运行，首批接入部分银行和支付机构。试运行期间，将验证网联平台的系统功能、业务规则和风险控制措施的完整性和有效性。试运行结束后，将按计划、分批次安排其他银行和支付机构陆续接入系统。

2017年7月21日，中国人民银行支付结算司表示，近年来中国网络支付市场飞速发展，在促进经济发展、便利人们日常生活的同时，也出现了一些突出的问题，如客户备付金的安全问题、交易信息不透明问题、违规从事跨行清算问题以及多头连接导致社会资源浪费等问题。在此背景下，中国人民银行于2016年牵头开展非银行支付机构风险专项整治工作，将建设网联清算平台作为一项重点任务。网联清算平台定位于处理非银行支付机构发起的涉及银行账户的网络支付业务，通过提供统一公共的转接清算服务，实现资金清算的规范化、透明化、中心化运作。

按照市场“共建、共有、共享”的建设思路，网联于2017年6月30日由市场代表性机构正式启动业务切量，后续将加快机构接入速度和切量规模，最终取缔支付机构与银行的直连模式。预计到2017年年底，接入银行数量超过200家，覆盖市场大部分银行机构。

根据目前的公告情况，银联商务股份有限公司拟出资3 100万元，占网联清算有限公司股份比例为1.55%；联动优势科技有限公司拟出资3 980万元，占网联清算有限公司股份比例为1.99%；汇元银通（北京）在线支付技术有限公司将出资人民币1 660万元，占网联清算有限公司股份比例为0.83%。

（资料来源：搜狐科技，2017年8月2日）

2013 年被称为“互联网金融发展元年”，互联网支付也得到了快速的发展，以第三方支付、P2P 网络借贷、众筹融资、互联网理财等为主要代表的互联网金融迅猛发展，市场规模不断扩大，服务主体不断增多。在境内支付清算体系中，除了传统的中国人民银行支付清算体系和银联清算体系外，针对互联网支付的网联清算平台应运而生，国际清算系统也发生着巨大的变化。那么，这些清算体系及平台的发展历程及运营模式是怎样的呢？本章将对其进行详细介绍。

8.1 中国人民银行支付清算体系

8.1.1 中国人民银行支付清算体系的发展历程

微视频 8-1
支付清算

从 1949 年到现在，中国人民银行支付清算体系的发展主要经历了以下三个阶段：第一阶段是以全国联行系统为核心的支付清算体系，支付清算业务完全依靠纯手工操作，整个清算流程耗时超过一个星期，资金周转速度慢、效率低；第二阶段是以电子联行系统为核心、以半手工半电子化处理为主的支付清算体系，用以适应商品经济逐渐活跃、支付活动频繁、资金周转加速的需要；第三阶段是以现代化支付系统为核心、以电子化及网络化处理为主的支付清算体系，具有资金实时到账的特点。

1. 第一阶段

这一时期内，我国的资金清算方式主要是借鉴苏联的结算模式，主要有现金、支票、托收无承付等 8 种结算方式。其中，同一城市内的资金结算主要是现金和支票，异地间结算主要是汇兑方式。支付清算体系以全国联行系统为核心，建立了三级联行清算体系（全国联行、省级联行、县级联行），资金清算时，省、县级联行辖内金融机构的资金清算由本级联行负责，跨省级资金清算由中国人民银行总行统一处理，处理方式也以手工处理为主。这种模式，资金周转速度慢、效率低，但也在一定程度上较好地适应了我国当时计划经济模式的需要。

2. 第二阶段

20 世纪 80 年代，国务院特批了一条卫星链路连接中国人民银行的各城市处理中心，从而在一定程度上解决了支付信息流传输缓慢的问题。1980 年中国人民银行开启了异地托收、票汇、商业汇票承兑、贴现、再贴现业务，支付工具日益丰富，此后银行汇票、商业汇票、支票、本票也相继推出。1984 年中国人民银行自专门行使国家中央银行职能以来首先划分了人民银行和专业银行资金，然后划分了专业银行之间的资金，在制度上减少了由资金利益导致的清算和结算不畅。1988 年建立了以中国人民银行为主体的清算中心，依托信息技术实现了汇划款项与资金清算的同步，汇差资金由中国人民银行控制，减少了压票、退票，也减少了对客户资金的挤占挪用。1989 年 5 月，中国金融卫星通信专用网和全国电子联行系统正式开始建设；1990 年，中国人民银行清算中心建立，运用全国性卫星通信网的电子联行替代手工联行，实现全国电子联行的数据集中；全国电子联行系统于 1991 年 4 月 1 日投入运行并不断发展，1995 年后随着中国人民银行会计核算系统的电子化，电子联行进一步支持属地清算账户的实时清算，电子联行和会计核算系统的对接形成了以属地核算主体为单位的“区域性支付系统”，该系统同时外接同城系统和商业银行结算系统，具备了属地清算和结算的手段，一些具备营运条件的“结算中心”开始发展。

3. 第三阶段

从 20 世纪 90 年代开始，我国开始着手建设第一代支付系统。2002 年 10 月 8 日，大额支付系统率先在北京、武汉两地投产试运行；至 2003 年年底，大额支付系统在全国 32 个省会（省府）城市和深圳市试点上线运行，至此支付系统已在全国范围内构建了 32 个城市处理中心和 1 064 个电子联行小站。2004 年，香港和澳门特别行政区的人民币清算行也先后接入大额支付系统。至此，全国形成了电子联行系统、支付系统城市处理中心、支付系统国家处理中心、各级转换中心混合运行的局面。2006 年，在世界银行提供的优惠贷款支持下，2006 年，全国电子联行系统完成了向现代化支付系统的平稳过渡，第一代支付系统在全国正式运行，主要包括大额实时支付系统、小额批量支付系统和全国支票影像交换系统三个应用系统。之后支付清算业务完全发生在中国人民银行的各个业务系统当中，实现了对国内资金流动的有效监控。2013 年 10 月国庆节期间，第二代支付系统正式上线运营。该系统提供全面的流动性管理、支持新兴的电子支付业务处理、支持人民币跨境结算等功能。至此，我国现代化支付清算体系基本形成。

8.1.2　中国人民银行支付清算体系的组织架构

大额实时支付系统、小额批量支付系统、票据支付系统（包括同城票据交换系统、全国支票影像交换系统）、境内外币支付系统、电子商业汇票系统、网上支付跨行清算系统和人民币跨境支付系统由中国人民银行建设并运行，是中国人民银行支付清算体系的重要组成部分，如图 8-1 所示，主要面向各银行业金融机构提供服务，是银行间支付清算的主渠道。

1. 大额实时支付系统

大额实时支付系统是中国人民银行运行的中国现代化支付系统的主要应用系统之一，于 2005 年 6 月在全国成功推广。该系统逐笔实时发送支付指令，全额清算资金，只处理贷记支付业务，主要为银行业金融机构、企事业单位及金融市场提供支付清算服务，成为各银行业金融机构跨行支付的主渠道，是连通各银行业金融机构支付清算渠道的枢纽。大额实时支付系统的参与者几乎覆盖了全国所有的银行业金融机构。大额实时支付系统主要有以下三类业务。

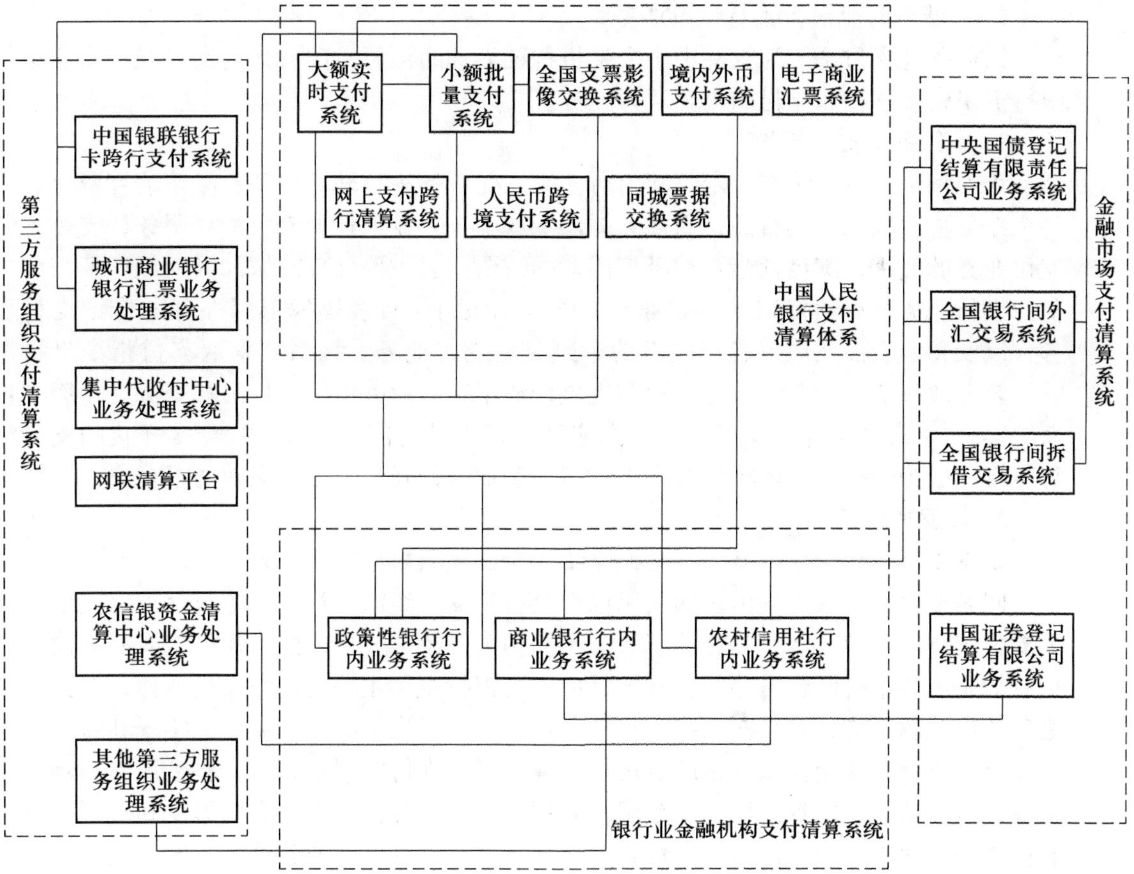

图 8-1　我国清算体系

（1）一般大额支付业务

该业务是由付款银行发起，逐笔实时发往国家处理中心[①]，国家处理中心清算资金后，实时转发至收款银行的业务，包括，汇兑托收承付划回、中国人民银行（库）办理的资金汇划等。

（2）即时转账支付业务

该业务是由与支付系统国家处理中心直接连接的债券综合业务办公室特许参与者发起，通过国家处理中心实时清算资金后，通知被借记行和被贷记行的业务，主要有中央债券综合业务系统办理的公开市场业务、债券交易市场业务、债券发行与兑付业务等。

① 中国现代化支付系统建有两级处理中心，即国家处理中心（NPC）和全国省会（首府）及深圳城市处理中心（CCPC）。国家处理中心分别与各城市处理中心连接，其通信网络采用专用网络，以地面通信为主，以卫星通信为备份。

（3）城市商业银行银行汇票业务

该业务是支付系统为支持中小金融机构结算和通汇而专门设计的支持城市商业银行银行汇票资金移存和兑付的资金清算业务。

2. 小额批量支付系统

小额批量支付系统在一定时间内对多笔支付业务进行轧差处理，净额清算资金，是一个净额清算系统，其目的是为社会提供低成本、大业务量的支付清算服务，支撑各种支付业务的使用，满足社会各种经济活动的需要。它主要处理同城和异地纸凭证截留的借记支付业务和小额贷记支付业务，中国人民银行会计和国库部门办理的借记支付业务，以及每笔金额在规定起点以下的小额贷记支付业务。该系统采取支付指令批量发送，轧差净额清算资金，旨在为社会提供低成本、大业务量的支付清算服务。小额支付系统实行 7×24 小时连续运行，能支撑多种支付工具的使用，满足社会多样化的支付清算需求，成为银行业金融机构跨行支付清算和业务创新的安全、高效的平台。

3. 票据支付系统

票据支付系统包括同城票据交换系统、全国支票影像交换系统。

同城票据交换系统是由中国人民银行分行和支行组织运行的，主要处理以支票为主的支付工具的交换、清分和轧差清算。不同国家的票据交换所的运作方式有所不同，它们有的是由各银行联合举办的，有的是由中央银行直接主办的，但无论如何，票据交换之后的应收款、应付款总额最终都只有通过中央银行集中清算交换才能实现轧差。

全国支票影像交换系统是综合运用影像技术、支付密码等技术，将纸质支票转化为影像和电子信息，实现纸质支票截留，利用网络和计算机技术将支票影像和电子清算信息传递至出票人开户行进行提示付款，实现支票全国通用的业务处理系统。全国影像交换系统用于处理银行机构跨行和行内的支票影像信息交换，资金清算由小额批量支付系统处理。

4. 境内外币支付系统

境内外币支付系统是中国人民银行建设运行的支持多币种运行的全国性银行间外币实时全额结算系统，为我国境内的银行业金融机构和外币清算机构提供外币支付服务。它可以支持美元、港币、日元、欧元、澳大利亚元、加元、英镑和瑞士法郎 8 个币种的支付与结算，资金结算由代理结算银行处理。

5. 电子商业汇票系统

电子商业汇票系统于 2009 年 10 月 28 日在北京、上海、山东、深圳四地投产试运行，并于 2010 年 6 月 28 日推广至全国。该系统是依托网络和计算机技术，接收、登记、转发电子商业汇票数据电文，提供与电子商业汇票货币给付、资金清算行为相关的服务并提供纸质商业汇票登记、查询和商业汇票（含纸质、电子商业汇票）公开报价服务的综合性业务处理平台。电子商业汇票系统的建立，大大降低了票据操作的风险，同时为金融机构统一管理票据业务提供了基础平台和技术手段。

6. 网上支付跨行清算系统

网上支付跨行清算系统（俗称“超级网银”）作为第二代支付系统的核心业务子系统，已于2010年8月30日先期投产运行，并于2011年1月24日推广至全国，它主要支持网上支付等新兴电子支付业务的跨行（同行）资金汇划处理。网上支付跨行清算系统采取实时传输及回应机制，可以处理跨行支付、跨行账户信息查询以及在线签约等业务。客户通过商业银行的网上银行可以足不出户办理多项跨行业务，并可以及时了解业务的最终处理结果。

7. 人民币跨境支付系统

人民币跨境支付系统（Cross-border Interbank Payment System，CIPS）一期于2015年10月8日正式启动。该系统上线运行后，大大提高了跨境清算效率，标志着人民币国内支付和国际支付统筹兼顾的现代化支付体系取得重要进展。

CIPS向境内外参与者的跨境人民币业务提供资金清算结算服务，为人民币国际化铺设“高速公路”，是符合国际标准的重要金融基础设施。至2018年5月2日，CIPS（二期）全面投产，符合要求的直接参与者同步上线。与CIPS（一期）相比，CIPS（二期）在功能上进行了改进和完善：一是运行时间由5×12小时延长至5×24小时+4小时，实现对全球各时区金融市场的全覆盖；二是在实时全额结算模式的基础上引入定时净额结算机制，满足参与者的差异化需求，为跨境电子商务提供便利；三是业务模式设计既符合国际标准，又兼顾可推广和可拓展要求，支持多种金融市场业务的资金结算；四是丰富参与者类型，引入金融市场基础设施类直接参与者；五是系统功能支持境外直接参与者扩容，为引入更多符合条件的境外机构做好准备；六是在已经确立的参与者分级管理框架的基础上，进一步细化了参与者管理的相关要求，加强事前、事中和事后全流程管理，规范参与者业务行为，及时识别并防范相关风险。考虑到CIPS（二期）时序调整后的夜间时段正值欧美金融市场的营业时间，为满足境内外直接参与者夜间调剂流动性的需要，保障支付清算安全，中国人民银行研究决定银行间货币市场加开夜盘。

8.1.3 互联网清算风险防范

1. 流动性风险防范

制定标准，严控流动性风险。中国人民银行作为支付系统的监管者，一般通过制定并实施适当的规则和标准，在支付体系发展中起着关键作用。国际清算银行发布的《重要支付系统核心原则》第九条原则指出，支付系统应当制定客观、公开的参与标准，允许公平、公开的系统准入。为此，中国人民银行应联合中国银行保险监督管理委员会、中国证监会等监管机构尽快研究制定互联网金融支付的准入标准和监管法则，明确互联网金融产品的法律边界。同时，监管机构应强化协调配合，建立统计分析指标体系，对互联金融机构的资质情况、支付能力、日常运营和资金流动进行监测，对其流动性开展风险评估，对违规的互联网金融机构依法依规开展处罚，确保中国人民银行支付清算体系的安全稳定运行。

2. 信用风险防范

发展互联网征信，严控信用风险。一是扩大国家金融信用信息基础数据库及中国人民银行征信体系的范围与功能，将互联网金融机构纳入征信系统，对互联网金融机构开展业务的信用情况进行记录，解决因征信缺失带来的信息不对称问题，尤其对 P2P 网络借贷平台的规范与约束具有重要的意义。二是鼓励互联网金融机构自身发展互联网征信。例如，大型互联网金融企业阿里巴巴申请征信牌照，依托自己的电子商务平台和支付平台的“大数据”建立互联网征信数据库，对客户展开风险评估。一些 P2P 网络借贷平台也开始建立征信数据库，如拍拍贷、陆金所、人人贷等。这些数据在深度和广度上参差不齐，需要对它们进行进一步的集中和规范，联网互通。三是发展独立的第三方专业互联网金融征信机构，如上海资信有限公司、安融惠众等，以互联网金融平台授信的中小微企业和个人征信为主，针对网络借贷平台的风险控制需求定制风险控制模型。

3. 操作风险防范

提高信息安全水平，严控操作风险。一是防控计算机网络病毒和木马在网络中扩散与传播，这种技术性风险可能导致整个制度体系崩溃。同时，强化密钥管理，完善数字证书机制，使用加密技术保证互联网金融交易过程中的操作安全。二是提高系统容量增强抗冲击能力。在互联网金融交易中易出现海量网上交易集中的现象，其数据远超日常基准数据，引发系统的不稳定，甚至是停摆。例如，在“双十一”促销中出现网站页面崩溃、下单系统无法打开、支付系统瘫痪等现象。可以利用交易大数据和云计算系统，合理分配峰值流量，提高系统交易的冗余度。三是提高数据安全性，消除对国家安全的威胁。互联网已成为国家安全的重要基础。互联网金融支付数据，既是互联网金融机构的商业秘密，也是国家信息安全的重要组成部分，既要防止商业黑客的窃取，更要防止敌对势力的侵袭和破坏。

4. 系统性风险防范

坚守底线，严控系统性风险。金融是现代经济的核心，金融稳定是经济社会健康发展的充分和必要条件。我国目前处于经济结构转型期，在三期叠加经济下行的压力下，各种金融风险会不断涌现，加上互联网金融的飞速发展，在金融创新的同时，风险的模式和形态也以陌生的面貌展现，这些都导致防范和化解系统性风险具有高度的复杂性和不确定性。流动性风险、信用风险、操作风险一旦发生、蔓延、扩大就会造成系统风险，不仅会对我国支付系统造成很大冲击，对经济社会也会造成严重影响。因此，要防控系统性风险，首要监测和防控流动性风险、信用风险、操作风险，这是微观基础。同时，要加强对可能发生系统性风险的互联网金融机构开展专项治理和专项打击，如经营混乱的 P2P 网络借贷平台、涉嫌非法集资的众筹平台、涉嫌洗钱和诈骗的互联网支付交易平台等，以此坚守不发生系统性风险的底线。

8.2 银联清算体系

8.2.1 银联清算体系概述

1. 中国银联的成立与发展

中国银联成立于2002年3月，是在合并全国银行卡信息交换总中心和18个城市（区域）银行卡网络服务分中心的基础上组建的，既是银行卡组织，又是公司制企业，承担着银行卡联合发展组织的职能。中国银联重点履行五项职能：一是统一平台，联网通用；二是改善环境，推动发展；三是防范风险，维护安全；四是推动市场，良性互动；五是统一标准，创建品牌。

中国银联的成立主要有以下三个方面的意义。

第一个方面是实现了联网通用。经历了从同城联网通用，到重点城市联网通用，到全国联网通用，如图8-2所示。到目前为止，中国银行卡产业基本实现了从多种标准到统一标准、从一柜多机到一柜一机、从分散建设网络到联合建设网络，从分散处理交易到集中处理交易的转变。

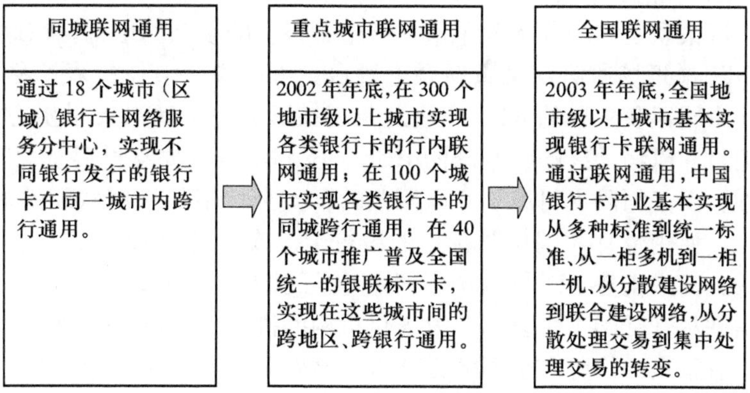

图8-2　中国银联联网通用历程

第二个方面是建立中国银联自主品牌，包括创立并推广统一的人民币银行卡标准；自主建成中国银联银行卡跨行交易清算系统，目前在上海和北京建立了银行卡清算网络，新增了互联网支付、手机支付、IC卡支付和非面对面交易等业务，银联卡的发卡量也快速增长。

第三个方面是国际化。自2004年起，中国银联便把国际化摆上了战略发展日程。目前，全球共有160多个国家和地区开通了银联卡受理业务。在日本、韩国等多个国家和地区发行了银联卡，为境外人士到我国境内工作、旅游、学习提供便利的支付服务。

2. 中国银联面临的机遇和挑战

（1）挑战

① 我国银行卡产业和中国银联自主品牌起步较晚，尚处于发展的初级阶段。

② 国际银行卡竞争日趋激烈，跨国银行卡公司占有银行卡产业发展的先机和话语权。

③ 我国开放人民币转接清算市场，中国银联要面对国际卡组织和国内第三方支付的挑战。根据世界贸易组织的裁定，中国应在 2015 年 8 月 29 日前开放人民币转接清算市场。VISA、MasterCard、JCB、运通等国际卡组织将有权进入中国转接清算市场，随着各家国际卡组织陆续进入我国市场，新一轮的转接清算竞争也将达到高潮。

④ 新兴支付技术、支付渠道、互联网及第三方支付机构的崛起。自 2014 年起，随着 4G 网络的普及，智能手机得到了大规模应用，为商户和用户依托移动互联网快速完成支付打下了基础。另外，随着支付宝、微信支付等互联网支付模式的兴起，用户通过扫描二维码即可完成支付，从而形成了一种强大的场景黏性，解决了互联网支付的落地问题。这时，互联网支付向银联主导的线下收单业务进军的步伐开始加速。随着互联网金融的不断发展，第三方支付机构与中国银联在业务尤其是线下移动支付业务上的冲突越发明显。

（2）机遇

尽管在移动支付上，中国银联被第三方支付机构实现了“弯道超车”，并不断利用“互联网思维”概念引发年轻一代对移动支付方式的追捧，用户用手机扫码即可完成支付，这对中国银联主导的线下收单市场产生了很大的影响。也就是在这样的环境下，沉寂多年的 NFC（近场通信）又重新登上舞台。可以说，NFC 代表了移动支付未来的发展方向，由中国银联主导的 NFC 产业链条正在形成一个新兴支付生态圈，其中以卡基为基础的闪付和以移动终端为基础的 HCE 云支付成为主要支付形态。NFC 的最大优势，一是安全性，由于扫码支付属于互联网范畴，安全性不如采用软硬件加密方式的 NFC；二是便捷性，使用带有“闪付”标记的银行卡，或者搭载 HCE 云支付的手机，只要将卡或手机放到商户支持 NFC 的 PoS 机附近就可以迅速完成支付。

中国银联尽管受到了来自第三方支付机构的挑战，市场也受到很大的影响，但是中国银联仍具有很大的优势。全国的银联卡中金融 IC 卡已经超过了 12 亿张，而其中绝大多数都带有“闪付”功能，这使中国银联具有其他支付机构难以比拟的优势，中国银联可以利用“12 亿张卡”这个优势做好服务。而像支付宝和微信支付等这样的新兴支付企业，正是因为缺乏“卡基”优势，才不得不在收单终端上发力。

尽管支付宝、微信支付发展迅速，但是它们多集中于年轻人和小额类消费场景。中国银联要正确分析不同市场层次的使用规律，制定行之有效的营销策略，以闪付来争夺支付宝、微信支付的小额支付市场，用卡基交易把握住大额消费市场，用移动终端的 HCE 云支付来应对人们对支付市场求新求变的需要，这样才能通过不同的战略布局来赢得市场，这也是逐渐开放的支付市场赋予中国银联的前所未有的机遇。此外，加上政府对中国银联的高度重视，商业银行、社会各界的大力支持以及中国银联自身十余年的发展，为银联创建银行卡自主品牌以及进军移动支付领域奠定了坚实的基础。

8.2.2 银联清算系统

银联清算系统如图 8-3 所示。

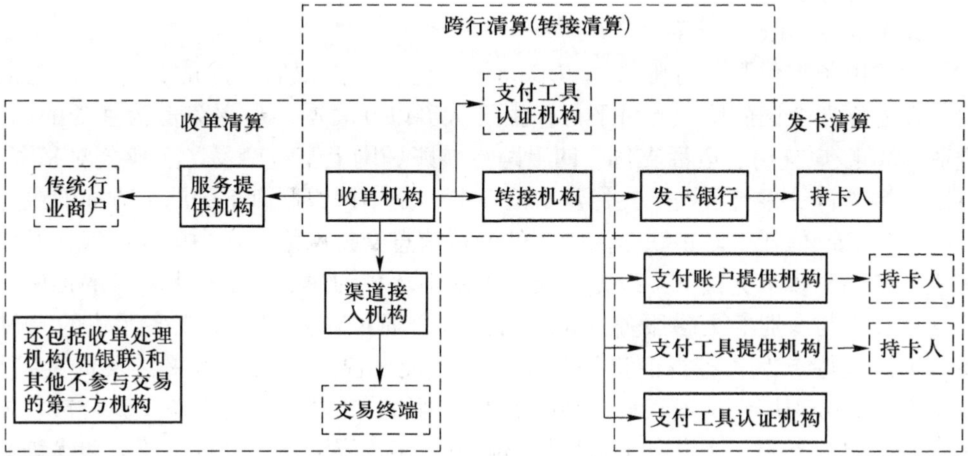

图 8-3 银联清算系统

1. 银联清算方式

银联的支付清算包括跨行清算和收单清算。跨行清算是针对收单机构和发卡机构的清算；收单清算是代替收单机构针对商户和收单专业化服务机构的清算。

2. 银联清算的环节

银联清算包括清分和资金划拨两个重要环节。清算是指对交易日志中记录的成功交易，逐笔计算交易本金及交易费用（手续费、分润等），然后按清算对象汇总轧差形成应收或应付金额。其中，清分是在银联清算系统内部完成的，而资金划拨是中国银联通过中国人民银行的大小额支付清算系统或同城票据交换系统完成的。

3. 银联清算系统与中国人民银行大小额支付清算系统的关系

无论是跨行清算还是收单清算，中国银联都是作为一个特许参与者，加入大小额支付清算系统，完成银行卡交换业务的资金划拨的。中国银联通过大额支付系统，实现与境内成员机构清算账户之间的双向资金转移，此部分对应于银联清算方式的跨行清算。在大额实时支付清算系统中，中国银联享有比商业银行更大的特权，因为中国银联可以借记或贷记对方的账户，商业银行只能贷记对方的账户。在大额实时支付清算系统中还享有借记特权的只有中央国债登记结算有限责任公司，而且其借记操作还需要有国债作为抵押。中国银联通过小额批量支付系统和当地的票据交换系统，实现与境内第三方机构和商户之间的单向资金转移，此部分对应于银联清算方式的收单清算。

4. 银联四方模式

“四方模式”（卡组织、发卡银行、持卡人、收单机构）是银联、VISA 等卡组织坚守的核心标准，一边连接的是发卡银行和持有及使用银行卡的消费者；另一边连接的是收单机构和各类商户；而卡组织搭建平台，提供技术标准和转接清算服务，将双边市场连接起来，完成支付服务。

5. 银联的网上支付平台

银联电子支付服务有限公司（ChinaPay）是中国银联控股的银行卡专业化服务公司，拥有面向全国的统一支付平台，主要从事以互联网等新兴渠道为基础的网上支付、企业 B2B 账户支付、电话支付、网上跨行转账、网上基金交易、企业公对私资金代付、自助终端支付等银行卡网上支付及增值业务，是中国银联旗下的网络方面的主力军。

ChinaPay 依托中国银联全国统一的跨行信息交换网络，在中国人民银行及中国银联的业务指导和政策支持下，致力于银行卡受理环境的建设和银行卡业务的推广，将先进的支付技术与专业的金融服务紧密结合起来，通过业务创新形成多元化的支付服务体系，为广大持卡人和各类商户提供安全、方便、快捷的银行卡支付及资金结算服务。ChinaPay 充分利用中国银联全国性的品牌、网络、市场等优势资源，整合银联体系的系统资源、银行资源、商户资源和品牌影响力，实现强强联合、资源共享和优势互补。

经过数年的开拓发展，ChinaPay 拥有了雄厚的技术开发力量及丰富的业务拓展经验，为网上购物、金融、民航、旅游、彩票、移动通信等行业领域提供了先进的支付系统解决方案，并积累了丰富的项目实施经验。

8.2.3 银联清算体系的发展前景

1. 移动支付业务的发展

作为卡组织，中国银联在推动移动支付发展时始终坚持四方模式，不触动各方利益。2017 年 12 月 11 日，在中国人民银行的指导下，中国银联正式发布银行业统一 APP “云闪付”，由各家商业银行与中国银联共同开发建设、共同维护运营、汇聚产业各方之力的移动支付统一入口平台。

“不发卡、不收单、不与各方争利”是中国银联的态度，也是对四方模式的遵守，这样才能联合四方共同推出“云闪付”APP。“云闪付”APP 的发布引发了市场对银联移动支付的热情，2018 年元旦小长假期间，以银联二维码和银联手机闪付为代表的银联移动支付业务交易笔数和交易金额，较 2017 年端午小长假分别增长了 3.5 倍和 2.5 倍；其中银联二维码交易呈现出急剧攀升的态势，交易笔数和交易金额分别增长 11.6 倍和 19.8 倍。

此外，为了进一步推动“云闪付”APP 的发展，中国银联在 2018 年春节期间推掀起“红包到，福才到”新春红包盛宴，用户在“云闪付”APP 内完成登录、签到、邀请、转账等任务可领取最高 2018 元的红包。如此大力度的补贴，将吸引越来越多的消费者把“云闪付”APP 作为日常首选的移动支付方式。

2. 境外业务的发展

自成立以来，中国银联一直谋求开拓境外市场，积极进行自主创新，在境外大力推广具有自主知识产权的银联标准卡。目前，中国银联负责运营国际业务的子公司——银联国际也正持续推进云闪付在境外市场的业务布局。一方面是丰富的云闪付使用场景。其中，NFC 支付已经可以在境外 50 多万台 PoS 机上使用，覆盖新加坡、马来西亚、澳大利亚、新西兰、加拿大、俄罗斯、阿联酋等地，消费者可以一“挥”手机完成支付；二维码支付则率先在我国的香港特别行政区和新加坡等落地。同时，日本 Japan Foodie 等多家境外商家的手机 APP 也支持云闪付。另一方面，基于云闪付的良好受理环境，银联国际也在促成更多的境外消费者用银联卡绑定手机。在我国的香港特别行政区，中国银行（香港）的银联信用卡和借记卡、渣打银行（香港）的银联借记卡，以及东亚银行的银联信用卡的持卡人都能使用云闪付，“银联”还是香港特别行政区唯一为借记卡持卡人提供手机支付的卡品牌；在我国的澳门特别行政区和韩国，当地消费者也可以使用银联卡绑定手机，方便支付。

云闪付的布局只是银联国际加快创新业务境外布局的一个“缩影”。近年来，银联国际在传统卡片支付基础上，不断研发和推出可用于跨境支付的创新产品和服务，包括跨境 B2B 平台、钱包、跨境营销平台“优计划”等。而在创新产品背后，则是银联 TSP（token service platform，令牌服务平台）、TSM（trusted service management，可信服务管理平台）、HCE 云平台等一系列支持创新业务发展的平台，它们为产品和服务提供支持和安全保障。

3. 技术层面的发展

中国银联选择二维码与 NFC 两种技术同时发展。2016 年，中国人民银行发布《条码支付业务规范（征求意见稿）》，承认二维码支付地位后，中国银联迅速发布银联二维码，并着力拓展市场。就 NFC 支付而言，大多数智能手机都支持 NFC 支付，非接受理环境也在不断完善。

在两种支付技术的相辅相成之下，2017 年，中国银联引领着全国公交地铁领域的移动支付应用迅猛发展，全国地铁公交领域银联移动支付交易笔数同比增长超过三成，特别是 2017 年下半年的增长大幅提速，广州地铁、杭州地铁、福州地铁、上海地铁相继开通移动支付业务，12 月相比年中时交易笔数增幅近一倍。

4. 清算层面的发展

2018 年 1 月 29 日，中国银联对外宣布，新一代无卡业务转接清算平台全面开展大规模运营。该清算平台已与包括 17 家全国性重点商业银行、180 余家区域银行在内的主要商业银行完成联网，与包括 10 余家主要支付机构在内的上百家成员机构达成合作共识，其中 70 余家机构已经完成平台对接或正在开展对接工作。

中国银联新一代无卡业务转接清算平台的上线背景，是近期中国人民银行对支付市场的密集强监管。中国人民银行出台了一系列文件规范市场。其中，《中国人民银行办公厅关于进一步加强无证经营支付业务整治工作的通知》（银办发〔2017〕217号）、《中国人民银行关于规范支付创新业务的通知》（银发〔2017〕281号）、《中国人民银行办公厅关于调整支付机构客户备付金集中交存比例的通知》（银办发〔2017〕248号）、《中国人民银行关于印发〈条码支付业务规范（试行）〉的通知》（银发〔2017〕296号）、《条码支付受理终端技术规范（试行）》（银办发〔2017〕242号）等文件，明确要求第三方支付开展网络支付涉及跨行交易时需要遵守相关规定，并且必须通过合法的清算机构处理。

中国银联作为中国境内合法的清算机构，断直连是其职责所在。在政策利好之下，支付回归支付，清算回归清算，无论是网络支付，还是条码支付，原来直连模式之下的交易量，将接入银联和网联。在此利好之下，凭借着清算平台的发展，中国银联的相关业务也将顺势而起，在断直连的背景之下，中国银联将在2018年完成线上与线下的彻底联通。

8.3 网联清算平台

8.3.1 网联清算平台概述

1. 网联清算平台产生背景

网联清算有限公司（网联），是经中国人民银行批准成立的非银行支付机构网络支付清算平台（网联清算平台）的运营机构。网联成立的主要目的是应对目前第三方支付市场支付清算混乱、信息透明度不高的问题，是我国监管机构对第三方支付机构资金流向的严厉监管。目前，第三方支付机构直接与银行相连，进行线上线下支付业务，资金在其内部进行清算。然而一旦网联成立运营，第三方支付机构与银行之间必须通过网联进行对接，使监管机构能够了解到非银行支付机构的资金流向，整顿各种各样的监管漏洞，以及备付金风险等一系列问题，从而能够更好地规范第三方支付市场，促进第三方支付业务的稳健发展。

2. 网联的股权分布

网联主要是为了将第三方支付纳入中国人民银行的统一监管而成立的，所以其股权的分布有着很强的中国人民银行统筹监管第三方支付机构的特点。网联上报的注册资金为20亿元，股东总数为45家，“央行系”为第一大股东，7家有中国人民银行或国家外汇管理局背景的股东合计持股37%，其余38家为第三方支付机构。网联的第一大股东就是中国人民银行清算总中心，持有12.0%的股权；第二大股东梧桐树是国家外汇管理局的投资平台，股权比例为10.0%；阿里巴巴的支付宝和腾讯的财付通并列为第三大股东，股权比例均为9.61%；京东的网银在线是第四大股东，持股比例是4.71%。网联的其他前十大股东则都是中国人民银行有关机构。网联的股权分布如图 8-4 所示。

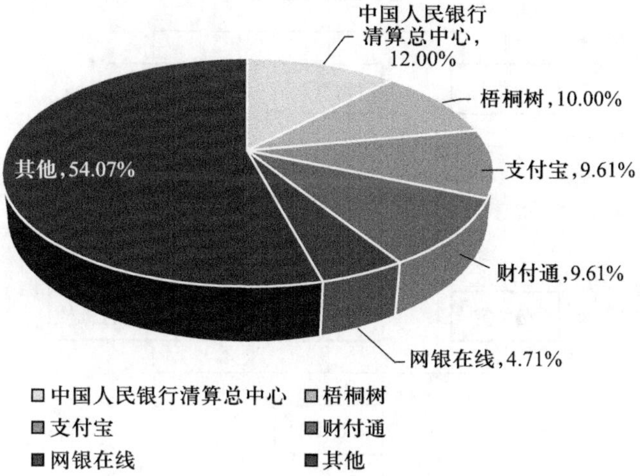

图 8-4　网联股权分布

3. 网联清算平台运行的影响

2017 年 3 月 31 日，网联清算平台正式启动试运行。支付宝、财付通、百付宝、网银在线成为第一批接入网联的第三方支付机构。网联的首笔签约交易和跨行清算交易分别由网银在线和财付通完成。支付宝也已经完成了相关的开发和联合调试工作。2018 年 6 月 30 日以后，支付机构受理涉及银行账户的网络支付业务将全部通过网联模式进行合规、统一、安全的转接清算。

网联成立以后，对我国的支付清算产业链带来了一定的影响。虽然随着网联的出现，支付产业链被进一步拉长，但是支付清算的效率却会得到进一步提高，支付产业链将会更加稳定。网联的成立给整个产业链的结构和交互模式都带来了一些变化，图 8-5 和图 8-6 所示的分别是网联成立前后的清算模式图。

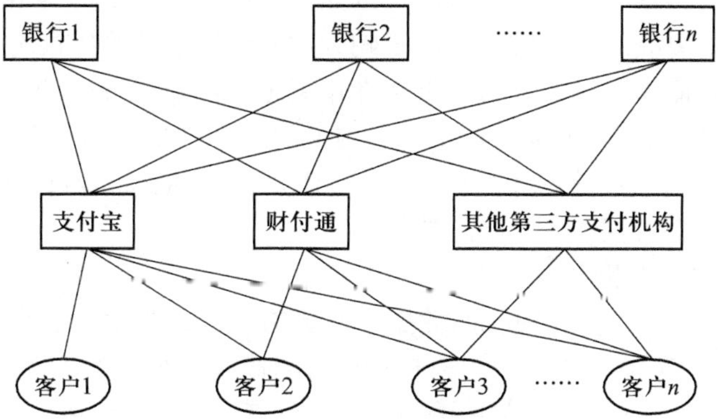

图 8-5　网联成立前的清算模式

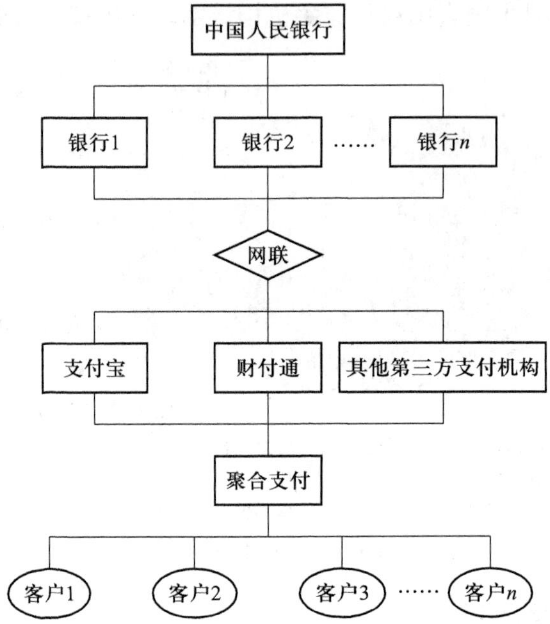

图 8-6　网联成立后的清算模式

8.3.2　网联清算平台总体架构设计中的关键选择

1. 分布式架构

网联清算平台总体架构设计中的第一个关键选择，就是使用分布式架构还是使用集中式架构，集中式架构是目前金融系统广泛使用的架构，大多使用大型机和小型机组成集群。全球性支付清算平台（如 VISA、MasterCard）的极值处理能力为 6 万笔/s，远远达不到网联清算平台 18 万笔/s 的要求。相对于集中式架构，分布式架构普遍使用 PC 服务器组成集群，集群内的节点数量远远大于集中式架构下的集群数量；在出现服务器单点故障时，隔离故障对系统造成的影响大大降低，容错容灾能力大幅提升，扩展性好但成本却大幅降低。同时，分布式架构在市场上已经被充分验证可以支撑极大的交易流量。例如，支付宝在 2017 年“双十一”购物狂欢节时的支付峰值达到 25. 6 万笔/s；财付通在 2017 年春节期间的支付交易峰值达到 20. 8 万笔/s。通过两者的对比可以看到，分布式架构是网联清算平台的必然选择。

2. 三地六中心方案

统计表明，支付机构和银行的数据中心具有较强的聚集性，即大多分布在北京、上海、深圳三个城市。为了减轻支付机构和银行的接入成本，降低网联清算平台与各参与方之间的通信时延，进而提升交易的响应速度，这三个城市也就成为网联数据中心落地的优先选择。同时，由于工期紧，自建数据中心不可行，租用市场上成熟的互联网数据中心的服务也就成为必然选择。

选定城市后，有“两地三中心”和“三地三中心”两种方案可供选择。“两地三中心”是传统的一主一备一灾备架构，要求每个数据中心能够处理全量交易；“三地三中心”则是两个处理中心+一个控制中心的架构，由处理中心负责交易的实时转接，交易被实时处理完成后上送至控制中心进行清分汇总轧差，这就要求控制中心具备全量交易处理能力。这两个方案对单中心的性能要求很高，即使是支付宝、财付通实际上也没有在一个中心处理 18 万笔交易/s 的经验，其可实施性和可扩展性难以保证，因而未被采纳。

从分散处理压力、提高系统冗余、保障业务持续可用等方面考虑，网联决定采用多活的架构模式，即网联在各地的数据中心同时处理支付机构发送的交易请求。那么这些多活数据中心到底部署在几个地方合适呢？一地多个中心因为不能承受城市级的灾难而不被考虑。“两地多活”方案与“三地多活”方案对比，为了承受城市级灾难，“两地多活”需要提供一倍的冗余处理能力，而“三地多活”方案只需要提供 50%的冗余。从节省成本的角度考虑，“三地多活”方案更适合。“三地”以上的方案因为工期、资源等原因暂时不考虑，后续扩容时再做考虑。

选定“三地多活”方案之后，为了增加城市内的冗余，参照同城双活模式，在一个城市中建设两个数据中心。同城两个数据中心相距 20～30 km，既可以有效隔离市电故障，又能使两中心之间光纤的数据传输速率得到保障。最终，网联选择了在北京、上海、深圳三地租用 6 个数据中心来承接网络支付转接清算业务，每个数据中心需要提供 3 万笔/s 的处理能力，而现有的技术完全可以实现。

3. 机构多线多活接入

在居间转接清算模式下，网联清算平台前接第三方支付机构发送的支付请求，后转各家银行完成资金结算，上连中国人民银行清算总中心大额实时支付系统完成银行间资金清算。大额实时支付系统有其特定的接入模式，网联清算平台遵章执行即可。但是，机构和银行如何接入还需要进一步考虑。

（1）支付机构的接入

目前，有 100 多家第三方支付机构具备网络支付、移动支付牌照，在市场份额上体现出极为明显的寡头效应，支付宝和财付通占据了 90%的市场份额，其后 7 家第三方支付机构占据了 9%左右的市场份额，剩下的 1%市场份额由其余第三方支付机构瓜分。因为规模巨大，支付宝和财付通的接入是网联清算平台必须要直面的技术挑战，而类似规模、不同机构的系统间对接，业界尚无可参考的案例。

首先，一地一中心和一地两中心接入因不能承受城市级灾难而无须考虑。第三方支付机构必须接入网联清算平台的多地多中心才能留有足够的冗余。其次，因为支付宝和财付通的交易流量占据平台流量的绝大部分（特别是在流量峰值时），为了最大化地利用网联清算平台各个数据中心的处理能力，它们的流量必须被平均分配给三地六中心，否则就不能充分利用网联清算平台的处理能力。而其他第三方支付机构因为交易量有限，可以通过机构间的统筹安排来达到均衡交易流量的目的。最后，从线路利用率、容灾能力、成本等角度来看，多活线路接入方案天然具备优势，但缺点是对第三方支付机构的技术和运维能力要求较高。

最终，网联清算平台确立了基于平台分配、跨地域和跨运营商三大接入原则，根据第三方支付机构的业务规模以及能力水平，要求大型第三方支付机构采用6线接入网联三地六中心，中型第三方支付机构至少采用4线接入网联三地四中心，小型第三方支付机构至少采用2线接入网联异地两个数据中心。各第三方支付机构在所有线路上都要做到流量平均分布，以最大化地利用网联三地六中心的处理能力。

也有人提出一点接入、平台内部分发的方案。实现这个方案需要满足以下几个条件：线路带宽要能支持第三方支付机构的业务峰值；至少需要一条同带宽的备份线路；每个中心和其他5个中心之间需要有足够高的带宽；网联清算平台要确保每笔交易分发目的地的一致性。满足前两个条件会给支付机构带来更高的成本，因为从一个接入点分发交易时大部分流量需要跨城跨省；满足第三个条件网联清算平台需付出很大的线路成本；满足第4个条件网联清算平台需要实现复杂的分发逻辑并要能在接入点支持18万笔/s的流量分发，需要较大的带宽投入、设备投入和研发投入。从节约成本、保证工期、科学合理的角度出发，该方案最终未被采纳。最重要的是，多线多活接入方案是在互信规则安排下，从为股东负责、为结果负责、为最大限度降低社会成本的角度出发，既不影响处理效率，又能集约成本，这个方案是兼顾效率、性能、成本三者的最大公约数。

（2）银行的接入

相对于第三方支付机构，虽然银行在市场份额上仍然呈现出头部效应，但是并没有形成寡头效应，五大国有商业银行占据了70%的市场份额，12家全国性商业银行占据了20%的市场份额，其他银行的市场份额为10%。目前，大部分银行具备两地三中心的能力，有些银行具备双活的能力，极少数银行具备多点多活的能力。与支付机构的接入原则一致，网联要求国有商业银行和全国性商业银行采用6线接入网联三地六中心，其他商业银行至少采用2线接入网联异地两个数据中心。

4. 平台/机构协同路由

多活分布式系统使用方和提供方之间的交易路由方案一直是业界热门的话题，其核心问题是如何保证单笔交易的路由最终性。如果不能保证，则会造成同一笔交易被路由到不同的数据中心多次重复处理，导致资损和重复扣款，引发客户投诉以及后续一系列问题。目前业界大致有以下三类解决方案。

（1）使用方自行生成交易流水号

交易路由完全由提供方负责，使用方一概不管。提供方收到一笔交易后，为了确保该笔交易的路由最终性，需要在全平台进行防重检索。如果存在，则使用已有路由转接处理；否则，选择一个新的路由来转接处理。该模式的优点是使用方实现简单，提供方完全可控；缺点是每笔交易都要进行全平台检索，随着交易规模的不断增长以及数据中心在地域上的扩展，提供方实现整体稳定性的难度、技术实现复杂度、运维成本以及响应时间都会逐步增大。鉴于以上缺点，该方案在大规模、高并发、跨地域的分布式系统中很少采用。

（2）使用方向提供方申请路由标识后生成交易流水号

对比第一个方案，在该方案中，提供方不用进行全平台防重检索，只要在路由标识指向的处理集群内检索即可防重。但使用方增加了一次与提供方的交互，同时还要保证每笔交易的路由标识一旦确定便不可更改，否则会造成交易的重复处理。在大流量、多地多中心的场景下，由于取消全平台检索带来的性能节省远大于路由标识申请的性能消耗，最终的结果是处理性能的提升。这是财付通目前使用的方案。

（3）使用方按照提供方制定的规则选择路由标识生成交易流水号

对比第二个方案，在该方案中，虽然使用方还是要保证每笔交易的路由标识一旦确定便不可更改，但是节省了跨系统的路由标识申请交互。其缺点是使用方需要维护路由标识列表，提供方对路由的控制力下降，需要信任使用方按照规则行事并有足够的防冲击能力。目前亚马逊、PaymentTech 以及多数双活系统均采用此种方案。

防冲击能力好比是厂房，一次建设，长期使用；维护路由标识列表好比是生产设备，需要定期维修和保养。这两项属于固定成本。使用、申请路由标识和防重检索则是生产工序中的一环，属于变动成本。众所周知，规模达到一定程度之后，固定成本会被摊薄，变动成本的节省则会持续积累，超过临界点之后，变动成本的节省将会远远大于固定成本。

在网联的场景中，网联清算平台是提供方，第三方支付机构是使用方。基于网联清算平台超大规模、超高并发的特点，网联决定用固定成本投入换取变动成本的持续节省，最终选择了第三种方案，并对其进行了进一步的细化、优化。具体来说，路由标识指向了一个数据中心的一个数据库中的一个表，其好处就是进行交易防重时只需要检索一张表，与库级和数据中心级的防重相比，因为需要检索的数据量级的减少，性能得以大大提升，但付出的代价就是网联清算平台需要在多维度上建立防冲击能力，第三方支付机构则需要按照网联规则维护和使用路由标识列表。规则其实很简单，第三方支付机构定时拉取路由标识列表，接收到特定系统返回码时停止使用当前路由标识，并拉取最新的路由标识列表，采取轮询或随机的方式平均使用路由标识。

为了节省资源，最大限度地发挥平台的处理能力，网联清算平台要求第三方支付机构在平台运营初期进行交易发送时，能够尽量将其平均地分配给三地六中心，以实现全平台六中心能够承接 18 万笔/s 的极值交易流量的目标。同时，平台配套建立了限流规则，保障按照平台规则操作的第三方支付机构的利益，最终保护广大消费者的权益。网联清算平台是广大第三方支付机构按照“共建、共有、共享”原则一起建设起来的，所有的参与机构都应该遵从契约精神和共同认可的平台规则，共同保障平台持续、稳定运行。未来，网联清算平台将基于自身的运营情况，通过迭代优化的方式，更好地满足第三方支付机构和银行的需求，并根据业务增长需要持续、稳健地推进极值交易流量处理能力的不断提升。

综上所述，遵从分布式架构思想，网联建设了多点多活的三地六中心，实施了参与机构多活线路接入方案，确立了平台/机构协同路由模式。2017 年 3 月 31 日网联清算平台上线了基本业务功能，顺利启动试运行；6 月 30 日大型的第三方支付机构正式向平台启动业务切量。同时，网联清算平台经过了多轮的压力测试和生产压测，完全满足设计要求，为按照中国人民银行要求终结直连模式奠定了坚实的基础。

8.3.3 网联清算平台的发展前景

1. 清算组织的发展离不开对治理机制、产权结构的考量

就产权结构来看，欧美国家的清算组织多数是自下而上、在长期的市场竞争中依托需求而逐渐发展起来的，大多数都是民营组织。我国则是在较短时间内，为了快速解决支付清算基础设施的空白与不足，而采取了自上而下、多数由中国人民银行和国有清算组织提供服务的建设路径。就网联来看，7 家有中国人民银行或国家外汇管理局背景的国有单位持有 37%的股份，支付宝、财付通等 29 家第三方支付机构持股共 63%。这样的股权结构，在某种程度上也体现了国际惯例与本土特色的有效平衡。在治理机制上，对于重要的金融市场基础设施，各国都会从金融稳定、国家安全等角度予以关注。虽然大多清算组织是民营组织甚至上市公司，但也都受到复杂的国际软法、监管规则、东道国法律的层层制约。目前，网联在治理机制上仍然体现为中国人民银行发挥核心作用，这也符合国情与国际规则。但长远来看，进一步的市场化治理机制改革，是现代清算组织发展的大趋势，将来网联也同样会面临新的抉择。

2. 支付清算基础设施建设的核心，是处理好效率与安全的关系

当前，网联是否真正具有正面价值，关键在于能否给支付清算体系带来“帕累托改进”。一是看它对产业链相关成本的影响。产业链相关成本也就是在支付清算过程中发生的、能以资金和劳动力衡量的资源成本，包括支付链上所有关联方（中国人民银行、清算组织、金融机构、企业、商户和消费者）在销售终端完成交易时所消耗的人力、资金、设备、场地等费用的总和。与此前的第三方支付市场来说，无论是在引导行业规范创新、不增加消费者负担方面，还是在改变第三方支付机构与银行的互动关系、减少交易成本等方面，网联的效果整体上都是积极的。特别是对于中小第三方支付机构来说，网联的出现有助于减少其在传统模式竞争中的劣势。二是看它是否能应对新零售支付时代的挑战。面对网络支付时代的变革，网联做了许多有价值的尝试，较好地处理了效率与安全的关系。但是要想真正成为大零售支付产业的核心参与者，仍非易事。与此同时，对于安全与效率的边界有时并不容易把握：过于追求效率，可能会影响系统的稳健性；而过于保守，则可能会丧失效率或改进的机会。对于网联来说，尚需进一步寻找个性化的平衡发展路径。

3. 网联作为新兴的零售支付清算组织，需要处理好管理与服务之间的关系

所谓金融市场基础设施，通常包括各类支付系统（payment system，PS）、中央证券存管机构（central securities depository，CSD）与证券结算系统（securities settlement system，SSS）、中央对手方（central counter party，CCP）、交易报告库（trade repositories，TR）以及其他金融市场基础设施。作为支撑金融活动、金融交易、金融资源流动的重要载体，这些设施具有一定的公共性或准公共性，能够满足政府与监管部门特定的政策目标和需求，成为优化公共管理、维护金融稳定的重要工具。但与此同时，正如经济基础设施的基本功能就是“为社会生产和居民提供服务”，金融市场基础设施同样需要将服务作为立足之本。对于网联这样介入小额零售支付清算领域的平台，除了履行应有的公共性、政策性职能外，要想在新零售支付时代占有一席之地，不能只依赖政策保障与行政性措施，而是应当在构建新型平台模式、有效服务支付清算产业链各参与方、改善支付生态环境等方面有更大的作为。

4. 随着支付清算业务边界的日益模糊，网联面临的挑战也日益增加

按照现有规定，自 2018 年 6 月 30 日起，支付机构受理的涉及银行账户的网络支付业务全部通过网联平台处理，其中所涉业务的概念边界、法律关系仍有模糊之处。例如，按过去中国人民银行支付体系运行报告的统计口径，支付企业的网络支付包括互联网支付、移动电话支付、固定电话支付和数字电视支付业务。如果按《非银行支付机构网络支付业务管理办法》，网络支付则是“收款人或付款人通过计算机、移动终端等电子设备，依托公共网络信息系统远程发起支付指令，且付款人电子设备不与收款人特定专属设备交互，由支付机构为收付款人提供货币资金转移服务的活动”。据此，网络支付并不包括线下扫码支付和移动支付中的近场支付（如 NFC 支付、蓝牙支付、红外线支付等），而主要涉及互联网 PC 端支付和移动端支付的远程支付。此外，考虑到第三方支付中也有较大一块是“银行卡快捷支付”，同样影响银行账户，因此在不影响现有卡组织四方模式相关规定的前提下，所谓“涉及银行账户的网络支付”，就只是第三方的“支付账户余额支付”部分，对应于影响银行账户的非现金支付工具“贷记转账等其他结算业务”，相应的清算业务类似于银行“网上支付跨行清算系统”。如此来看，零售支付清算组织的传统平台模式，已经变得愈来愈“多方”和“多元”，分层结构更加复杂；再加上线上与线下之间、网络支付和收单等的概念与业务边界之间变得越来越模糊，这就使得网联的清算业务从现有支付机构进行切量的原则，实际上只能是“大概其”。要是再考虑到开放条件下，国外卡组织或第三方支付机构可能会进入，以及跨境第三方支付的快速发展等因素，情况将变得更加复杂。因此，在新技术和规则的冲击下，从网联的改革尝试来看，整个支付清算体系建设都将面临理论框架、技术与业务标准、法律与规则体系的重新梳理和空白弥补。

5. 随着支付清算业务边界的日益模糊，网联面临的挑战也日益增加

需要注意的是，网联是在我国第三方支付行业经历高速发展并出现诸多问题甚至风险的背景下应运而生的。与之相配套的，有支付机构网络支付新规、备付金集中存管、各类技术标准的出台和完善等一系列制度改革。从这个意义上来说，不能过于夸大网联的影响或冲击，毕竟它只是整个零售支付市场改革的一部分，难以做到“单兵突进”。在支付交易、清算、结算等诸多环节与链条之中，网联亟待优化与银行、支付机构、商户、个人的多方位关系，以及与其他跨行清算组织的关系。因此，如何在支付市场改革发展大趋势下考虑网联的定位，同样也给决策者提出了新的命题。当然，可以预计的是，除了在业务层面促进行业规范发展，网联也可以成为有效的风险监测平台，并完全有能力强化对支付信息安全的保障。考虑到小额支付清算信息覆盖面广、与个体经济行为的联系更加密切，网联对这些信息进行分析，对政策分析和风险把控同样具有很大的价值。

8.4 境外清算体系

8.4.1 美国清算体系

美国是一个金融高度发达的国家，其清算系统具有完善、服务质量高、监管有效、服务范围广和各清算子系统间的联系紧密等优点。美国的支付清算系统的发展经历了三个阶段：第一个阶段是以手工处理纸面票据为主的阶段；第二个阶段是手工与计算机并行处理纸面票据与电子支付的阶段，在此发展过程中，于1970年纽约的商业银行间建立了纽约清算所银行同业支付系统（clearing house interbank payment system，CHIPS），1975年美国联邦储备银行组建了自动化清算所（automated clearing house，ACH）系统；第三个阶段是电子支付清算全面发展阶段。

美国的支付清算系统有两个：一个是美元跨行支付清算系统，另一个是证券交易结算系统，不同的市场由不同的机构和系统分别负责清算和结算。跨行支付清算主要有五种渠道。

（1）美元大额支付系统

1913年建立的美国联邦电子资金转账系统（federal reserves wire transfer system，FEDWIRE）和1970年4月开始运行的CHIPS是支持美元全球清算的两个主要大额支付系统。

FEDWIRE是一个高度集中化的系统，是美国境内美元收付系统，它是一个实时的、贷记的资金转账系统。其资金主要用于金融机构之间的隔夜拆借、银行间清算、公司之间的大额交易结算以及证券交易结算等，可实时进行每笔资金转账的发起、处理和完成，这些流程全部自动化运行。

CHIPS是由纽约清算所协会拥有并运行的一个私营支付系统。与FEDWIRE类似，

CHIPS 是一个贷记转账系统。与 FEDWIRE 不同的是，CHIPS 是一个著名的私营跨国美元大额支付系统，要累计多笔支付业务的发生额，并且在日终进行金额结算。CHIPS 的参与者可以是商业银行、国际条例和纽约州银行法所定义的投资公司或者在纽约设有办事处的商业金融机构的附属机构。任何一个非参与者要想通过 CHIPS 进行资金转账，必须雇用一个 CHIPS 参与者作为其代理者。目前，超过 95% 的跨国美元支付最终通过 CHIPS 进行清算，为来自全球近百家会员银行提供美元大额实时最终清算服务。该系统采用了多边和双边净额轧差机制实现支付指令的实时清算，实现了实时全额清算系统和多边净额结算系统的有效整合，可以最大限度地提高各国金融机构美元支付清算资金的流动性。

（2）支票结算系统

据统计，全美大约有 30%的支票在开立行内清算，另外有 70%的支票通过银行间的清算机制来进行清算。

（3）ACH 系统

纽约清算所的电子支付系统是全美唯一一家私营的自动化清算所系统。

（4）银行卡结算网络

银行卡、ATM 和 PoS 机构成了一个庞大的支付网络，网上银行发展非常迅速，形成了更加完整的银行卡结算网络。

（5）美国联邦储备银行全国清算服务

美国联邦储备银行还为私营的清算机构提供净额结算服务。整个私营系统的最终清算是美国联邦储备银行通过调整私营的清算组织会员在其银行里的账户余额进行的。

8.4.2 英国清算体系

英国伦敦拥有全球最大的多币种支付系统，是持续连接结算（continuous linked settlement，CLS）系统的业务处理所在地，提供 17 种货币的跨境支付结算服务。伦敦的主要大额支付清算系统是英国的清算所自动化支付清算系统（clearing house automatic payment system，CHAPS），于 1984 年开始运行使用。它由 CHAPS 英镑系统和与泛欧实时全额自动清算（the trans-European automated real-time gross settlement express transfer，TARGET）系统连接的 CHAPS 欧元系统组成，两个系统共享同一平台。CHAPS 的成员可以为本银行或者代替其他银行或其客户在成员之间进行当日资金结算。

TARGET 为欧盟国家提供实时全额清算服务，其具有如下特点。

① 采用实时全额支付系统（real-time gross settlement，RTGS）模式，系统在整个营业日内连续、逐笔地处理支付指令，所有支付指令均是最终的和不可撤销的，从而大大降低了支付系统的风险，但对参加清算银行的资金流动性具有较高的要求。

② 由于资金可以实时、全额地从欧盟一国银行划拨到另一国银行，不必经过原有的货币汇兑程序，从而减少了对资金的占用，提高了清算效率和安全系数，有助于欧洲

中央银行货币政策的实施。

③ 欧洲中央银行对系统用户采取收费政策，用户业务量越大，收费标准越低，这一收费规则似乎对大银行更加有利。此外，系统用户需要在欧洲中央银行存有充足的资金或备有等值抵押品，资金规模要求较高；加之各国中央银行对利用该系统的本国用户不予补贴，故 TARGET 的清算成本高于其他传统清算系统。

CHAPS 是一个实时全额支付系统，由英国支付清算服务协会（Association Payment Clearing Services，APACS）运行。它提供以英镑计值和以欧元计值的两种独立性清算服务，其中欧元清算与欧洲统一支付平台 TARGET 连接。CHAPS 的成员可以在同一个平台上办理国内英镑支付和跨国欧元支付，确保了英镑和欧元在伦敦金融市场交易中具有同等的计值地位。但是，近几十年来在国际结算中英镑结算大多数通过往来账户的代理行进行账户结算，使用英镑结算的越来越少，导致 CHAPS 清算的业务也随之减少。此外，伦敦还有两个重要的小额零售支付清算系统，一个是 BACS 有限公司提供的 ACH 电子支付清算系统，另一个是支票和贷记清算公司提供的纸质票据清算系统。

8.4.3 Ripple

1. Ripple 概述

Ripple 币是由 OpenCoin（目前改名为 Ripple Labs）公司开发、运行、维护的虚拟货币，又称为 XRP，其中文名为瑞波币，主要功能是作为桥梁货币和防止恶意攻击。

Ripple 是世界上第一个开放的支付网络（分布式的 P2P 清算网络）。2004 年，RyanFugger 就推出了 Ripple 的第一个实现版本，它的目标是构建一个去中心化的、准许任何人创建自家货币的虚拟货币系统。通过这个支付网络系统可以转账任意一种货币，简便、易行、快捷，交易确认在几秒以内完成，交易费用几乎是零，没有所谓的跨行异地以及跨国支付费用。

Ripple 币是 Ripple 网络的基础货币，也是唯一通用的货币，它可以在整个 Ripple 网络中流通，总数量为 1000 亿，并且随着交易的增多而逐渐减少。其不同于 Ripple 网络中的其他货币，其他货币如人民币（CNY）、美元（USD）不能跨网关提现，而 Ripple 币完全没有这方面的限制，它在 Ripple 网络中是通用的。

Ripple 网络中的金钱都用“债务”表示，所有交易均表现为账目余额的变化。它的运作方式类似于银行的清算系统：在进行跨行汇款时，银行间款项的实际结转会被尽可能延后到夜晚，此时银行计算它与其他银行的应结款项。有可能来自某个银行的待转入款正好与它要转给该银行的待转出款相抵，这样它实际上不需要转出、转入任何款项；即使不能完全相抵，它实际结转的金额一般也会远小于客户的电汇金额之和。

2. Ripple 的运作模式

（1）直接向银行业金融机构提供汇款技术和底层协议

银行业金融机构充当 Ripple 的网关，对银行业金融机构的客户并无任何影响，各家银行业金融机构利用 Ripple 搭建的网络实现资金转移，并依据不同的应用场景开发商业化产品。打开银行客户端后，可以在汇款一栏选择用 SWIFT 汇款，或者用 Ripple 汇款，Ripple 在其中对成本较高的 SWIFT 技术具有一定的替代作用，有利于降低综合成本。目前，Ripple 已经与全球排名前 50 家银行中的 15 家合作，其中包括瑞银、渣打等银行。德国互联网银行 Fidor 是第一家接入 Ripple 协议的银行业金融机构，其交易基础设施部分采用 Ripple 协议，并推出了融合 Ripple 功能的“Fidor Smart 现金账户”。在我国，上海华瑞银行已与 Ripple 展开业务合作，主要合作模式为上海瑞华银行借助 Ripple 为留学生提供外币汇划服务。

（2）直接面向个人客户推出转账服务

首先，个人客户注册 Ripple 钱包，钱包的注册不需要实名制验证，仅需要客户输入自主设定的账号和密码。在注册的同时，Ripple 会生成钱包私钥，它代表钱包的最高权限，可以用来恢复账号。其次，设置信任网关，在 Ripple 中网关是法定货币进出 Ripple 网络的关口，Ripple 在我国有三家网关，分别为 RippleChina、XRPChina 和 RippleCN。第三，为 Ripple 钱包充值。Ripple 在淘宝开立了 RippleChina 官方充值店，个人客户在充值店购买所需金额的 Ripple 币，同时在留言栏中预留其 Ripple 钱包账号，Ripple 便可将相应金额充值到客户的 Ripple 钱包中。最后，Ripple 钱包的转账与赎回。Ripple 完成充值之后，仅需输入对方的 Ripple 账号和金额，便可进行瞬间转账，而且不受币种的限制。Ripple 账户资金的赎回可通过支付宝渠道，需要客户提交真实姓名、支付宝账号等信息。

【本章小结】

中国人民银行支付清算体系的发展主要经历了以下三个阶段：第一阶段是以全国联行系统为核心的以手工处理为主的支付清算体系；第二阶段是以电子联行系统为核心、以半手工半电子化处理为主的支付清算体系；第三阶段是以现代化支付系统为核心、以电子化及网络化处理为主的支付清算体系。中国人民银行清算系统主要由大额实时支付系统、小额批量支付系统、票据支付系统（包括同城票据交换系统、全国支票影像交换系统）、境内外币支付系统、电子商业汇票系统、网上支付跨行清算系统和人民币跨境支付系统构成。

中国银联的成立与发展实现了联网通用，建立了银行卡自主品牌，实现了国际化。

网联全称为“网联清算有限公司”，是经中国人民银行批准成立的非银行支付机构网络支付清算平台的运营机构。网联成立的主要目的是应对目前第三方支付市场支付清算混乱、信息透明度不高等问题。

Ripple 币是由 OpenCoin（目前改名为 Ripple Labs）公司开发、运行、维护的虚拟货币，又称为 XRP，其中文名为瑞波币，主要功能是作为桥梁货币和防止恶意攻击。

【关键术语】

中国人民银行支付清算体系　银联清算体系　网联清算平台　境外清算体系　Ripple

【思考题】

1. 中国现代化支付系统的主要应用系统有哪些？中国人民银行应对互联网支付风险应该采取哪些措施？

2. 中国银联成立的意义是什么？在互联网以及第三方支付机构崛起的时代，中国银联面临着哪些机遇和挑战？中国银联有着怎样的发展趋势？

3. 什么是网联？它对于促进我国支付清算业发展有何意义？网联清算平台总体架构设计中有哪些关键选择？

【案例分析】

花旗中国推出网上支付跨行清算系统

2017 年 12 月，花旗银行（中国）有限公司（以下简称花旗中国）宣布成功推出基于网上支付跨行清算系统的方案，协助企业快速付款。这是花旗中国 2016 年 8 月成为首家加入网上支付跨行清算系统的全球性外资银行成员后，在该领域的又一项进展。

网上支付跨行清算系统主要支持网上支付等新兴电子支付业务的跨行处理，它采取实时传输及回应机制，可处理各类跨行业务。客户通过商业银行的网上银行可便捷地办理多项跨行业务，并可及时了解业务的最终处理结果。这一快速付款解决方案可为花旗中国的客户带来更快、更便捷、更可视化的付款体验。

花旗中国财资与贸易金融部中国区总经理裴奕根表示："借助网上支付跨行清算系统，以及花旗全球统一的电子化平台和服务本地市场的经验，花旗能进一步为个人、公司和机构客户提供高效、便捷的资金清算结算产品和服务。"

花旗中国持续为客户提供创新和特制的资金解决方案，其中包括首家实现跨区域实时收付款，推出全球电子银行及跨行主机直连数字化创新产品，率先加入人民币跨境支付系统，以及推出多种人民币跨境结算解决方案等。

（资料来源：浦东时报，2017 年 12 月 5 日）

问题：根据本案例，谈一谈网上支付跨行清算系统与大小额支付系统的区别，以及花旗中国推行网上支付跨行清算系统有何意义。

【参考文献】

[1] 帅青红．银行卡理论与应用[M]．成都：西南财经大学出版社，2013.

[2] 帅青红．电子支付与结算[M]．大连：东北财经大学出版社，2011.
[3] 姜玉容．同城票据交换工作存在的问题及对策研究[J]．时代金融，2016(29)：268-269.
[4] 张晨曲．人民币跨境支付清算系统“倒计时”[N]．新金融观察，2015-03-23.
[5] 翟涛．中央银行现代化清算支付体系存在的问题及相关对策[D]．长春：吉林大学，2010.
[6] 中国银联上海分公司．银联改变生活[M]．北京：中国财政经济出版社 2012.
[7] 杨涛．网联与支付清算体系变革[J]．中国金融，2017(21)：69-70.
[8] 陶滇东，张宁．Ripple 商业模式的探索[J]．电子商务，2016(9)：54-55.

第 9 章

互联网信用管理

【教学目标与要求】

1. 掌握信用管理的基本概念。
2. 了解信用管理的发展模式。
3. 了解信用管理的建立体系及缺失的危害。
4. 掌握互联网金融信用管理的新变化。
5. 了解境内外信用体系的发展。
6. 了解我国互联网征信平台的建立过程。

【知识架构】

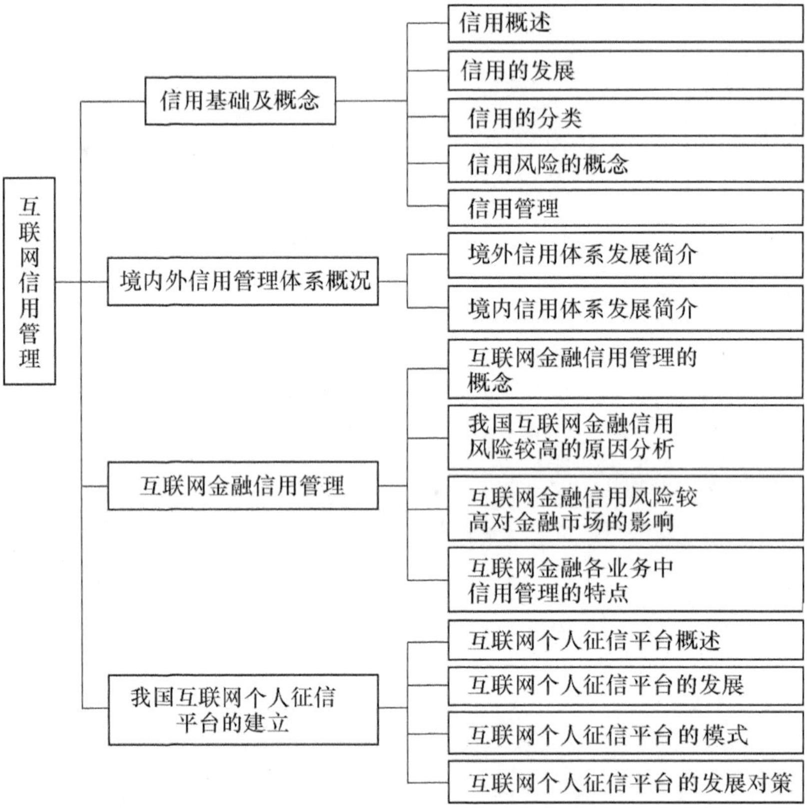

【导入案例】

e租宝案件，经过有关媒体的调查已浮出水面。e租宝是由“钰诚系”下属的金易融（北京）网络科技有限公司运营的网络平台，2014年2月，钰诚集团收购了这家公司，并对其运营的网络平台进行改造。2014年7月，钰诚集团将改造后的网络平台命名为“e租宝”，打着“网络金融”的旗号上线运营。它在一年半内非法吸收资金500多亿元，受害投资者遍布全国31个省、直辖市、自治区。2016年1月14日，备受关注的e租宝平台的21名涉案人员被北京市检察机关批准逮捕。经调查，从2014年7月e租宝上线至2015年12月被查封，“钰诚系”相关犯罪嫌疑人以高额利息为诱饵，虚构融资租赁项目，持续采用借新还旧、自我担保等方式大量非法吸收公众资金，累计交易发生额达700多亿元。警方初步查明，e租宝实际吸收资金500多亿元，涉及投资者约90万名。

那么这些犯罪分子是如何做的呢？其实e租宝就是一个彻头彻尾的庞氏骗局。e租宝对外宣称，其经营模式是由集团下属的融资租赁公司与项目公司签订协议，然后在e租宝平台上以债权转让的形式发标融资；融到资金后，项目公司向融资租赁公司支付租金，融资租赁公司则向投资者支付收益和本金。办案民警介绍，在正常情况下，融资租赁公司赚取项目利差，而平台赚取中介费；然而，e租宝从一开始就是一场“空手套白狼”的骗局，其所谓的融资租赁项目根本名不副实。“我们虚构融资项目，把钱转给承租人，并给承租人好处费，再把资金转入我们公司的关联公司，以达到事实挪用的目的。”e租宝相关负责人说，他们前后为此花了8亿多元向项目公司和中间人买资料。

根据中国人民银行等部门出台的《关于促进互联网金融健康发展的指导意见》，网络平台只进行信息中介服务，不能自设资金池，不提供信用担保。据警方调查，e租宝将吸收来的资金以“借道”第三方支付平台的形式进入自设的资金池，相当于把资金从“左口袋”放到了“右口袋”。

不仅如此，钰诚集团（e租宝）还直接控制了三家担保公司和一家保理公司，为e租宝的项目担保。中国政法大学民商经济法学院教授李爱君表示，如果平台引入有关联关系的担保机构，将给债权人带来极大风险。其“高收益低风险”的承诺陷阱：“1元起投，随时赎回，高收益低风险。”这是e租宝广为宣传的口号。许多投资者表示，他们就是听信了e租宝保本保息、灵活支取的承诺才上当受骗的。记者了解到，e租宝共推出过6款产品，预期年化收益率在9%至14.6%之间，远高于一般银行理财产品的收益率。但是，e租宝抓住了部分老百姓对金融知识了解不多的弱点，用虚假的承诺编织了一个“陷阱”。为了加快扩张速度，钰诚集团还在各地设立了大量分公司和代销公司，直接面对老百姓“贴身推销”。其地推人员除了推荐e租宝的产品外，甚至还会“热心”地为他们提供开通网银、注册平台等服务。正是在这种强大的攻势下，e租宝仅用了一年半的时间，就吸引了90多万实际投资者，客户遍布全国。实际上，“钰诚系”的高管们对公司的实际状况都心知肚明。“e租宝的窟窿只会越来越大，然后在某个点集中爆发，账上没钱还给老客户，也不能还给新客户。”其主要负责人张敏说，自己曾在2015年9月让公司的数据中心进行测算，结果显示，e租宝的赎回量将在2016年1月达到9亿元，此后赎回量逐月递增。

根据e租宝案件中已经查明的种种犯罪事实，司法机关于2017年11月29日发布了终审判决。对钰诚国际控股集团有限公司以集资诈骗罪、走私贵重金属罪判处罚金人民币18.03亿元；对安徽钰诚控股集团以集资诈骗罪判处罚金人民币1亿元；对e租宝平台实际控制人、钰诚集团董事会执行局主席丁宁以集资诈骗罪、走私贵重金属罪、非法持有枪支罪、偷越国境罪判处无期徒刑，剥夺政治权利终身，并处没收个人财产人民币50万元，罚金人民币1亿元；对丁甸（e租宝平台实际控制人丁宁的弟弟）以集资诈骗罪判处无期徒刑，剥夺政治权利终身，并处罚金人民币7 000万元；同时，分别以集资诈骗罪、非法吸收公众存款罪、走私贵重金属罪、偷越国境罪，对张敏等24人判处有期徒刑15年至3年不等刑罚，并处剥夺政治权利及罚金。

e租宝在短短的18个月内上演了一个彻头彻尾的庞氏骗局，其“核心技术”就是借用强大的新媒体宣传“融资租赁债权产品比个人信用借贷更安全可控”，构建企业信用的虚幻图景，取得投资者的信任。然而，该公司完全无视“高收益低风险”的承诺，除了将一部分吸取的资金用于还本付息外，将相当一部分用于个人挥霍、维持公司的巨额运行成本、投资不良债权以及广告炒作。其实，如果一味地将公司甚至所使用的通过大数据分散借贷风险的P2P技术绑在道德的审判台上，并不利于对当前中国互联网金融的深度解读。在我们看来，真正值得深思的是，e租宝对中国商业生态信用体系的破坏究竟带来了什么样的反面影响？我们又将如何应对？本章将重点介绍我国信用体系的发展和建设。

9.1 信用基础及概念

9.1.1 信用概述

1. 信用在经济学意义上的概念

信用是授信人对受信人所做的承诺或双方约定的信任。狭义的信用实质上是一种经济关系，属于经济范畴；广义的信用包含狭义信用和诚信两种内涵，兼具经济和伦理两种属性。《新帕尔格雷夫经济学大辞典》对信用的解释是，提供信贷（credit）意味着把对某物（如一笔钱）的财产权让渡，以交换在将来的某一特定时刻对另外的物品（如另外一部分钱）的所有权。《牛津法律大辞典》的解释是：信用（credit）指在作为回报而得到或提供货物或服务时，并非立即进行偿付，而是允诺在将来进行偿付的做法。信用是建立在授信人对受信人偿付承诺的信任的基础上，使受信人不用立即付款就可获得商品、服务或货币的能力。这种能力受到一个条件的约束，即受信人在其应允的时间期限内为所获得的商品、服务或货币付款或付息。这个时间期限必须得到授信人的认可，具有契约强制性。

2. 信用的构成要素和影响因素

信用的构成要素主要包括以下两个：

① 信任。授信人对受信人的信任。

② 时间。授予信用和偿还信用的时间限制。

信用是以信任为基础、以按期偿还为条件的交易关系和价值运动方式。从授信人的角度看，有两个因素对信用产生重要影响：一是履约能力。履约能力是受信人在特定期限内实现付款或还款的经济能力，与受信人的经济状况有密切的关系。二是履约意愿。履约意愿是指受信人在特定期限内保证付款或还款的主观意愿，与受信人的道德品质有直接的关系。失信意味着受信人由于履约能力或者履约意愿上的限制对授信信任和时间约定的违背。

9.1.2 信用的发展

1. 第一个阶段

信用是一个古老的经济范畴，它是随着私有制和商品经济的出现而产生和发展起来的。信用产生的前提条件是私有制和社会分工。私有制出现以后，社会分工不断发展，大量剩余产品不断出现。私有制和社会分工使得劳动者各自占有不同劳动产品，剩余产品的出现则使交换行为成为可能。随着商品生产和交换的发展，商品流通出现了矛盾——“一手交钱，一手交货”的方式由于受到客观条件的限制而经常发生困难。一些商品生产者在出售商品时，购买者却可能因自己的商品尚未卖出而无钱购买。于是，赊销，即延期支付的方式应运而生。

2. 第二个阶段

赊销意味着卖方对买方未来付款承诺的信任，意味着商品的让渡和价值实现发生时间上的分离。这样，买卖双方除了商品交换关系之外，又形成了一种债权债务关系，即信用关系。当赊销到期、支付货款时，货币不再发挥其流通手段的职能而只充当支付手段。这种支付是价值的单方面转移，是货币作为支付手段的职能，使得商品能够在早已让渡之后独立地完成价值的实现，从而确保了信用的兑现，整个过程实质上就是一种区别于实物交易和现金交易的交易形式，即信用交易。

3. 第三个阶段

信用交易超出了商品买卖的范围。作为支付手段的货币本身也加入了交易过程，出现了借贷活动。从此，货币的运动和信用关系联结一起，由此形成了新的范畴——金融。现代金融业正是信用关系发展的产物。在市场经济发展初期，市场行为的主体大多以延期付款的形式相互提供信用，即商业信用。

4. 第四个阶段

私有制出现以后，在市场经济较发达时期，随着现代银行的出现和发展，银行信用逐步取代商业信用，成为现代经济活动中最重要的信用形式。信用交易和信用制度是随着商品货币经济的不断发展而建立起来的，信用交易的产生和信用制度的建立促进了商品交换和金融工具的发展。现代市场经济发展成为建立在错综复杂的信用关系之上的信用经济。

9.1.3 信用的分类

1. 按照债务人的身份分类

按照债务人的身份，可以将信用分为公共信用、企业信用与私人信用。公共信用是指社会为了帮助政府成功实现其各项职能而授予政府的信用，其核心是政府的公债。企业信用是指企业为了满足其生产的需要，向债权人举债组织生产，形成企业信用。私人信用包括消费者信用与商业信用。其中，消费者信用又可细分为零售信用、现金信用与房地产信用，而商业信用可分为商品信用和金融信用。

2. 按照授信对象分类

按照授信对象分类，可以将信用分为公共（政府）信用、企业（包括工商企业和银行）信用和消费者个人信用。其中，公共信用是社会信用体系的核心。

3. 按设立信用期限分类

按照设立信用的期限，可以将信用分为短期信用、中期信用和长期信用。

9.1.4 信用风险的概念

1. 狭义信用风险的概念

信用风险一般泛指信用关系的一方因为另一方没有履约而导致的可能的损失。由于对信用风险损失的理解不同，信用风险的概念一般有狭义和广义之分。狭义信用风险是指违约实际发生后信用资产发生的损失，在此之前，债务人信用状况的变化并不直接影响信用资产的价值，即违约模式（default model，DM）。在这种模式下，只存在两种状态，即：违约发生，资产遭受损失；违约不发生，信用损失为零。信用损失取决于违约是否发生。狭义信用风险也称为信用违约风险。狭义信用风险概念已经被普遍接受，国际证券监督管理委员会组织（International Organization of Securities Commissions，IOSCO）和巴塞尔银行监管委员会（Basel Committee on Banking Supervision）都使用这一概念。

2. 广义信用风险的概念

广义信用风险既包括直接违约发生的资产损失，也包括违约可能性的变动给资产带来的风险。即使债务人不发生违约，只要其信用状况降低，信用资产的价值也相应降低，这样信用损失在违约之前也会发生，即盯市（market to market，MTM）模式。在盯市模式下，不同的状态损失是不同的，违约只是其中的状态之一。这种由于信用质量变化带来的风险称为信用级差风险。现代风险环境的变化和风险管理技术的发展，使得对信用风险损失的盯市衡量成为可能。

3. 信用风险的特征

（1）信息不对称性

信用的提供方即卖方提供信用是建立在对买方信任的基础上的，而这个信任又是建立在对买方了解的基础上。在信用交易中，信息对买卖双方来说是不对称的，信用的提供方所获得的信息越多，发生风险的概率就越小。

（2）信用风险累计性

信用风险具有不断积累、恶性循环、连锁反应以及在一定的临界点可能会突然爆发而引起经济危机的特点。

（3）信用风险内源性

如果某种风险不完全是由客观因素驱使的，而是含有主观的、无法用客观数据、事实证实的因素，那么可以认为对于这种风险是很难进行有效管理的，信用风险恰恰是这种风险，它含有明显的行为因素，出于多种目的，公司或个人可以操纵其信用状况。对于企业来说，要想管理好信用风险会面临着更多的困难。造成信用风险的因素是多方面的，主要包括政治风险、信息风险、商业风险、管理风险、财务风险等。信用风险不仅会造成债权人的损失，还往往会引起连锁反应，中断信用链条，破坏债权债务关系，动摇公众信心，引发信用危机。信用活动中始终存在着信用风险，人们只能设法控制和降低信用风险，却难以完全消除它。

9.1.5 信用管理

1. 广义信用管理

信用管理是指信用活动的参与者利用管理学的方法来解决信用交易中存在的风险问题。信用管理的主要职能包括识别风险，评估风险，分析风险，并在此基础上有效地控制风险，以及利用各种管理学的方法综合性地处理风险。

2. 狭义信用管理

狭义信用管理是指授信人对信用交易进行科学管理以控制信用风险的专门技术。其主要功能包括五个方面：征信管理（信用档案管理）、授信管理、账户控制管理、商账追收管理、利用征信数据库开拓市场或推销信用支付工具。

3. 信用管理步骤

（1）风险识别

识别可能产生风险的因素，确定风险存在的环节。

（2）风险衡量

通过确定的标准衡量潜在的损失概率与损失程度。

（3）风险管理办法

开发并选择适当的用于控制风险的各种管理方法。

（4）风险监督与控制

实施所选定的风险管理方法，持续地对风险管理方法和风险管理战略的实施情况和适用性进行监督。

（5）风险调整

风险调整也称为风险调整绩效，即通过特定的测量方法对机构内部、产品、客户之间的收益进行衡量，对可能的损失和收益进行科学匹配，为机构找到平衡风险的可行办法。

9.2　境内外信用管理体系概况

9.2.1　境外信用体系发展简介

境外发达国家和地区经过百年的发展，已经建成了较为完善的社会信用体系。不同国家和地区拥有不同体制的社会信用体系，在国际上主要有市场主导型、政府主导型与会员制三种社会信用体系，下面将分别以欧洲、美国和日本为代表，来阐述境外信用管理体系的发展现状。

1. 市场主导型模式

市场主导型模式又称为民营模式，美国、加拿大等国家采用这种社会信用体系模式。其典型特征如下。

（1）完善的法律体系

经过数十年的磨砺和演化，美国已经形成了一整套与信用管理有关的，可以相互制约、相互促进的法律法规体系。目前，美国信用管理的法律框架是以《公平信用报告法》《金融服务现代化法》为核心，以《平等信用机会法》《公平债务催收作业法》《公平信用结账法》《诚实租赁法》《信用卡发行法》《电子资金转账法》《格雷姆-里齐-比利雷法》《公平信用和贷记卡公开法》等为辅助，它们共同构成美国信用管理体系的法律环境，并且几乎每一项法律都随着经济发展状况的变化不断修改。在美国生效的相关信用管理基本法律中，直接规范的目标都集中在规范授信、平等授信、保护个人隐私等方面。

（2）信用中介服务机构在信用体系中发挥重要作用

完善的信用制度必须有健全的信用服务机构作为组织保障。美国有许多专门从事征信、信用评级、商账追收、信用管理等业务的信用中介服务机构。一般说来，这些信用中介机构属私人所有，以盈利为目的，收集、加工个人和企业的信用信息，为信用信息的使用者提供独立的第三方服务。每一家信用中介服务机构都是以一种业务为核心服务，同时提供咨询和增值信息服务。

（3）市场主体具有较强的信用意识

在美国，信用交易十分普遍，缺乏信用记录或信用历史很差的企业很难在业界生存和发展，而信用记录差的个人在信用消费、求职等方面也会受到很大制约。因此，不论是企业还是普通消费者，都有很强的信用意识。美国企业普遍建立信用管理制度，都有专门的信用管理部门。为有效防范风险，企业一般不愿与无资信记录的客户打交道。由于信用交易与个人的日常生活密切相关，美国的消费者都十分重视自身的信用状况，并定期向信用局查询自己的信用报告，尽可能避免出现负面信息。

（4）信用监管严格，惩戒机制严厉

由于美国有比较完备的信用法律体系，征信数据的取得和使用等都有明确的法律规定。因此，政府在信用行业管理中起的作用比较有限，但次贷危机后美国政府的监管更为严厉。美国的信用监管机构分为两类：一类是银行系统机构，包括财政部、美国联邦储备系统、联邦储蓄保险公司；另一类是非银行系统机构，包括美国联邦贸易委员会、美国司法部、国家信用管理联盟办公室和美国储蓄监督局，其中美国联邦贸易委员会是主要监管部门。另外，美国信用管理协会、美国信用报告协会、美国国际信用收账协会等民间机构在信用行业的自律管理方面发挥着积极作用。这些监管机构的主要职能是对不讲信用的企业和个人进行适量惩罚。惩戒机制可以让诚实守信的企业和消费者享受到法律给予的保护，让不守信用的人受到惩罚，付出高昂的代价。

这种模式的优点是信用中介服务机构的投资纯属市场行为，政府没有财政负担；信用中介服务机构以盈利为目的，在竞争中优胜劣汰，有助于产品和服务质量的提高。但这种模式发展缓慢，易造成重复投资和资源浪费，而且对当地的立法和执法要求很高。

2. 政府主导型模式

政府主导型模式又称为公共模式，德国、法国、比利时、意大利等欧洲国家多采用这种社会信用体系模式。其典型特征是：

① 以中央银行或银行监管机构建立的“中央信贷登记系统”（或者称为“公共信用登记系统”）为主体。“中央信贷登记系统”是由政府出资建立的全国数据库网络系统，直接隶属于中央银行，强制性要求所监管的所有金融机构都必须参加，该系统是非营利性的。中央信贷登记系统收集的信息数据来自企业和个人，主要供银行内部使用，服务于商业银行防范贷款风险和中央银行进行金融监管及执行货币政策。银行需要依法向中央银行提供相关的信用信息，数据的提供和使用实行对等原则。

② 兼有私营征信机构。市场化的私营征信机构一般从事个人征信业务，主要记录拖欠、违约、消费者信用、租赁，以及抵押贷款情况，多为负面信息。

③ 信用信息透明度高，个人数据受法律保护。这种模式在公共数据比较分散的条件下，由政府协调和强制完成，可以在较短的时间内建立起覆盖全国的征信数据库。但政府不是市场经济中的商业主体，其建立数据库的目的不在于生产征信产品参与市场竞争，而是出于其他非营利目的。信用管理的相关理论要求征信机构具有“独立、

高效、客观报告事实”的特性，政府却难以满足这些要求。而且在这一模式下，征信系统建设工程巨大，庞大的建设费用和维护费用对政府的财政支出也是一种挑战。

3. 会员制模式

这种模式是指以行业协会为主建立信用信息中心，为协会会员提供个人和企业信用信息的互换平台，通过内部信用信息共享机制实现征集和使用信用信息的目的。在会员制模式下，会员向协会信用信息中心义务提供自身掌握的个人或者企业的信用信息，同时协会信用信息中心也仅限于向会员提供信用信息查询服务。这种协会信用信息中心不以营利为目的，只收取成本费用。日本目前采用这种模式，这主要是由于日本的行业协会在经济中具有较大的影响力。对应于银行业协会、信贷业协会和信用产业协会，日本的信用信息机构大体可以分为银行体系、消费信贷体系和销售信用体系三类。这些协会的会员包括银行、信用卡公司、保证公司、其他金融机构、商业公司以及零售店等。目前，日本形成了三个全国性个人信用信息中心：全国银行个人信用信息中心（KIC）、株式会社日本信息中心（JIC）和株式会社信用信息中心（CIC）。全国银行个人信用信息中心是由日本全国银行协会主办，以银行等金融机构为对象的会员性组织，信息主要来源于会员银行；株式会社日本信息中心是由日本信用信息中心联合会管理，该联合会由作为其股东的全国 33 个信息中心组成，每个信息中心都是独立的公司，各地区的消费金融公司为其会员股东；株式会社信用信息中心由日本信用产业协会主办，目前其会员主要是各信用销售公司和信用卡公司。1987 年，这三个全国性个人信用中心又合资建立了信用信息网络系统（CRIN）。

与前两种模式相比，日本的会员制模式的特点是：

① 以银行协会建立的会员制征信机构与商业性征信机构共同组成的社会信用管理模式，与美国和欧洲相比，征信机构形式多样化，并且其会员制的管理不以营利为目的。但这种模式覆盖面太窄，通常只能支持行业内部使用，不能支持整个社会使用。

② 主要对会员进行个人信息的收集、存储、整理和分类等管理业务，并根据会员提出的需求，向其提供相关的个人信用信息。

③ 个人信用信息机构登记的信用信息是从保护消费者隐私权的角度出发，仅限于客观进行信用审查所需的必要的、最小限度的信息，对于信息的利用只限于对消费者的偿还能力和支付能力的调查方面。

9.2.2 境内信用体系发展简介

社会信用体系是市场经济发展的必然产物。在信用交易成为市场交易的主要方式、信用工具被大规模使用以及信用风险日益显著的背景下，社会信用体系成为影响各国经济发展的重要方面。美国在 1841 年建立邓白氏公司，首开企业债券信用评级的先河，随后标准普尔公司、穆迪公司、菲奇公司相继开展征信业务。在 1929～1933 年大危机时，美国大约有 30%的债券不能如期偿还债务，但经信用评级机构评定为高级别的债券却很少违约，这一现象让投资者和政府确信，信用评级可以为投资者提供保护。至此，世界各国相继开始建立信用评级的法律法规，加快信用评级机构的建立，信用服务业也开始逐渐发展。

与发达国家和地区上百年的社会信用体系发展历史相比，我国境内的信用体系还处于初创阶段，其发展历程大致可以概括为以下几个阶段。

1. 缺位阶段（1949—1978 年）

从中华人民共和国成立到改革开放之前，我国实行高度集中统一的计划经济体制，停止发行国债，不允许发行股票，缺乏对信用的客观需求，也不具备建设社会信用体系的制度基础和发展环境，不存在真正意义上的信用制度与信用体系。

2. 萌芽阶段（1979—1990 年）

自 1981 年起我国恢复发行国债，1984 年上海飞乐音响公司对外发行股票，资本市场在我国开始萌芽，银行信用和商业信用开始出现。这一阶段，针对商业信用混乱、票据市场无序发展的状态，国务院下发了《关于在全国范围内开展清理“三角债”工作的通知》，第一次提出社会信用问题，标志着我国社会信用体系的萌芽。

3. 起步阶段（1991—1998 年）

1991 年到 1998 年间，我国经济体制改革进入深化阶段，市场在经济生活中的作用越来越大，传统体制下的信用制度与市场经济之间的摩擦与矛盾日益突出，客观上产生了变革信用制度的内在要求。我国先后涌现出中国诚信、大公、远东等一批与企业发债和资本市场发展相适应的信用评估机构。从此，信用意识开始逐步被我国企业和投资者接受。特别是银行为控制企业贷款风险引入贷款证管理模式，上海等地还要求必须对申领贷款证的企业进行信用评级。与此同时，专业担保、信用调查、讨债追债等信用中介服务机构也开始出现，如华夏国际信用咨询有限公司、中国经济技术投资担保公司、新华信国际信息咨询公司等。有关政府部门也针对国家重点大型企业、中小企业等不同对象开展了企业信用和业绩评价的积极探索，商业银行也积极开展了以控制自身信贷风险为目的的贷款企业信用等级评定工作。

4. 稳步推进阶段（1999 年至今）

1999 年 8 月，来自深圳的企业家黄闻云女士针对内地诚信日益缺乏的问题上书国务院，呼吁在全国范围内建立适合信用交易发展的市场环境。同年 10 月，中国第一个信用研究课题“建立国家信用管理体系”在她的资助下诞生了。课题组成员在对欧美发达国家的信用管理机构和征信机构进行深入调研的基础上，于 2000 年 3 月完成并出版了《国家信用管理体系》一书，从此我国社会信用体系建设进入稳步推进阶段。

2002 年 11 月，党的十六大明确提出：“整顿和规范市场经济秩序，健全现代市场经济的社会信用体系。”随后，党的十六届三中全会在《中共中央关于完善社会主义市场经济体制若干问题的决定》中指出："建立健全社会信用体系，形成以道德为支撑、产权为基础、法律为保障的社会信用制度，是建设现代市场体系的必要条件，也是规范市场经济秩序的治本之策。"2005 年，《中共中央关于制定国民经济和社会发展第十一个五年规划的建议》又提出"以完善信贷、纳税、合同履约、产品质量的信用记录为重点，加快建设社会信用体系，健全失信惩戒制度"的具体要求。2007 年，《国务院办公厅关于社会信用体系建设的若干意见》也提出"建设社会信用体系，是完善我国社会主义市场经济体制的客观需要，是整顿和规范市场经济秩序的治本之策。"

2011 年，党的十七届六中全会提出，"把诚信建设摆在突出位置，大力推进政务诚信、商务诚信、社会诚信和司法公信建设，抓紧建立健全覆盖全社会的征信系统"。之后，国务院召开常务会议对制定社会信用体系建设规划做了重点部署，指出良好的社会信用是经济社会健康发展的前提，是每个企业、事业单位和社会成员立足于社会的必要条件；会议强调，"十二五"期间要以社会成员信用信息的记录、整合和应用为重点，建立健全覆盖全社会的征信系统，全面推进社会信用体系建设。

2013 年 1 月 21 日，国务院发布《征信业管理条例》，对征信机构、征信业务规则、金融信用信息基础数据库等相关内容进行了明确规定；2013 年 5 月 17 日，国家发展和改革委员会、中国人民银行、中央机构编制委员会办公室联合发布的《关于在行政管理事项中使用信用记录和信用报告的若干意见》提出五点意见：建立完善社会信用主体信用记录，切实发挥在行政管理事项中使用信用记录和信用报告的作用，探索完善在行政管理事项中使用信用记录和信用报告的制度规范，充分发挥征信市场在提供信用记录方面的重要作用，不断健全全社会守信激励和失信惩戒的联动机制。

2014 年 1 月 15 日召开的国务院常务会议对加快建设社会信用体系、构筑诚实守信的经济社会环境进行了部署。会议原则通过《社会信用体系建设规划纲要（2014—2020 年）》，并于 2014 年 6 月 14 日印发，明确提出了建设社会信用体系的指导思想、目标原则和具体建设方向。这是我国首部国家级社会信用体系建设专项规划，标志着我国社会信用体系建设已经上升到国家战略高度。

2018 年 1 月 22 日，中国人民银行公布了《设立经营个人征信业务的机构许可信息公示表》，该公示表显示百行征信有限公司申请设立个人征信机构已获得许可，个人征信牌照有效期为三年，有效期至 2021 年 1 月 31 日。百行征信有限公司在业内称为"信联"，其个人征信牌照的下发也就意味着"信联"将正式开展个人征信业务。

9.3 互联网金融信用管理

9.3.1 互联网金融信用管理的概念

随着高新技术广泛应用于金融领域，金融的管理理念和经营模式发生了重大的变革，由传统的金融发展为互联网金融。互联网金融阶段是指从 20 世纪 90 年代开始至今这一时期。其主要的特点是金融机构与服务均借助互联网的发展而越来越虚拟化。互联网金融通过计算机和互联网可以实现全天候全方位的金融服务，改变了传统金融的模式，大大地提高了效率。广义的互联网金融，是指通过互联网技术实现的传统金融业务，以及资金借贷、信息中介等新型金融业务。而狭义的互联网金融，主要指没有纳入金融监管机构范畴的民间金融主体利用互联网开展的金融活动，主要包括民间网络借贷平台模式（P2P 网络借贷平台）、众筹、第三方支付等业务形式。这个新的金融体系打破了传统金融体系对生产力的束缚，以及传统银行体系对金融的垄断。社会信用活动不仅通过银行中介机构进行，而且越来越多地在金融市场通过各种信用工具直接进行。因此，在新经济条件下，信用的分配职能是由银行机构体系与金融市场共同实现的。

关于信用风险的定义，巴塞尔银行监管委员会面向银行机构对信用风险进行定义，并就此给出了相关计量与管理规则。该定义对银行机构的传统业务而言很专业，但难以覆盖新近出现的互联网金融机构开展的相关业务。互联网金融业务中信用风险的债权人往往不是银行（至少主要不是银行），其产品也不是银行贷款，因此有必要对互联网金融业务的信用风险予以特别界定。对于网络借贷机构或股权众筹机构，其信用风险还包括平台借款人或融资人、回购人不按约定或法律规定向平台投资者履行还款或分润、回购义务给投资者带来的不利影响。将此类信用风险称为涉他信用风险。信用风险的通常含义是债务人未按约定或法律规定履行还款义务给企业经营目标带来的不利影响。按此定义，网络借贷平台或股权众筹平台在不代偿的情况下，即使平台借款人或融资人、回购人不履行还款、分润、回购义务，也不属于网络借贷机构或股权众筹机构的信用风险，而本质上属于网络借贷平台或股权众筹平台上投资者的信用风险。但网络借贷机构或股权众筹机构通常会采取相关措施对借款人或融资人、回购人进行事前信用评估，要求借款人或融资人、回购人提供担保（如房屋抵押、车辆抵质押、票据质押、债权质押、担保公司担保、独立第三方回购等）；放款后，部分网络借贷机构或股权众筹机构也会进行贷后、投后管理，实地调查；一旦借款人或融资人、回购人不按约定或法律规定履行还款或分润、回购义务，网络借贷机构或股权众筹机构也会采取各种手段进行催收和风险处置（如拍卖房屋、车辆、行使票据权利等）。网络借贷机构或股权众筹机构在贷前、投前和贷后、投后的相关工作与传统放贷机构的相关工作大同小异。同时，出于保护投资者利益的考虑，一般将投资的信用风险视为网络借贷平台或股权众筹平台的信用风险。

9.3.2 我国互联网金融信用风险较高的原因分析

1. 互联网金融行业前期缺乏法律性规范

2015 年之前，国家对于互联网金融行业缺乏法律性规范，对于互联网金融平台的性质、业务范围、权利、义务等缺乏规范，没有厘清互联网金融的边界，也没有根据互联网金融性质制定互联网金融应遵循的规则，导致互联网金融行业鱼龙混杂。许多互联网金融平台从成立之初就动机不纯，经营过程中更是混乱无序，导致问题丛生，对行业造成不良影响。有些互联网金融平台虽然发展愿望良好，但由于对于金融行业了解较少，管理不规范，导致最后难以为继，进而出现信用危机。

2. 互联网金融市场缺乏有效的信息甄别机制

目前，国家多个部门出台了关于互联网金融行业的规范条例，大部分规范条例中都有要求互联网金融平台对客户信息进行审核，对融资者信息进行披露的条款，但是对于互联网金融平台没有尽职审核，出现虚假信息而导致投资者受损应如何处理缺乏规定。另外，大部分互联网金融平台缺乏物理网点，在对客户进行信息审核时不像传统金融机构那样便利，同时互联网上传播的信息更容易造假，导致信息失真，加上我国缺乏各类产权抵质押登记系统以及客户信息查询认证系统，导致许多信息无法通过网络进行确认，使得发布虚假信息、虚假标的有了可乘之机，当大量虚假信息充斥网络时，客户难以去伪存真，容易被虚假信息所欺骗，做出错误的选择，进而出现信息不对称的问题，引发信用风险。

3. 互联网金融市场缺乏信息共享机制

当前我国互联网金融行业缺乏信息共享系统，各个互联网金融平台都在打造自身的大数据系统，彼此之间没有互联互通；另外，大部分互联网金融平台没有加入中国人民银行的征信系统，各个平台如同一个个“信息孤岛”，使得信息无法有效传播，从而降低了信息的使用效率。一些融资者在一个互联网金融平台上违约后，其违约信息不能传播到其他互联网金融平台和传统金融机构，该融资者仍然可以在其他互联网金融平台发布融资信息或者到银行申请融资，这种情况极易引发道德风险，导致融资者违约情况高发。目前，中国支付清算协会和上海资信有限公司等多家机构针对互联网金融平台搭建了网络征信系统，但是都尚未形成规模。以个人征信为例，截至 2016 年 9 月，中国人民银行征信系统收录自然人数为 8.99 亿，其中 4.12 亿人有信贷业务记录，尚有 4.87 亿人没有被中国人民银行征信系统收录。2016 年中国人民银行征信系统收录用户构成如图 9-1 所示。加入这类系统，互联网金融平台需要支出相应费用，许多互联网金融平台由于没有长远和系统的规划且投入资金有限，所以信息共享机制缺乏仍是互联网金融平台信用风险较高的重要原因。

4. 互联网金融市场缺乏统一的信用评级机制

目前，我国规模较大的互联网金融平台（如陆金所、人人贷、拍拍贷等）都建有自己的信用评级机制，但基本上都是参考国外征信公司的评级方法，对于是否适合我国国情并没有进行科学分析，而且各互联网金融平台的评级机制互不相同，导致投资者无法通过信用评级对融资者的信用状况进行准确判断。同时，很多中小规模互联网金融平台还没有建立信用评级机制，投资者只能根据平台披露的融资者信息对其信用状况进行判断，如果投资者缺乏专业知识就无法根据公布的信息判断客户的信用状况，不利于投资者做出最优决策，在一定程度对互联网金融信用风险的控制产生了影响。

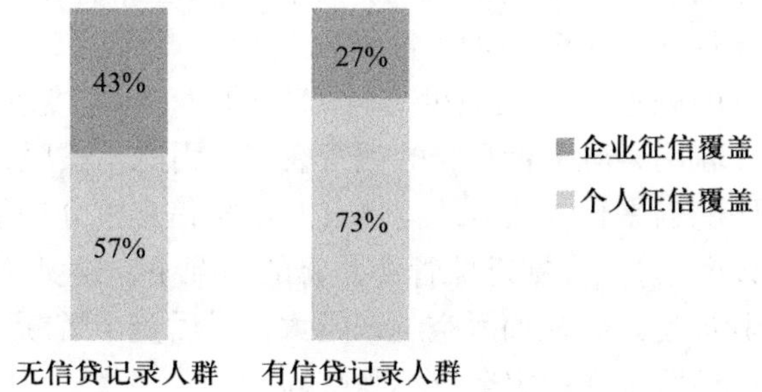

图 9-1　2016 年中国人民银行征信系统收录用户构成

（资料来源：中国人民银行征信中心）

9.3.3　互联网金融信用风险较高对金融市场的影响

1. 信用风险高发从根本上不利于互联网金融融资成本的降低

由于互联网金融信用风险较高，存在着较高的风险溢价，因此通过互联网金融平台融资的企业和个人，必须提高利率才能减少投资者面临的信用风险，使得通过互联网金融业态来降低企业融资成本的初衷不可能实现。网贷之家数据显示：2017 年 2 月，全国网贷综合利率为 9.76%，而同期全国银行业贷款加权平均利率为 5.27%，网贷综合利率比银行贷款利率高 85.2%，由此表明目前互联网金融行业并没有降低企业融资成本，普惠金融仍然有待实现。2017 年中国 P2P 网络借贷平台平均综合年利率分布如图 9-2 所示。

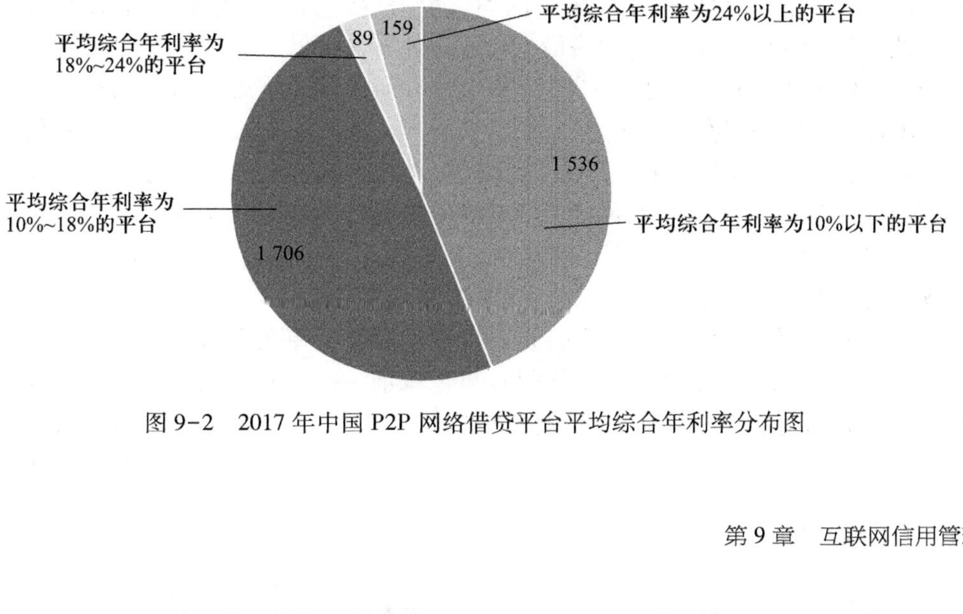

图 9-2　2017 年中国 P2P 网络借贷平台平均综合年利率分布图

2. 信用风险高发使得部分互联网金融平台难以维系，影响地区金融稳定

由于信用风险高发，互联网金融平台无法有效降低信用风险；互联网金融平台如果要承担信用中介（指平台需要承担信用风险）职能，则意味着该平台存在不可持续性。如果互联网金融行业坏账率为10%，加上需要支付给投资者的5%~20%的收益，那么通过互联网金融平台融资的企业和个人至少支付15%的利率才能保障互联网金融平台收支平衡，这还没有考虑互联网金融平台自身的运营成本。因此，按照目前的风险控制水平，大部分承担信用中介职能的平台无法持续运转（只承担信息中介职能的平台由于不承担信用风险，所以不存在该问题），在缺乏监管和监督的情况下，这类平台难以避免走向“拆东墙补西墙”的庞氏骗局境地，从而亏空越来越大，最后资金链断裂停止兑付，造成大量客户资金难以赎回，给地区金融稳定造成不利影响。

9.3.4 互联网金融各业务中信用管理的特点

1. 网络借贷机构

（1）发展背景

网络借贷机构就是通常所说的P2P网络借贷平台，在很长一段时间里它成为互联网金融的代名词。2015年，由于基础利率下行、投资者对于偏高收益的类固定收益产品存在巨大需求，P2P网络借贷行业迎来了一个快速增长期，资本兜底、平台担保的经营模式，使得各大网络借贷交易投资空前活跃。在这样的背景下，某些打着P2P网络借贷旗号的平台自设资金池，用于自融或场外配资，而某些线下理财公司则以虚假高息、大规模线下营销欺骗缺乏风险意识的投资人群，从事非法集资。这些乱象导致2016年P2P网络借贷的系统性风险集中暴露，资本方甚至出现了谈互联网金融色变的情况。

数据显示，2016年1月至11月，P2P网络借贷行业累计出现问题平台1 397个，其中停业880个，转型14个；剩余的503个平台分别为“跑路”、提现困难和经侦介入。截至2017年2月，P2P网络借贷行业累计平台数量为5 882个，其中正常运营的平台的数量仅为2 335个，同比下降了29.41%，而停业及问题平台的数量则为3 545个，同比增加79.96%；停业及问题平台发生率增至60.3%，同比上升21.5%；而从P2P网络借贷平台用户的角度来看，一方面行业风险正在快速累积，另一方面预期收益水平却不断走低，2017年2月P2P网络借贷行业综合收益率降至9.51%。

2014年第1季度（Q1）到2017年第1季度P2P网络借贷行业成交量与综合收益率变动情况如图9-3所示。

频发的风险事件引发了监管层频频出手。随着一系列行业文件的发布，如表9-1所示，一方面P2P网络借贷平台将很难再像以前一样通过单笔超额款项来扩大交易规模，另一方面九成以上的P2P网络借贷平台将因达不到合规标准而被清理出局。

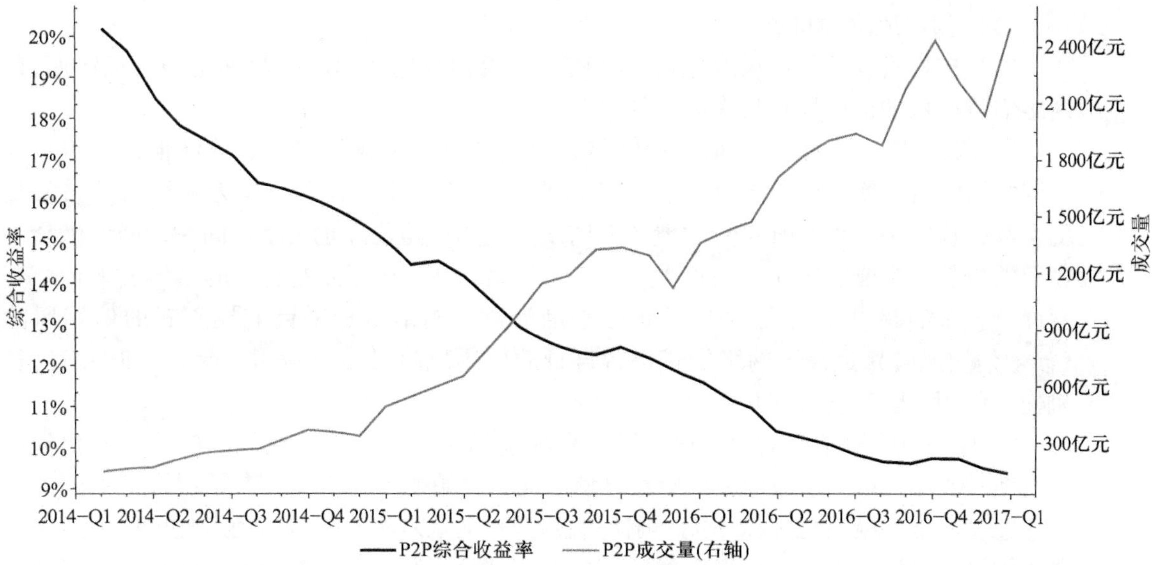

图 9-3　2014 年第 1 季度到 2017 年第 1 季度 P2P 网络借贷行业成交量与综合收益率变动情况

表 9-1　P2P 网络借贷相关文件

时　　间	发布机构	相关文件	内容及影响
2016 年 8 月 24 日	中国银监会等 4 部门	《网络借贷信息中介机构业务活动管理暂行办法》	明确自融、拆标、资产证券化等 13 条监管红线，全面收紧网络借贷业务
2016 年 4 月 14 日	中国人民银行等 17 部门	《通过互联网开展资产管理及跨界从事金融业务风险专项整治工作实施方案》	结合从业机构的持牌状况和主营业务特征，明确整治工作职责分工
2016 年 10 月 13 日	国务院办公厅	《互联网金融风险专项整治工作实施方案》	重点整治 P2P 网络借贷和股权众筹业务、通过互联网开展资产管理及跨界从事金融业务、第三方支付业务，以及互联网金融领域广告等行为
2016 年 10 月 28 日	中国互联网金融协会	《中国互联网金融协会信息披露自律管理规范》	含总则、信息披露管理与责任、信息披露方式和要求、奖惩、附则五部分内容，对经发现确认为违规的信息披露行为将依据相关条例实施自律惩戒
2017 年 3 月 24 日	中国银监会办公厅	《网络借贷资金存管业务指引》	明确了网络借贷资金存管业务应遵循的基本规则和实施标准，商业银行和网络借贷机构施行分账管理，并进行每日账务核对，明确只有商业银行才能成为存管人

（2）信用风险的特点

网络借贷机构的信用风险包括自有信用风险和涉他信用风险两种类型。总体而言，网络借贷机构的信用风险具有以下特点。

① 信用风险涉他化。当前，网络借贷机构的信用风险具有明显的涉他化特点，即因网络借贷机构实收资本（股本）甚至注册资本均较小，其自身作为债权人的债权标的金额往往很小，因此其自身的债务人诱发的信用风险往往也很小。同时，网络借贷平台上的贷款发生额、余额往往很大，一个注册资金 1 000 万元左右的网络借贷平台，其累计贷款余额超过 1 亿元、10 亿元已不足为奇。网络借贷平台上投资者的信用风险（涉他信用风险）远高于网络借贷平台自身的信用风险（自有信用风险），即网络借贷机构的信用风险呈现涉他化特点。

② 信用风险事项全面化。信用风险事项包括不履行、部分履行、提前履行和延迟履行四种类型。对于不履行，自始意愿型不能、自始能力型不能、自始混合型不能、嗣后意愿型不能、嗣后能力型不能、嗣后混合型不能这六种不履行信用风险事项，网络借贷机构均有可能存在。对于部分履行，蚀本型部分履行和非蚀本型部分履行两种部分履行信用风险事项，网络借贷机构均有可能存在。对于提前履行，机会型提前履行和损失型提前履行两种信用风险事项，网络借贷机构均有可能存在。对于延迟履行，速动型延迟履行、流动性延迟履行和长期型延迟履行，网络借贷机构均可能存在。因此，就网络借贷机构而言，信用风险涵盖了所有信用风险事项。

③ 债务人多样化。对于网络借贷机构的自有信用风险，债务人通常为其直接交易对手，但对于涉他信用风险，则因产品交易结构不同，呈现多样化的特点。对于纯信用贷款，债务人为借款人：对于担保机构提供连带保证（通常模式）的贷款，债务人既包括借款人也包括担保机构，其中担保机构既有融资性担保公司、非融资性担保公司，也有非担保公司；对于担保机构提供一般保证的贷款，主要债务人为借款人，担保机构也是债务人之一；对于回购机构提供附条件和附期限回购的贷款，债务人既包括借款人也包括回购人，其中回购人既有小额贷款公司也有经营实业的企业；对于附条件和附期限接力型的贷款，债务人既有借款人也有接力人，其中接力人通常以小额贷款公司等机构为主。

④ 评估方法多样化。在发布借款标的之前，网络借贷机构会采取多种手段对借款人进行评估：一是部分网络借贷机构采用信用评分模型，对借款人的还款意愿进行评估；二是部分网络借贷机构积极探索反欺诈模型，防范自始不能不履行；三是部分网络借贷机构与大数据公司合作，试图通过大数据对借款人进行信用评估；四是部分网络借贷机构借助社交数据或社交平台，对借款人进行评估。

⑤ 发生概率分层化。风险事项发生的概率分层化，一是机构分层化。各网络借贷机构之间信用风险事项发生概率差异巨大，部分网络借贷机构涉他信用风险事项高发，甚至出现“跑路”事件；部分网络借贷机构运营平稳，对外尚未表现出不履行等信用风险事项。二是产品分层化。各个产品的风险事项发生概率差异很大，对于需要借款人

提供物保的产品而言，三种自始不能不履行信用风险事项发生的概率很小；对于仅要求借款人提供人保（含自然人和部分担保公司）甚至不要求提供担保的产品而言，三种自始不能不履行信用风险事项发生的概率较大。三是债务人分层化。就票据质押借款而言，网络借贷平台往往依靠票据到期承兑作为还款来源，不管是商业承兑汇票还是银行承兑汇票，均比较稳定地呈现部分债务人延迟履行、部分债务人如实履行。

⑥ 传统措施供给不足。网络借贷平台在应对信用风险方面进行了诸多积极探索，但对于传统机构通常使用的一些措施，社会供给明显不足。一是无法接入征信系统。部分网络借贷平台均在其公布的借款协议文本中提及有权上传借款人的逾期数据至中国人民银行征信系统，但实际上征信系统尚未向这些网络借贷平台开放，网络借贷平台无法以上传征信震慑借款人。二是黑名单共享机制缺失。自始不能等不履行的借款人，在网络借贷平台的业务活动中并不少见，但由于平台之间缺乏共享，导致这类借款人频频得手。

当然，网络借贷平台的信用风险还有风险管理水平参差不齐、损失金额平台间差距大、债务人应归还金额差异明显等特点。

2. 股权众筹机构

（1）发展背景

现代众筹指通过互联网方式发布筹款项目并募集资金。与传统的融资方式相比，众筹更为开放，能否获得资金也不再是以项目的商业价值作为唯一标准。它具有低门槛、多样性、依靠大众力量、注重创意的特征，是一种向群众募资，以支持发起的个人或组织的行为，一般通过网络上的平台联结起赞助者与提案者。群众募资被用来支持各种活动，包含灾害重建、民间集资、竞选活动、创业募资、艺术创作、自由软件、设计发明以及科学研究等。

数据显示，进入 2016 年，众筹行业的发展节奏明显放缓。据不完全统计，与 2015 年相比，2016 年中国众筹平台净增量约 120 个，但在整个 2016 年，有超过 100 个众筹平台“跑路”、转型或者停止运营，其中很多平台运营时间不足一年。截至 2016 年，全国众筹平台共计 511 个，其中正常运营的为 415 个，下线平台或众筹业务下架的为 89 个，转型的为 7 个，如表 9-2 所示。

表 9-2　截至 2016 年全国各类众筹平台数量

平台类型	平台总数	正常运营的平台数	下线平台数	转型平台数
回报众筹	241	206	31	4
互联网非公开股权融资平台	145	118	26	1
综合众筹	103	72	29	2
物权众筹	17	15	2	0
公益众筹	5	4	1	0
共计	511	415	89	7

（2）信用风险的特点

当前股权众筹平台往往采用项目公司定期定额分配利润、附条件附期限股东方回购的交易结构，以及项目公司股东方进行股权收益权转让的交易结构。定期定额分配利润，即项目公司按预先约定定期定额（通常按投资金额的一定比例）向投资者分配利润，若项目公司利润不足以分配，则由股东方补足。附条件附期限回购，即投资者约定投资期限届满或发生了投资合同约定的条件，项目公司的股东方按约定条件回购投资者股权。股权收益权转让，即项目公司原股东在不转让股权、不变更工商登记的条件下转让利润分配权，项目公司分配不足，由股东方补足。从股权众筹平台上产品的交易结构看，股权众筹机构的信用风险也包括自有信用风险和涉他信用风险两种类型。

① 信用风险涉他化。在正常情况下，众筹平台只存在自有信用风险，但由于股权众筹平台的产品包括了定期定额分配利润、附条件附期限回购和股权收益权转让等属性，股权众筹平台上的投资者会受到债务人（项目公司、股东方）未按约定履行还款义务的影响，因此股权众筹平台上的投资者承担了信用风险。与网络借贷平台类似，股权众筹平台的涉他信用风险往往明显大于其自有信用风险，其信用风险表现为涉他化。股权众筹平台信用风险涉他化的启示意义在于行业协会和监管机构应对股权众筹平台的信用风险予以相当关注。

② 债务人股东化。与网络借贷平台的债务人多样化相比，股权众筹平台的债务人呈现股东化的特点。一是在分配利润环节，项目公司利润分配不足，由股东方补足，债务人为项目公司和股东。二是回购时由项目公司的股东方回购，债务人仅为股东方。债务人股东化的启示意义在于不管是投资者、股权众筹平台，还是行业协会、监管机构，均需要密切关注股东方的相关情况。

③ 持续时间长期化。当前，P2P 网络借贷平台上借款标的的期限差异较大，短则一个月，长则两年，很少有达到四年、五年的。股权众筹平台则相反，投资者退出期限以四年、五年为常态，在投资者退出之前，均需要项目公司定期分配利润，也均存在信用风险，因此，股权众筹平台涉他信用风险的持续时间呈长期化特点。

除上述特点外，股权众筹机构的信用风险还具有信用风险事项全面化、传统措施供给不足和评估方法多样化等特点，这与网络借贷机构相似，在此不再赘述。

3. 互联网支付机构

（1）发展背景

为了创造良好的支付环境，在各相关部门的推动下，我国相继出台了《非金融机构支付服务管理办法》《支付机构预付卡业务管理办法》《银行卡收单业务管理办法》《非银行支付机构网络支付业务管理办法》等相关法律法规，如表 9-3 所示。尤其是 2010 年 6 月中国人民银行发布的《非金融机构支付服务管理办法》，使我国第三方支付机构在法律法规上得到认可和保障。随着我国电子商务环境的逐渐完善，支付场景的不断丰富以及金融创新能力的增强，互联网用户对在线快捷支付需求增加，从而带动了第三方支付业务的快速发展。第三方支付机构在获得中国人民银行颁布的支付牌照后，可以从事网络支付、预付卡的发行与受理以及银行卡收单等相关业务。

表 9-3　第三方支付相关政策文件

时　　间	文 件 名 称
2010 年 6 月 14 日	《非金融机构支付服务管理办法》（中国人民银行令〔2010〕第 2 号）
2012 年 9 月 27 日	《支付机构预付卡业务管理办法》（中国人民银行公告〔2012〕第 12 号）
2013 年 6 月 7 日	支付机构客户备付金存管办法（中国人民银行公告〔2013〕第 6 号）
2013 年 7 月 5 日	《银行卡收单业务管理办法》（中国人民银行〔2013〕第 9 号）
2015 年 1 月 20 日	《支付机构跨境外汇支付业务试点指导意见》（国家外汇管理局汇发〔2015〕7 号）
2015 年 12 月 28 日	《非银行支付机构网络支付业务管理办法》（中国人民银行公告〔2015〕第 43 号）
2017 年 1 月 13 日	《关于实施支付机构客户备付金集中存管有关事项的通知》（银办发〔2017〕10 号）

数据显示，2016 年第四季度，我国第三方支付交易规模为 6. 1 万亿元，同比增长 71. 2%，环比增长 16. 2%。相比之下，2016 年各季度的第三方支付交易规模较 2015 年同比增幅均超过了 50%，显示了第三方支付市场整体增长的强劲势头。2014 年第 1 季度到 2017 年第 1 季度第三方支付市场规模如图 9-4 所示。而在第三方支付的细分行业中，互联网金融（理财销售、网络借贷等）和个人业务（转账业务、还款业务等）占据了主要份额，分别占比 32. 3%和 31. 7%。

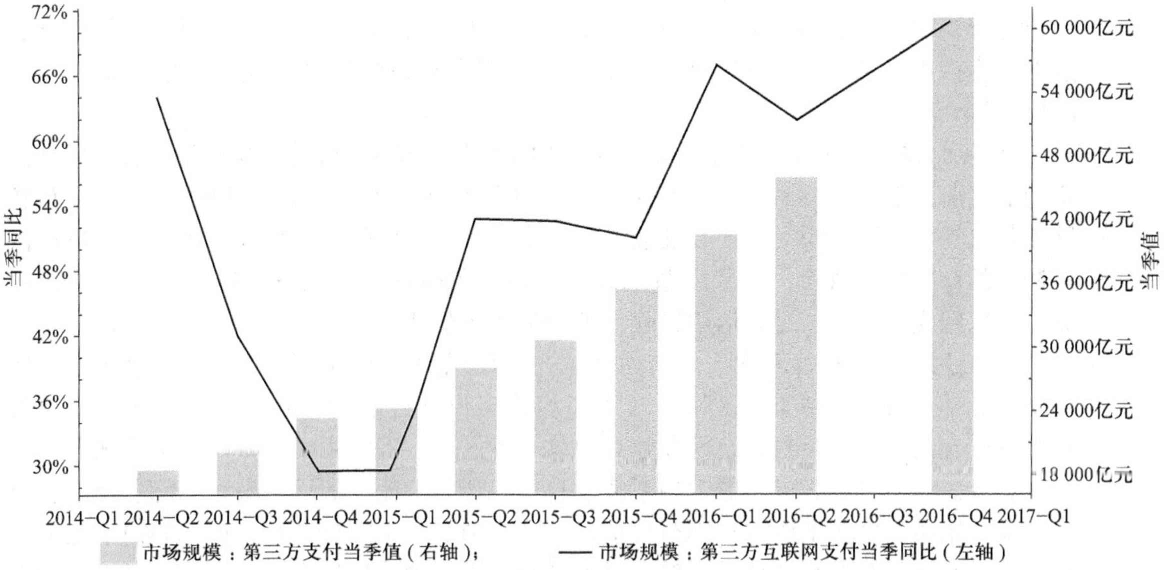

图 9-4　2014 年第 1 季度到 2017 年第 1 季度第三方支付市场规模

(2) 信用风险的特点

互联网支付机构在互联网（含移动网）上，为收付款双方提供资金转移服务。互联网支付机构的基本操作为付款和结算两类操作，付款即客户将资金支付给互联网支付机构并委托其向收款方支付的行为，可进一步将其分为主动付款和被动付款；结算即互联网支付机构按其与商户（签约商户或个人）的约定或应其要求将客户委托的资金划转给商户的行为，可进一步将其分为主动结算和被动结算。在实施付款操作时，资金由客户银行账户通过银行中间渠道划转至互联网支付机构按中国人民银行要求在符合条件的银行开立的客户备付金账户。在实施结算操作时，资金由互联网支付机构的客户备付金账户通过中间渠道划转至商户的银行账户。《非金融机构支付服务管理办法》规定，客户备付金属于客户资金，并不归互联网支付机构所有。显然，若客户备付金诱发信用风险，则为涉他信用风险。互联网支付机构的信用风险的特点如下。

① 信用风险事项双向化。一是风险事项来源于客户端。这是指互联网支付机构在实施付款和结算操作时，其客户备付金可能会出现短款，从而应当重新向客户收取款项的情况。一旦出现这种情况，互联网支付机构便面临信用风险。例如，客户通过中间渠道向互联网支付机构付款，中间渠道反馈客户扣款成功（T 日）并在 T+1 日将客户资金转入客户备付金账户，T 日商户结算，T 日资金便从客户备付金账户划出。T+1 日客户资金并未到达客户备付金账户（原因可能是中间渠道系统故障或者互联网支付机构系统故障），此时客户备付金短款便表现为应向客户重新收取款项。再如，甲用户盗用乙用户的卡支付，导致乙用户应归还甲用户的款项。二是信用风险事项来源于商户端。互联网支付机构在实施结算操作时，可能会出现由于其清结算系统故障，同一笔交易向商户进行多次（通常为二次）结算的情况，一旦出现这种情况，就应当向商户收款，进而产生信用风险，尤其是当存在二次清算（商户转租接口等）或商户信用状况较差时风险更大。

② 涉他和自有并重。按照《非金融机构支付服务管理办法》的规定，互联网支付机构的注册资本（实际到位）至少为 1 亿元（只开展省内业务的为 5 000 万元），互联网支付机构自有资金较大，在开展业务过程中，其自身应收款项较大。同时，客户备付金诱发的涉他信用风险，通常由系统故障等操作风险诱发，其发生频率较低。由此可见，互联网支付机构的自有信用风险与涉他信用风险并重。

③ 信用风险事项片面化。如前面所述，信用风险事项包括不履行、部分履行、提前履行和延迟履行四种类型。按照《支付机构客户备付金存管办法》的规定，客户备付金只能存放于活期存款、定期存款和协议存款等中，不能用于放贷。正常情况下，不存在自始意愿型不能、自始能力型不能、自始混合型不能、嗣后意愿型不能、嗣后能力型不能、嗣后混合型不能六种不履行信用风险事项。对于部分履行，通常为蚀本型部分履行，不存在提前履行的情形。对于延期履行，则速动型延迟履行、流动型延迟履行和长期型延迟履行三种情况均存在。总体而言，互联网支付机构的信用风险事项具有片面

性。当然，若互联网支付机构违反中国人民银行规定，挪用客户备付金用于放贷，则其信用风险事项与网络借贷平台一样，具有全面性。

④ 发生的二次性。互联网支付机构的涉他信用风险，正常情况下并非是由其发放贷款诱发的，大多数情况是由于其他风险事项（如系统故障等操作风险事项）发生诱发的，因此其发生具有二次性。

若互联网支付机构开展“宝”类业务，将客户备付金转换为货币基金等强流动性的资产，其涉他信用风险会增加，但基于货币基金产品的高安全性，此类风险相对可控。在此不再赘述。

4. 互联网征信机构

在正常情况下，互联网征信机构在开展业务时，其信用风险仅为自有信用风险，但近年来，部分征信机构在探索增值业务，如对其向合作机构推介的优质借款人，可以适当形式提供担保（如连带责任保证），同时收取一定的费用，即推荐和保证。这样，除自有资金诱发的信用风险外，互联网征信机构便面临与业务开展相关的信用风险。其特点如下。

（1）或有发生

这是指是否面临该项信用风险具有或然性。对于不开展推荐和保证业务的互联网征信机构，并不承担与此相关的信用风险，是否成为债务人具有或然性。对于承担连带责任保证的保证人缺乏先诉抗辩权，但通常情况下由债务人先行履行，其成为债务人更具有或然性；对于承担一般责任保证的互联网征信机构，由于其具有先诉抗辩权，其最终是否承担还款责任、成为债务人更具有或然性。

（2）损失设限

一是是否面临该项信用风险具有或然性。二是互联网征信机构，尽管其成为债务人具有或然性，但由于其具有先诉抗辩权，其赔偿的金额最多为设定值最高限额，因此损失具有较小的上限。当然，也不排除随着互联网征信机构业务成熟或者创新，对保证责任不设置上限。

（3）非涉他性

互联网征信机构均以自有财产承担保证责任，并不涉及他人财产（尤其是资金），因此其信用风险具有非涉他性。当然，也不排除随着业务创新，互联网征信机构开展具有涉他信用风险的业务。

5. 互联网小额贷款公司

互联网小额贷款公司在开展网络小额贷款过程中，其面临的信用风险的特点如下。

（1）通常非涉他性

就开展互联网小额贷款试点的情况看，各省市均拒绝小额贷款公司与网络借贷平台合作开展业务（个别省市允许小额贷款公司与网络借贷平台开展债权转让等业务），甚至拒绝网络借贷平台成为互联网小额贷款公司的股东。互联网小额贷款公司以自有资金开展业务，其信用风险具有非涉他性。当然，对于开展资产证券化等资产转让的互联网小额贷款公司，其信用风险具有涉他性。

（2）风险事项全面化

与网络借贷平台一样，互联网小额贷款公司的信用风险事项具有全面化特点。

（3）通常高概率

互联网小额贷款公司的网络小额贷款业务，由于其通常为非物保担保甚至为纯信用，其信用风险事项发生的概率通常较高。

6. 互联网消费金融公司

随着居民可支配收入逐年增加，年轻消费势力崛起，配合互联网征信的落地、产业发展与技术创新，消费金融正在从传统的高收入人群和大额低频次消费场景（如买房、购车）向中低收入人群（大学生、蓝领）及小额高频次消费场景（如计算机、通信和消费类电子产品、旅游、餐饮等）迅速拓展。根据中国人民银行数据，2016 年国内居民消费贷款总额约 22. 6 万亿元，同比增长 23. 4%；剔除住房及汽车贷款，狭义消费贷款规模约为 5. 9 万亿元（占比 26. 5%）。作为继 P2P 网络借贷之后被互联网金融业内一致看好的新热点，消费金融快速发展。

由于互联网消费金融公司的信用风险特征与互联网小额贷款公司类似，所以在此不再赘述。

7. 互联网保险机构

保险公司利用自有的互联网平台开展互联网保险销售业务，其信用风险并无实质性增加。保险专业中介机构和第三方网络平台利用互联网平台销售保险公司的消费类保险产品时，其信用风险并无实质性增加；若销售万能险等非消费类保险产品，则其可能面临涉他信用风险，由于万能险处于中国银行保险监督管理委员会的严格监管之下，因此其风险相对可控，这里不再赘述。

9. 4　我国互联网个人征信平台的建立

9. 4. 1　互联网个人征信平台概述

微视频 9-1
个人征信

所谓个人征信，是指依法设立的个人信用征信机构对个人信用信息进行采集和加工，并根据用户要求提供个人信用信息查询和评估服务的活动。传统个人征信主要是指当个人在银行办理过信用卡、贷款、为他人贷款担保等业务，其信贷交易历史信息就会被记入个人征信系统，从而形成个人的信用报告。在个人申请信用卡或者贷款消费时，商业银行便会查看申请人的信用报告，了解申请人的信用记录。我国互联网个人征信于 2013 年开始兴起，通过采集个人在互联网交易或使用互联网各类服务时留下的信息数据，并结合从线下渠道采集的信息数据，利用大数据、云计算等技术对其进行信用评估。其中，数据类型的多样化、评价体系的完备化、数据处理的高效化等，都是互联网金融为征信领域带来的全新机遇。随着中国人民银行印发的《关于做好个人征信业务准备工作的通知》要求八家机构做好个人征信业务的准备工作，我国开始由传统个人征信向互联网个人征信过渡。境内个人征信业务发展进程如表 9-4 所示。

表 9-4　境内个人征信业务发展进程

时　　间	主 要 进 程
1999 年	中国人民银行批准上海开展个人征信试点，上海资信有限公司成立
2003 年 9 月	国务院明确赋予中国人民银行“管理信贷征信业”职责，中国人民银行设立征信管理局
2003 年 10 月	党的十六届三中全会提出“加快建设企业和个人信用服务体系”
2004 年	中国人民银行建成全国个人信用信息基础数据库
2005 年	中国人民银行出台配套制度，规范基础数据库的运行和使用
2006 年 1 月	全国个人信用信息基础数据库正式运行
2013 年 3 月	《征信业管理条例》正式实施
2013 年 11 月	党的十八届三中全会提出“要建立健全社会征信体系，褒扬诚信，惩戒失信”
2013 年 12 月	《征信机构管理办法》正式实施
2015 年 1 月	人民银行要求八家个人征信机构做好准备工作
2015 年 6 月	“信用中国”网站正式上线，全社会统一的信用信息共享平台开始逐步搭建
2015 年 7 月	八家征信机构完成中国人民银行要求的开展个人征信业务准备工作，牌照发放在即
2018 年 1 月	百行征信有限公司获中国首家个人征信牌照

与传统个人征信相比，互联网个人征信的获取渠道是互联网，这一根本性区别进而演化成各方面的差异。传统征信数据来源于借贷领域，因此在银行有过借贷行为、办理过信用卡的用户在中国人民银行征信系统里才有所记录；另外，传统个人征信的评价思路是以以往的记录来评定个人信用，因此对于过往没有信用记录或信用记录不良的用户，就无法判断其信用状况。而互联网个人征信在人群覆盖、数据信息、信用评分技术、应用场景等各方面为传统个人征信做了正面延伸和有益补充。首先，互联网个人征信覆盖人群广，可覆盖到大量在传统征信体系中信用记录空白的用户；其次，信息采集成本较低，它主要依靠互联网、大数据、云计算等技术收集信息主体在线上的一些行为数据，不需要进行专门的录入；第三，数据多维度，传统个人征信只采集信贷、财务数据，而互联网个人征信还包括网络购物、网络支付、网络理财、社交等多维度信息；第四，信用评分模式不同，传统个人征信主要基于信用记录进行评估，而互联网个人征信的评分模型则要把电子商务、社交行为等信息转化为信用信息，模型更加复杂；最后，

应用场景更加广泛，不但用于预测信用交易风险和偿还能力，而且应用于酒店、婚恋、签证等多领域的生活场景。传统个人征信与互联网个人征信的对比分析如表 9-5 所示。

表 9-5　传统个人征信与互联网个人征信的对比分析

比较项	传统个人征信	互联网个人征信
覆盖人群	在银行有过借贷行为、办理过信用卡的用户	覆盖人群广泛
信息采集成本	较低	较高
数据采集	来源单一，主要是银行信用数据；采集频率低	来源多维度： 1. 用户属性数据（年龄、职业、受教育程度、兴趣爱好等）； 2. 用户行为数据（网络购物、网络支付、社交等）； 3. 第三方数据（信贷、财务数据等）。 高频、实时采集
信用评分技术	传统统计方法，如线性回归、聚类分析、因子分析、分类树等	传统统计方法结合大数据方法，如深度学习、网页排名、神经网络等
数据使用	应用场景有限，主要用于预测信用交易风险和偿还能力	应用场景广泛，可以用于贷款额度、定价、反欺诈、租赁、酒店预订、婚恋、签证等

9.4.2　互联网个人征信平台的发展

随着互联网个人征信平台的出现，我国个人征信机构可以划分为基于电子商务平台、基于社交平台、基于金融和保险平台、基于支付端、基于公共服务平台的个人征信机构五大类。

① 基于电子商务平台的个人征信机构中具有代表性的是阿里巴巴旗下 2015 年 1 月 28 日正式开始试运行的芝麻信用，以及错失首批征信业务试点的京东白条。

② 基于社交平台的个人征信机构中比较典型的是腾讯旗下的腾讯信用，它是腾讯旗下的全资子公司。

③ 基于金融和保险平台的个人征信机构是征信行业的先行者，其运营模式相比于其他机构更为传统，如中国平安集团旗下的前海征信。

④ 基于支付端的个人征信机构中比较典型的则是拉卡拉旗下的考拉征信，其在数据的流入和流出这两端比其他平台更有优势，但是在数据信息处理方面则需要与其他公司合作。其他典型的基于支付端的个人征信机构有华道征信等。

⑤ 基于公共服务平台的个人征信机构虽然也是民营的个人征信机构，但这类机构通常与国有企业，如中诚信征信、鹏元征信和中智诚征信相联系。互联网个人征信平台对比如表 9-6 所示。

表 9-6 互联网个人征信平台对比

比较项	基于电子商务平台的个人征信机构	基于社交平台的个人征信机构	基于金融和保险的个人征信机构	基于支付端的个人征信机构	基于公共服务的个人征信机构
信息来源	电子商务数据、公共服务、与银行间有一定的壁垒	社交数据、电子商务数据、公众平台数据、游戏数据、外部数据	母公司及中国银联的金融数据	个人用户、线下商户	电子商务平台数据、与各行业的国有企业合作所得的数据
数据类型	基本信息、借贷信息、消费信息、公共信息	身份属性、充值信息、消费记录、社交影响、信用记录	借款信息、贷款信息、车险违章等	基本信息、金融信息、电子商务消费、生活缴费及互联网行为数据	身份属性、信用记录、履约能力、行为特质、社交影响
信息处理	采用类似于银行的违约概率模型，以线性回归和逻辑回归为主	采用机器学习与数据挖掘技术	采用银行及保险业信用算法，比较传统而且通用	较多地考虑互联网上的行为数据，具体算法未知	借鉴企业、债券及公共项目评级方法
服务输出	平台内部使用、租房、租车、婚恋等	银行、消费金融公司、汽车金融公司、小额贷款公司、P2P 网络信贷平台等	金融机构，同时面向个人	个人用户、加盟的中小企业、自有信贷业务	针对企业，集中于电子商务、移动通信、银行保险、能源供应商等
收益渠道	暂不收费，未来数据查询收费，或与查询量和数据贡献度挂钩	向申请使用数据的机构收费	往往不以牟利为目的	向申请使用数据的机构收费	通过提供信用报告和个人信用信息认证收费

9.4.3 互联网个人征信平台的模式

1. 会员制征信模式

2013 年 3 月通过借鉴国外成功经验和国内发展实践，北京安融惠众征信有限公司创建了以会员制同业征信模式为基础的“小额信贷征信服务平台”（MSP），它采用封闭式的会员制共享模式，主要为 P2P 网络借贷公司、小额贷款公司、担保公司等各类小额信贷机构提供同业间的借款信用信息共享服务，旨在帮助业内机构防范借款人多重负债，降低坏账损失，建立行业失信惩戒机制。

有关资料显示，该平台目前已有遍布全国的逾 50 家会员机构，大都是以 P2P 网络借贷模式从事小额信贷业务的民间金融服务机构，其会员市场规模已经占据国内 P2P 网络借贷机构交易额的 1/3 以上。该平台主要包括三个方面的信息：一是行业内从业人员的不良信息；二是行业的“黑名单”信息，即借款违约一个月以上的个人借贷信息及已经认定的借款人欺诈等信息（目前这部分信息已达到3万余条）；三是涉及一笔借贷生命周期全过程的信用信息，包括申请信息、批准信息、逾期信息等，这是一个闭环式信息流，也是该平台共享服务的核心内容。

小额信贷征信服务平台计划下一步以会员机构的需求为驱动，不断整合行业外信用信息资源，为会员机构提供更加精准、多样化的征信服务。

2. 传统征信模式

2013年8月，中国人民银行征信中心旗下的上海资信有限公司（以下简称“上海资信”）宣布全国首个基于互联网提供服务的征信系统——网络金融征信系统（NFCS）正式上线，该系统优化服务于国家金融信用信息数据库尚未涉及的网络金融领域，为网络金融机构的业务活动提供信用信息支持。

网络金融征信系统是网络金融开展业务的必要基础设施，是中国人民银行征信系统的有效补充。该系统收集并整理了P2P网络借贷平台借贷两端客户的个人基本信息、贷款申请信息、贷款开立信息、贷款还款信息和特殊交易信息，通过有效的信息共享，帮助相关机构全面了解授信对象，防范借款人恶意欺诈、过度负债等信用风险。网络金融征信系统的最终目标是打通线上线下、新型金融与传统金融的信息壁垒，实现网络借贷企业之间的信息共享，记录个人线上线下融资的完整债务历史，探索网络借贷业务与传统信贷业务的不同之处，为网络借贷企业定制与传统征信服务不同的服务产品，从而保障出借人的资金安全。

3. 数据挖掘模式

在数据挖掘模式下，互联网个人征信机构基于电子商务、社交、公共服务等平台行为数据，依托互联网供应链，运用云计算、数据挖掘等技术手段对海量数据进行处理分析，从而完成对互联网用户的信用评估。该模式下的个人信用评估具有实时更新、应用场景广泛的突出特点。

下面以芝麻信用为例进行说明。2015年阿里巴巴旗下的芝麻征信正式推出我国首个基于用户互联网行为数据的信用产品——“芝麻信用”。该信用服务体系以FICO评分体系为基础，从信用历史、身份特质、履约能力、行为偏好、人脉关系等方面综合评分（如图9-5所示），芝麻信用评分（简称芝麻分）分为五个级别：较差（350~550）、中等（550~600）、良好（600~650）、优秀（650~700）、极好（700~950）。芝麻信用于2015年1月28日在支付宝内测试上线后反响强烈，基于阿里巴巴在网络购物和网络支付领域强势的产品线，芝麻信用面临着丰富的应用场景。

芝麻信用的动态评估体系主要由数据采集、技术处理、应用场景三部分构成（如图9-6所示），它具有以下特点：第一，传统评估指标与互联网评估指标相结合，芝麻信用是利用互联网数据对传统征信进行的拓展及革新；第二，动态指标与静态指标相结合，芝麻信用不仅包括基本信息类指标、支付和资金类指标等静态评估指标，还包括消费偏好、人脉关系、黑名单信息指标等动态指标，动态指标的加入意味着信用评估需要通过对用户最新消费及经济水平等信息进行评估得到的实时结果；第三，信用使用与信用评估相结合，芝麻信用保持实时更新，从而能更准确、及时地反映用户的信用水平。

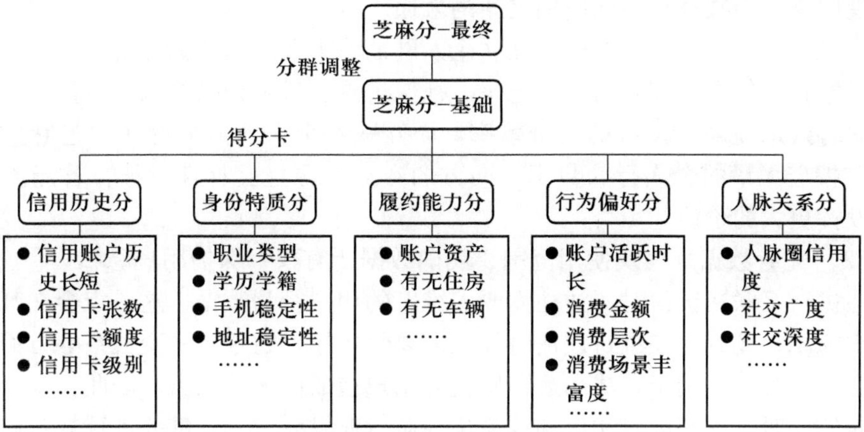

图 9-5　芝麻信用评分

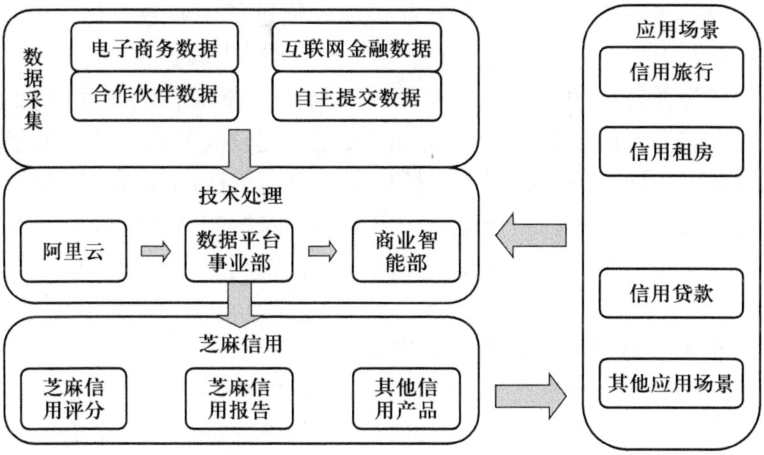

图 9-6　芝麻信用动态评估体系

可以预见，未来将会有更多的阿里巴巴的产品和合作伙伴通过芝麻信用对用户的某种资质进行审核，而各种应用场景下的用户行为数据又会返回芝麻信用，进一步形成对用户信用的更准确的评估，从而形成一个动态评估过程。

9.4.4　互联网个人征信平台的发展对策

1. 发展对策

（1）建立个人网络行为数据的统一身份识别，实现数据融通

第一，互联网个人征信平台之间存在数据采集过程中的“信息孤岛”问题。由于

用户互联网行为数据分散在不同的互联网应用中，这些应用分属于不同的互联网企业，有效数据的缺乏会导致对用户信用评估不准确。因此，应建立统一的身份识别机制，从而实现网络行为数据在不同应用之间的融通。

第二，传统个人征信机构与互联个人网征信平台之间数据分割，信息不能共享。中国人民银行征信系统拥有借记卡记录、社保记录、贷款记录等核心数据，个人信用报告的设立有效地提高了银行的放贷效率。而互联网个人征信平台（如芝麻信用、腾讯征信）掌握着大量的个人行为数据。两方的数据来源呈互补性特征，若能流动共享将使信息发挥更大的价值。

（2）完善数据采集及使用范围，明确数据所有权，保护用户隐私

在进行互联网征信时，往往需要多维度的用户行为数据，这一定会在某种程度上侵犯用户隐私，尤其是在进行评估时往往需要使用用户财务、社交关系等方面的信息，这些信息一旦被企业用于非法用途，则会对用户造成巨大的损失。因此，在互联网个人征信发展的同时，国家应有相应的政策法规对行业发展设立标准并进行规范，确保用户隐私不受侵犯。

（3）提升业务能力，加强征信产品创新，促进征信业差异化竞争

目前，个人用户在互联网行为中产生的非结构化数据（如图片、视频、音频等内容）在用户行为数据中的占比不断增加，如何将海量的行为和关系数据通过特定的算法模型转化为信用评估数据，设计出人们接受程度较高的信用评估框架以及开发出专业化、细分的应用场景，是互联网个人征信平台急需解决的问题。因此，互联网个人征信平台可以通过与传统金融机构合作，积累金融风险控制方面的经验。此外，各类大数据征信机构可以针对不同用户拓展征信产品种类，以满足不同层次用户的市场需求，实现差异化竞争。

2. 个人征信提速影响互联网金融未来发展

互联网金融作为一种新兴的金融形态，迫切需要信用服务网络化，个人征信作为互联网金融的重要基础设施，有望为互联网金融的发展提供新的动力，推动互联网金融的发展进一步提速。

（1）促进网络支付信用化

基于个人用户的购买行为、社交行为、财务状况等大数据，互联网个人征信平台可以提供个人信用支付评级和报告。根据个人信用数据及信用报告，电子商务平台或者支付机构可以评估用户的信用风险，推广信用支付、虚拟信用卡业务，进一步发掘其消费支付能力。例如，蚂蚁金服根据支付宝用户的芝麻信用评分，向其推出名为“花呗”的信用支付产品，最高额度为 3 万元。

（2）利于 P2P 网络借贷规范化

互联网个人征信平台会对用户行为信息等数据进行采集、加工和挖掘，并将这些数据提供给 P2P 网络借贷平台，P2P 网络借贷平台根据这些数据对用户进行深度评估，

最终决定是否发放一笔贷款。这样不仅可以有效地防止 P2P 网络借贷平台野蛮发展，控制借款人还款难的风险，还可以对信用空白的用户进行授信。同时，规范用户还款行为的方法与传统银行相比更加丰富，互联网个人征信平台通过账号关联等方式，其信用信息可共享给其他非信贷场景，如打车、订餐、招聘等，而信贷违约会直接给人们生活的其他方面带来负面影响，大大提升用户的违约成本。

（3）提升个人信用服务

征信产业链可以分为输入端的征信数据采集和输出端的征信服务。无论是企业征信还是个人征信都只是从输入端进行分类，输出端主要还是为信贷机构服务。而在互联网个人征信时代，互联网金融机构也可以为个人提供信用服务。例如，谷歌旗下的 Credit Karma，就免费为用户提供个人信用评级和报告，以此来吸引用户群体，同时基于对这些信用报告及用户个人金融信息的挖掘和分析，有针对性地向用户推荐金融产品，如自助导购服务等。其盈利主要来自消费金融公司的广告收益以及信贷产品的创新。

【本章小结】

信用是授信人对受信人所做的承诺或双方约定的信任。狭义的信用实质上是一种经济关系，属于经济范畴；广义的信用包含狭义信用和诚信两种内涵，兼具经济和伦理两种属性。

信用的构成要素主要包括两个，即信任和时间。

信用风险一般泛指信用关系的一方因为另一方没有履约而导致的可能的损失。狭义信用风险是指违约实际发生后信用资产发生的损失，信用损失取决于违约是否发生。狭义风险也称为信用违约风险。狭义定义经被普遍接受，国际证券监督管理委员会组织和巴塞尔银行监管委员会都使用这一概念。广义信用风险既包括直接违约发生的资产损失，也包括违约可能性的变动给资产带来的风险。即使债务人不发生违约，只要其信用状况降低，信用资产的价值也相应降低。

定义信用风险是指债务人未按约定或法律规定履行还款义务给企业经营目标带来的不利影响。将此类信用风险称为自有信用风险。

互联网金融信用管理在各业务中都有各自的特点。

个人征信，是指依法设立的个人信用征信机构对个人信用信息进行采集和加工，并根据用户要求提供个人信用信息查询和评估服务的活动。

互联网个人征信通过采集个人在互联网交易或使用互联网各类服务时留下的信息数据，并结合从线下渠道采集的信息数据，利用大数据、云计算等技术对其进行信用评估。

【关键术语】

信用　互联网金融信用风险　互联网金融信用管理　互联网个人征信平台

【思考题】

1. 简答题

（1）什么是网络支付？网络支付的分类有哪些？

（2）试阐述信用管理的步骤。

（3）试分析我国互联网金融信用风险较高的原因。

（4）简述信用管理在互联网金融各业务中的特点。

2. 讨论题

讨论互联网金融行业信用管理除了建立全国统一的征信平台，还有哪些具体的方案可以解决信用管理的问题，并说明理由。

【案例分析】

百 行 征 信

2018 年 1 月 22 日，中国人民银行公布了《设立经营个人征信业务的机构许可信息公示表》，该公示表显示百行征信有限公司（以下简称“百行征信”）申请设立个人征信机构已获得许可，如图 9-7 所示，个人征信牌照有效期为三年，有效期至 2021 年 1 月 31 日。百行征信在业内称为“信联”，其个人征信牌照下发也就意味着“信联”将正式开展个人征信业务。近几年，随着互联网和信息技术的快速发展，互联网领域的个人金融借贷业务迅速增加，推动个人征信机构成立是行业共同的呼声。与此同时，开放、共享是互联网发展的大趋势，百行征信具有“唯一”且独立的身份，有助于解决互联网金融领域一直难以解决的信息分割问题，增加征信的真实性和有效供给。

资料显示，百行征信注册地为广东省深圳市，其营业场所为广东省深圳市福田区深南大道 1006 号深圳国际创新中心；业务范围为个人征信业务，注册资本为人民币 10 亿元。其最大股东为中国互联网金融协会，持股 36%，其他八家机构各持股 8%；股权结构：中国互联网金融协会持股 36%，芝麻信用管理有限公司持股 8%，腾讯征信有限公司持股 8%，深圳前海征信中心股份有限公司持股 8%，鹏元征信有限公司持股 8%，中诚信征信有限公司持股 8%，考拉征信有限公司持股 8%，中智诚征信有限公司持股 8%，北京华道征信有限公司持股 8%，如图 9-8 所示。

目前，中国提供个人征信服务的“正规军”只有中国人民银行征信中心及其下属的上海资信。其中，中国人民银行征信中心作为中国人民银行直属事业单位，专门负责我国企业和个人信用信息基础数据库的建设、运行和维护。信联是与中国人民银行征信中心平行的机构。简单来说，中国人民银行征信中心是面向银行等传统持牌金融机构，信联主要是为传统金融机构体系外的类金融机构提供征信数据。与中国人民银行征信相比，信联更多的是起到补充作用，但不排除未来会与中国人民银行征信数据互通。

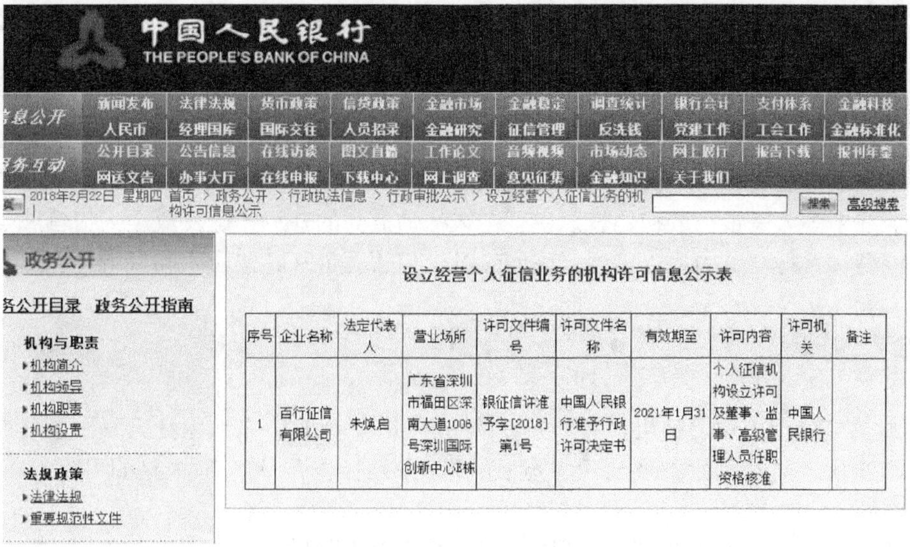

设立经营个人征信业务的机构许可信息公示表

序号	企业名称	法定代表人	营业场所	许可文件编号	许可文件名称	有效期至	许可内容	许可机关	备注
1	百行征信有限公司	朱焕启	广东省深圳市福田区深南大道1008号深圳国际创新中心E栋	银征信许准予字[2018]第1号	中国人民银行准予行政许可决定书	2021年1月31日	个人征信机构设立许可及董事、监事、高级管理人员任职资格核准	中国人民银行	

图 9-7　百行征信申请设立个人征信机构已获许可

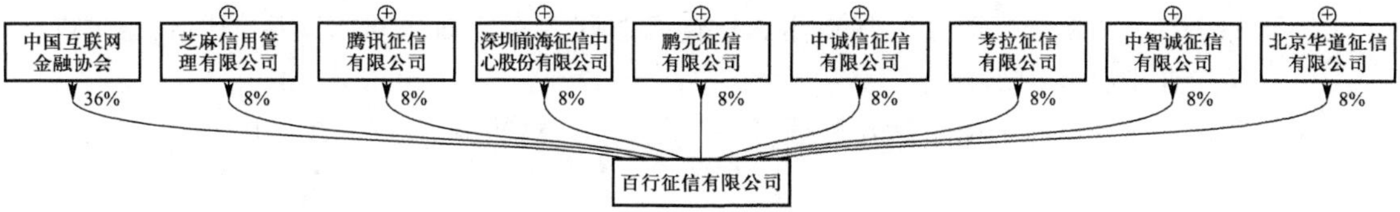

股东	持股比例	认缴出资额（万元）	认缴出资日期	股东类型
中国互联网金融协会 大股东	36.0%	36000万元	-	企业法人
芝麻信用管理有限公司	8.0%	8000万元	-	企业法人
腾讯征信有限公司	8.0%	8000万元	-	企业法人
深圳前海征信中心股份有限公司	8.0%	8000万元	-	企业法人
鹏元征信有限公司	8.0%	8000万元	-	企业法人
中诚信征信有限公司	8.0%	8000万元	-	企业法人
考拉征信有限公司	8.0%	8000万元	-	企业法人
中智诚征信有限公司	8.0%	8000万元	-	企业法人
北京华道征信有限公司	8.0%	8000万元	-	企业法人

图 9-8　百行征信股权结构

举例而言，在信联成立前，用户在 A 银行申请贷款，逾期未还，再向 B 银行贷款，将会被拒绝，因为该用户在 A 银行的信用信息已经纳入中国人民银行征信中心，这一不良记录可以直接被 B 银行查到。但如果该用户向某 P2P 网络借贷平台借款，却依然可以借到。因为中国人民银行征信系统没有覆盖这部分机构，平台与平台之间存在“数据孤岛”。因此，在信联成立后，一个比较理想的情况是：一个人在金融市场上所有的不良记录将无处遁形。在中国人民银行最初的设想中，个人征信业务的开放，是发放个人征信牌照。

问题：百行征信的成立将给互联网金融信用管理带来哪些改变和影响?

【参考文献】

[1] 帅青红，李忠俊，彭岚，等．互联网金融[M]．大连：东北财经大学出版社，2016.

[2] 任全民．国内互联网金融信用风险状况和发展路径浅析[J]．吉林金融研究，2017(2)：23-27.

[3] 袁翌．互联网金融模式信用风险研究[J]．消费导刊，2014(3)：92.

[4] 杜明鸣，刘司墨．我国互联网金融信用风险控制及监管研究：以 P2P 网络借贷模式为例[J]．河北联合大学学报：社会科学版，2017(4)：9-15.

[5] 陈小辉，陈富节，陈文．从喧嚣到理性互联网金融全面风险管理手册[M]．北京：电子工业出版社，2017.

[6] 刘澄，李铎，王未卿．信用管理[M]．北京：人民邮电出版社，2015.

第 10 章

互联网金融监管

【教学目标与要求】

1. 了解我国互联网金融监管的必要性。
2. 了解境内外互联网金融监管现状。
3. 了解我国互联网金融监管的发展方向。

【知识架构】

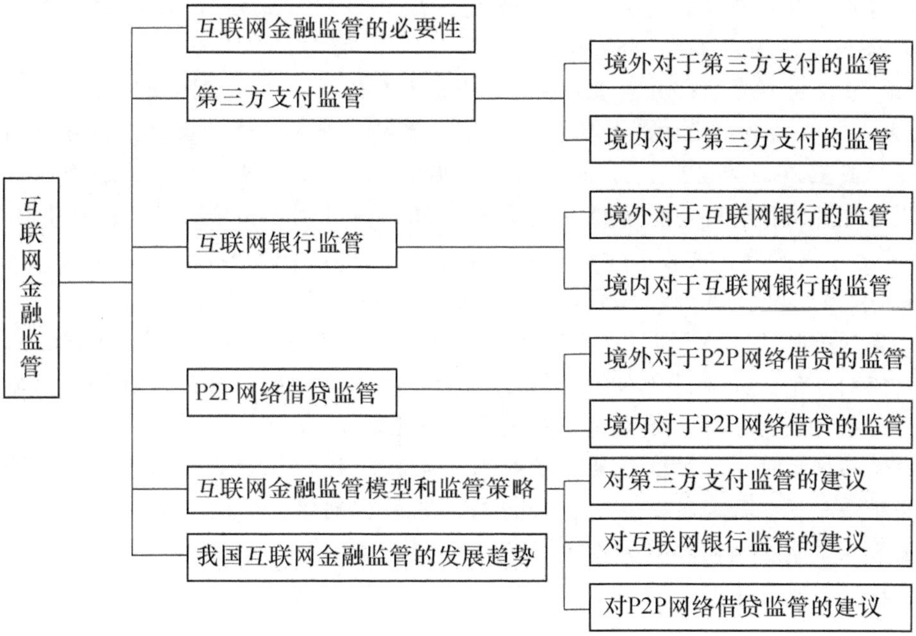

【导入案例】

网贷第一案

2015 年 7 月 17 日，“网贷第一案”优易网案件正式宣判，成为 P2P 网络借贷首例集资诈骗罪定性案件。

江苏省高级人民法院和江苏省如皋市人民法院网站的信息显示，优易网被告人木某、黄某被如皋市人民法院一审判决，分别判处有期徒刑 14 年和 9 年，并责令继续退赔违法所得人民币 1 517 万元，发还相关被害人。

此次审判量刑重于非法吸收公众存款罪。据了解，被告人木某、黄某利用优易网第三方在线借贷中介平台集资诈骗 45 名受害人合计人民币 2 000 余万元。经审理查明，被告人木某于 2010 年在南通注册“优易公司”，被告人木某是公司的法定代表人，股东是被告人木某、黄某。2012 年 8 月 18 日~2012 年 12 月 21 日，被告人木某以优易网从事中介借贷为名，在未取得金融业务许可的前提下，编造“优易公司”系香港亿丰集团旗下成员，谎称如皋市某亿丰商城商户需要借款，在“优易网”上发布发布虚假的“借款标”，以高额利率为诱饵，向 45 名被害人合计非法集资 2 000 余万元。

被告人木某除将集资的部分资金以月息 3%或免息借贷给二人实际使用外（该款项均已归还），在借款人不知情且其无归还能力的情况下，将绝大部分集资款通过某投资公司配资投资期货、炒股，截至 2012 年 12 月 21 日，共计亏损 1 259 万元。被告人木某逃匿以后，以宋某的名义继续通过乾腾投资公司配资投资期货，自 2013 年 1 月 9 日至 2013 年 4 月 10 日，共计亏损 20 余万元。据了解，被告人拿吸收来的资金用于个人消费和投资，这在法律上被认定为以非法占有为目的，也是集资诈骗罪与非法吸收公众存款罪的重要区别。

此前，轰动一时“东方创投”案一审判决结果为：被告人邓亮因非法吸收公众存款罪，被判处有期徒刑 3 年，并处罚金人民币 30 万元；被告人李泽明因非法吸收公众存款罪，被判处有期徒刑 2 年，缓刑 3 年，并处罚金人民币 5 万元。

在此次优易网案件中，法院认为，被告人木某伙同被告人黄某，以非法占有为目的，使用诈骗方法非法集资，数额特别巨大，其行为均已触犯刑律，均构成集资诈骗罪。本案系共同犯罪。被告人木某在共同犯罪中起主要作用，是主犯，应当按照其参与的全部犯罪处罚。被告人黄某在共同犯罪中起次要作用，是从犯，应当减轻处罚。根据案情及相关刑法规定，做出上述判决。

该案件对网络借贷行业起到警醒作用，因集资诈骗罪最高有死刑，这对犯罪分子无疑有强大的心理威慑力。业内人士也表示，此案件的判决对于频频出现的欺诈性平台具有较强的震慑力，在监管政策尚未明确的背景下，这一判例有助净化 P2P 网络借贷行业。

互联网金融是适应社会经济发展产生的，并为社会经济发展做出了重要贡献，但同时，互联网金融风险却时刻存在，对于互联网金融这个新生业态是否应该进行监管？应该怎样监管？本章将在分析国内外互联网金融监管现状的基础上，探讨互联网监管的相关问题。

10.1 互联网金融监管的必要性

互联网金融给人们的生活带来了巨大的影响。我国目前互联网金融发展迅速，在货币支付领域，以支付宝、财付通、银联支付等为主体的第三方支付，为人们提供了便利的支付手段；在货币融通领域，人人贷和拍拍贷等 P2P 网络借贷平台以及许多众筹平台也是当前主要的互联网金融业务类型，为许多有贷款需求的个人或者企业提供了更多的融资渠道。此外，还有互联网货币以及像阿里小贷那样的基于大数据的征信网络贷款类型，这几种类型的互联网金融业务构成了我国当前的互联网金融形态。然而在各种互联网金融业务如雨后春笋般涌现的同时，用户信息泄露、网络金融诈骗、P2P 网络借贷平台“跑路”等问题也随之而出现，给大众以及企业造成了重大的损失，同时也扰乱了我国的金融秩序。总的来说，当前我国互联网金融在蓬勃发展的同时也隐藏着一系列的风险，加强监管，促进其健康发展是一个尤为迫切的任务。下面主要从风险管控和经济发展两个角度分析互联网金融监管的必要性。

1. 从风险管控角度分析

互联网金融最主要也是最显著的一个问题便是风险隐患，也可以说控制互联网金融风险是加强监管的一个主要目的。互联网金融存在的风险隐患，主要包括互联网安全技术风险、市场风险、信用风险和互联网企业保障资金风险等。首先，互联网和移动通信技术作为开展互联网金融的基础，安全技术风险是客观存在的。例如，黑客攻击以及网络病毒侵害都是经常发生的事情。由于互联网金融涉及的人群广，如果安全技术风险控制不到位，并且没有相应的监管措施，必然会影响网络金融交易的安全性。其次，由于征信体系尚未完善，一些互联网金融企业在毫无资金保障的情况下展开相关业务，擅自将客户担保金挪为他用，一旦发生坏账等情况，这些互联网金融企业将无法偿付客户的资金，从而严重侵害广大投资者的利益。可见，从风险管控的角度来看，加强监管是尤为必要的。

2. 从经济发展角度分析

一方面，互联网金融作为金融的创新，其发展打破了以往的金融垄断格局，促进了资本融通渠道的发展，在助力中小企业的发展上更是发挥了传统金融所无法替代的优势，为市场增加了前所未有的活力，使资源得到进一步的优化配置，在促进中小企业发展的同时也推动着我国社会经济的发展。另一方面，互联网金融可以使交易的成本降低，进一步提高市场运行效率，促进经济发展。但是也应看到互联网金融在发展中存在的问题，一些投资者遭受欺诈蒙受损失，这严重损害了互联网金融行业的秩序和声誉，为了更好地维护金融市场秩序，促进我国社会经济发展，加强互联网金融监管是十分必要的，这是保障各方利益、维护金融市场稳定和促进我国社会经济发展的必要措施。

现阶段，我国互联网第三方支付在全球互联网支付市场中占据着重要的位置。由艾瑞咨询发布的 2017 年中国第三方支付市场监测报告可知，我国第三方支付交易规模增长迅速，结构上向移动端迁移：2016 年第三方支付交易规模达到近 80 万亿元，同比增长率接近 300%，近年来第三方支付交易规模的快速增长得益于用户支付习惯的养成和不同年代的不同热点。互联网第三方支付技术不断渗透，与金融结合形成的增值服务逐渐成为新的发展方向。随着支付宝的余额宝、财付通的理财通等新型互联网理财方式的发展，我国金融市场将步入多元化发展的新时代。与此同时，一系列金融犯罪风险亦不断产生。网络金融犯罪行为的发生，引起了人们对第三方支付法律监管的重视。

互联网银行利用技术和信息交互方式赋予了银行营运的新模式和新形式，这种对银行业的重大创新，在给人们带来种种便利的同时，也会带来新的风险。互联网银行不仅内嵌着基本的金融风险，如外部性风险、脆弱性风险及操作风险，其对高新技术的依赖性可能会进一步放大这些金融风险，因而有必要对互联网银行进行监管。

P2P 网络借贷作为互联网金融的重要组成部分，其体量和规模在近几年呈现出爆发式增长。从交易规模来看，至 2014 年年底，P2P 网络借贷行业当年累计成交量为 2 528. 17 亿元；至 2016 年年底，P2P 网络借贷行业当年累计成交量为 20 638. 72 亿元，两年时间增长了约 8 倍。从累计平台数量来看，2014 年 12 月，P2P 网络借贷行业累计平台数为 1 942；到 2016 年 12 月，这一数字攀升至 5 877。截至 2018 年 2 月 28 日，我国 P2P 网络借贷平台数量为 5 385。无论是从交易规模还是从交易平台数来说，对 P2P 网络借贷业务进行关注和监管至关重要。因此，下面将针对第三方支付、互联网银行和 P2P 网络借贷介绍互联网金融的监管。

微视频 10-1 第三方支付监管

10. 2 第三方支付监管

10. 2. 1 境外对于第三方支付的监管

境外互联网支付起源于 20 世纪 90 年代末期，主要以第三方支付为代表。第三方支付的法律监管，美国、欧盟以及亚洲的发达国家和地区都走在了我们的前面。因此，有必要对国外的第三方支付法律监管实践进行详细的考察。

1. 美国

美国电子商务市场发展较早。第三方支付最早产生自美国，但是在第三方支付诞生之初，美国相关法律机构并没有对其进行限制和监管，而随着第三方支付市场的扩大，使用互联网支付的用户增多，美国于 20 世纪 90 年代才开始逐步制定相关的法律法规，规范和完善第三方支付的法律监管。

（1）第三方支付平台的法律定位

在对第三方支付平台进行法律定位时，美国并没有将第三方支付平台定义为银行或者其他类型的存款机构。美国联邦存款保险公司（Federal Deposit Insurance Corporation）将积存于第三方支付平台上的沉淀资金定义为负债，而不是美国《国民银行法》中定义的银行存款。也正因为如此，美国认定第三方支付平台不属于从事银行业务的金融机构。

（2）对第三方支付平台从事业务的监管

第三方支付从事的网上支付业务，在美国被认为是一种货币转移业务（money transmitter）。货币转移业务被视为是货币服务业务（money service business）的一种类型。这类业务被视为是传统货币服务的延伸。美国亚利桑那州的立法中阐明，货币转移是指“销售或发行支付工具，为货币转移目的接受货币或转移货币，将一种支付工具或货币转化为另一种形式的支付工具或货币，或者替债务人接受货币以备偿付债务人的账单或为将来偿付之用。”美国联邦法律与其他各州法律对货币转移业务的规定与此基本相似。第三方支付机构如果要从事货币转移业务，必须要取得专项业务经营许可执照。美国各州法律对申请经营许可执照的程序和资质做了相应的规定。相对而言，美国联邦法律主要从货币服务业务的监管角度进行必要的立法；但在美国的各个州，立法主要针对货币转移业务进行相应的监管立法。

（3）第三方支付监管的立法

美国对第三方支付并没有单独的、统一地进行立法，而是通过对现有法律规定的具体应用和相关法律进行增补完善，来达到监管的目的。涉及第三方支付的美国法律有美国的《统一商法典》第 4A 编和联合国国际贸易法委员会《国际贷记划拨示范法》，两者通过对各种规则进行设计，完善了电子资金划拨的相关规定。

在电子货币方面，美国 1978 年制定通过了《电子资金转移法案》，对电子货币进行监管。这部法案明确了电子资金转移服务中消费者的基本权利和义务，并指出了电子支付手段的主要风险在于非法授权、欺诈、操作失误等。随后，美国又制定了《电子资金转移法案》的实施细则 E 条例，进一步规定了使用电子资金转移服务的消费者和金融机构的权利、义务和责任。1998 年，美国又颁布了 E 条例的补充条款，该条款强调了使用电子货币必须要有充分的信息披露，并且根据电子货币的用途及特征，区分了不同种类采取的不同监管手段。

对于第三方支付平台中沉淀资金的监管，美国主要通过《联邦存款保险法》进行监管。美国联邦存款保险公司通过提供存款延伸保险，实现对第三方支付沉淀资金的监管。《联邦存款保险法》要求第三方支付平台把沉淀资金存放在美国联邦存款保险公司在银行的无息账户中，每个用户账户的保险上限为 10 万美元。这种做法实际上是将用户资金产生的利息用来缴纳保险费，解决了第三方支付平台和用户之间的利息分配问题；并且，当该第三方支付平台资金出现问题时，保险金可以用来降低用户的损失。美国联邦存款保险公司明确了第三方支付平台只是用户资金的代理人，无权将用户资金挪作他用，更不能用于公司破产时的清偿债务。在对非法金融活动的监管上，美国颁布的《爱国者法案》规定，第三方支付平台作为货币服务企业，需要在美国财政部的金融犯罪执行网络注册，接受联邦和州两级的反洗钱监管，及时汇报可疑交易，保存所有交易记录。

2. 欧盟

相对于美国，欧盟的电子商务市场的发展要晚一些。欧盟最早的第三方支付平台也是来自于美国。由于欧盟的一体化，欧盟的法律规定走向了统一。对于第三方支付，欧盟制定了统一的法律，进行统一的监管。

（1）第三方支付平台的法律定位

在对第三方支付平台进行法律定位时，欧盟采取了与美国不同的做法。欧盟规定第三方支付业务只能基于商业银行货币或电子货币，这意味着第三方支付平台必须取得银行营业执照或电子货币公司的执照才可以开展业务。实际上，这样的规定表明，欧盟将第三方支付平台归入经营银行业务和电子货币业务的金融机构进行监管。

（2）对第三方支付平台从事业务的监管

从欧盟对第三方支付平台的法律定位可以看出，欧盟的规定其实是把第三方支付行为等同于银行业务。欧盟将第三方支付平台从事的支付清算以及吸收沉淀资金等行为，都纳入金融监管的范畴。在立法和实践操作中，欧盟通过对商业银行货币和电子货币的控制来实现对第三方支付平台的业务监管。

（3）第三方支付监管的立法

欧盟关于第三方支付监管的立法主要有：2000 年 1 月，欧盟颁布了《电子签名共同框架指引》，该指引共 15 个条款 4 个附录，主要内容包括电子签名的定义、电子签名在欧盟内部的通用、市场准入、法律效力、数据保护等。该指引的颁布为欧盟网上电子支付奠定了基础。2000 年，欧盟还颁布了两个有关电子货币的指引，分别是《关于电子货币机构业务开办、经营与审慎监管的 2000/46/EC 指令》（以下简称《2000/46/EC 指令》）和《修改〈关于信用机构业务开办与经营的 2000/12/EC 指令〉的 2000/28/EC 指令》（以下简称《2000/28/EC 指令》）。

《2000/46/EC 指令》由序言和 13 个条款组成，其主要内容包括电子货币的可回赎性规定、电子货币机构业务开办的初始资本金及自有资金标准。该指令重点规范了电子货币机构的经营，它的颁布为电子货币机构在欧盟市场内自由设立和自由服务清除了不必要的法律障碍。鉴于电子货币机构及其业务正处于发展的初期，《2000/46/EC 指令》对其监管引进了审慎监管原则，这样既保障了欧盟金融系统的稳定和发展，又不至于限制电子货币业务的创新。

《2000/28/EC 指令》则由序言和 4 个条款构成，其核心是对《关于信用机构业务开办与经营的 2000/12/EC 指令》（以下简称《2000/12/EC 指令》）的有关内容进行修订。《2000/12/EC 指令》中的“信用机构”的定义被重新修订，电子货币机构也被包括其中，并且增加了可回赎性要求也适用于发行电子货币的传统信用机构的条款。欧盟在对第三方支付平台沉淀资金的监管上，要求第三方支付平台在欧洲中央银行开设专门的账户存储资金，并把电子货币的发行权限定于传统的信用机构和新型的受监管的电子货币机构。在对非法金融活动的监管上，欧盟与美国的做法相同，也规定限制第三方支付平台将用户的资金用于投资，并监控通过第三方支付平台进行洗钱的行为。

10.2.2 境内对于第三方支付的监管

电子商务在我国的发展时间要晚于欧美国家，第三方支付平台也是最近十年才发展起来的，也正因为如此，我国对电子商务和电子支付的立法一直处于探索阶段，而对于第三方支付，由于没有成熟的经验可以借鉴，迟迟没有进行全面的监管。随着第三方支付市场的扩大以及电子货币、网络银行的出现，我国逐步认识到电子商务以及电子支付立法的重要性，开始完善电子商务以及电子支付的相关法律法规。但是，总体来说，我国的电子商务与电子支付立法仍处于起步的阶段。

目前，我国并没有制定第三方支付的法律法规。事实上，在我国已经颁布的法律法规中，涉及电子支付的主要有《中华人民共和国电子签名法》和中国人民银行发布的《电子支付指引（第一号）》。《中华人民共和国电子签名法》是进行电子商务和电子支付的基础类立法。由中国人民银行 2005 年发布的《电子支付指引（第一号）》是我国迄今为止涉及电子支付与网上支付最多的一部法律文件。《电子支付指引（第一号）》共有 49 个条款，主要内容包括电子支付的界定、电子支付业务的开展、电子支付的安全控制和差错处理等。但这个指引并不适用于第三方支付，其规定：“境内银行业金融机构开展电子支付业务，适用本指引。”

由于我国第三方支付平台的法律定位暂时没有明确，所以其不适用这部指引。在这部指引中，我国明确了网上支付属于电子支付的一种，对非银行机构开展网上支付的条件及管理，则没有涉及。2005 年，中国人民银行发布了《支付清算组织管理办法（征求意见稿）》，在这个管理办法中，我国首次对第三方支付进行了全方位的制度设计与风险管理，因为其只是征求意见稿，并不具有法律效力，因此并不能对现有的第三方支付起到法律上的规制作用。《支付清算组织管理办法（征求意见稿）》从 2005 年公布以后，几经易稿，但由于多方面原因，时至今日，仍没有颁布实行。虽然《支付清算组织管理办法（征求意见稿）》还没有颁布实行，但是其在一定程度上反映了我国对第三方支付的立法态度和立法构思，对未来我国第三方支付的法律规制有着重要的指引意义。下面对《支付清算组织管理办法（征求意见稿）》的主要内容做一简要的分析。

《支付清算组织管理办法（征求意见稿）》（以下简称管理办法）共 7 章 57 个条款，其主要内容涉及以下几个方面。

（1）关于第三方支付平台法律定位的问题

管理办法明确了第三方支付平台支付清算组织的法律定位，并区分了企业法人支付清算组织与非企业法人支付清算组织。管理办法设置了申请从事支付清算业务的条件，并规定了支付清算业务的市场准入标准及外资比例。相较于欧美国家，我国对第三方支付的法律定位更为明确。

（2）关于第三方支付法律监管的问题

管理办法规定，中国人民银行是监管支付清算组织的法定主体，有权对支付清算组织进行现场检查和非现场检查。管理办法还对开展支付清算业务的风险控制做了明确规定，支付清算组织要设立支付清算风险保证金，并不得从事高风险投资。这些规定对规范第三方支付将起到重大作用。

（3）关于第三方支付平台的退出机制

管理办法明确，当支付清算组织不能正常运转时，中国人民银行可自行或指定机构对其进行接管。支付清算组织的解散，要经过中国人民银行的批准，并要提前申请。总体来说，管理办法基本上完成了对第三方支付的初步规范和控制，并且制定了相应的罚则。

2010 年 6 月，中国人民银行发布了《非金融机构支付服务管理办法》。《非金融机构支付服务管理办法》旨在通过规范资金支付市场秩序，切实维护社会公众的合法权益。《非金融机构支付服务管理办法》明确规定，非金融机构支付服务是指非金融机构在收付款人之间作为中介机构提供的货币资金转移服务，包括网络支付、预付卡的发行与受理以及银行卡收单等，具体如下。

① 网络支付业务。《非金融机构支付服务管理办法》所称的网络支付，是指非金融机构依托公共网络或专用网络在收付款人之间转移货币资金的行为，包括货币汇兑、互联网支付、移动电话支付、固定电话支付、数字电视支付等。

② 预付卡发行与受理业务。《非金融机构支付服务管理办法》所称的预付卡，是指以营利为目的发行的、在发行机构之外购买商品或服务的预付价值，包括采取磁条、芯片等技术以卡片、密码等形式发行的预付卡。

③ 银行卡收单业务。《非金融机构支付服务管理办法》所称的银行卡收单，是指通过销售点（PoS）终端等为银行卡特约商户代收货币资金的行为。

④ 中国人民银行根据支付服务市场的发展趋势等确定的其他支付业务。

另外，《非金融机构支付服务管理办法》指出，只要符合规定，相关机构都可以取得支付业务许可证。《非金融机构支付服务管理办法》旨在通过严格的资质条件要求，遴选具备良好资信水平、较强盈利能力和一定从业经验的非金融机构进入支付服务市场，在中国人民银行的监督管理下规范从事支付业务，切实维护社会公众的合法权益。未经中国人民银行批准，任何非金融机构和个人都不得从事或变相从事支付业务。

2013 年 6 月中国人民银行发布《支付机构客户备付金存管办法》，旨在对消费者权益进行保护，对金融秩序进行保障，对客户备付金的归属、运用和存管问题做出具体要求。上述法律对客户备付金运用以及存管问题做出具体要求，不允许第三方支付机构进行挪用。然而，《支付机构客户备付金存管办法》没有对沉淀资金孳息的归属、使用以及存管问题进行阐述。实际上，围绕着沉淀资金，中国人民银行在对管理办法进行意见征求期间指出，在取走风险准备金后第三方支付机构享有沉淀资金孳息。针对该主张，部分研究人员指出，该规定不符合《中华人民共和国民法通则》，因而客户享有沉淀资金孳息。鉴于法律未做出具体要求，在实践中互联网第三方支付机构的格式合同中往往有“沉淀资金孳息归第三方机构所有”的条款，而对于这一条款的法律效力问题，是一直让互联网第三方支付各参与主体困惑的问题。

2015 年，中国人民银行等多个部门发布《关于促进互联网金融健康发展的指导意见》（银发〔2015〕221 号）。该意见按照“良性发展、趋利避害、防范风险以及鼓励创新”的整体规定，提出了大量促进互联网金融发展以及鼓励创新的政策办法，大力推动互联网金融平台、服务以及产品创新，促进从业部门彼此协作，显著增加从业机构融资渠道，推行简政放权以及改进财税政策，努力构建信用基础设施及其相应的服务体系。该意见依据创新监管、协同监管、分类监管、适度监管以及依法监管等原则，确立了互联网支付、互联网消费金融、互联网保险、互联网信托、股权众筹融资、互联网基金销售以及网络借贷等互联网金融基本业态的监管职责分工，明确了监管责任，使业务领域具体化。

为了推动支付创新，努力维护消费者正当权益，改进支付服务市场秩序，杜绝系统性风险以及推动网络支付良性发展，中国人民银行出台了《非银行支付机构网络支付业务管理办法》（中国人民银行公告〔2015〕第 43 号），并于 2016 年 7 月 1 日正式实施。《非银行支付机构网络支付业务管理办法》对《关于促进互联网金融健康发展的指导意见》进行了有效补充，规范了非银行支付机构（以下简称支付机构）网络支付业务，有助于其良性发展。《非银行支付机构网络支付业务管理办法》对支付机构网络支付业务的内涵以及领域进行了明确，对监管规则以及标准进行具体化，从诸多层面（包括业务与风险管理、系统与信息安全、信息公开与风险提醒以及客户权益保护与法律责任等）给予系统性规划，围绕互联网金融跨市场风险，设计出相应的隔离制度。《非银行支付机构网络支付业务管理办法》实行支付账户实名制，规定支付机构应立足“了解客户”原则，构建全面的客户身份识别机制，进一步强化反洗钱以及反恐怖融资规定，避免违法犯罪行为。此外，《非银行支付机构网络支付业务管理办法》围绕诸多层面（包括客户知情权、自主选择权、信息安全以及资金安全等）给予诸多管理要求，同时规定支付机构对客户投诉处理以及客户损失赔付等机制进行完善。《非银行支付机构网络支付业务管理办法》对《关于促进互联网金融健康发展的指导意见》进行了有效补充，有助于构建完善的互联网金融监管法规制度体系，便于对我国支付服务市场进行规范，保障公平有序地竞争，均衡支付效率和安全，维护消费者正当权益以及推动支付服务创新与互联网金融良性发展。

2017 年 1 月 13 日《中国人民银行办公厅关于实施支付机构客户备付金集中存管有关事项的通知》发布，自 2017 年 4 月 17 日起，支付机构应将客户备付金按照一定比例交存至指定机构专用存款账户，该账户资金暂不计付利息。中国人民银行根据支付机构的业务类型和最近一次分类评级结果确定支付机构交存客户备付金的比例，并根据管理需要对其进行调整。2017 年 8 月 4 日中国人民银行支付结算司发布《关于将非银行支付机构网络支付业务由直连模式迁移至网联平台处理的通知》，文件规定了支付机构直连模式迁移至网联平台的具体时间点，自 2018 年 6 月 30 日起，支付机构受理的涉及银行账户的网络支付业务全部通过网联平台处理，各银行和支付机构应于 2017 年 10 月 15 日前完成接入网联平台和业务迁移相关准备工作。为规范条码支付业务，保护消费者合法权益，维护市场公平竞争环境，促进移动支付业务健康可持续发展，2017 年 12 月 27 日中国人民银行印发《条码支付业务规范（试行）》，自 2018 年 4 月 1 日起实施。该文件规范了条码支付，明确条码支付验证要素及支付限额，对条码支付进行分级管理。

10.3　互联网银行监管

10.3.1　境外对于互联网银行的监管

互联网银行虽然在我国境内属于新生事物，但在境外很多国家和地区早已发展成熟。不同国家和地区的发展情况不同，法律监管的重点与形式也有所差异，对境外国家和地区互联网银行的监管对策进行对比和研究，可以总结可行的经验为建立我国监管体系提供参考。

1. 美国

1995 年 10 月全球第一家互联网银行——第一安全网络银行（SFNB）经美国联邦银行管理机构批准诞生。美国将互联网银行称为“直接银行”或“直接网上银行”，仅仅在八周之内第一安全网络银行就开通了 1 000 个账户，几个月以后浏览量就达到了上千万。第一安全网络银行业务的迅速增长为美国互联网银行的发展带来了良好开端。随后，美国互联网银行不断发展壮大，其中 BOFI、Ally Bank、WellsFargo 不论是在发展规模上还是在营业模式上都是有代表性的互联网银行。

美国对于商业银行的监管在确立了银行存款保险制度、伞状管理体系、混业经营制度、分业监管制度、金融消费者保护制度等多项基础制度以后，一直积极地实行自由金融的经济政策。因此对于互联网银行的监管，美国政府也一直持有相对宽松的监管态度，除了针对互联网银行的特征出台的专项监管规则以外，现存的对传统银行监管的法律法规同样也适用于对互联网银行的监管。在监管体系建立的基础上美国对互联网银行采用部门分工合作监管，美国联邦储备系统以及美国货币监理署主要负责监管职能，同时美国财政部与美国联邦存款保险公司也担负一部分的监管职责。美国现行有效的互联网银行监管的法律法规主要规范了互联网欺诈、互联网隐私泄露，以及互联网金融交易中电子证书的效力认证等问题，为互联网银行的平稳运行提供了保障。在互联网银行的风险控制上，美国对互联网银行的监管主要体现在以下几个方面。

（1）严格的市场准入机制

美国货币监理署在2001年发布的《国民银行网上银行注册审批手册》中规定了设立互联网银行的主要流程及审批标准。对于作为传统银行分支机构的网络银行，按照设立新的营业部或分支机构的规则进行设立即可，无须经过注册审批，只需当地的监管部门进行定时年检，收集数据资料。而对于这里所讨论的互联网银行，则需要按照新银行的程序进行审批注册，并要满足其他更为严格的要求。

（2）特殊风险控制

对于互联网银行的风险监管，最为详尽的规则体现在1999年由美国货币监理署颁布的《互联网银行业务——监管手册》。该手册规定了新的风险管理应包括的基本要素，并分别规定了银行的董事长、高级管理人员应具备的防控风险的技能。对于个人数据的保护，美国除了分部门进行保护以外，还强调行业自律，这其中由各大公司联合成立的自律组织承担了重要的角色。美国对互联网银行的监管除了多个部门分工合作以外，法律中规定的银行监管各项指标的专业性和针对性很强。总体来说，就是以自由经营为主，但是对于可能产生的风险却有着明确的防范措施，并且对于每种可能存在的风险都有着明确的技术标准可供参考。

2. 日本

日本互联网银行的起步较晚，与美国互联网银行自发产生不同，日本互联网银行是在经济发展停滞的情景之下，由传统银行牵头建立的，这种互联网银行在日本被称为“网络专业银行”。日本的一家著名的互联网银行是由日本第一大电子商务公司乐天设立的乐天银行，其前身则是日本第二个互联网银行 eBANK Corporation。乐天最早以“乐天市场”起家，主要做电子商务，进行线上交易、线下配送以及担保服务。随后，乐天公司进入证券业，发放信用卡，建立乐天保险以及乐天银行。乐天形成了互联网金融一体的模式，通过乐天市场积累下来的客户以及收集的客户数据，为客户提供全方位的金融服务。除了互联网银行手续费低廉、存款利率高以及24小时服务的固有优势以外，相对于美国互联网银行，日本互联网银行的经营根据其经济发展特点有其自身的特色。

日本对银行业实行一体化监管制度，由金融厅对证券业、保险业和银行业进行统一监管。与美国自由发展、分部门灵活监管的模式不同，日本对银行业的监管呈现出政府高度参与的态势。虽然随着金融自由化发展的呼声日愈强烈，政府部门逐渐放权，但是政府仍然扮演着重要的角色。2000年5月日本金融厅发布的《异业种加入银行经营及网络专业银行等新形态银行执照的审查指针方案》明确提出了允许如日本乐天金融集团这类企业参与银行业，并最终发展为包括银行、保险等各类金融服务的互联网金融集团。日本政府对于网络安全以及个人信息的保护一直高度重视。在 2014 年国会通过《网络安全基本法》的基础上，2015 年日本更是提出了“网络发展新战略”，强调政府与金融领域等民间机构联合共同应对网络袭击。对于个人征信体系的建立，日本政府初期采取资助的形式。例如，东京兴信所每年可以得到一定的补助金，在征信机构逐渐完善以后，日本政府逐渐退出。日本政府扶植导致了日本征信机构形成了一定的行业垄断，但是因为征信机构需要大量的调查员以及海量的资料储备，大公司垄断配合专门领域内的中小型公司经营的模式在一定程度上有利于征信报告的准确性。自 2001 年日本《信息公开法》实施以来，政府将掌握的大量信息，如企业登记以及历次变更状况、土地房屋状况、股东变换状况、破产申请等，免费向公众公开变相丰富了征信体系的信息来源。根据我国目前互联网金融行业的发展状况，我们认为日本这种由政府主导建立征信体系以及加强政府指导的模式更具有参考价值。

10.3.2 境内对于互联网银行的监管

互联网银行的出现和发展并不意味着完全替代传统银行。相反，在一个现实的需求环境中，二者更多地需要并存，为多层次的金融客户市场提供多元化的需求。对于监管者而言，这意味着自身将面对互联网银行与传统银行并存的行业结构。承认互联网银行的特点和特殊性并不意味着其在遵守监管规范方面享有豁免权和特殊地位。在风险监管的维度下，无论是对互联网银行还是对传统银行都应当适用同样的监管标准。二者的差异只应体现在商业因素领域，而不是体现在监管领域。互联网银行的监管更需要有效识别互联网技术外壳下的银行业务本质，明确相应的业务定义和边界，避免以互联网银行的名义实际从事与传统银行同质类的业务，但却游离于该项业务的监管覆盖之外。监管者应避免对互联网银行与传统银行进行分割监管，形成监管套利空间和市场不公平性。从总体上来看，当下境内互联网银行主要适用的监管体系依然是传统意义上的银行监管体系。现有的互联网银行总体监管框架保持了监管规则的一致性和公平性，没有为互联网银行构建特殊的制度体系。从目前互联网银行的基本业务属性和经营范畴来看，也确实没有超越现有监管法规的原则和范畴。境内互联网银行监管的具体内容和法律法规主要可以概括为市场准入、业务范围、反洗钱规定、银行风险管理和消费者保护五大部分。

1. 市场准入

境内互联网银行的市场准入制度是互联网银行能否开展业务、能否有效地进行风险控制及维持市场稳定性的决定因素，同时也是境内互联网银行法律监管的开端。境内现有法律法规中涉及互联网银行市场准入的主要是 2006 年发布的《电子银行业务管理办法》。《电子银行业务管理办法》第四条规定：经中国银监会批准，金融机构可以在中华人民共和国境内开办电子银行业务，向中华人民共和国境内企业、居民等客户提供电子银行服务，也可按照本办法的有关规定开展跨境电子银行服务。根据这一规定，互联网银行的业务主体被界定为金融机构，从而限制了互联网银行市场的范围。同时，《电子银行业务管理办法》对市场准入的界定也与《关于促进互联网金融健康发展的指导意见》的核心思想保持一致。《关于促进互联网金融健康发展的指导意见》指出，互联网金融本质仍属于金融，没有改变金融风险隐蔽性、传染性、广泛性和突发性的特点。因此，根据《电子银行业务管理办法》和《关于促进互联网金融健康发展的指导意见》，我国互联网银行被界定为金融机构。

2. 业务范围

互联网银行监管条例中关于互联网银行的业务范围和准则的规定是决定互联网银行能够从事哪些经营活动的决定性因素，从我国现有的法律和银行监管体系来看，《中华人民共和国商业银行法》《关于促进互联网金融健康发展的指导意见》以及《电子银行业务管理办法》等法律条文都对互联网银行的业务有所涉及。

3. 反洗钱规定

反洗钱是指政府严厉打击通过各种方式掩饰、隐瞒破坏国家金融市场稳定犯罪的所得及其收益的来源和性质的洗钱活动。从各国打击洗钱活动的实践来看，洗钱主要通过银行、保险、证券、房地产等机构进行。在互联网时代，互联网银行自然成为洗钱活动猖獗的重灾区，因此有必要对互联网银行潜在的洗钱风险加以严格监控。从我国的现有法律来看，涉及互联网银行反洗钱的法律法规主要有《中华人民共和国反洗钱法》《金融机构反洗钱规定》以及《金融机构客户身份识别和客户身份资料及交易记录保存管理办法》。

4. 银行风险管理

商业银行在日常经营管理过程中会面临多种风险，银行风险可以分为市场风险、信用风险、操作风险以及流动性风险等。如何将风险控制在可以接受的低水平是商业银行经营管理的重中之重，“互联网+银行”背景下的银行风险管理模式，其突出特征是数据化和自动化。对于我国新兴的互联网银行来说，其在传统银行风险的基础上又面临着新的风险，因此对互联网银行的监管要强调风险方面的管理，包括内部控制机制以及风险识别与防范等措施。我国现有互联网银行监管中涉及银行风险管理的规定主要有《电子银行业务管理办法》。

5. 消费者保护

一直以来，我国都高度重视金融消费者权益保护工作。2015 年发布的《国务院办公厅关于加强金融消费者权益保护工作的指导意见》（国办发〔2015〕81 号），明确指出加强金融消费者权益保护工作，是防范和化解金融风险的重要内容，对提升金融消费者信心、维护金融安全与稳定、促进社会公平正义和社会和谐具有积极意义。随着互联网金融在我国的蓬勃发展，2015 年发布的《关于促进互联网金融健康发展的指导意见》，明确要求研究制定互联网金融消费者教育规划，及时发布维权提示，加强互联网金融产品合同内容、免责条款规定等与消费者利益相关的信息披露工作，依法监督处理经营者利用合同格式条款侵害消费者合法权益的违法、违规行为，构建在线争议解决、现场接待受理、监管部门受理投诉、第三方调解以及仲裁、诉讼等多元化纠纷解决机制，细化和完善互联网金融个人信息保护的原则、标准和操作流程，严禁在网络销售金融产品过程中进行不实宣传，强制捆绑销售。中国人民银行、中国银监会、中国保监会、中国证监会、同有关行政执法部门，根据职责分工依法开展互联网金融领域消费者和投资者权益保护工作。

10.4 P2P 网络借贷监管

10.4.1 境外对于 P2P 网络借贷的监管

1. 美国

Prosper 和 Lending Club 是目前美国最大的两个 P2P 网络借贷平台，是 P2P 网络借贷在美国传播的成果，它们代表着世界上 P2P 网络借贷发展的较高水准。两个 P2P 网络借贷平台的操作流程基本相同。首先，用户需要在平台上进行注册，填写个人资信，借款人则还需要提交借款申请，由平台进行审核和信用评级。在确定贷款利率时，Prosper 会综合考虑信用评级、贷款期限、经济环境和同业竞争环境等几方面。这一流程与境内 P2P 网络借贷平台的操作流程差别不大，但由于美国已经建立了成熟的信用体系，仅通过查询个人社保号码就可以查询到其全部信用记录，因而对于借款人的信用审核可靠性更高，能更好地防范借款人的信用风险。其次，网络借贷平台还需要对投资者进行审核，虽然条件相对宽松，但投资者仍需提供收入和资产证明，并且两个 P2P 网络借贷平台都各自设置了投资者的投资上限：Prosper 为 500 万美元，Lending Club 为其个人净资产的 1%，这一举措能够保证参与交易的投资者为合格投资者，从而降低了交易风险，同时也在一定程度上防范了投资者利用平台进行洗钱的风险。完成以上流程，借款人才能在平台上发布借款信息，供投资者选择。成熟的信用体系和更为严格的投资者审查机制使得美国 P2P 网络借贷的信用风险、洗钱风险、借款人违约风险得到了一定程度的遏制，但同时也增加了 P2P 网络借贷平台的运营成本。关于贷款的发放，我国的 P2P 网络借贷平台一般是在借款协议达成后，由贷款人通过以平台名义在第三方机构设立的中间账户直接向借款人付款。这样就容易形成资金池，增加了资金被挪用等的风险，也引起了许多关于 P2P 网络借贷平台合法性的质疑。Prosper 和 Lending Club 则是由外部第三方的银行 WebBank 来进行贷款审核、发放，WebBank 在发放贷款后，将贷款所有权转卖给 Prosper 或 Lending Club；再由它们以收益权凭证的方式卖给投资者。WebBank 在整个过程中的作用就是分销贷款，而这是 P2P 网络借贷平台因没有相关牌照而不能做的业务。引入分销银行来发放贷款，有利于防范 P2P 网络借贷平台自身的合法性风险，也有利于发挥传统金融中介机构在贷款审核方面的优势，实现多头监管，保障交易安全。

（1）监管主体

2008 年 11 月，美国证券交易委员会依据豪威公司案（SEC v. W. J. Howey Co）和雷维斯诉安永案（Reves v. Ernst &Young）认定 Prosper 网络借贷平台出售的收益权凭证的性质为证券，Prosper 网络借贷平台未经注册擅自发行证券的行为构成了美国 1993 年《证券法》中规定的“出售未经注册的证券产品”的情形，责令其暂停营业，提交有效的注册申请。受此命令的影响，Prosper 网络借贷平台和 Lending Club 网贷平台分别于 2009 年和 2008 年在美国证券交易委员会进行了注册。至此，美国的 P2P 网络借贷业务正式纳入美国证券交易会的监管范围。

美国 1933 年《证券法》第 2 条第 a 款第 1 项和 1934 年《证券交易法》第 3 条第 a 款第 10 项虽然都分别对法律意义上的“证券”进行了解释，但都较为宽泛，并未直接将 P2P 网络借贷形式纳入其范围，但美国是判例法国家，豪威公司案和雷维斯诉安永案使得美国证券交易委员会确立了“投资合同”标准。该标准主要包括以下四点：① 用金钱进行投资；② 期望获利；③ 投资于一家普通企业；④ 仅依靠第三方努力使自己获利。依据该标准，美国证券交易委员会认为，在 Prosper 网络借贷平台发放收益权凭证的过程中，贷款人与借款人并未直接交易，贷款人仅依靠第三方网络借贷平台取得收益，因而发放收益权凭证的行为属于投资行为，收益权凭证为证券，属于美国证券交易委员会监管的范围。美国证券交易委员会的监管规范了美国的 P2P 网络借贷市场，也在一定程度上提高了 P2P 网络借贷平台的运营成本，使得一些中小网络借贷平台退出 P2P 网络借贷市场。

在美国证券交易委员会之外，美国还有一些联邦或地方监管部门也对 P2P 网络借贷实施监管，如州的证券监管部门、美国联邦存款保险公司、美国公平交易委员会，这些监管部门对 P2P 网络借贷的监管较为分散，主要针对各自职能领域进行监管，这就形成了美国 P2P 网络借贷多头监管的格局。

2010 年 7 月美国出台的《多德-弗兰克法案》第 989 条规定，美国政府问责办公室可以通过联邦层面的美国证券交易委员会和州层面的金融消费者保护局对 P2P 网络借贷行业实施监管。该法案将 P2P 网络借贷纳入金融消费者保护局的监管范围，赋予金融消费者保护局广泛的立法、执法权力，以加强对 P2P 网络借贷行业的监管。相对一些零散的监管机构，金融消费者保护局更具综合性和权威性，这有利于 P2P 网络借贷行业监管权力的集中，以强化监管。除此之外，该法案还赋予美国审计总署对信贷服务中介进行调查研究并做出决策的权利。至此，美国形成了证券交易委员会和金融消费者保护局两大主要机构共同对 P2P 网络借贷行业进行监管的局面，并辅有一些零散的监管机构对 P2P 网络借贷行业进行监管，共同维持 P2P 网络借贷行业的健康发展。

（2）监管方式

美国证券交易委员会对 P2P 网络借贷的监管权来自于通过判例将其界定为证券理

财产品，这就使得美国证券交易委员会对 P2P 网络借贷的监管是一种证券形式的监管。具体而言，美国证券交易委员会规定 P2P 网络借贷平台必须进行注册登记，定期上报，并要求履行严苛的信息披露义务。依据《多德-弗兰克法案》，金融消费者保护局在 P2P 网络借贷行业获得了广泛的立法和执法权，金融消费者保护局有权不顾其他监管部门的反对，推进 P2P 网络借贷领域的立法；也可以自主豁免原来受监管的 P2P 网络借贷市场主体；对于 P2P 网络借贷中的不公平、欺诈等行为，金融消费者保护局可以进行民事诉讼，召开听证会，做出行政裁决等。相对于美国证券交易委员会，金融消费者保护局对于 P2P 网络借贷的监管方式更加灵活、多样。

（3）监管内容

美国证券交易委员会和金融消费者保护局虽然都对 P2P 网络借贷市场享有监督权，但在具体的监管方向上两大机构各有侧重。美国证券交易委员会对于 P2P 网络借贷行业的监管兼具保护消费者合法利益、维护市场秩序、加强信息披露等职责，而金融消费者保护局则强调从消费者保护的角度进行监管，指向性更强。

从前面可知，美国证券交易委员会对 P2P 网络借贷的监管既有事前监管——进行注册登记，也有事中监管——提交报告，履行信息披露义务。在美国证券交易委员会的监管之下，P2P 网络借贷平台被看作是证券发行人，它必须在成立之初在美国证券交易委员会进行注册登记，登记的内容十分广泛，包括平台的业务模式、财产状况等。P2P 网络借贷平台在完成注册登记，正式成立及运营后还需要每天至少向美国证券交易委员会提交一次报告，上报每天的贷款情况。除此之外，美国证券交易委员会还要求 P2P 网络借贷平台持续不断地以合法方式履行披露义务，披露信息包括平台年报、季报以及借款人的详细信息。美国证券交易委员会严格的注册登记要求提高了 P2P 网络借贷市场的准入，有利于防范平台“跑路”等风险，从而维护了市场安全，但是过于严格的登记制度也增加了 P2P 网络借贷平台的运营成本，不利于市场的充分竞争。而频繁的信息披露不仅提高了行业门槛，也抑制了行业创新，更可能引发用户个人信息泄露的风险。相对于美国证券交易委员会，金融消费者保护局对 P2P 网络借贷监管的内容更加具有针对性，一切不利于消费者权益保护的行为都属于其监管范围。

综上可知，美国的 P2P 网络借贷是一种建立在其现有信用机制之下的金融创新形式，对于解决个人消费贷款、商业贷款具有积极意义。对于 P2P 网络借贷，政府采取的是一种严密监管的制度，既有美国证券交易委员会基于判例法将 P2P 网络借贷视为证券发行，要求 P2P 网络借贷平台进行注册登记，并履行严格的上报和信息披露义务，又有金融消费者保护局从保护消费者的角度对 P2P 网络借贷行业进行全面监管，同时还有一些零散机构对 P2P 网络借贷的某一方面进行监管，从而形成了一个完整而严密的监管体系，保障了 P2P 网络借贷行业健康、有序发展，但也要认识到，过于严苛的监管体系在一定程度上阻挡了国外 P2P 网络借贷平台进入美国市场，妨碍了市场竞争，过高的监管成本也加大了 P2P 网络借贷平台运营的压力，阻碍了其业务创新，不利于

P2P 网络借贷市场的发展。

2. 英国

Zopa 是英国最具代表性的 P2P 网络借贷平台。借款人要通过 Zopa 进行 P2P 网络借贷，首先要在 Zopa 上进行注册，由 Zopa 进行审核，并根据英国几家信用机构的信用记录对借款人进行信用评级，划分贷款市场，对合适的出借人与借款人进行撮合，达成借款协议，最终借款利率主要受借款人设定的借款利率、期限以及借款人被划分的贷款市场影响。在整个网络借贷过程中，Zopa 的责任包括借贷双方交易中所有与借款有关的事务，完成借款文件，执行借款人的信用认证，雇佣代理机构为出借人追讨欠账等。在坏账出现时，Zopa 甚至需要动用自身的资金填补出借人的坏账。除此之外，Zopa 为了降低出借人的风险，还会将出借人的资金分散借贷给众多借款人。目前，我国许多 P2P 网络借贷出借人的运行模式与 Zopa 的运行模式十分接近，它们都采取了一系列措施分散风险，保护出借人的资金安全。

（1）监管主体

英国作为 P2P 网络借贷的发源国，P2P 网络借贷监管体系相对成熟，其监管主体既有政府设立的专门监管机构——金融行为监管局，还包括行业自律协会——P2P 金融协会。

2010 年前，尽管英国的 P2P 网络借贷行业迅速兴起，但并没有设立专门的 P2P 网络借贷监管机构，也没有专门针对 P2P 网络借贷进行立法。2010 年以后，英国实施金融监管体制改革，赋予英格兰银行维护金融稳定、实施审慎金融监管的权力。英格兰银行下设的金融政策委员会、审慎监管局、金融行为监管局分别负责宏观监管、审慎监管、一般监管。而 P2P 网络借贷作为一种金融创新形式，其规模正在形成中，尚未达到需要审慎监管的地步，因而划归金融行为监管局监管。

同时，在 P2P 网络借贷在英国出现之初，作为一种新事物，政府虽然允许其继续经营，却没有及时出台相应的法律法规对其实施监管，许多不具备基本运营资质的 P2P 网络借贷平台也开始经营 P2P 网络借贷业务，吸引了众多公众参与，导致 P2P 网络借贷市场秩序混乱，阻碍了 P2P 网络借贷行业的发展。因而，一些大型的 P2P 网络借贷平台出于自身安危考虑开始积极推动 P2P 网络借贷行业协会的成立，以制定统一的行业规则，规范 P2P 网络借贷市场。2011 年 8 月 15 日，英国 P2P 金融协会应运而生，是英国 P2P 网络借贷行业的自律协会。该协会在政府的监管之外积极制定行业规则，规范成员自身行为，维护 P2P 网络借贷行业秩序，是英国 P2P 网络借贷监管的重要内容。

（2）监管方式

英国金融行为监管局 2014 年 3 月出台《关于互联网众筹及通过其他媒介发行不易变现证券的监管办法》（以下简称《监管办法》）是全球第一部针对 P2P 网络借贷监管的法律。该办法主要是从促进 P2P 网络借贷市场的健康繁荣发展和保护金融消费者的角度，对 P2P 网络借贷平台进行监管。除此之外，金融行为监管局还要求 P2P 网络借贷平台定期提交报告，对其运营进行全程监管。

P2P 金融协会是实施 P2P 网络借贷监管的自律协会，其一方面加强成员间的联系，实现成员间的信息共享，出台自律规则，规范行业秩序；另一方面，也积极推动金融行为监管局进行专门立法。相对于金融行为监管局，P2P 金融协会的监管方式更加自由，要求成员具有较强的自律性，是政府监管之外的有益补充。

（3）监管内容

金融行为监管局对于 P2P 网络借贷的监管内容主要体现在其颁布的《监管办法》中，该办法规定了 P2P 网络借贷平台的最低运营资本，要求其对客户资金进行尽职调查，并将其存储于第三方银行；要求其履行定期报告义务，报告内容涵盖平台自身的财务情况、客户资金情况、贷款信息等。除此之外，金融行为监管局还要求 P2P 网络借贷平台对新产品进行详细解释，对其借贷风险、担保情况、实际收益率等履行披露义务。最后，金融行为监管局还对 P2P 网络借贷平台的投诉管理、破产退出机制以及消费者撤销权提出了要求。根据该办法，金融行为监管局对于 P2P 网络借贷的监管贯穿于网络借贷的各个环节、各个方面。

P2P 金融协会作为自律协会，其约束力只限于协会成员。为了更好地约束协会成员的经营行为，P2P 金融协会制定了运营准则，该准则要求 P2P 网络借贷平台的董事会成员中必须至少有一位是法律规定的认可代理人，P2P 网络借贷平台必须建立完善的信用风险管理体制，同时还对 P2P 网络借贷平台的运营资本、平台建设、信息披露等提出了最低要求。相对于金融行为监管局出台的《监管办法》，P2P 金融协会制定的运营准则的规定更加细致，也对成员提出了更高的要求，反映了 P2P 网络借贷行业健康发展的要求。

综上所述，英国作为 P2P 网络借贷发展较为成熟的国家，已经形成了较为完善的信用体系、行业自律体系，其专门机构监管与行业协会自律相结合的 P2P 网络借贷监管模式，既有利于从整体上把握行业的发展脉络，维持行业秩序，维护金融安全，又能从个体上对 P2P 网络借贷平台提出更高的要求，灵活地制定各种行业规则，更好地保护投资者利益，二者相互影响，共同推动英国 P2P 网络借贷行业的稳健发展。

10.4.2 境内对于 P2P 网络借贷的监管

目前我国对 P2P 网络借贷还没有明确的监管法律法规。2015 年 7 月 18 日中国人民银行等部门发布的《关于促进互联网金融健康发展的指导意见》中指出，网络借贷包括个体网络借贷（即 P2P 网络借贷）和网络小额贷款。个体网络借贷是指个体和个体之间通过互联网平台实现的直接借贷。在个体网络借贷平台上发生的直接借贷行为属于民间借贷范畴，受《中华人民共和国合同法》《中华人民共和国民法通则》等法律法规以及最高人民法院相关司法解释规范。个体网络借贷要坚持平台功能，为投资方和融资方提供信息交互、撮合、资信评估等中介服务。个体网络借贷机构要明确信息中介性质，主要为借贷双方的直接借贷提供信息服务，不得提供增信服务，不得非法集资。网络小额贷款是指互联网企业通过其控制的小额贷款公司，利用互联网向客户提供的小额贷款。网络小额贷款应遵守现有小额贷款公司监管规定，发挥网络贷款的优势，努力降低客户融资成本。网络借贷业务由中国银监会负责监管。

2015 年 12 月 28 日，中国银监会公布《网络借贷信息中介机构业务活动管理暂行办法（征求意见稿）》，对我国 P2P 网络借贷提供了纲领性的指导，主要内容如下。

（1）界定了网络借贷的内涵，明确了适用范围及网络借贷活动的基本原则，重申了从业机构作为信息中介的法律地位。

网络借贷机构以互联网为主要渠道，为出借人和借款人提供信息收集、信息公布、资信评估、信息交互、借贷撮合等服务，具有高效便捷、贴近客户需求、成本低等特点，在完善金融体系，弥补小微企业融资缺口、满足民间资本投资需求、促进普惠金融发展等方面发挥积极的作用。该意见规定，从事 P2P 网络借贷业务，应当遵循依法、诚信、自愿、公平的原则，对出借人及相关当事人的合法权益，以及合法的网络借贷业务和创新活动，予以支持和保护。

（2）明确了网络借贷监管体制机制及各相关主体责任，促进各方依法履职，加强沟通、协作，形成监管合力，增强监管效力

按照该意见提出的“依法监管、适度监管、分类监管、协同监管、创新监管”的原则及中央和地方金融监管职责分工的有关规定，该意见明确了中国银监会作为中央金融监管部门负责对网络借贷业务活动进行制度监管，制定统一的业务规则和监管规则，督促和指导地方政府金融监管工作，加强风险监测和提示，推进行业基础设施建设，指导网络借贷协会等。同时该意见还明确了工业和信息化部、公安部、国家互联网信息办公室等相关业务主管部门的监管职责以及相关主体法律责任。地方金融监管部门负责辖内 P2P 网络借贷机构的具体监管职能，包括备案管理、规范引导、风险防范和处置工作等。

（3）规定所有网络借贷机构均应在领取营业执照后向注册地金融监管部门备案登记

备案不设置条件，不构成对网络借贷机构经营能力、合规程度、资信状况的认可和评价。同时，地方金融监管部门对备案后的网络借贷机构进行分类管理，并充分信息披露。

（4）明确了 P2P 网络借贷业务的规则和风险管理要求，坚持底线思维，加强事中事后行为监管

根据该意见提出的“鼓励创新、防范风险、趋利避害、健康发展”的总体要求，该意见以负面清单形式划定了业务边界，明确提出不得吸收公众存款，不得归集资金设立资金池，不得自身为出借人提供任何形式的担保等 12 项禁止性行为，对打着“网贷”旗号从事非法集资等违法违规行为，坚决实施市场退出，按照相关法律和工作机

制予以打击和取缔，净化市场环境，保护投资者等的合法权益。同时，该意见对业务管理和风险控制提出了具体要求，实行客户资金由银行业金融机构第三方存管制度及控制信贷集中度风险等，防范平台道德风险，保障客户资金安全，严守风险底线。

（5）注重加强消费者权益保护，明确对出借人进行风险揭示及纠纷解决途径等要求

该意见设置了借款人和出借人的义务、合格出借人条件，明确对出借人风险承受能力进行评估和实行分级管理，通过风险揭示等措施保障出借人知情权和决策权，保障客户信息采集、处理及使用的合法性和安全性。同时该意见还明确了纠纷、投诉和举报等解决渠道和途径，确保及时、有效地解决纠纷、投诉和举报等，保护消费者合法权益。

（6）强化信息披露监管，发挥市场自律作用，创造透明、公开、公平的网贷经营环境

该意见规定网络借贷机构应履行的信息披露责任，充分披露借款人和融资项目的有关信息，并实时和定期披露 P2P 网络借贷平台的有关经营管理信息，对信息披露情况等进行审计和公布，保证披露的信息真实、准确、完整、及时。同时该意见坚持以市场自律为主，行政监管为辅的思路，明确了行业自律组织、资金存管机构、审计等第三方机构的有关职责和义务，充分发挥 P2P 网络借贷市场主体自治、行业自律和社会监督的作用。

中国银监会于 2016 年 8 月 24 日发布了《网络借贷信息中介机构业务活动管理暂行办法》，要求实施备案管理制度；设置负面清单制，明确网络借贷机构禁止从事的行为；要求对客户资金实行第三方存管；限制借款集中度风险。该办法出台后，行业乱象得到了有效的遏制。该办法在内容上已具备规范雏形，但其具体实施仍有待通过配套措施得以明确，以便提高可操作性。

中国银监会办公厅联合工业和信息化部办公厅、国家工商行政管理总局办公厅于 2016 年 10 月 28 日发布了《网络借贷信息中介机构备案登记管理指引》，规定：新设的网络借贷信息中介机构完成工商登记注册后还应向注册地金融监管部门申请备案登记；已设立并发展经营的网络借贷信息中介机构按照分类结果处理；办理备案登记所需资料。该指引明确说明，备案登记仅对机构的基本信息进行登记，公示并建立相关机构档案，不构成对其经营能力、合规程度、资信状况的认可和评价。该指引即为《网络借贷信息中介机构业务活动管理暂行办法》关于备案登记制度的落实，具体对向谁登记、如何登记、登记的效力进行规定，形式上为 P2P 网络借贷行业确立了门槛，明确了其受当地工商部门和金融监管部门双重监管。

中国银监会办公厅于 2017 年 2 月 22 日发布《网络借贷资金存管业务指引》，该指引对银行接受 P2P 资金存管业务提出了具体的要求，网络借贷资金存管业务指商业银行作为存管人接受 P2P 网络借贷平台的委托，依照法律法规规定以及合同约定履行网络借贷资金存管义务，具体包括专用账户的开立与销户，资金的保

管、清算，账务核对以及资金监督等。该指引具体化了资金存管业务的细节。该指引即为《网络借贷信息中介机构业务活动管理暂行办法》关于资金存管要求的落实，以确保网络借贷资金存管机制的实现。但由于银行与 P2P 网络借贷平台关于资金存管业务的进行存在一些现实的矛盾，因此相关内容有待进一步细化。

10.5 互联网金融监管模型和监管策略

10.5.1 对第三方支付监管的建议

第三方支付监管可以从完善第三方支付监管立法体系，完善第三方支付监管体系，明确第三方支付监管体系，完善第三方支付市场准入制度、规范对第三方支付机构沉淀资金及利息的管理等方面入手，如图 10-1 所示。

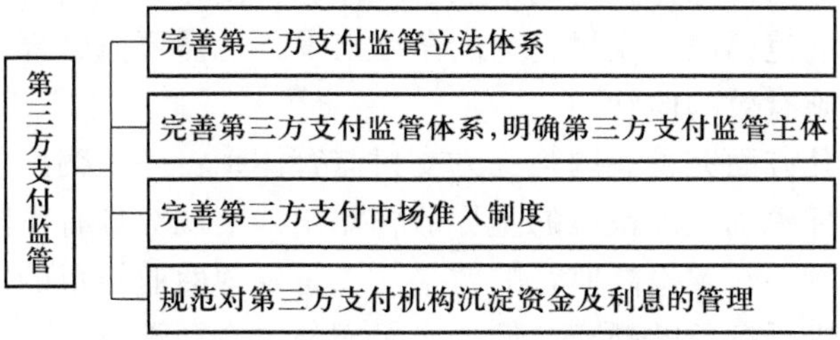

图 10-1 对第三方支付监管的建议

1. 完善第三方支付监管立法体系

我国在现有法规制度的基础上，应该借鉴欧美国家的有益经验，完善针对第三方网上支付的法律体系。第一，应该借鉴国际先进的立法经验，出台相应的法律制度，把对其监管的层次提高到更高的水平。例如，制定一部单行法规，对第三方支付的运作进行全面、系统的约束和监督。第二，尽快出台与现有法规相配套的实施细则，不仅要有法可依，还要所依之法易于被执法者操作，即对其监管的措施不能太抽象，应具有一定的可操作性，利于执法。除以上两点之外，需要注意的是，在推进国家层面立法的同时，也应该根据地方发展水平的差异完善地方立法，这样上至国家下至地方，各个层面的立法就会形成一个统一的整体，相辅相成。

国家应该加强对消费者的合法权益进行保护的立法，同时制定针对第三方支付消费者权益保护的政策法规，进一步细化现有法规中有关消费者权益保护的规定；为了避免消费者网上支付账户信息被盗，消费者除了要提升自身的网络安全水平外，还要从外部获得保障，即国家应该建立支付业务的保险制度，从根本上解决存在的风险，保障消费者财产不受损失。此外，可以成立联合执法部门，确立第三方支付运营、风险等方面信息的共享、沟通和监管协调机制，并且成立专门的消费者保护机构，负责处理投诉，解决金融消费纠纷。另外，还应该加强对支付服务协议的监管，应该在第三方支付服务协议中引入公证预先审查机制，以保护消费者合法权益。此外，还应该加强对电子支付有关知识的宣传教育。

2. 完善第三方支付监管体系，明确第三方支付监管主体

（1）完善第三方支付的监管体系

在我国支付服务市场中要实现对第三方支付的有效监管，首先要强化执法的能力，提高监管水平，弥补第三方支付监管体系中出现的漏洞，形成明确的第三方支付监管体系。此外，还要吸收和借鉴西方发达国家成熟的第三方支付机构监管实践经验，坚持多部门联合，共同协作的模式，并结合我国经济社会的具体情况以及当前比较成熟的监管组织体系，形成由中国人民银行主导监管、商业银行辅助监管、行业协会自律监管、社会舆论补充监管的协同监管体系。同时，加强对整个行业的监督管理，制定相应的操作规范和风险处理办法，构建完善的信用管理体系，使每一类监管主体都承担相应的监管责任。同时，从规范第三方支付行为的角度出发，也需要监管部门制定统一的标准来对相关业务管理实施有效的监管。

可以从以下几方面完善我国第三方支付监管体系：一是突出中国人民银行的法定监管地位，充分发挥中国人民银行的主导监管作用，实现对具有不同支付业务模式的第三方支付机构的监管，有效提高监管的效果。二是发挥商业银行的协作监督作用，对第三方支付监管体系进行有益的补充。例如，引入备付金存管银行和备付金合作银行，不仅能够保障客户账户资金的安全，更重要的是能够实现对第三方支付机构客户备付金更为全面的监督和管理，从而促进网上支付交易活动中资金更好、更安全地流转。三是加强行业自律，制定相应的行业自律规范，从而对第三方支付行业进行全面的监督和管理。此外，还应加强社会舆论监督的作用。例如，监管机构可以向公众公布市场主体资格的资信情况，并且要求网上支付机构定期公布财政状况，以便随时接受社会舆论的监督，从而形成对第三方支付进行监管的社会监督机制，以保障监管的公开、公平、公正，使对第三方支付机构的监管更加透明化，有利于进一步强化社会公众的监督意识。

（2）明确第三方支付机构的监管主体

明确我国第三方支付机构的监管主体，是对第三方支付机构实施有效监管的重要前提。我国目前实行的是“一行两会”的分业监管体制，即由中国人民银行、中国银行保险监督管理委员会、中国证监会对网上支付机构体系进行共同监管。但目前对于第三方支付机构的各个组成部分并没有明确的监管主体，不利于及时监控风险，防范风险。可以根据第三方支付业务的性质来确定第三方支付机构的监管主体，其中中国人民银行主要负责制定第三方支付的规则以及管理支付牌照的发放；中国银行保险监督管理委员会负责对第三方支付机构合作推出的保险产品进行监管；中国证监会负责对第三方支付机构合作推出的互联网基金销售进行监管。此外，对网上支付服务定价的监管由国家发展和改革委员会负责。

3. 完善第三方支付市场准入制度

（1）明确指导原则——利益平衡原则

利益平衡原则不仅是调整第三方支付市场准入制度的指导原则，也是调整社会经济关系的重要原则。在第三方支付市场准入制度中，不仅需要考虑消费者的权利保护、第三方支付机构的利益保护，以及监管机构的权威维护等问题，还要考虑如何平衡各方主体利益间的关系，以及第三方支付行业中各利益诉求间的关系。消费者是第三方支付行业发展的重要基石，必须对消费者的权利进行倾斜性保护。在第三方支付市场准入制度中，消费者权利应该得到尊重和平衡，而且应当提高消费者在第三方支付市场准入制度的话语权，对于那些损害消费者利益的第三方支付机构应当禁止其进入第三方支付市场。监管机构是第三方支付行业的重要管理者，对第三方支付行业的发展起着不可忽视的作用。然而，监管机构的利益可能会与消费者的利益发生冲突，监管机构的过于强势和消费者的弱势是利益冲突的集中体现。在做出第三方支付市场准入决定时，需要通过细化准则限制监管机构的自由裁量权，同时应当设立独立的监管机构，完善第三方支付市场准入行政审批许可监督机制，从而使监管机构审批权制度化，达到进一步完善第三方支付市场准入监管的效果。

（2）借鉴境外第三方支付机构资金制度

为了规范第三方支付行业的发展，我国对第三方支付机构市场准入的注册资本规定了很高的标准，这样做的主要目的是防御风险。第三方支付行业的特点，使其直接拥有大量的消费者的货币资金，为了更好地保障消费者的合法利益，第三方支付机构需要持续持有充足的自有资金。我们可以借鉴国外发达国家对有关支付机构自有资金和资本充足率的规定。例如，美国对第三方支付机构自有资金的要求是不低于 25 000 美元的资本净值。结合我国第三方支付机构的发展现状，可以在法律规范中规定，只要第三方支付机构自有资金持续不变，并与交易金额保持一定的比例，就可以适当降低注册资本的要求。同时，为了最大限度地保障消费者资金的安全，随着交易金额的扩大，对第三方支付机构自有资金的比例也应该进行适当的调整。

（3）在市场准入阶段要求第三方支付机构提供保证金

为了规范对第三方支付机构客户备付金的管理，使第三方支付行业中形成有序的竞争机制，我国对于第三方支付机构自身提供保证金在《支付机构客户备付金存管办法》中有明确的规定，即每季度将 10% 的利息收入计提为风险准备金。提供保证金的真正目的就是当第三方支付行业出现风险时，能够偿还消费者的损失。从长远来说，提供保证金有利于增强第三方支付行业抵御风险和分散风险的能力。然而，这一举措对消费者并不公平，因为第三方支付机构并没有支出利息，而利息收入直接来自客户备付金。我国第三方机构企业在进入市场时，根据消费者交易规模或者资金沉淀数量，由第三方机构提供保证金。

4. 规范对第三方支付机构沉淀资金及利息的管理

（1）建立存款保险制度

关于沉淀资金的处理，美国是将消费者资金存放在银行的无息账户中，这一制度源于美国联邦存款保险公司提出“存款保险”制度，其主要目的是保障沉淀资金安全和实现沉淀资金监管。采用这种存款保险制度，一方面能够明确网上支付机构沉淀资金及其所产生的孳息的所有权归属主体，另一方面能够防止客户备付金被他人挪用，从而保证整个市场交易体系的安全与稳定。我国目前缺乏对第三方支付沉淀资金的有效监管，可以在借鉴国外存款保险制度的基础上出台新的法律制度，要求对银行中的客户备付金进行保险，而这一重任将被放在第三方支付机构身上，它将是法定的投保人，而受益人将是消费者；规定沉淀资金及其孳息所生利息的用途有两个：一个是消费者权益保护，另一个是非金融机构的风险救助，不得为非金融机构所有。这将在一定程度上促进第三方支付机构稳健、持续、健康地发展。

（2）确立事前协商机制

确立事前协商机制蕴含了私法自治精神，符合市场经济活动规律，可以使各方当事人的交易活动更加便利，并减少不必要的成本。这样既有利于构建健康、稳定的第三方支付交易环境，也有利于解决第三方支付沉淀资金及其孳息的分配及归属的问题。第三方支付客户备付金只能存放在银行这一规定，引发了大量资金闲置和监管制度僵化问题，为了解决这些问题，可以对监管的具体内容进行灵活的调整，进而推行事先协商制度。所谓“事前协商机制”，就是银行在第三方支付机构和消费者协商一致的基础上对客户备付金的处理问题进行协商，达成合意后，按照商定的用途对沉淀资金进行利用。即消费者与第三方支付机构相互协商，可以充分利用沉淀资金及其孳息，使之利益最大化，也可以将沉淀资金及其孳息用作风险投资。监管机构应当监督协商的整个过程，从而确保客户备付金的安全。

（3）用沉淀资金产生的利息为消费者账户设立风险基金

中国人民银行出台的《支付机构客户备付金存管办法》规定支付机构按季从客户备付金利息收入中动态计提风险准备金，计提比率最低为10%。虽然风险准备金的提取在一定程度上保障了消费者的合法权益，但也不可避免地造成了资金的浪费。为了保障消费者的合法权益，应该规定将消费者沉淀资金产生的利息放在一个独立开设的风险基金账户中，这种做法主要是借鉴欧盟的风险准备金制度，即利用风险基金账户中的利息来弥补消费者沉淀资金出现的缺损。这样不仅能够有力地保障消费者资金的安全，还在强化支付机构消费者资金安全保护意识和责任、促进整个支付行业健康发展、维护金融秩序稳定等方面具有重要的现实意义。

10.5.2 对互联网银行监管的建议

互联网银行监管可以从制定专门的互联网银行法，加强对互联网银行客户的信息验证与保护，加强对互联网银行的法律监管，加强中国银行业协会与司法机关的合作等方面入手，如图 10-2 所示。

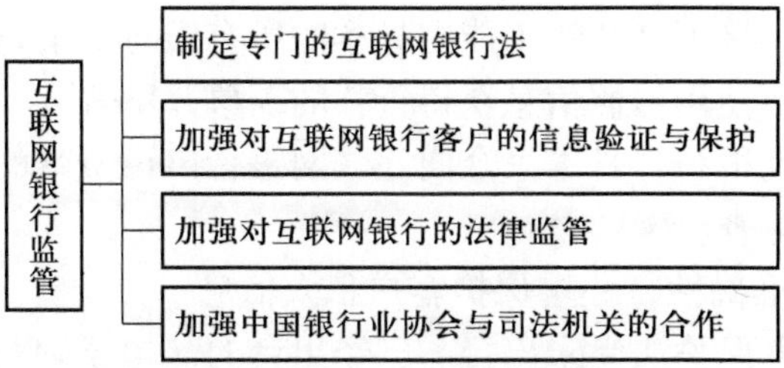

图 10-2　对互联网银行监管的建议

1. 制定专门的互联网银行法

互联网金融随着互联网的快速发展而蓬勃兴起，为了解决随之而来的各种问题，我国出台了《电子支付法》，用以确定网银支付的有效性，新修改的《中华人民共和国民事诉讼法》《中华人民共和国刑事诉讼法》将电子数据列为证据种类，这也表明电子支付的道路越来越畅通。由于我国关于互联网银行的法律目前还是零散的、不全面的，而且对新兴事物的监管还有很多未知领域，因此在发展之初可以逐个突破，制定单行法。国外针对签字、人像识别、信息保护等制定了专门的监管法律，如美国的《网络信息安全稳健操作指南》。每个部门都可以制定专门法规，针对本部门的监管范围制定有操作性的实施细则或者公告等，指导本部门的监管工作。在互联网银行发展相对成熟的时候，制定一部专门的互联网银行法来解决实体及程序的纠纷，可以为互联网银行的发展提供全面且有操作性的法律保障。

2. 加强对互联网银行客户的信息验证与保护

（1）加强对互联网银行客户的信息验证

互联网银行在与客户进行交易前，应该对客户的身份进行严格的验证，禁止为客户的不合法请求提供服务。对于新开设的账户，一定要提高准入门槛，以降低欺诈、洗钱等风险。目前互联网银行的客户身份验证方式有多种，如使用 PIN 验证码等，人像识别目前主要作为辅助手段使用。同时，要使收集到的信息能够进入数据库且不被非法利用，更改信息也需要得到授权。

要加强对互联网银行客户的信息验证，一方面，要建立健全信息标准和共享机制。互联网银行要制定本行业的信用标准，让征信信息更具科学性和准确性。互联网银行要和其他金融行业形成征信信息共享机制，促进各行业健康发展。中国人民银行征信系统是覆盖面最广的征信系统，互联网银行征信系统要与其合作，共享征信信息。此外，还要建立互联网金融征信平台，使征信信息在本行业得到充分利用。

另一方面，加快失信惩戒机制建设。对于不守信用的客户，建立“黑户”制度，在法律法规允许的范围内对失信的记录进行披露，提高失信的成本，以此惩戒失信人员。在互联网金融机构之间建立信息共享平台，对失信者进行经济、司法、行政等方面的惩罚，严格追究其责任。在日本，信用体系很完整，银行客户一旦在和银行交易过程中使用了不实信息，接下来几年不能向日本的所有银行申请贷款，惩罚很严厉，因为失信代价大，所以日本使用虚假信息获得贷款的现象并不普遍。由于整个社会的信用体系成熟，客户的信任度很高，日本民众向互联网银行申请贷款的手续很简单，银行也不需要对其进行严格的审查。

（2）保证数据准确性，注重保护客户私人信息

我国的个人信息保护法尚未出台。已经出台的《电子银行业务管理办法》《电子支付指引（第一号）》等中没有专门针对互联网银行的规定。尽管《电子银行业务管理办法》规定金融机构要对客户的信息与隐私保密，但并没有明确地对互联网银行客户信息的保护做出规定。此外，银行工作人员素质参差不齐，有的工作人员甚至利用职务之便出卖客户个人信息。互联网技术的发展让各种客户信息侵犯手段层出不穷，防不胜防，需要尽快对互联网银行客户的信息保护内容加以明确，信息保护制度的建立刻不容缓。

首先，将客户信息权益作为单独的权利加以保护。《中华人民共和国银行业监督管理法》《电子银行业务管理办法》等行政性的管理规范，并不适用于确立客户信息权益保护基本制度，而需要通过个人信息保护法将互联网银行客户信息权益作为一项独立的个人权益。与此同时，我国还应该开发计算机信息网络安全保护法，明确保护互联网银行客户信息权益，并在《中华人民共和国银行业监督管理法》《电子银行业务管理办法》中添加互联网银行客户信息权益的相关保护规则。其次，确定互联网银行客户信息权益的范围与内容。互联网银行客户的所有信息，包括客户的个人信息、账户信息（如收支明细、资金收支来源、交易数据、信用情况等），都应该是受保护的范围。客户信息权益是私有权，除了法定情形外不得被其他人公开或者泄露。

再次，明确互联网银行的义务和责任。互联网银行和客户的合约存续期间需要向客户提供信息使用政策说明书，各互联网银行要建立客户信息保护的内部监控制度，除司法机关需要外不得非法提供信息，互联网银行要采用客户信息保护技术，预防风险。在信息受到侵害时，互联网银行若未尽到保障义务则需要承担补充责任。

最后，银行业监管机构要承担责任。银行业监管机构要承担保护客户信息权益的责任，同时要把对客户信息保护的定期监督和评估作为银行业监管机构的评价要素。因此，要改变互联网银行的监管制度，转变传统银行业监管机构的监督功能，即改变金融监管以前以地方监管为主的模式，形成特定类型的金融监管，如证券、保险、银行监管。

3. 加强对互联网银行的法律监管

（1）明确监管主体

《关于促进互联网金融健康发展的指导意见》指出，互联网保险业务由中国保监会负责监管，股权众筹融资业务由证监会负责监管，网络借贷业务由中国银监会负责监管，互联网支付业务由中国人民银行负责监管，这一规定仍然是传统模式。互联网金融业务形态复杂，涵盖的金融机构分散，而且是以民营机构为主，传统监管机构很难对它们进行全面覆盖。因此，有必要进一步细化监管主体。一方面，我国地方政府可以在对互联网银行的监管中发挥更大的作用；另一方面根据互联网金融业务的不同类型和特点，进一步完善互联网金融的监管机构，突出当地政府以及工商、互联网管理等部门在监督中的作用。为此，要加强地方立法，加快行政法规的制定，明确各个监管主体的责任和权限，加强它们之间的协调。

（2）监管内容

与传统银行相比，互联网银行监管的主要内容是信用风险和法律风险。一方面，互联网银行越来越看重外部数据和信用评级模型，这是因为它们缺乏实地考察和抵押，面对庞大的网络客户，没有能力去辨别真伪。例如，利用银行“口碑贷”等授信产品，参考“大众点评网”等网民留言情况等。如果没有客观、可信的资信评估平台，客户就可能通过隐蔽相关信息和行动实施欺骗。另一方面，互联网银行方面还存在很多法律漏洞，如由于银行与客户签订的协议内容不明确而引起的纠纷，尤其是互联网中难以准确界定的情况。此外，在互联网银行的计算机感染病毒时，客户的指令无法得到执行，由此产生的损失的承担主体如何确定，这些法律风险都是需要监管的内容。

（3）监管机制

在内部治理方面，要明确银行机构的主体责任，提前进行风险监控，使互联网银行建立符合互联网业务的经营战略，以及符合发展阶段的公司治理框架和内部控制体系；在业务管理规范方面，要建立监管法规、行业标准、自律规范等，并结合互联网银行业务特征合理确定监管导向；在风险监控方面，风险监控体系要有针对性，而且监控的范围要广；在监管方式方面，要采取非现场监督和现场检查并行的方式，及时纠正违规违法行为；在外部配套环境方面，要推动社会信用体系、外部评级机制、外部审计机制和信息披露机制的建设与完善。

4. 加强中国银行业协会与司法机关的合作

2014 年 4 月 23 日，最高人民法院举行“人民法院与银行业执行合作签字仪式”，最高人民法院执行局和招商银行、中国进出口银行等十家政策性银行、商业银行共同签署网络执行查控及信息共享合作备忘录，最高人民法院鼓励各级法院和银行各分支机构共同推进网络监管机制建设，对黑名单人员联合进行信用惩罚，加大失信成本。签字仪式结束后，参加会议的人员进行了关于建立健全查控机制和信用惩罚机制的讨论。这次签字仪式是一个很好的开始，银行与司法机关的合作有利于保护银行的债权，同时在保护银行客户信息权益方面也有很大的作用。互联网银行在发展初期，如果能与司法机关进行更深入、层次更广泛的合作，将会有利于追回信用不良客户的贷款，利用司法机关的执法权力和征信平台预防和减少风险。

10.5.3 对 P2P 网络借贷监管的建议

完善我国 P2P 网络借贷平台运营机制，可以从确定核心监管机构，多部门协同监管，设立 P2P 网络借贷行业市场准入制度，根据平台规模设立最低营运资本金要求，使客户资金独立于平台，分离管理；完善信息扩露制度，侧重消费者保护等方面入手，如图 10-3 所示。

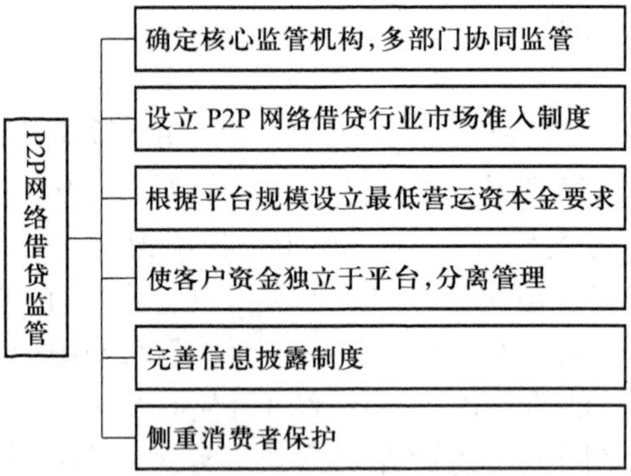

图 10-3 对 P2P 网络借贷监管的建议

1. 确定核心监管机构，多部门协同监管

目前，P2P 网络借贷已被纳入监管议程，P2P 网络借贷将会由中国银行保险监督管理委员会负责接管，中国银行保险监督管理委员会处于监管体系的核心地位，中国人民银行、工商行政管理部门、工业和信息化部等部门在各自的职权范围内对 P2P 网络借贷行业进行探索式的监管。各个部门履行职责，对交易过程中的相关行为进行监管。P2P 网络借贷是一个新兴的行业，其交易方式复杂、多变、灵活。中国银行保险监督管理委员会可以考虑设立新的职能部门专门对 P2P 网络借贷行业进行监管，统一该行业的准入标准，实行备案制，同时授予 P2P 网络借贷行业发展较为先进的经济区域的监管部门一定的管辖权，在不抵触中国银行保险监督管理委员会规定的基础上，针对各自区域 P2P 网络借贷行业的发展特点和问题，制定地域性的监管方案，调整监管政策，优化金融结构。

2. 设立 P2P 网络借贷行业市场准入制度

目前，我国 P2P 网络借贷行业的门槛太低，手续简单，只需注册工商营业执照，到工业和信息化部申请 ICP 许可证，再申请将自己的经营范围增加一类“互联网信息服务”，换领新的营业执照就可以开展 P2P 网络借贷业务。新的《中华人民共和国公司法》颁布之后，对成立公司的要求更低了，注册公司后就能从事类金融业务，由于 P2P 网络借贷行业具有新颖性和特殊性，有别于正规的传统金融行业，不会像金融机构那样受到严格的监管，门槛低，以及民间融资担保公司不景气，导致大量没有金融背景的企业涌入 P2P 网络借贷行业，造成整个行业发展水平参差不齐。因此，中国银行保险监督管理委员会应协同工商行政管理部门、中国人民银行、工业和信息化部等部门，从注册资本、发起人资质、组织结构、内控制度、技术条件等方面，对 P2P 网络借贷设置行业准入标准。

3. 根据平台规模设立最低营运资本金要求

设立最低营运资本金是英国 P2P 网络借贷监管体系的一大成果，对我国也具有实践意义。营运资本影响到公司的短期还债能力和抗风险能力，一旦出现投资者集中兑现债权或抛售债权的紧急情况，就可以用营运资本金抵挡短期的营运风险，是 P2P 网络借贷平台长期发展的重要保障。监管部门应当对 P2P 网络借贷平台的最低营运资本金提出要求，根据其收益和风险情况、营业规模设置静态最低营运资本金和动态最低营运资本金两种计算模式，规模越大的 P2P 网络借贷平台，对其提出的最低营运资本金的要求就越高。

4. 使客户资金独立于平台，分离管理

客户资金必须与自营资金分开管理，将客户资金单独存放在银行账户中。可以尝试将 P2P 网络借贷平台的客户资金由第三方机构进行托管，平台不能直接接触客户资金。银行可以作为第三方机构为借款人和投资者分别建立账户，当借款人借款时，由投资者账户直接转账给借款人账户，平台在整个过程中无法接触到资金。这会使交易过程更加透明、高效，也便于监管部门对业务情况进行统计，对交易过程进行监管，从而控制 P2P 网络借贷平台的资金风险。

5. 完善信息披露制度

美国 P2P 网络借贷监管体系十分重视信息披露，对信息披露的要求接近证券行业的规定，但是信息披露程序复杂，成本过大而且涉嫌侵犯个人隐私。我国也应当针对 P2P 网络借贷行业建立信息披露制度，但是披露的信息范围要适当，企业贷款的借款人信息应当披露，因为法人不享有人格权中的隐私权，但是对于个人贷款的借款人的信息要慎重披露，应当注意保护，避免信息外泄，被犯罪分子利用进行非法活动。

6. 侧重消费者保护

因为 P2P 网络借贷行业具有无形性、隐蔽性、专业性和信用性等特点，与其他有形商品的消费者相比，P2P 网络借贷的消费者更容易受到侵害。P2P 网络借贷平台的消费者往往分布在全国各地，对于平台的真实情况可能没有明确的认知，维权难度大，因此消费者保护问题更应受到高度重视。应当从保护借款人信息、规范平台广告宣传内容、向公众普及金融投资风险知识、建立高效便捷的投诉机构和消费者维权渠道等方面切实保护 P2P 网络借贷消费者的权益。

微视频 10-2
我国互联网金融监管（上）

10.6 我国互联网金融监管的发展趋势

由前面的介绍可知，互联网技术和金融业的结合促进了我国互联网金融的发展与创新，产生了很多新型的金融产品和服务方式，如第三方支付、互联网银行、P2P 网络借贷、股权众筹、互联网理财等。互联网金融的创新主要有两种模式：一是传统金融业务的互联网化，二是互联网业务金融化。互联网金融领域的创新为我国金融行业注入了强大的发展动力。然而，在互联网金融创新的过程中也暴露出了一些可能会影响我国互联网金融创新体系运行的风险问题，如信息安全风险、流动性风险、信用风险、政策与法律风险。因此，对互联网金融制定有效的监管策略已经迫在眉睫，而我国现有的金融监管体制已经不能适应当前的金融环境。

微视频 10-3
我国互联网金融监管（下）

在监管空白方面，我国当前的分业监管体制与混业经营发展趋势不适应，导致对部分领域的监管不到位，监管套利大行其道。目前，我国金融业的混业经营趋势日益明显，不同行业间的业务界限日益模糊。包括商业银行在内的多数金融机构都在向着综合化、多元化的方向发展，跨市场、跨行业的业务链条延长。在当前分业监管的体制下，各监管部门无法监测到真实的资金流向，易于导致危机跨市场、跨行业传染，引发系统性风险。近年来，互联网金融、资管产品监管都出现过这类情况。

在沟通成本方面，原来的“一行三会”的行政级别相同，相互之间只有建议权而无行政命令权，导致长期以来“一行三会”在监管过程中沟通不足的现象较为严重，沟通效率低，监管信息分享不够畅通。此外，当前出现了很多新兴的金融业态，如网络小额贷款、P2P 网络借贷等，这些新兴的金融业态大多由地方政府金融管理部门负责准入，但是对它们的行为和风险监管长期缺位，而中央监管机构和地方金融管理部门的沟通、协调也不到位，导致出现不少金融风险事件。

为了进一步强化对金融监管的协调，2017 年 11 月经党中央、国务院批准，国务院金融稳定发展委员会成立，并召开了第一次全体会议，明确了服务实体经济、防控金融风险、深化金融改革三项主要任务。国务院金融稳定发展委员会重点关注四个方面的问题，即影子银行、资产管理行业、互联网金融和金融控股公司。

2018 年 3 月 17 日，第十三届全国人民代表大会第一次会议表决通过了国务院机构改革方案。国务院机构改革方案中针对金融监管机构做出了重大调整：组建中国银行保险监督管理委员会，将中国银监会和中国保监会拟订银行业、保险业重要法律法规草案和审慎监管基本制度的职责划入中国人民银行，不再保留中国银监会、中国保监会。方案说明指出，新建立的中国银行保险监督管理委员会将整合原中国银监会与中国保监会的职责，依照法律法规统一监督管理银行业和保险业，维护银行业和保险业合法、稳健运行，防范和化解金融风险，保护金融消费者的合法权益，维护金融稳定。

新的互联网金融监管关系图如图 10-4 所示。

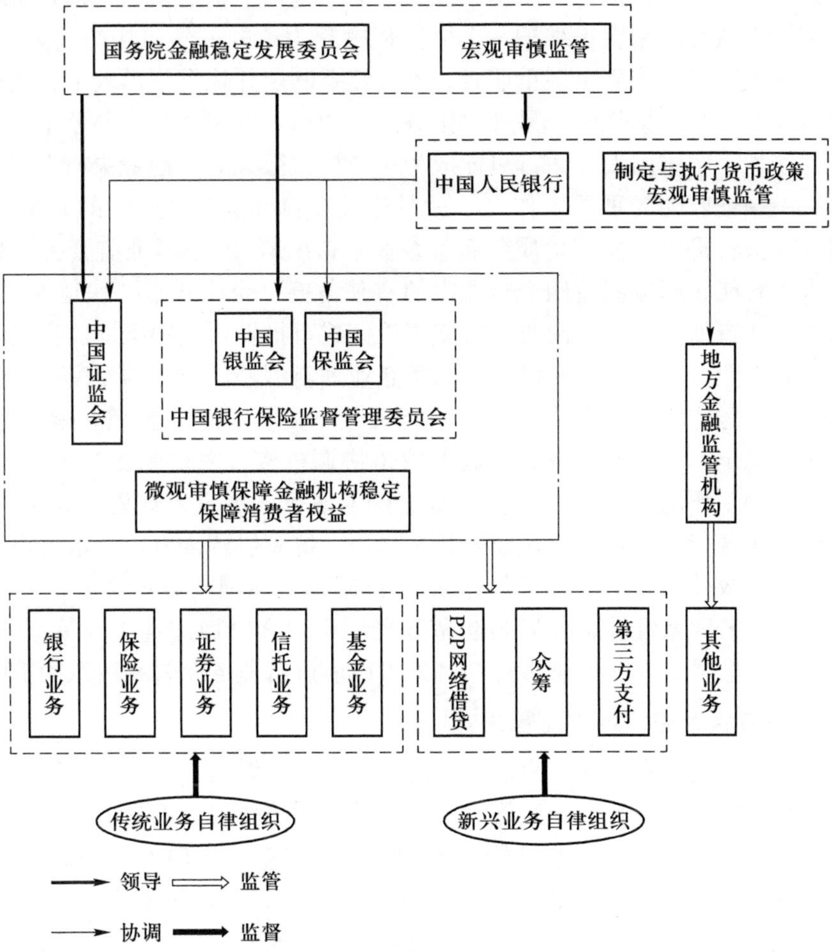

图 10-4　互联网金融监管关系图

1. “一委一行两会”新监管体系

互联网金融监管理念转变为按照经营业务性质划分监管对象，从行业监管转向功能监管。在新业务、新产品不断涌现的今天，监管应该采取实质重于形式的原则，即按照经营业务性质划分监管对象。中国银监会和中国保监会合并能够解决现行体制存在的监管职责不清、监管交叉盲区等分业监管所带来的问题。

“一行两会”工作侧重点将有所划分：中国人民银行——宏观审慎监管，中国银行保险监督管理委员会——微观行为监管，中国证监会——证券市场监管。中国人民银行的职能新增了拟订银行业、保险业重要法律法规草案和审慎监管基本制度；中国银行保险监督管理委员会主要职责则为，依照法律法规统一监督管理银行业和保险业，维护银行业和保险业合法、稳健运行，防范和化解金融风险，保护金融消费者合法权益，维护金融稳定；对于中国证监会，因为其监管对象还包括上市公司和合格投资者，需要建立以信息披露为核心的制度来维护一个以直接融资为主的证券市场的公开、公平、公正。未来，中国人民银行将肩负多重职责，不仅需要制定并执行货币政策，也会负责制定银行保险行业的宏观审慎规则。另外，国务院金融稳定发展委员会办公室设立在中国人民银行，这些均表明中国人民银行可能成为一个权力很大的“超级央行”。

未来中国证监会的重要工作之一就是迎接“独角兽”企业①的归来。2018 年国务院政府工作报告提出“支持优质创新型企业上市融资”。中国证监会针对生物科技、云计算、人工智能、高端制造四个行业中的“独角兽”企业开通“快速通道”，符合相关规定者可以实行即报即审，两三个月就可以完成审批。目前中国证监会已专门成立关于新技术、新产业、新业态、新模式四新类企业创新型经济业态的专家委员会。

国务院金融稳定发展委员会在“一行两会”之上，负责监管协调。它是国务院统筹协调金融稳定和改革发展重大问题的议事协调机构，主要职责为① 落实党中央、国务院关于金融工作的决策部署；② 审议金融业改革发展重大规划；③ 统筹金融改革发展与监管，协调货币政策与金融监管相关事项，统筹协调金融监管重大事项，协调金融政策与相关财政政策、产业政策等；④ 分析研判国际国内金融形势，做好国际金融风险应对工作，研究系统性金融风险防范处置和维护金融稳定重大政策；⑤ 指导地方金融改革发展与监管，对金融管理部门和地方政府进行业务监督和履职问责等。

2. 中央监管为主，地方监管为辅

我国金融监管体系分为中央监管和地方监管两个级别，以中央监管为主，以地方监管为辅。地方监管体系在金融监管体系中起着辅助的作用，主要由地方金融监管机构主导。一方面，中央监管囿于监管辐射范围、监管成本等，地方金融监管机构（如各地金融办）无疑将承担对这些机构的监管责任；另一方面，诸多新兴的地域性较强的互联网金融业态容易在地方滋生风险，引发地区性、地方性金融风险，地方金融监管难辞其咎。因此，地方监管机构不应只是充当中央监管政策的传达者和执行者，而应发挥积极性和主动性，强化监管权责。在服从中央监管的大前提下，可以大胆推进对本地互联网金融的统计监测、反洗钱监管和征信体系建设等基础性工作。

3. 非现场监管机制

日常监管以非现场监管为主，互联网与金融的结合更强化了虚拟属性，交易对象更难以明确，而且交易时间缩短，交易频率加大，使现场检查很难有用武之地。因此，非现场技术在互联网金融监管中必将得到更广泛的运用。但是，非现场监管的长效、规范有赖于监管信息平台的畅通、监管机构在监管数据处理与评估方面的专业化程度，即互

① “独角兽”企业一般指投资界对于 10 亿美元以上估值，并且创办时间较短的公司的称谓。

联网金融的非现场监管需要监管机构制定、修改适合各互联网金融业态的专门的定期统计报表，并明确规定被监管机构提交的时间、频次和具体方式，再由监管机构对数据做出准确评估、快速反应。

4. 行业自律

在设立政府监管机构实施监管的同时，也要重视自律监管的作用，重点发挥中国银行业协会、中国证券业协会、中国保险行业协会，以及证券交易所等自律组织的作用。巴塞尔银行监管委员会、国际保险监督官协会（International Association of Insurance Supervisors，IAIS）和国际证券监督管理委员会组织（IOSCO）（2001）认为，在监管之下，相关行业可以通过自律组织规范参与者的行为，自律组织管理其成员及行为的规定必须要得到监管机构的认可，必要时，监管机构可以直接采取强制措施要求自律组织实施一些规定，并直接对自律组织采取强制措施。

5. 金融机构的内部控制

金融机构的内控是整个金融监管体系不可或缺的一环。金融机构内控要求保证企业资产和财务信息的准确性、真实性、有效性、及时性，保证对人流、物流、资金流、信息流的有效管控，建立对经营活动的有效监督机制。

6. 社会监督

社会监督以不同的方式直接对金融市场和金融机构进行舆论监督，可以起到对金融监管机构的辅助监管作用和强化市场机制的约束作用，还可以对金融监管部门及其官员进行监督，促使金融监管部门及其官员依法行使监管权力，防范腐败的产生。因此，制定一个有效的监督体制，已经到了刻不容缓的地步。

【本章小结】

传统金融与大数据、云计算、移动互联等元素叠加后，迸发出了全新的活力。但金融互联网化在加速发展的同时，其业务模式、业务边界越来越模糊，而且愈发紧密地内嵌在人们的日常生活中，这给监管带来了很大的难度。

2015 年，是互联网金融监管的元年，2018 年是互联网金融全面强监管的一年。本章主要从对第三方支付、互联网银行和 P2P 网络借贷三个方面的监管来探讨互联网金融监管，以通过对境内外监管的对比分析，总结出一套适合中国国情的监管框架。

【关键术语】

互联网金融　互联网银行　互联网金融监管　P2P 网络借贷　第三方支付

【思考题】

1. 第三方支付、互联网银行和 P2P 网络借贷监管的相同点和不同点有哪些？
2. 互联网金融监管为什么越来越受到重视？
3. 互联网金融监管的发展趋势是什么？

【案例分析】

国务院金融稳定发展委员会成立 或成为监管者的监管者

2017 年 11 月 8 日，新华社发布消息，经党中央、国务院批准，备受关注的国务院金融稳定发展委员会成立，并召开了第一次全体会议，学习贯彻党的十九大精神，研究部署相关工作。

1. 或成为监管者的监管者

作为国务院统筹协调金融稳定和改革发展重大问题的议事协调机构，会议为国务院金融稳定发展委员会定调了五大职责，包括落实党中央、国务院关于金融工作的决策部署；审议金融业改革发展重大规划；统筹金融改革发展与监管，协调货币政策与金融监管相关事项，统筹协调金融监管重大事项，协调金融政策与相关财政政策、产业政策等；分析研判国际国内金融形势，做好国际金融风险应对工作，研究系统性金融风险防范处置和维护金融稳定重大政策；指导地方金融改革发展与监管，对金融管理部门和地方政府进行业务监督和履职问责等。

对此，业界分析人士认为，从职责内容上看，国务院金融稳定发展委员会被定位为全国金融行业“大总管”“大智囊”的角色，统领全国金融业的稳定、研究、规划与发展，同时对金融行业监管者进行监管。近年来，钱荒、股灾、债在、伪互金欺诈等金融领域小型局部风险时有发生，这些事件背后，都有监管不力、不协调的根源，金融领域“铁道警察，各管一段”的问题日渐凸显。

此次国务院金融稳定发展委员会成立，“统筹金融改革发展与监管，协调货币政策与金融监管相关事项，统筹协调金融监管重大事项，协调金融政策与相关财政政策、产业政策”，类似问题则有望得到解决。

2. 混业经营与分业监管矛盾亟须解决

国务院金融稳定发展委员会作为国务院统筹协调金融稳定和改革发展重大问题的议事协调机构，并且高规格设立，其成立的背景一直备受关注。

对此，有分析认为当前金融改革的任务众多，其中混业经营与分业监管的矛盾尤为突出。最新成立的国家金融稳定发展委员会也表明，当前金融行业混业经营与分业监管的现实问题亟须解决。

而造成当前分业监管模式对金融机构混业经营“无可奈何”的主要问题有两个，即监管部门的沟通成本与监管真空。针对金融行业的这些现实问题，此前曾先后设立了金融稳定局，建立由中国人民银行牵头的金融监管协调部际联席会议制度，2016 年年初国务院办公厅在其经济局六处的基础上设立金融事务局。国务院金融稳定发展委员会主任直接由现任副总理担任，规格直达副国级。

由此可见，负责金融监管协调、防范金融风险、维护金融稳定的相关机构设置的行政级别近年来不断抬升，这也从侧面反映了监管协调工作的牵涉面、复杂性与难度在不断提高，金融安全作为国家安全的重要组成部分，党中央、国务院也越来越重视与关注。

（资料来源：华夏时报（北京），2017 年 11 月 9 日）

问题：根据本案例，谈一谈国务院金融稳定发展委员会成立的必要性，简要叙述你对互联网金融健康发展的建议。

【参考文献】

[1] 谢平，邹传伟，刘海二．互联网金融监管的必要性与核心原则[J]．国际金融研究，2014(8)：3-9.

[2] 巴曙松，杨彪．第三方支付国际监管研究及借鉴[J]．财政研究，2012(4)：72-75.

[3] 于姗姗．第三方支付监管法律问题研究[D]．上海：华东政法大学，2011.

[4] 马永保．第三方支付行业市场准入：现实依据、问题透视及改进路径[J]．现代经济探讨，2013(12)：34-38.

[5] 伍子健．网络第三方支付平台责任风险研究[J]．法制博览，2015(5)：7-9.

[6] 张斌．第三方支付机构沉淀资金性质及其孳息归属的分析研究[J]．法治与社会，2014(9)：109-110.

[7] 袁康．互联网时代公众小额集资的构造与监管：以美国 JOBS 法案为借鉴[J]．证券市场导报，2013(6)：4-13.

[8] 王驰．P2P 网络借贷法律制度研究[D]．北京：北方工业大学，2015.

[9] 严明英．P2P 网络借贷平台法律规制研究[D]．北京：北京交通大学，2014.

[10] 徐旭海，邹雨铮．互联网支付反洗钱规制研究：基于 FATF 新《40 条建议》的国际经验[J]．浙江金融，2017(2)：16-21.

[11] 罗玉辉，侯亚景．我国互联网银行发展战略及政策监管：基于微众银行和网商银行的案例分析 [J]．现代经济探讨，2016 (7)：42-46.

[12] 中国金融四十人论坛互联网银行课题组．互联网银行监管研究[J]．新金融评论，2017 (4)：44-74.

[13] 柴瑞娟，周舰．互联网银行法律规制研究：以市场准入和监管体制为核心[J]．金融发展研究，2016(5)：54-60.

[14] HUONG T M. 中国 P2P 借贷平台发展及对越南的借鉴研究[D]．青岛：青岛大学，2017.

[15] Mollick E. The dynamics of crowdfunding: an exploratory study[J]. Journal of Business Venturing, 2014(1): 1–16.
[16] Brammer S, Pavelin S. Building a good reputation[J]. European Management Journal, 2004(6): 704–713.
[17] Rinearson J. Regulation of electronic stored value payment products issued by non-banks under state "money transmitter", licensing laws[J]. Business Lawyer, 2002(1): 317–348.

主要参考资料

1. 主要参考文献

[1] 帅青红，刘国祥．银行卡理论与应用[M]．成都：西南财经大学出版社，2013.
[2] 帅青红，等．电子支付与结算[M]．大连：东北财经大学出版社，2011.
[3] 帅青红，等．银行信息系统管理概论[M]．北京：中国金融出版社，2010.
[4] 帅青红，等．现代支付系统概论[M]．成都：西南财经大学出版社，2010.
[5] 帅青红，等．电子金融与支付[M]．北京：清华大学出版社，2010.
[6] 帅青红，等．网上支付与安全[M]．北京：北京大学出版社，2010.
[7] 帅青红，等．网上支付与电子银行[M]．成都：机械工业出版社，2010.
[8] 帅青红，等．电子商务：管理视角[M]．大连：东北财经大学出版社，2009.
[9] 帅青红，等．电子支付与安全[M]．成都：西南财经大学出版社，2009.
[10] 帅青红，苗苗．网上支付与电子银行[M]. 2 版．北京：机械工业出版社，2015.
[11] 帅青红，张宽海．电子商务导论[M]．成都：西南财经大学出版社，2008.
[12] 帅青红．电子支付结算系统[M]．成都：西南财经大学出版社，2006.
[13] 赵英，帅青红．基于 SET 协议的电子支付系统及其应用研究[M]．成都：电子科技大学出版社，2005.
[14] 帅青红．电子支付[M]．重庆：重庆大学出版社，2016.
[15] 帅青红，等．互联网金融[M]．大连：东北财经大学出版社，2016.
[16] 中国人民银行 . 2015 年支付体系运行总体情况[R]．北京：中国人民银行，2016.
[17] 盈灿咨询 . 2015 年全国众筹行业年报[R]．上海：上海盈灿商务咨询有限公司，2016.
[18] 中国电子商务研究中心 . 2016 股权众筹报告[R]．北京：中国电子商务研究中心，2016.
[19] 上海交通大学互联网金融研究所 . 2015 年中国股权众筹行业发展报告[R]．上海：上海交通大学互联网金融研究所，2016.
[20] 谢平，邹传伟，刘海二．互联网金融的基础理论[J]．金融研究，2015(8)：1-12.
[21] 付强．互联网金融的发展与展望[J]．银行家，2015(3)：38-39.
[22] 刘思平．网商与微众[J]．金融博览，2015(8)：10-11.
[23] 王信淳．纯网络银行及其监管问题研究[J]．海南金融，2015(7)：71-74.
[24] 唐方方．中国互联网个人征信机构差异分析与合作模式探讨[J]．清华金融评论，2015(9)：93-98.
[25] 张文博，宋国军．美国个人征信市场化运作特点、监管措施及对我国的启示[J]．华北金融，2015（5）：35-37.
[26] 刘玉龙．个人征信业蓄势待发[J]．金融世界，2015(8)：66-71.
[27] 张晨曲．人民币跨境支付清算系统“倒计时”[N]．新金融观察，2015-03-23.
[28] 智研咨询集团 . 2015—2020 年中国预付卡市场运营态势与市场专项调研报告[R]．北京：智研咨询集团，2015.
[29] 王谦，戢增艳．网络货币的产生与应对策略研究[J]．经济学家，2015(9)：86-95.

[30] 刘轶，赵宣，罗春蓉．P2P 网络借贷研究：一个文献综述[J]．金融理论与实践，2015(6)：106-112.
[31] 张梦晶．我国 P2P 网络借贷平台的运营模式研究[D]．安徽：安徽财经大学，2015.
[32] 梁振杰．我国 P2P 小额网络信贷运作模式研究[D]．广州：暨南大学，2015.
[33] 艾瑞咨询集团．2015 年中国互联网基金行业研究报告[R]．上海：艾瑞咨询集团，2015.
[34] 闫梦晓．互联网保险产品创新的案例分析[D]．广州：暨南大学，2015.
[35] 席月民．互联网信托呼唤功能性监管呵护[N]．经济参考报，2015-11-04.
[36] 刘泽先．程维妙．信托“牵手”互联网存跨界融资障碍[N]．北京商报，2015-09-27.
[37] 明熙艾．信托加速拥抱互联网+ [N]．中国证券报，2015-11-30.
[38] 王小必．信托业拐点悄然临近，互联网信托发展“加速度”[N]．金融界，2015-11-24.
[39] 邓瑛．“互联网+”能否开启信托奇袭之旅[N]．金融界网，2015-11-27.
[40] 伍子健．网络第三方支付平台责任风险研究[J]．法制博览，2015(5)：7-9.
[41] 王驰．P2P 网络借贷法律制度研究[D]．北京：北方工业大学，2015.
[42] 陈志武．互联网金融到底有多新[N]．经济观察报，2014-01-09.
[43] 姜欣欣．中国金融的深度变革与互联网金融[N]．金融时报，2014-02-24.
[44] 王滨．互联网金融的发展及商业银行的应对[J]．银行家，2014(4)：96-99.
[45] 陈列松．互联网金融背景下商业银行竞争策略研究[J]．对外经贸，2014(10)：111-112.
[46] 褚蓬瑜，郭田勇．互联网金融与商业银行演进研究[M]．宏观经济研究，2014(5)：19-28.
[47] 吴晓求．互联网金融的逻辑[J]．中国金融，2014(3)：97-99.
[48] 谢平．互联网金融的现实与未来[J]．新金融，2014(4)：4-8.
[49] 谢平，邹传伟，刘海二．互联网金融监管的必要性与核心原则[J]．国际金融研究，2014(8)：3-9.
[50] 陈一稀．美国纯网络银行的兴衰对中国的借鉴[J]．新金融，2014(1)：58-62.
[51] 祁明，肖林．虚拟货币：运行机制、交易体系与治理策略[J]．中国工业经济，2014(4)：110-122.
[52] 雷舰．我国 P2P 网贷行业发展现状、问题及监管对策[J]．国际金融，2014(8)：71-76.
[53] 郭卫东，李颖．网络借贷平台 P2P 模式探索[J]．中国流通经济，2014(6)：114-121.
[54] 叶湘榕．P2P 借贷的模式风险与监管研究[J]．金融监管研究，2014(3)：71-82.
[55] 罗明雄，唐颖，刘勇．互联网金融[M]．北京：中国财政经济出版社，2013.
[56] 朱健刚．中国公益慈善发展报告 2013[M]．北京：北京大学出版社，2014.
[57] 盛佳，等．互联网金融第三浪：众筹崛起[M]．北京：中国铁道出版社，2014.
[58] 柏亮．众筹服务行业白皮书（2014)[M]．北京：中国经济出版社，2014.
[59] 魏来，郑清．玩转众筹 [M]．北京：机械工业出版社，2014.
[60] 谢平，等．互联网金融手册[M]．北京：中国人民大学出版社，2014.
[61] 王秀丽，郭鲲．微行大益：社会化媒体时代的公益变革与实践[M]．北京：北京大学出版社，2013.
[62] 中国人民银行金融稳定分析小组．2014 中国金融稳定报告[M]．北京：中国金融出版社，2014.
[63] 刘俊棋．众筹融资的国际经验与中国实践研究[J]．湖南财政经济学院学报，2014(5)：29-39.

[64] 来继泽．中国互联网金融发展研究：以阿里巴巴集团为例[D]．长春：吉林大学，2014.
[65] 蔡恩童．第三方支付对中国银行业风险管理的影响[D]．长春：吉林大学，2014.
[66] 国家工商总局全国小型微型企业发展报告课题组．全国小型微型企业发展情况报告[R]．北京：国家工商行政管理总局，2014.
[67] 李红坤，刘富强，翟大恒．国内外互联网保险发展比较及其对我国的启示[J]．金融发展研究，2014(10)：71-83.
[68] 陈宝卫．互联网基金发展现状、影响及监管对策：以余额宝为例[J]．金融发展研究，2014(5)：82-84.
[69] 张斌．第三方支付机构沉淀资金性质及其孳息归属的分析研究[J]．法治与社会，2014(9)：109-110.
[70] 龚映清，蓝海平．美国 SEC 众筹新规及其监管启示[J]．证券市场导报，2014(9)：11-16.
[71] 严明英．P2P 网络借贷平台法律规制研究[D]．北京：北京交通大学，2014.
[72] 李晗．消费金融公司的国际经验与启示[J]．银行家，2013(11)：14-17.
[73] 朱晋川．互联网金融新模式研究：互联网金融的产生背景、现状分析与趋势研究[J]．农村金融研究，2013(10)：4-8.
[74] 谭天文，陆楠．互联网金融模式与传统金融模式的对比分析[J]．中国市场，2013(46)：101-103.
[75] 叶冰．互联网金融时代，商业银行怎么做[J]．银行家，2013(3)：110-112.
[76] 邱峰．互联网金融冲击与商业银行应对[J]．金融会计，2013(11)：45-49.
[77] 谢尔曼，黄旭．商业银行再造互联网金融[J]．中国金融，2013(24)：62-63.
[78] 四川银监局课题组，等．互联网金融对商业银行传统业务的影响研究[J]．西南金融，2013(12)：3-5.
[79] 由曦，宋玮，刘琦琳，等．交战互联网金融[J]．时代金融，2013(1)：58-60.
[80] 陶娅娜．互联网金融发展研究[J]．金融发展评论，2013(11)：58-73.
[81] 张郁松，张智圣．互联网金融时代的挑战[J]．中国外资，2013(12)：41.
[82] 曹少雄．商业银行建设互联网金融服务体系的思索与探讨[J]．农村金融研究，2013(5)：54-58.
[83] 梁璋，沈凡．国有商业银行如何应对互联网金融模式带来的挑战[J]．新金融，2013(7)：47-51.
[84] 李博，董亮．互联网金融的模式与发展[J]．中国金融，2013(10)：19-21.
[85] 杨群华．我国互联网金融的特殊风险及防范研究[J]．金融科技时代，2013(7)：100-103.
[86] 谢清河．我国互联网金融发展问题研究[J]．经济研究参考，2013(49)：29-36.
[87] 林楠．商业银行银行卡收单业务发展研究[D]．厦门：厦门大学，2013.
[88] 吴从法，赵宏伟．非金融支付机构银行卡收单业务的乱象与治理[J]．金融会计，2013(7)：30-33.
[89] 王勋．单用途预付卡在我国的发展现状及其管理办法探究[J]．黑河学刊，2013(5)：18-19.
[90] 施玉梅．中国商业预付卡规范性发展研究[J]．消费经济，2013(2)：23-27.
[91] 施玉梅．预付式消费盈利模式探析[J]．学术交流，2013(9)：83-87.

[92] 王朋月，李钧．美国 P2P 借贷平台发展：历史、现状与展望[J]．金融监管研究，2013(7)：26-39.
[93] 孔非凡，江玲．我国 P2P 小额信贷模式存在的风险及对策建议[J]．西部经济管理论坛，2013(1)：321.
[94] 高佳敏．P2P 网络借贷模式研究[D]．成都：西南财经大学，2013.
[95] 薛群群．国内外 P2P 小额信贷企业运营模式研究及实例分析[D]．北京：中央民族大学，2013.
[96] 魏可新．大众参与众筹行为影响因素的实证研究[D]．杭州：浙江财经大学，2013.
[97] 马永保．第三方支付行业市场准入：现实依据、问题透视及改进路径[J]．现代经济探讨，2013(12)：34-38.
[98] 胡吉祥，吴颖萌．众筹融资的发展及监管[J]．证券市场导报，2013(12)：60-65.
[99] 黄健青，辛乔利．“众筹”：新型网络融资模式的概念、特点及启示[J]．国际金融，2013(9)：64-69.
[100] 袁康．互联网时代公众小额集资的构造与监管：以美国 JOBS 法案为借鉴[J]．证券市场导报，2013(6)：4-13.
[101] 谢平，邹传伟．互联网金融模式研究[J]．金融研究，2012(12)：11-22.
[102] 巴曙松，谌鹏．互动与融合：互联网金融时代的竞争新格局[J]．中国农村金融，2012(24)：15-17.
[103] 巴曙松，杨彪．第三方支付国际监管研究及借鉴[J]．财政研究，2012(4)：72-75.
[104] 刘娟．小额跨境外贸电子商务的兴起与发展问题探讨：后金融危机时代的电子商务及物流服务创新[J]．对外经贸实务，2012(2)：89-92.
[105] 张颖，王思迪．商业预付卡运行及监管机制研究[J]．商业研究，2012(4)：96-102.
[106] 艾瑞咨询集团．2011 年中国预付费卡市场研究报告[R]．上海：艾瑞咨询集团，2012.
[107] 钮明．“草根”金融 P2P 信贷模式探究[J]．金融理论与实践，2012(2)：58-61.
[108] 朱健刚．中国公益发展报告（2011）[M]．北京：社会科学文献出版社，2012.
[109] 王振耀，高华俊．2011 中国公益事业年度发展报告：走向现代慈善[M]．北京：北京师范大学出版社，2012.
[110] 张臻．社会化媒体环境下中国公益传播新形态研究[D]．广州：暨南大学，2012.
[111] 谢灵心，孙启明．网络虚拟货币的本质及其监管[J]．北京邮电大学学报：社会科学版，2011(1)：20-25.
[112] 莫易娴．P2P 网络借贷国内外理论与实践研究文献综述[J]．金融理论与实践，2011(12)：101-104.
[113] 于姗姗．第三方支付监管法律问题研究[D]．上海：华东政法大学，2011.
[114] 曲振涛，周正，周方召．网络外部性下的电子商务平台竞争与规制：基于双边市场理论的研究[J]．中国工业经济，2010(4)：120-129.
[115] 张晓锋．银行卡收单市场存在的主要问题与改进措施[J]．中国信用卡，2010(8)：45-48.
[116] 翟涛．中央银行现代化清算支付体系存在的问题及相关对策[D]．长春：吉林大学，2010.
[117] 杨黎民．浅析商业储值卡的发展现状及规范管理[J]．商业经济研究，2010(10)：27-28.
[118] 冯菊平，等．支付体系与国际金融中心[M]．上海：上海人民出版社，2009.
[119] 辛宪．P2P 运营模式探微[J]．商场现代化，2009(21)：19-22.

[120] 蔡则祥．网络虚拟货币的本质及其风险管理[J]. 管理世界，2008(2)：174-175.
[121] 赵卫东，黄丽华．电子商务模式[M].2 版．上海：复旦大学出版社，2011.
[122] 杨旭．我国网络货币的发展与政策研究[J]. 财经问题研究，2007(10)：49-54.
[123] 付泽宇．中国现代化支付清算系统的发展及思考[J]. 金融与经济，2006(2)：56-59.
[124] 李翀．虚拟货币的发展与货币理论和政策的重构[J]. 世界经济，2003(8)：75-79.
[125] 李晓东．电子商务：21 世纪全球商务主导模式[J]. 国际贸易问题，2000(3)：1-6.
[126] Jiang C，Ding Z，Wang J，et al. Big data resource service platform for the internet financial industry [J]. Chinese Science Bulletin，2014(35)：5051-5058.
[127] Mollick E. The dynamics of crowdfunding：an exploratory study[J]. Journal of Business Venturing，2014(1)：1-16.
[128] Brammer S，Pavelin S. Building a good reputation[J]. European Management Journal，2004(6)：704-713.
[129] Rinearson J. Regulation of electronic stored value payment products issued by non-banks under state "money transmitter"，licensing laws[J]. Business Lawyer，2002(1)：317-348.

2. 主要参考网站

[1] 中国人民银行网站
[2] 中国银行保险监督管理委员会网站
[3] 中国证券监督管理委员会网站
[4] 中国银联网站
[5] 国际清算银行网站
[6] 美国消费者数据产业协会网站
[7] 第一财经网站
[8] 新浪财经网站
[9] 中商情报网
[10] 搜狐科技网站
[11] 搜狐网
[12] 界面新闻网站
[13] 万得资讯网站
[14] 网贷资讯网站
[15] 百度百科
[16] 移动支付网
[17] 新华网
[18] IT 之家网站
[19] 中国传媒经济网
[20] 华商网
[21] 未央网
[22] 和讯网
[23] 金投网